니트러브 제5회 공모전 수상작

손뜨개 소품집 Ⅳ

니트러브 엮음

예신Books

인사말

돌이켜보면 제 삶을 둘러싼 많은 것들이 변해왔습니다.
공중전화는 스마트폰, 손때 묻은 엽서는 이메일과 SNS,
두툼한 다이어리, 낡은 장부는 날씬한 포터블 컴퓨터가 자리를 대신하고 있습니다.
자율주행 자동차니 로봇들의 세상이니 하는 뉴스를 듣다 보면
앞으로도 많은 것들이 변할 거란 걸 알 수 있습니다.

하지만 큰 변화가 없는 분야도 있습니다.
바로 제 삶의 전부와도 다름없는 손뜨개입니다.

어린 시절 대부분의 친구들은 어머니가 떠 주신
바지나 스웨터, 목도리, 장갑을 쓰기 싫어했습니다.
유명 브랜드의 옷에 비해 촌스러울 수밖에 없었고
무엇보다 거친 아크릴실의 감촉이 불편했습니다.
불과 얼마 전까지도 이런 손뜨개에 대한 인식은 별반 다를 게 없었습니다.

하지만 최근 들어 속속 등장하는 훌륭한 뜨개작품을 보며 변화의 조짐을 느낍니다.
아름다운 손땀과 부드러운 촉감, 빼어난 기능성이 혀를 내두르게 합니다.
오래지 않아 한국의 니터들이 세계의 흐름을 따라잡고
주류가 될 수 있겠다는 가능성을 보게 됩니다.
이 도록을 한 쪽씩 넘길 때마다 제 말이 결코 과장이 아님을 알 수 있으리라 생각합니다.

다섯 번째 개최되는 니트러브 손뜨개 소품 공모전은
총 25,000,000원의 상금과 상품권, 그리고 부상이 수여되었습니다.
아무쪼록 이 행사가 한국 손뜨개의 부흥에 조금이나마 이바지하길 바라며
58명의 수상자와 대상을 받은 김세정(내가다인) 작가에게
축하의 말씀을 드리는 것으로 인사말을 대신합니다.

축하합니다. 그리고 감사합니다.

니트러브 대표 조 성 진

작가 인사말

우리나라에서는 크고 작은 손뜨개 공모전이 많이 열립니다.
하지만 아마추어들이 취미로 만든 손뜨개 작품을 출품하는 데는
큰 용기가 필요합니다.

그런 의미에서 '니트러브' 소품 공모전은
특별한 자격 조건이 필요하다거나 주제에 제한을 두고 있지 않아
아마추어 손뜨개 작가들이 도전하기에 좋은 공모전입니다.
뜨개를 사랑하는 마음을 가지고 있다면 충분히 도전해 볼 만합니다.

처음에는 망설이기도 하고 과연 '내가 도안을 만들 수 있을까'하며 주저했지만
'니트러브' 소품 공모전이었기에 용기를 낼 수 있었습니다.
주위의 격려와 응원으로 인형들을 하나씩 실물로 만들어내며 작품을 완성해 나갔습니다.
처음 만들어 보는 창작인형과 도안이라 어설프기도 했지만 조금씩 수정해 나가고
주변 사람들의 조언을 들으면서 완성도를 높여갔습니다.

실생활에서 활용도가 높고 재료비가 많이 들지 않는 뜨개소품을
만들어 보고 싶은 생각에 탄생한 작품이 바로 '심지인형 연필꽂이'입니다.
첫 도전한 공모전에서 첫 창작작품인 '심지인형 연필꽂이'가 대상을 받게 되어
저에게는 잊지 못할 큰 추억이자 선물이 되었습니다.

취미로 시작한 손뜨개 작품으로 방 한 켠을 가득 채우시는 분들이 계실 것입니다.
하지만 한 발자국 내딛으셔서 방에서만 전시되던 뜨개작품이
아름다운 빛을 발하는 경험을 해 보시라고 꼭 권해드리고 싶습니다.

'니트러브'에서 주신 상이 앞으로 제가 새로운 일을 시작하는 데 큰 힘이 될 것 같습니다.
이렇게 귀한 상을 주셔서 감사합니다.

내가다인 김 세 정

Contents

Contents

동 상

여름 비치백

작품사진: 49쪽 뜨는 법: 206쪽

문 명 순 Beluga

동 상

눈꽃 블랭킷

작품사진: 50쪽

오 성 숙 방글이

동 상

짱가쏭의 참외, 수박 수세미

작품사진: 51쪽 뜨는 법: 208쪽

장 정 화 짱가쏭

특별상

셀럽의 하리 티매트, 블랭킷

작품사진: 52쪽 뜨는 법: 210쪽

강 성 미 셀럽

특별상

한올의 베이비돌 요람

작품사진: 53쪽 뜨는 법: 212쪽

박 수 지 한올

특별상

쌍둥맘 헬레나의 와인병

작품사진: 54쪽 뜨는 법: 214쪽

박 소 윤 쌍둥맘 헬레나

특별상

열기구 태팅레이스

작품사진: 55쪽 뜨는 법: 216쪽

서 주 혜 달의아이

특별상

프렌즈 니트 푸프

작품사진: 56쪽 뜨는 법: 217쪽

이 용 화 니팅미르

특별상

고양이 발쿠션

작품사진: 57쪽

윤 주 영 슈에이

특별상

야생화 가방

작품사진: 58쪽

홍 명 자 MJ홍

특별상

지그재그제이(zigzagJ) 크로스백

작품사진: 59쪽 뜨는 법: 220쪽

김 미 정 찡이

작품 보기

대 상

심지인형 연필꽂이(웨딩, 못난이, 아기돼지 삼형제)

김 세 정 내가다인

손뜨개를 하는 사람이라면 누구나 주변에 한두 개쯤은 굴러다니는 털실 심지를 보게 됩니다.
그런데 이 심지를 그냥 버리기엔 아깝지 않나요? 이렇게 쉽게 버려지는 심지를
활용할 수 있는 좋은 아이디어가 없을까 생각하다가 뜨개질과의 만남을 주선해 보았습니다.
인테리어 소품으로, 아이들 책상의 귀여운 연필꽂이로, 사무실에서 나만의 책상 아이템으로
재탄생시켜 보았어요. 개성 있는 눈을 털실로 그려 넣어 다양한 표정도 연출할 수 있지요.
심지 안에 무엇을 넣느냐에 따라 여러 가지로 활용이 가능한 인형 통!
단순한 뜨개 인형이지만 일상에서 유용하게 사용할 수 있고, 인테리어 아이템으로
활용이 가능하게 만들어 손뜨개를 실생활과 가깝게 느낄 수 있도록 하였습니다.
중요한 사실 또 한 가지! 털실 심지 대신 우유병으로도 대체할 수 있답니다.

사용실과 사용량(g): 피카소 코튼, 헤라울, 링구사 / 50~60g
사용 도구: 모사용 코바늘 4/0호
작품 사이즈: 가로 11cm, 세로 11cm
작품 난이도: ★★☆☆☆
뜨는 법: 62쪽

금상

토끼가족 모모맘(토나, 토리, 토토, 토미)

이 은 모모맘

외국 서적으로 처음 인형 뜨기에 입문해서 독학으로 지금껏 인형을 떠 왔습니다.
우리나라 창작 작품이 그리 많지 않아서 아쉬워하던 중 니트러브 창작 소품 공모전이 있다는 걸
알고 너무 반가웠습니다. 내가 지금껏 공부해온 것을 모두 활용해서 옷을 갈아입힐 수 있는
인형을 떠보자 자꾸 욕심이 생겨서 하나하나 뜨다 보니 가족이 되었네요.
이번 컨셉은 가족과 함께 야구장을 가는 토끼 가족의 모습을 형상화했습니다.
그래서 의상에 요즘 프로야구의 대세인 선수들의 등 넘버도 새겨 보았습니다.
오랫동안 창작에 목말라 있던 저에게 이런 기회가 와서 작품하는 동안 너무 행복했습니다.
저와 같은 생각을 가지고 계신 분들에게 조금이나마 힘이 되었으면 하는 생각으로 참가하게
되었고, 이런 계기를 만들어 주신 니트러브에게 정말 감사하는 마음입니다.

사용실과 사용량(g): 아이돌 실(150~200g 인형 1개)
사용 도구: 대바늘 2.5mm
작품 사이즈: 가로 20cm×세로 35cm, 가로 16cm×세로 32cm
작품 난이도: ★★★★☆
뜨는 법: 66쪽

금 상

레인보우 블라썸

남 연 주 곰치는 소년

마카롱의 다양한 색상을 보니 예쁘게 알록달록 핀 꽃밭이 생각나서
무지개빛 블랭킷으로 표현해 봤습니다.

사용실과 사용량(g): 마카롱, 네코 / 1200g
사용 도구: 모사용 코바늘 6/0호
작품 사이즈: 가로 120cm, 세로 92cm
작품 난이도: ★★★☆☆
뜨는 법: 101쪽

금 상

손뜨개 플라워 웨딩부케 세트

박 경 조 꽃길

손뜨개로 만든 플라워 웨닝부케, 화관 세트입니다.
웨딩부케에 어울리게 화이트톤으로 만들어진 부케는
실의 굵기와 색을 적절히 사용하여 지루하지 않게 표현하고
수세미실의 반짝이는 느낌으로 화려함을 더하여 포인트를 주었습니다.
잎은 꽃철사를 이용하여 입체적으로 표현해 보았습니다.

사용실과 사용량(g): 타조실, 해피코튼 / 200g
사용 도구: 코바늘
작품 사이즈: 부케: 상단 꽃부분 20cm(지름), 전체 길이 50cm
화관 사이즈: 20cm(내경지름)
작품 난이도: ★★★☆☆

금 상

코티지래빗 인형놀이 가방

김 진 아 니들코티지

세 살 조카에게 뜨개가방을 선물했더니 작은 인형을 넣고 좋아하더라구요.
그래서 가방 모양으로 접을 수 있는 인형의 집을 생각하게 됐어요.
어린 시절에 상상하던 예쁜 집을 한 코 한 코 만들어가는 과정은 힐링의 시간이 되고,
아이와 함께 인형놀이를 하며 느끼는 행복은 오래도록 간직할 수 있는 추억이 될 거예요.

사용실과 사용량(g): 코튼필, 코팅린넨(지붕)
사용 도구: 레이스 0호, 모사용 코바늘 3/0호
작품 사이즈: 가로 29cm, 세로 28cm
작품 난이도: ★★★★★

금 상

프리다 칼로

구 연 경 연니팅

멕시코의 여류 화가 프리다 칼로.
자유롭지 못한 육체와 삶의 정신적 고통을 작품으로 승화시킨 그녀의 강인함과
그 뒤에 가려진 슬픔을 멕시코의 원색적인 색상과 함께 표현해 봤습니다.

사용실과 사용량(g): 바디(아이돌) 52g, 헤어(아이돌) 30g, 머리 장식꽃(빈센트 3p, 8p, 아이돌) 15g,
의상(네코, 아이돌, 빈센트 8p) 115g, 신발(아이돌) 5g, 그 외 자수실 메탈사 리즈베스실
사용 도구: 모사용 코바늘 2, 3, 4호, 레이스 코바늘 6호
작품 사이즈: 가로 22cm, 세로 36cm
작품 난이도: ★★★☆☆

금 상

태엽귀 장식 곰 세 마리

김 효 영 홍-아

남자(아이)들을 위한 인형을 만들고 싶었습니다. 금속 기어 장식(태엽 장식)을 곰돌이 귀로 사용하여 차갑고 단단한 도시 남자 느낌의 곰돌이를 표현해 보았습니다. 태엽 장식과 함께 곰돌이 꼬리도 메탈 와인드-업 키(태엽감기)처럼 보이도록 같이 장식하였고요. 태엽 장식 곰 세 마리는 각각 다른 코트를 입고 있어요. 팔에 와이어를 넣었고, 목에 조인트를 넣어서 포즈를 자유롭게 취할 수 있습니다.

사용실과 사용량(g): 엘라-레, 하이브리드 캐시 100, 헤라울, 알리제 캐시미라, 베이비 알파카 DK, 램스울, 카르토프 8p, 서브라임, 빈센트 3p, 빈센트 베이비 칵테일, 바비울, 로얄 메리노울, 메리노울 등
사용 도구: 대바늘 2.5mm, 3.0mm, 3.5mm, 모사용 코바늘 2/0호
부자재: 솜, 돗바늘, 바늘, 배바늘, 겸자, 가위, 와이어, 등금속 태엽 장식 골드 21mm, 22mm, 메탈볼 둥근사각 골드 4mm, 3mm, 2.5mm, 앤틱 열쇠 58mm, 메탈별 펜던트 골드 10mm, 드레스 잇업 1554 타이니 블랙, 하이 보드 조인트 25mm 1세트, 글라스 아이 7mm, 자수실 등
작품 사이즈: 가로 17cm, 세로 25cm
작품 난이도: ★★★★☆
뜨는 법: 102쪽

금 상

딸기 케이크 수납 바구니

박 윤 성 공방언니

집에 꼭 하나씩은 있는 쿠키 빈 통이 귀여운 딸기 케이크로 변신했어요. 2단으로 만들어 액세서리나 소품을 담기에 좋은 사랑스러운 딸기 케이크 수납 바구니입니다.

사용실과 사용량(g): 데일리코튼 200g, 헤라코튼 100g
사용 도구: 모사용 코바늘 5/0호, 3/0호
작품 사이즈: 가로 26cm, 세로 16cm
작품 난이도: ★★★☆☆
뜨는 법: 126쪽

금 상

러블리 장미 토피어리와 부케

류 인 선 뽀랑뜨개

집안을 장식하거나 매장 인테리어용으로 활용할 수 있는 장미 토피어리입니다.
부케는 예쁜 화병에 꽂아도 좋고 졸업식이나 생일 같은 기념일에 선물하면
어떤 꽃다발보다 뜻깊은 선물이 될 것입니다. 특히 토피어리와 부케에 쓰이는
장미는 별도의 바느질 없이 한 번에 완성할 수 있다는 장점을 갖고 있습니다.

사용실과 사용량(g): 아이러브돌(67번 진블루, 31번 소라블루, 30번 연블루, 34번 코랄핑크, 07번 복숭아핑크, 08번 연핑크) 각 3볼씩, 49번 화이트 8볼, 48번 갈색 1볼
사용 도구: 모사용 코바늘 5/0호
부자재: 지름 1.5cm 길이 30cm 정도의 우드스틱 2개, 지름 12cm 스티로폼볼 4개, 플라스틱 화분 2개, 진주비즈, 장식 리본, 글루건, 굵은 꽃철사, 플라스틱 부케받침
작품 사이즈: 가로 38cm, 세로 38cm
작품 난이도: ★★★☆☆
뜨는 법: 129쪽

금 상

꽃밭에서

유 창 희 KDYOO

울 이쁜 강아지들이 집에서도 늘 산책하는 마음으로 꽃밭 길을 뛰놀길 바라면서 만들었습니다.
꽃과 함께 잠자고 쉬고 행복한 기억만을 만들게 해 주고 싶습니다.
사랑스러운 강아지들이 꽃밭에서 행복하기를 …

사용실과 사용량(g): 핑크 모헤어, 빈센트 차콜 8p, 빈센트 핑크 8p, 빈센트(회색, 카키, 민트, 핑크, 차콜), 붐붐 검정
사용 도구: 7mm, 8mm, 4mm, 3.5mm 대바늘, 모사용 코바늘 5/0호
작품 사이즈: 가로 62cm, 세로 40cm
작품 난이도: ★★★★☆
뜨는 법: 132쪽

은 상

강아지 몰리

이 상 미 어쭈구리

강아지 몰리는 진짜 강아지 같은 느낌의 디테일한 손뜨개 강아지 인형을 만들고 싶다는 생각에서 디자인했습니다. 몰리는 비글에서 영감을 받아 만든 강아지 인형으로 넙적한 귀와 커다란 눈을 갖고 있답니다. 다리와 꼬리에는 와이어가 들어있어서 모양을 변형시킬 수 있어요. 장난기 많은 강아지 비글을 손뜨개 인형으로 한 마리 떠 보아요~

사용실과 사용량(g): 빈센트 리치 프리미엄, 빈센트 3p / 사용량은 도안 참고
A: 등, 머리, 귀, 뒷다리 일부, 꼬리 일부 – 빈센트 리치 프리미엄 7705 라이트 브라운
B: 배, 주둥이, 앞다리, 뒷다리 일부, 꼬리 일부 – 빈센트 리치 프리미엄 7701 화이트
C: 눈 – 빈센트 3p 2782 코코아 D: 눈 – 빈센트 3p 2735 블랙 E: 눈 – 빈센트 3p 2731 화이트
F: 목 장식용 – 빈센트 리치 프리미엄 7721 핑크 G: 목 장식용 – 빈센트 리치 프리미엄 7723 체리와인
사용 도구: 2.5mm, 2.0mm 대바늘/장갑바늘
작품 사이즈: 약 가로 13cm, 세로 13cm
작품 난이도: ★★★★★
뜨는 법: 136쪽

은상

베이비플라워

정 승 희 베베언니

파스텔 색상 혼합으로 베이비 꽃밭을 연출해 보았습니다. 아가들 겉싸개 이불로 사용하거나 놀이방 매트 위에 깔아보세요. 부드럽고 밝은 색상 조합이 포근한 기분이 들게 해줍니다.

사용실과 사용량(g): 울리베이비 50g, 총 25볼
사용 도구: 모사용 코바늘 5호
작품 사이즈: 가로 90cm, 세로 110cm
작품 난이도: ★★★★☆

은 상

베이비돌 샤브레 드레스

김 은 경 아이네스

베이비돌 샤브레 드레스는 귀여운 베이비돌에게 우아하면서 여성스러운 드레스를 입혀주면 너무 예쁠 것 같아서 만들어 봤습니다. 독특한 어깨끈과 A라인의 치마를 조화롭게 디자인했고, 치마 밑단에 풍성한 주름을 넣어서 더욱 여성스럽게 표현해 보았습니다.

사용실과 사용량(g): 빈센트 3ply / 약 27g
사용 도구: 3.0mm 대바늘, 모사용 코바늘 2/0호
부자재: 1.2mm 진주색 콩단추 3개
작품 사이즈: 가로 17cm, 세로 26cm
작품 난이도: ★★★★☆
뜨는 법: 142쪽

은 상

봄꽃 블랭킷

이 다 진 햇님언니

튤립, 벚꽃, 진달래 등 봄꽃들의 색상을 떠올리며 만든 봄맞이 피크닉 블랭킷입니다.
초록빛 잔디밭과 어울릴 만한 색상들로 연출해 봤어요.

사용실과 사용량(g): 헤라울 45g 총 35볼(색상에 따라 남는 양이 많은 것도 있으므로 남은 실로 조그맣게 테이블용을 짜셔도 됩니다.)
사용 도구: 모사용 코바늘 5호
작품 사이즈: 가로 90cm, 세로 115cm
작품 난이도: ★★★★☆

은상

톡톡 티프렌즈

문은경 차차

옹기종기 모여 있는 알맹이를 닮은 모습으로 시간이 지나 무르익어 터져 나오는
과즙을 표현해 보았습니다. 같은 추억을 가진 친구와 즐기는 티타임은 늘 즐거워요.
서로 그 추억을 회상하며 소중한 시간을 함께해 보세요.
톡톡 터지는 발랄함과 상큼함이 담긴 티팟매트와 티코스터가 그 시간을 더욱 행복하게 해 줄 거예요.

사용실과 사용량(g): 리즈베스 40수 – 티팟매트(약 5g), 티코스터(약 2g)
사용 도구: 셔틀 2개, 레이스 코바늘
작품 사이즈: 티팟매트(가로 23cm, 세로 23cm), 티코스터(가로 10cm, 세로 10cm)
작품 난이도: ★★★☆☆
뜨는 법: 146쪽

은 상

나무꾼

황 지 애 출력중입니다

그간 외국 작가의 여러 작품들을 만들다 보니 우리나라 고유의 캐릭터를 만들고 싶은 생각이 마구 들더라고요. 그래서 이미지 작업을 위해 어린이 도서관에서 수백 권의 동화책을 보며 제 머릿속에서 점차로 구체화하여 형태를 만들어가고 실체화시켜 보았습니다.
이 아이는 팔다리가 움직이고, 옷을 갈아입히거나 머리카락도 씌우고 벗길 수 있어요.
이를 통해 전혀 다른 모습으로 변신이 가능하다는 장점이 있답니다.
앞으로 여자한복, 캐주얼 스타일 등 다른 코스튬들을 많이 보여드릴게요.

사용실과 사용량(g)
마카롱/살색(41 라이트 피치/110g), 짚신(44 딥베이지/6g), 바지(28 블루그린/45g),
저고리(03 베이비옐로우/35g), 소매 등(02 크림화이트/25g), 머리(52 블랙/25g),
지게(17 오렌지 브라운/20g)
사용 도구: 모사용 코바늘 4/0호, 6/0호, 10mm 인형눈, 산적꽂이
작품 사이즈: 가로 24cm, 세로 36cm 작품 난이도: ★★★☆☆
뜨는 법: 148쪽

은 상

날다람쥐 핫팩

안 재 희 귀신H

한겨울 추울 때 몸을 쭉~ 펼쳐서 손을 따뜻하게 해 줄 보들보들 날다람쥐!
겨울이면 매일 들고 다닐 핫팩에 귀여움을 더해 보았습니다.
날다람쥐의 배에 팥으로 만든 천연 핫팩을 데워서 넣거나, 일반 핫팩을 잘 흔들어 넣고 조금만 기다리면 다람쥐 배 전체가 따뜻해집니다. 양손으로 잡아도 되고, 배 위에 올려놓아도 되고, 바라보는 사람의 마음도 따뜻하게 만들어 주는 귀여운 핫팩입니다.

사용실과 사용량(g): 네코–베이지색 1볼(50g), 분홍색 약간, 슈퍼베이비론(수면사)–베이비옐로우색 20g
사용 도구: 5.5mm, 3mm 대바늘
작품 사이즈: 가로 19cm, 세로 31cm
작품 난이도: ★★★☆☆
뜨는 법: 154쪽

은상

양귀비 소녀

배 경 숙 모나리자

양귀비처럼 이쁘고 특이한 모티브를 떠서 반으로 접어서
알록달록 귀여운 인형의 바지를 만들어 보았습니다.

사용실과 사용량(g): 순모 검정, 빨강, 베이지 / 30g, 여름면사 조금
사용 도구: 대바늘 4mm, 코바늘 2호, 리본띠, 장식꽃
작품 사이즈: 가로 15cm, 세로 30cm
작품 난이도: ★★★☆☆

은상

러블리 인테리어 소품 4

김 은 경 다사랑79

허전한 벽면에 상큼함을 채워주세요. 커다란 원형 도일리에 상큼한 레몬들을 배치하여 글루건으로 고정시키면 된답니다. 채광이 잘 되는 공간에 레몬으로 따뜻하고 밝은 인테리어 효과를 줄 수 있는 코바늘 원형뜨기의 초간단 인테리어 소품이에요.

[벽걸이 장식]
사용실과 사용량(g): 클라우드 그레이 30g, 타조 구정뜨개실 30수 – 옐로우, 베이비옐로우, 올리브그린, 라이트카키, 옐로우그린 각 소량씩
사용 도구: 모사용 코바늘 6/0호, 레이스 코바늘 3/0호
부자재: 글루건
작품 사이즈: 벽걸이 장식(가로 18cm, 세로 25cm)
작품 난이도: ★★☆☆☆ 뜨는 법: 157쪽

[토피어리 화분]
사용실과 사용량(g): 해피코튼–크림화이트(20g), 올리브그린, 다크오렌지, 딥그린, 딥핑크, 인디핑크 각 소량씩, 구정뜨개 30수–다크그린, 라이트블루, 라임 각 소량씩, 보들이–겨자(20g)
사용 도구: 모사용 코바늘 5/0호, 레이스 코바늘 3/0호
부자재: 솜, 꽃철사, 꽃테이프, 글루건, 인형눈
작품 사이즈: 토피어리 화분(가로 15cm, 세로 17cm)
작품 난이도: ★★★☆☆

[플라워 화병 장식]
사용실과 사용량(g): 시몬–핫핑크, 핑크, 형광연두 각 소량씩, 구정뜨개 30수–라이트카키, 올리브그린 각 소량씩
사용 도구: 레이스 코바늘 3/0호
부자재: 꽃철사, 꽃테이프, 글루건, 화병, 솜
작품 사이즈: 플라워 화병 장식(가로 25cm, 세로 23cm)
작품 난이도: ★★☆☆☆

[라울 화분]
사용실과 사용량(g)
시몬–핫핑크, 핑크 각 소량씩, 구정뜨개 30수–라이트카키, 올리브그린, 브라운 각 소량씩, 보들이–겨자, 베이지 각 소량씩
사용 도구: 레이스 코바늘 3/0호
부자재: 꽃철사, 꽃테이프, 글루건, 화분, 솜(스티로폼)
작품 사이즈: 라울 화분(가로 10cm, 세로 15cm)
작품 난이도: ★★★☆☆

은상

실방울 브로치

장 화 애 솜뭉치

한국의 미를 살리는 전통적인 모시천과 화려한 컬러의 비닐 같은 실을 이용하여 동그라미의 모티브를 테마로 디자인하였습니다. 소재의 아름다움을 돋보이게 하고 우리 옷에도 원피스에도 잘 어울리는 실방울 브로치입니다.

사용실과 사용량(g): 폴리(지푸라기 실) 100g
사용 도구: 모사용 코바늘 5/0호
작품 사이즈: 가로 15cm, 세로 15cm
작품 난이도: ★★★☆☆
뜨는 법: 164쪽

은 상

레인보우 발매트 실내화 세트

최 명 화 영원한 철부지

신혼부부에게 선물할 아이템을 생각하다 떠오른 생각 … 발매트와 실내화 세트를 만들어 볼까~
깨가 쏟아지는 신혼에 어울리는 색상으로 은은한 레인보우를 적용했더니 솜사탕 같은 달콤함이 느껴지네요.
뜨개를 하는 동안 느껴지는 행복함이 참 좋다~

[발매트]
사용실과 사용량(g): 코나 8볼–인디핑크 4볼, 노랑 2볼, 민트, 하늘색 각 1볼씩 / 520g
사용 도구: 모사용 코바늘 7/0호
작품 사이즈: 발매트(가로 63.5cm, 세로 37.5cm)
작품 난이도: ★★★☆☆ 뜨는 법: 165쪽

[실내화]
사용실과 사용량(g): 남 – 민트 3볼, 인디핑크, 노랑, 하늘색 약간씩 / 260g, 여 – 인디핑크 3볼, 민트, 노랑, 하늘색 약간씩 / 250g
사용 도구: 모사용 코바늘 7/0호
작품 사이즈: 실내화(남) 가로 10.5cm, 세로 26cm/ (여) 10.5cm, 세로 23.5cm
작품 난이도: ★★★☆☆

은상

무지개사랑 세트

이 효 선 꼼지락써니

내 가방 속을 사랑스럽게 만들어 줄 무지개 하트 파우치와 보틀커버!
배색 고민 없이 간단한 패턴으로 다양하게 응용 가능한 소품입니다.
여러 개를 만들어도 모두 다른 느낌으로 하트 부분 배색이 되어서 세상 단 하나의 소품이 탄생했어요.

사용실과 사용량(g): 헤라코튼(배경색 실), 파파야바틱(하트 패턴)
사용 도구: 모사용 코바늘 4/0호
작품 사이즈: 보틀커버 지름(6~7cm, 10~11cm), 프레임 파우치(가로 15cm, 세로 13cm), 지퍼 파우치(가로 21cm, 세로 15cm)
작품 난이도: ★★★☆☆
뜨는 법: 168쪽

은상

한니트의 티오백

한 근 혜 한니트

한 가지 가방을 여러 느낌과 방법으로 다양하게 연출하여 사용할 수 있습니다.

1. 블랙 가방, 2. 블랙+그린, 3. 블랙+그레이, 4. 그린 망사 가방, 5. 그레이 그물 가방

사용실과 사용량(g): 젬마 – 88번 230g, 86번 200g, 80번 200g

사용 도구: 모사용 코바늘 6/0호

작품 사이즈: 가로 33cm, 세로 27cm

작품 난이도: ★★★☆☆

뜨는 법: 171쪽

은상

몬스터 장갑

박 소 윤 션니

괴물을 모티브로 만든 주방 장갑입니다.
아무리 뜨거운 냄비라도 괴물 장갑과 함께라면 무섭지 않아요.

사용실과 사용량(g): 제일모직 헤라울, 일본 수입 아트얀(바탕컬러 2볼, 포인트실 1볼, 아트얀 1볼)
사용 도구: 코바늘 5호, 10호
작품 사이즈: 가로 28cm, 세로 15cm
작품 난이도: ★★★★☆

은상

마카롱 도일리

김 경 희 소유love

작고 귀여운 하트들이 옹기종기 모여 러블리한 매력을 뽐내는 마카롱 도일리입니다.
마카롱 도일리를 전체적으로 보면 큰 하트 4개가 연결되어진 모습도 보인답니다.
알록달록 예쁜 실로 만들거나 롱피코에 비즈를 넣어 사랑이 곳곳에서 묻어나는 마카롱 도일리를 만들어 보세요.

사용실과 사용량(g): 자그레브실 20수 5g, 리즈베스 40수(화이트) 5g(비즈 포함)
사용 도구: 셔틀, 레이스 코바늘 12호
부자재: 비즈
작품 사이즈: 가로 15.5cm, 세로 15.5cm / 가로 14.2cm, 세로 14.2cm
작품 난이도: ★★★☆☆
뜨는 법: 173쪽

동 상

캔디 케이스 레이스발

이 수 진 태팅망이

태팅레이스는 도일리와 액세서리를 만드는 것이 주요 작품이라는 생각에서 벗어나 더욱 많은 실용성을 지닌 태팅레이스를 보여주고 싶었어요. 그래서 태팅레이스의 가장 기본적인 기법만으로 레이스발을 만들어 보았습니다.
모든 이들에게 즐거운 태팅 시간이 되길 바랍니다.

사용실과 사용량(g): 리즈베스 20수
사용 도구: 태팅레이스 셔틀
작품 사이즈: 가로 5cm, 세로 5cm
작품 난이도: ★★☆☆☆
뜨는 법: 174쪽

동 상

아기 담요

신 영 자 신여사

아이들이 어릴 때 옷을 떠 입히고 작아지면 풀어서 또 뜨곤 했지요.
실이라도 아껴보려고 풀고 다시 뜨던 시절 …
지금은 좋은 것도 많고 쉽게 살 수도 있지만 아기 이불을 떠보았습니다.
손주들도 다 커서 당장은 필요 없는데 첫 결혼을 하는 손자에게 선물하려고 미리 준비해 봅니다.
그게 언제일지는 아직 모르고, 증손주를 안아볼 수 있을지 모르지만 할머니의 마음을 전하고 싶습니다.

사용실과 사용량(g): 헤라코튼 – 8.5볼 정도 390g
사용 도구: 3mm 대바늘, 모사용 코바늘 4/0호
작품 사이즈: 가로 85cm, 세로 85cm
작품 난이도: ★★★☆☆
뜨는 법: 175쪽

동 상

모티브 커튼 & 쿠션

오 귀 자 찬영.윤수 맘

조그마한 원 모티브를 연결하다 보니 사랑스러운 레이스 커튼이 완성되었어요.
커튼뿐 아니라 소파나 침대 커버로도 활용할 수 있어요.
작은 쿠션은 레이스를 돋보이게 하는 소품 중 최고죠.

사용실과 사용량(g): 20수 타조 뜨개실, 총 45볼(커튼 40볼, 쿠션 5볼)
사용 도구: 모사용 코바늘 2/0호
작품 사이즈: 커튼–가로 100cm, 세로 200cm / 쿠션–가로 40cm, 세로 40cm
작품 난이도: ★★★☆☆
뜨는 법: 178쪽

동상

꽃잔치 카시트 세트

최 명 옥 이쁜나비

아프리칸 모티브를 떠보니 너무 아름다웠어요.
지금껏 동물 인형을 주로 뜨고 의류나 블랭킷도 떠봤지만 카시트는 아직 없기에
늘 예쁜 꽃밭에 있는 것처럼 즐거운 마음으로 함께하길 바라며 만들어 보았습니다.

사용실과 사용량(g): 24합 동방 콘사 – 베이지 200g, 버건디 700g, 진갈색 200g, 검정 600g
사용 도구: 모사용 코바늘 7/0호 부자재: 단추 지름 2.5cm 2개
작품 사이즈: 헤드(가로 19cm, 세로 62cm), 등받이(가로 44cm, 세로 90cm), 방석(가로 46cm, 세로 55cm)
작품 난이도: ★★☆☆☆
뜨는 법: 179쪽

동상

나들이 가방

고 영 순 뜨개사랑맘

나이가 드니 손에 물건을 여러 개 들면 하나씩 잃어버리곤 하지요.
또한 여행을 갈 때 가볍게 메고 다닐 편한 가방이 하나쯤은 필요합니다.
그래서 너무 크지도 않고 사용하기에도 편리한 나만의 가방을 만들고 싶었습니다.
뒤 포켓에는 핸드폰을 넣어 둘 수 있고 앞에는 교통카드 등 자주 꺼낼 수 있는 것을 넣게 만들었습니다.

사용실과 사용량(g): 튜브사(곤색 480g, 자주색 240g, 흰색 160g)
사용 도구: 모사용 코바늘 2/0호, 3/0호
부자재: 안감, 지퍼, 잠금장식, 연결고리
작품 사이즈: 가로 30cm, 세로 45cm
작품 난이도: ★★★★☆
뜨는 법: 182쪽

동 상

엄마 품처럼… 목화꽃 쿠션

박 순 덕 수연

목화꽃의 꽃말은 '어머니의 사랑'입니다.
어머니의 사랑을 떠올리며 어머니의 품속 같이 포근하고 따뜻한 쿠션을 만들어 보았습니다.
입체 꽃을 만들어 푹신하고 엄마에게 안기는 느낌이 나도록 만들었어요.

사용실과 사용량(g): 네코(2겹) – 흰색 22볼, 연두, 연노랑색 1볼
사용 도구: 모사용 코바늘 8/0호
작품 사이즈: 가로 40㎝, 세로 40cm
작품 난이도: ★★☆☆☆
뜨는 법: 185쪽

동 상

반짇고리의 뜨개사랑 / 진주 목걸이

고 재 옥 오색실

반짇고리의 뜨개사랑

실과 바늘이 만나면 정성과 사랑이 담긴 손뜨개 작품이 완성됩니다. 반짇고리의 실과 바늘은 손뜨개 준비가 되었음을 상징하며 즐겁고 행복한 마음을 갖게 해줍니다.

진주 목걸이

손뜨개를 이용하여 면실로 개성있고 독특한 디자인을 가진 나만의 목걸이를 만들고 싶었습니다.

[진주 목걸이]
사용실과 사용량(g): Date-검정색(5g)
사용 도구: 모사용 코바늘 3/0호
부자재: 진주알 2개
작품 사이즈: 진주 목걸이(40cm)
작품 난이도: ★★☆☆☆
뜨는 법: 187쪽

[반짇고리]
사용실과 사용량(g): Date면실-베이지색(5g), 빨강, 파랑, 노랑, 베이지 약간씩
사용 도구: 모사용 코바늘 3/0호
부자재: 이쑤시개, 단코표시핀, 단추
작품 사이즈: 반짇고리(가로 7.5cm, 세로 7.5cm)
작품 난이도: ★★☆☆☆

동상

여름 블랭킷

김 은 숙 루뽕

요즘 캠핑들 많이 하시죠. 낮은 덥지만 해가 지면 쌀쌀하게 느껴져요.
바닷가나 캠핑 장소에서 가볍게 덮을 수 있는 블랭킷을 만들어 봤어요.

사용실과 사용량(g): 하이소프트(라이트 스카이색 3볼, 인디핑크 3볼 반, 데님 2볼 반, 화이트 2볼 반) 총 11볼 반/ 500~540g 정도
사용 도구: 모사용 코바늘 5/0호
작품 사이즈: 가로 115cm, 세로 60cm
작품 난이도: ★★★☆☆
뜨는 법: 189쪽

동상

사랑이의 사계절 옷과 옷장

장 민 준 모든

다양한 색깔의 실로 계절에 맞는 옷을 입히고 싶어서 만든 인형 사랑이입니다.
사랑이의 옷은 이음선 없이 뜨면서 입히기 쉽게 디자인되었고, 색으로 사계절을 표현했어요.
그리고 사계절 옷을 넣어 둘 옷장은 옷을 걸었을 때나 비었을 때도 예쁘게 보이도록 꾸몄습니다.

사용실과 사용량(g): 올리브2 / 320g(살구색, 노란색, 흰색, 연두색, 하늘색, 파란색, 빨간색, 주황색, 청록색, 청색, 황토색)
사용 도구: 모사용 코바늘 5/0호
작품 사이즈: 가로 12cm, 세로 23cm
작품 난이도: ★★★☆☆
뜨는 법: 190쪽

동상

별 스티치 클러치

박 영 선 mmaama58

별 모양 스티치 무늬가 매력적인 클러치예요.
하늘의 별들을 떠올리게 하는 다양한 색을 넣어 만들었지요.
동양적 분위기가 느껴지고 태슬을 달아 완성도를 높였습니다.

사용실과 사용량(g): 코스모스 2겹(베이지, 파스텔 연두, 노랑, 진핑크, 파랑, 검정) 197g
사용 도구: 모사용 코바늘 7/0호
부자재: 가방 속지, 심지, 30cm 지퍼
작품 사이즈: 가로 28cm, 세로 18cm
작품 난이도: ★★★☆☆
뜨는 법: 198쪽

동 상

릴리베리 수세미

권 소 영 버스

은방울꽃의 꽃 모양을 모티브로 만들었습니다.
'릴리'는 은방울꽃의 영어 이름 "a lily of the valley"에서 따왔고, '베리'는 은방울꽃을 싸고 있는 모양이 과일 모양을 닮았다 하여 "berry"에서 따서 이름을 붙였습니다.

사용실과 사용량(g): 우슬초 10~11g
사용 도구: 모사용 코바늘 7/0호
작품 사이즈: 가로 11cm, 세로 11cm
작품 난이도: ★★★★☆
뜨는 법: 199쪽

동 상

러블리 원피스 세트

박 경 숙 퉁퉁이

러블리 원피스 세트

인형은 여자들에게는 어릴적 설레임과 첫사랑 같은 추억입니다.
가슴 한 켠에 누구나 가지고 있는 아련한 추억을 떠올리면서 사랑스러운 드레스로 표현해 보았습니다.

플라멩코 드레스

정열적이고 격정적인 스페인 춤 플라멩코를 연상하면서 알랙산더 마담 인형용으로 만든 인형옷입니다.
3단 캉캉 러플이 샤랄라한 드레스입니다.

[러블리 원피스 세트]
사용실과 사용량(g): 레이스볼 20g
사용 도구: 2mm 대바늘, 레이스 코바늘 4/0호
작품 사이즈: 가로 19cm X 세로 10cm
작품 난이도: ★★★☆☆
뜨는 법: 200쪽

[플라멩코 드레스]
사용실과 사용량(g): 레이스볼 20g
사용 도구: 2mm 대바늘, 레이스 코바늘 4/0호
작품 사이즈: 가로 20cm X 세로 14cm
작품 난이도: ★★★☆☆

동상

미니 바구니

박 은 주 그린나래33

작고 예쁜 입체 소품을 만들어 보고 싶었어요.
미니어처 소품으로 장식하거나 액세서리로도 활용 가능합니다.

사용실과 사용량(g): 리즈베스 40수 / 약 7~8m
사용 도구: 셔틀 1개, 레이스 코바늘 0.5mm
작품 사이즈: 가로 4cm, 세로 3.5cm
작품 난이도: ★★☆☆☆
뜨는 법: 203쪽

동 상

투웨이 쿠션 커버

우 진 옥 kala9908

원형 쿠션 커버를 뜰 생각으로 팔각형 도안을 만들었어요. 집에는 사각 쿠션 솜밖에 없어서 우선 끼워봤는데 …
어라~ 사각 쿠션도 어색하지 않네요. 쿠션 하나로도 분위기 반전은 있는 터라 원형과 사각 두 가지로 사용할 수 있어 뿌듯함을 느끼며 아들에게 어떠냐고 물으니 "왕만두에요?"라고 하는 군요.
그러네. 원형 솜을 넣으니 왕만두 모양이에요. 양면의 색을 다르게 하니 또 두 가지 분위기를 낼 수 있어요.
그래서 투웨이(two way) 쿠션 커버~^^*

사용실과 사용량(g): 린넨 VIP 8볼(2색 각 4볼씩)
사용 도구: 모사용 코바늘 5/0호
부자재: 40cm 원형 솜, 3.5cm 단추 2개, 브로치 받침대(2.5cm) 2개
작품 사이즈: 가로 48cm, 세로 48cm 작품 난이도: ★★☆☆☆
뜨는 법: 204쪽

동상

여름 비치백

문명순 Beluga

일상생활을 접어두고 어디론가 훌쩍 떠나고 싶다면
가벼운 소재로 만든 여름 비치백이 필요하겠죠.

사용실과 사용량(g): 미도리(회색, 칼라색) 490g
사용 도구: 모사용 코바늘 5/0호
부자재: 가방 끈(벨트 이용), 자석
작품 사이즈: 가로 35cm, 세로 30cm 작품 난이도: ★★☆☆☆
뜨는 법: 206쪽

동 상

눈꽃 블랭킷

오 성 숙 방글이

모티브 뜨기를 즐겨서 새로운 것만 보면 무조건 떠보는데 어느덧 상자 하나 가득 모티브들만 모여 있어 이것들을 응용한 블랭킷을 생각하게 되었지요.
Blizzard Warning이란 멋진 모티브를 중심으로 그동안 떠보았던 모티브들을 빨강과 흰색만의 배색으로 바꾸고 크기도 같게 맞추었지요.
눈폭풍이란 이미지에 맞추어 눈꽃송이가 생각나는 모티브를 많이 골랐답니다.
그래서 눈꽃 블랭킷이 되었어요.

사용실과 사용량(g): 빈센트 로트렉, 흰색 5볼 / 빨강 9볼
사용 도구: 모사용 코바늘 5호
작품 사이즈: 가로 100cm, 세로 110cm
작품 난이도: ★★★★☆

동 상

짱가쏭의 참외, 수박 수세미

장 정 화 짱가쏭

참외, 수박 수세미

여름을 대표하는 과일인 먹음직한 참외와 싱싱한 수박 느낌을 리얼하게 표현하고픈 마음을 담아 만든 참외, 수박 수세미는 반복적인 부분이 많아 초보자분들도 어렵지 않게 만드실 수 있습니다.

참외 반, 수박 반 수세미

반으로 자른 과일 느낌을 표현해서 만들어 본 참외 반 수세미는 가운데 씨앗 부분을, 수박 반 수세미는 빨갛게 살 익은 부분을 포인트로 나타내어 만들었습니다.

사용실과 사용량(g): 폴리(웰빙, 삼성고급수세미실)
사용 도구: 모사용 코바늘 5/0호
작품 사이즈: 가로 9~11cm, 세로 10~12cm
작품 난이도: ★★★☆☆
뜨는 법: 208쪽

특별상

셀럽의 하리 티매트, 블랭킷

강 성 미 셀럽

블랭킷 – 귀여운 하트가 콕콕 박혀있는 앙증맞은 모티브로 만든 블랭킷입니다. 레이시한 네트 연결로 여성스러움이 물씬 묻어납니다.

티매트 – 엣징이 사랑스러운 티매트는 배색에 따라 다양한 표현이 가능합니다.
하리 : 사랑하리, 행복하리, 즐거워하리 등의 줄임말입니다.

사용실과 사용량(g): 네코, 마카롱(블랭킷 28볼)
사용 도구: 티매트 모사용 코바늘 6/0호, 블랭킷 모사용 코바늘 5/0호
작품 사이즈: 티매트 지름 12cm, 블랭킷 가로 121cm x 세로143cm
작품 난이도: ★★★☆☆
뜨는 법: 210쪽

특별상

한올의 베이비돌 요람

박 수 진 한올

인형옷 수업을 하다보니 인형을 들고 오시는 분들이 종종 있는데 베이비돌은 사이즈가 커서 쇼핑백에 넣어도 머리가 나오더라고요. 얼굴이 중요한데 말이지요. 그래서 이동도 하고 보관과 놀이도 할 수 있도록 요람을 만들게 되었습니다.

사용실과 사용량(g): 오로라 6볼
사용 도구: 모사용 코바늘 7/0호, 돗바늘
작품 사이즈: 가로 45cm, 세로 18cm, 높이 21cm
작품 난이도: ★★★★☆
뜨는 법: 212쪽

특별상

쌍둥맘 헬레나의 와인병

박 소 윤 쌍둥맘 헬레나

1865 와인은 칠레산 와인으로 골프 애호가들이 즐겨 마신다고 하지요.
특히나 대한민국에서 판매가 잘 된다는 와인입니다.
맛도 맛이지만 18홀을 65타에 칠 수 있게 해준다는 행운의 스토리를 가진 와인이지요.
그런 와인에 소아암 어린이 돕기 캠페인의 일환으로 와인병에 빨간 모자를 씌워줬답니다.

사용실과 사용량(g): 면혼방 갈색 100g, 머스터드 30g, 빨강 약간, 연베이지 약간
사용 도구: 모사용 코바늘 4/0호(2.5mm), 6/0호(3.5mm), 대바늘 3mm, 돗바늘
부자재: 구름솜, 단추
작품 사이즈: 가로 11cm, 세로 34cm
작품 난이도: ★☆☆☆☆
뜨는 법: 214쪽

특별상

열기구 태팅레이스

서 주 혜 달의아이

태팅레이스에 메탈링을 접목해서 만든 3D열기구입니다. 모빌이나 인테리어 소품으로 활용하기에도 좋고 만드는 기법도 기초 기법을 사용해 초보도 만들 수 있습니다.
메탈링과 메탈링을 더블 스티치를 하면서 연결하여 차근차근 만들어 보세요.

사용실과 사용량(g): 샘플실 올림푸스 40수, 미유키 씨드비즈 18개, 3cm 술 6개
사용 도구: 셔틀, 레이스 코바늘
부자재: 메탈링 사용 종류(10mm 1개, 20mm 1개, 30mm 4개, 40mm 3개, 50mm 2개, 60mm 2개, 65mm 2개, 70mm 3개)
작품 사이즈: 7cm X 11cm
작품 난이도: ★★★☆☆
뜨는 법: 216쪽

특별상

프렌즈 니트 푸프

이 용 화 니팅미르

어떠한 공간에도 조화롭게 어우러지는 인테리어의 필수 아이템을
직접 만들어 보았습니다. 스툴뿐 아니라 트레이 등을 올려 작은 테이블로도 다양하게 사용할 수 있습니다.
사용감으로 형태가 찌그러지면 통통 두드려 형태를 바로잡을 수 있고 충전재 보충과 세탁이 가능합니다.

사용실과 사용량(g): 프렌즈 올리브카키 644 5볼, 다크버건디 653 10볼, 머스타드 640 10볼
사용 도구: 12mm 줄바늘
부자재: 안감, epp 충전재
작품 사이즈: 올리브카키 가로 40cm, 세로 30cm, 다크버건디 가로 80cm, 세로 65cm, 머스타드 가로 78cm, 세로 60cm
작품 난이도: ★★★★☆
뜨는 법: 217쪽

특별상

고양이 발쿠션

윤 주 영 슈에이

동글동글하고 부드러운 돌핀의 텍스처와 말랑말랑한 감촉마저 고양이 발바닥 젤리를 꼭 닮은 고양이 발쿠션입니다. 원하는 색으로 털색을 선택하여 좋아하는 고양이 발을 만들 수 있어요. 마음이 고단할 때나 응원이 필요할 때 부드러운 고양이 발에 안겨보세요.

사용실과 사용량(g): 히말라야 돌핀
사용 도구: 모사용 10/0 코바늘(6mm)
작품 사이즈: 가로 45cm, 세로 25cm
작품 난이도: ★★★☆☆

특별상

야생화 가방

홍 명 자 MJ홍

짧은 뜨기로 만든 단순한 가방에 그림을 그리듯이 야생화를 수놓았습니다.

사용실과 사용량(g): 몽블랑 순면 18합 / 235g, 꽃수실 / 빈센트 8p
사용 도구: 코바늘 5/0호
부자재: 가방 속지, 가방 손잡이
작품 사이즈: 가로 40cm, 세로 35cm
작품 난이도: ★★★★☆

특별상

지그재그제이(zigzagJ) 크로스백

김 미 정 쩡이

입체적인 지그재그 무늬를 두 가지 색으로 배색하여 경쾌하고 밝은 느낌을 표현한 크로스백입니다. 끈 길이를 조절하여 숄더백으로도 연출할 수 있으며, 끈 없이 클러치백으로도 연출이 가능한 활용도 높은 가방입니다.

사용실과 사용량(g): 빈센트 로트렉 겨자색 70g, 빈센트 로트렉 흰색 50g
사용 도구: 모사용 코바늘 7/0호, 5/0호, 돗바늘
부자재: D링 2개, 똑딱이(자석) 단추 2쌍, 체인
작품 사이즈: 가로 20cm, 세로 13cm
작품 난이도: ★★★☆☆ 뜨는 법: 220쪽

SL
G

작품 도안

대 상

심지인형 연필꽂이(웨딩, 못난이, 아기돼지 삼형제)

김 세 정 내가다인

사용실과 사용량(g): 피카소 코튼, 헤라울, 링구사 / 50~60g
사용 도구: 모사용 코바늘 4/0호
작품 사이즈: 가로 11cm, 세로 11cm
작품 난이도: ★★☆☆☆ **작품사진:** 10쪽

만드는 방법

● **만들기 POINT:** 단 마다 기둥코 (짧은뜨기는 사슬 1코) 세우며, 단의 마지막엔 첫코에 빼뜨기로 연결한다.

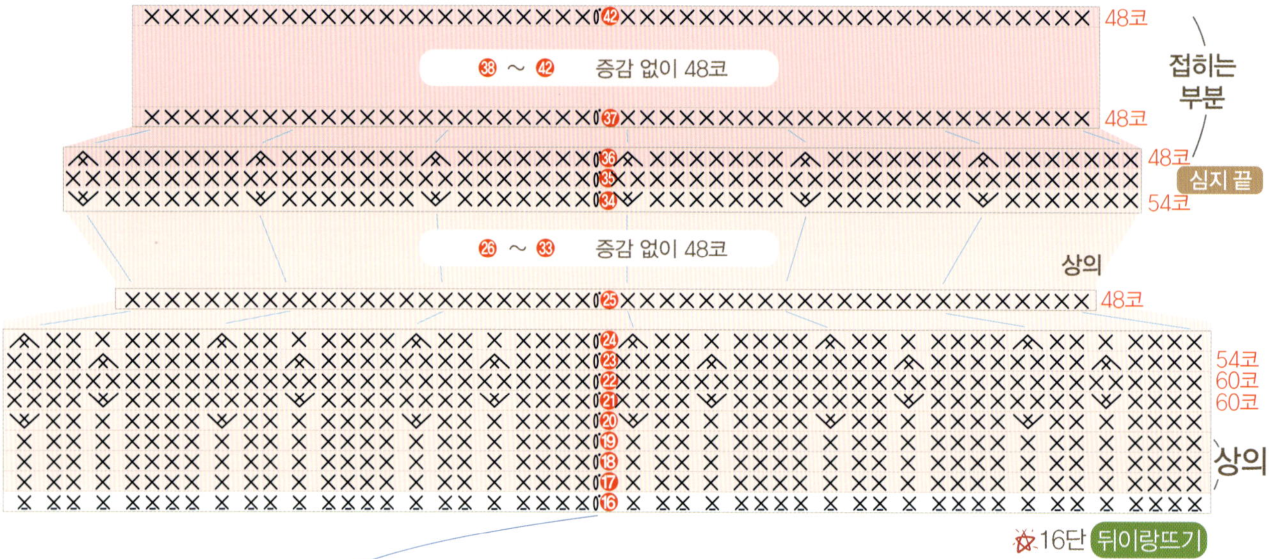

몸통

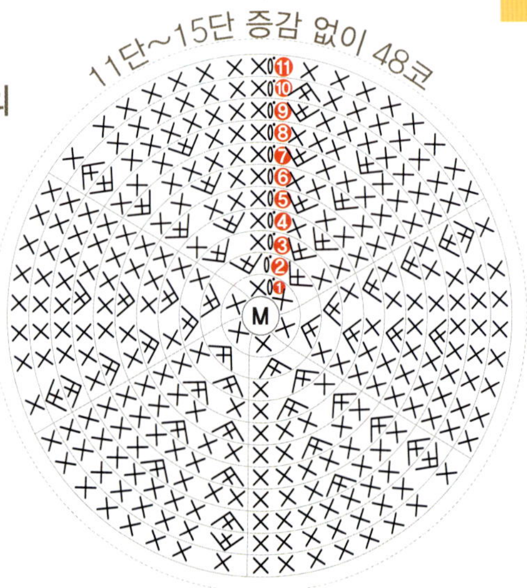

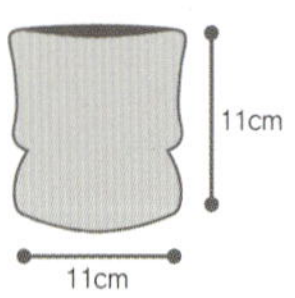

X(짧은뜨기), V(코 늘리기), A(코 줄이기), F(한길 긴뜨기)
단 올라갈 때마다 기둥코 (사슬 1) 세우고 시작한다.

예) XV, (2XV*5), X: 짧은뜨기 1개, 1코에 짧은뜨기 2, 짧은뜨기 2개와 1코에 짧은뜨기 2개를 5번 반복, 짧은뜨기 1개

몸통

단	기호	콧수
1	매직링-6X	6
2	V*6	12
3	XV*6	18
4	XV, (2XV*5), X	24
5	3XV*6	30
6	2XV, (4XV*5), 2X	36
7	5XV*6	42
8	3XV, (6XV*5), 3X	48
9	7XV*6	54
10	7XA*6	48
11~15	48X(하의)	48
16	X48(뒤이랑뜨기)	48
17~19	48X(상의)	48
20	7XV*6	54
21	4XV, (8XV*5), 4X	60
22	60X	60
23	4XA, (8XA*5), 4X	54
24	7XA*6	48
25~33	48X	48
34	7XV*6	54
35	54X	54
36	7XA*6(머리/심지 끝)	48
37~42	X48(심지 안으로 접혀 들어가는 부분)	48

돼지 코

× 뒤이랑뜨기

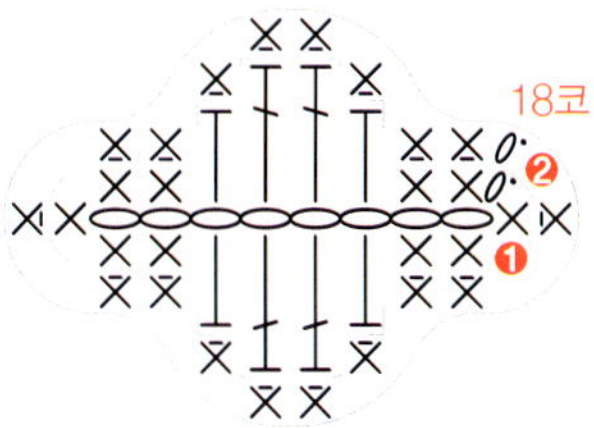

돼지 코

단	기호	콧수
1	사슬 9코 후 기호 도안대로 뜬다.	
2	18X(뒤이랑뜨기)	18

돼지 귀 2장

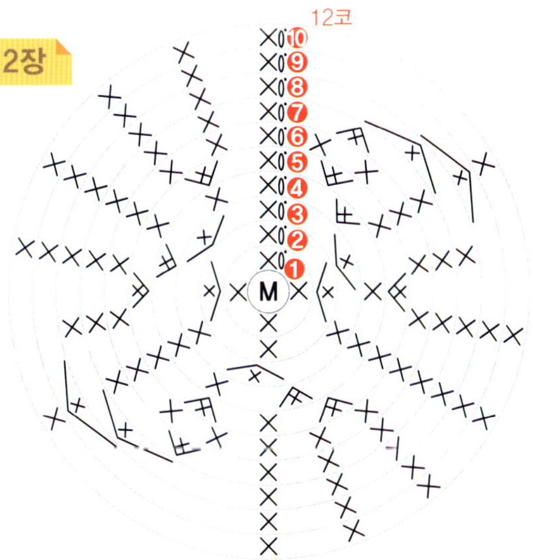

돼지 귀

단	기호	콧수
1	매직링-4X	4
2	XV*2	6
3	XV*3	9
4	2XV*3	12
5	XV*6	18
6	18X	18
7	7XA*2	16
8	6XA*2	14
9	5XA*2	12
10	12X	12

팔 2장

신랑, 신부, 못난이, 돼지 삼형제의 몸통, 팔은 동일

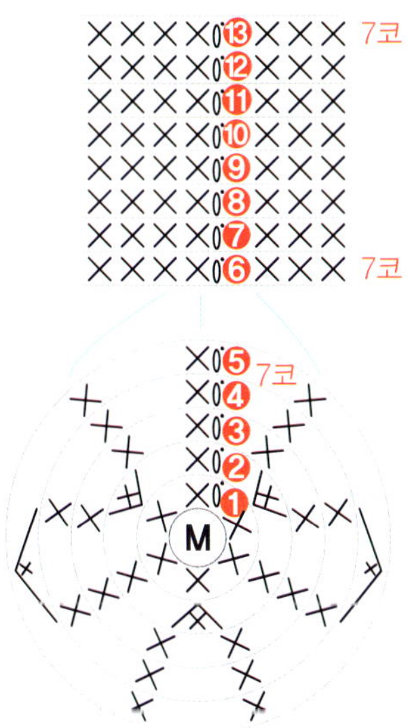

팔

단	기호	콧수
1	매직링-6X	6
2	XV*3	9
3~4	9X	9
5	2XA*2, X	7
6~13	7X	7
	신랑, 신부, 못난이, 돼지 삼형제의 몸통, 팔은 동일	

턱시도

단	기호	콧수
	사슬 44코	44
1	44X	44
2	10X, A, 20X, A, 10X	42
3	10X, A, 18X, A, 10X	40
4	10X, A, 16X, A, 10X	38
5~6	38X	38

턱시도

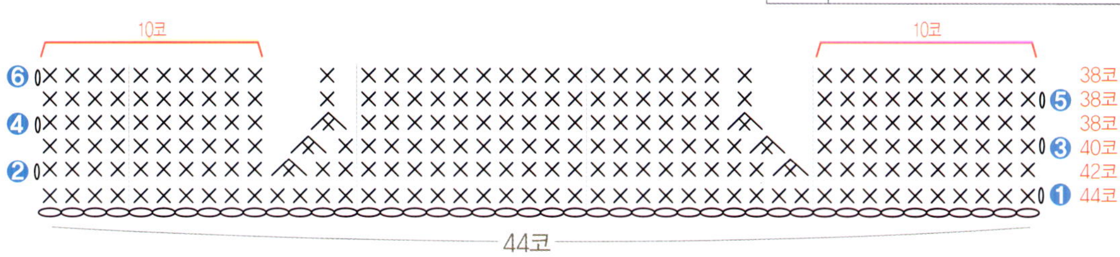

못난이 치마

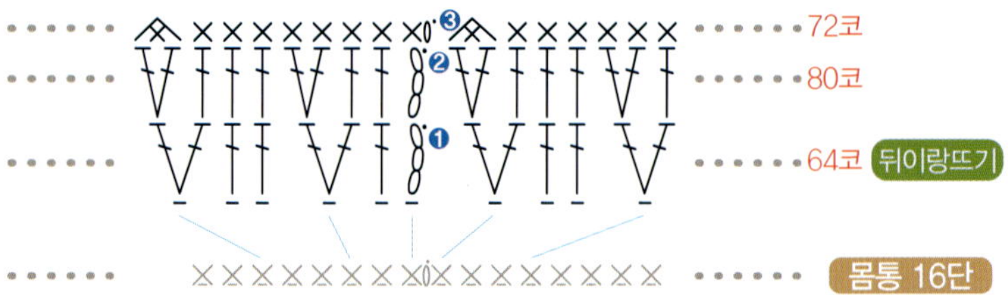

몸통 16단 뒤이랑뜨기한 부분에서 시작

못난이 치마

단	기호	콧수
	못난이 치마 몸통 16단 이랑뜨기한 부분에 뜨기	
1	2FV*16	64
2	3FV*16	80
3	(8X, A)*8	72

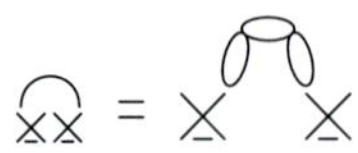

웨딩드레스

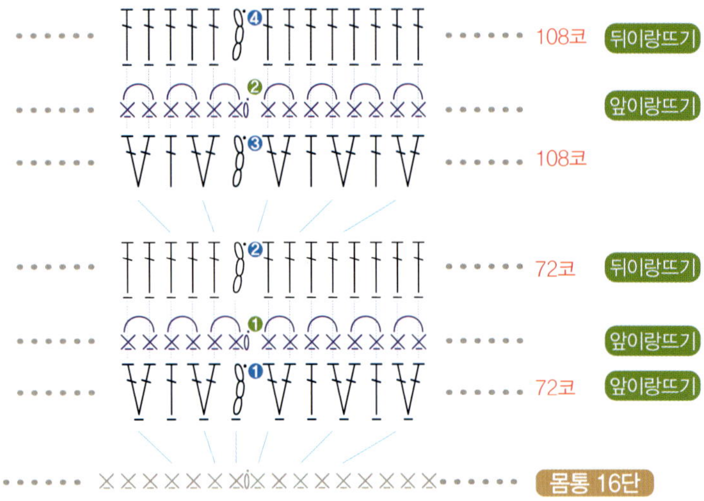

몸통 16단 뒤이랑뜨기한 부분에서 시작

웨딩드레스

단	기호	콧수
	웨딩드레스 몸통 16단 이랑뜨기한 부분에 뜨기	
1	FV*24	72
2	72F(뒤이랑뜨기)	72
❶	앞쪽 코에는 (사슬3, 한 코 띄고 X)-레이스 만들기	
3	FV*36	108
4	108F(뒤이랑뜨기)	108
❷	앞쪽 코에는 (사슬3, 한 코 띄고 X)-레이스 만들기	

마무리

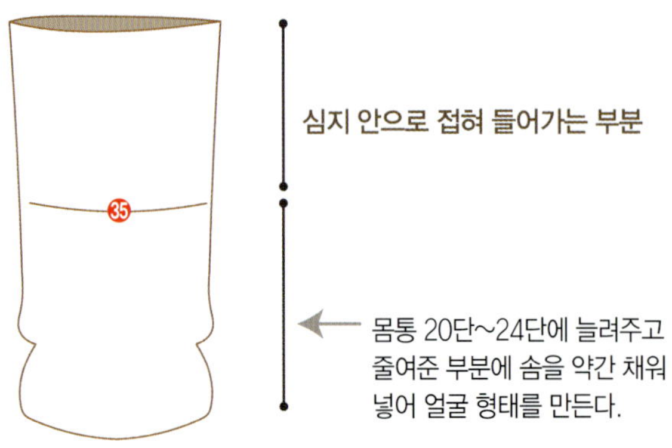

몸통을 완성 후 심지에 씌운다. 이때 두꺼운 종이를 이용해서 바닥을 막으면 좀더 튼튼한 연필꽂이를 만들 수 있다.

수성펜을 이용해서 얼굴에 머리 라인을 그려주고 심지 꼭대기 접히는 부분에 바늘을 넣어 원하는 머리카락 길이만큼 사슬뜨기 후 짧은뜨기로 되돌아온다. 한칸 띄고 빼뜨기한 후 이 과정을 반복한다. 한바퀴 돌아준 뒤 실로 머리카락을 고정해도 좋지만, 어렵다면 글루건을 이용해서 고정해도 무방하다.

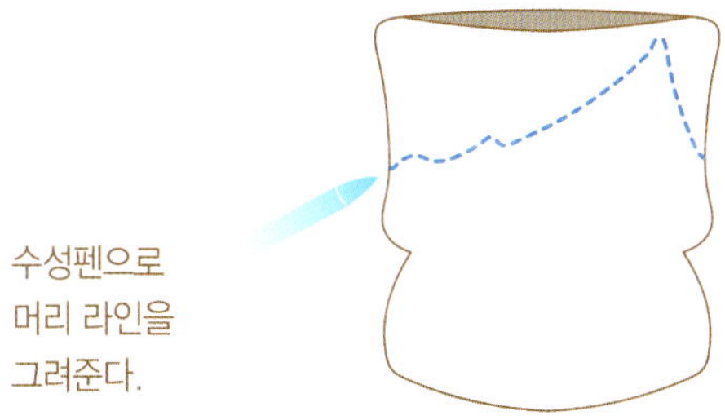

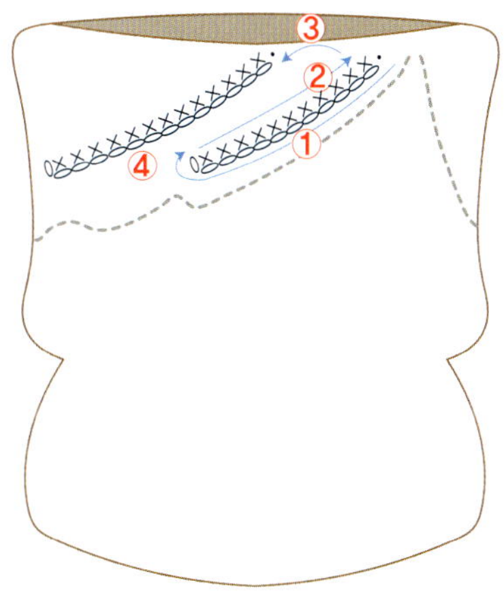

링구사를 이용해서 양쪽 끝까지의 길이로 실을 여러 번 감아 가운데를 묶어준다.

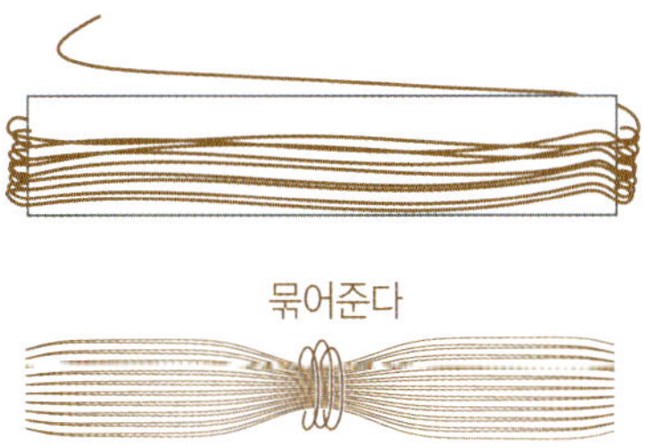

심지인형 뒤통수에 글루건으로 고정한다.

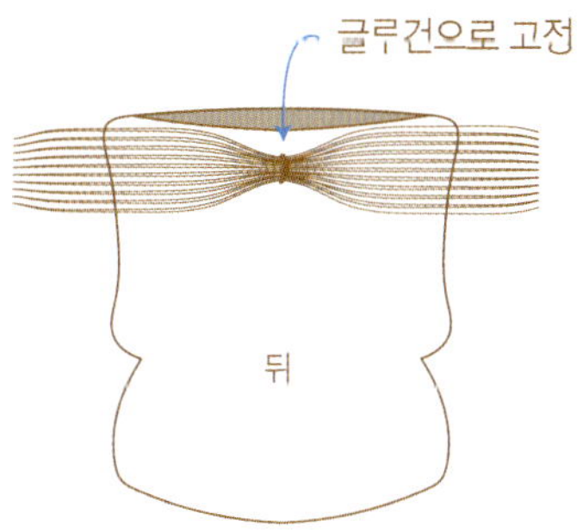

같은 길이로 1번 실보다는 좀 적게 감아 가운데를 묶어준 뒤 얼굴 앞쪽 가르마 만들면서 고정한다.

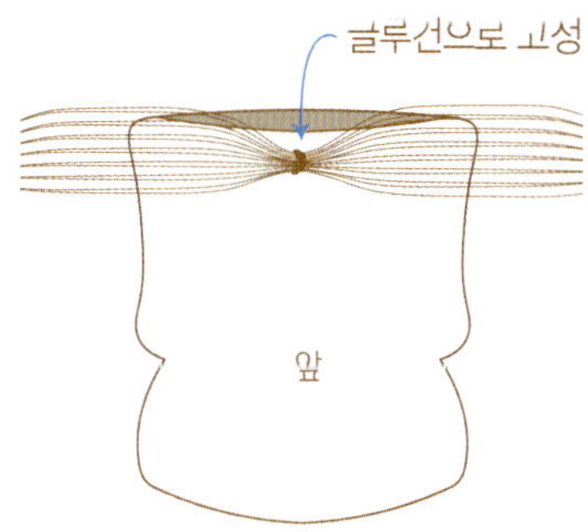

뒤쪽과 앞쪽 머리를 합하여 양 갈래 머리로 연출한다.

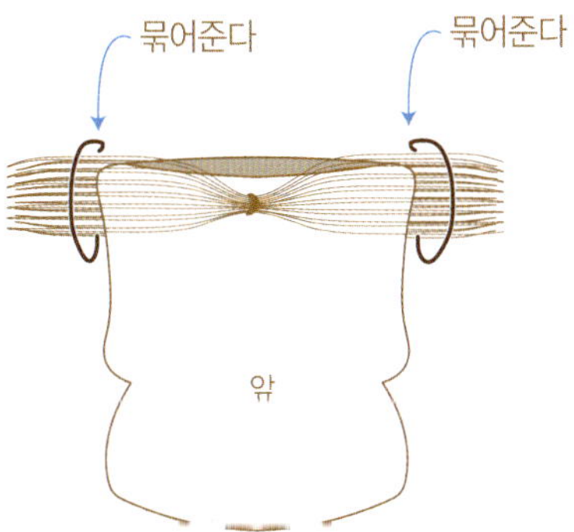

리본이나, 폼볼을 이용해 머리에 장식한다.

돼지 삼형제를 만들 때에는 심지 위쪽 꺾이는 부분에 돼지 귀를 살짝 접어 고정한다. (귀 접어서 안쪽으로 바느질해서 고정시켜 줘도 된다.)

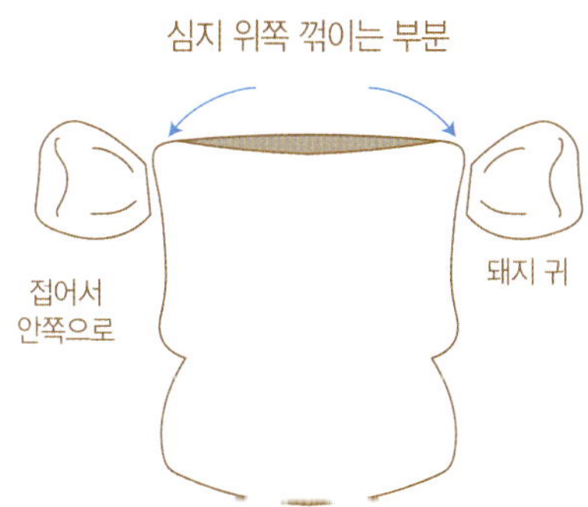

얼굴 표정은 개성에 맞게 돗바늘을 이용해서 스티치 해준다.

인형에 맞게 리본이나 꽃장식으로 나만의 연필꽂이, 인테리어 소품을 만든다.

금 상

토끼가족 모모맘(토나, 토리, 토토, 토미)

이 은 모모맘

토나(엄마 토끼)

사용실과 사용량(g): 아이돌 실(흰색, 연분홍색, 빨간색, 진한 밤색)/200g

사용 도구: 대바늘 2.5mm

작품 사이즈: 가로 20cm, 세로 35cm

작품 난이도: ★★★★☆ **작품사진:** 11쪽

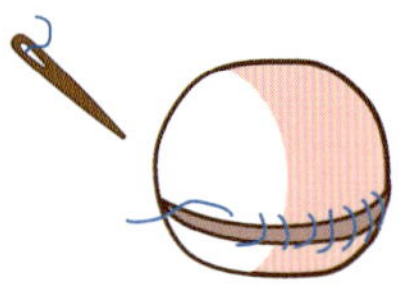

바닥과 같은 색으로 바느질한다.

머리

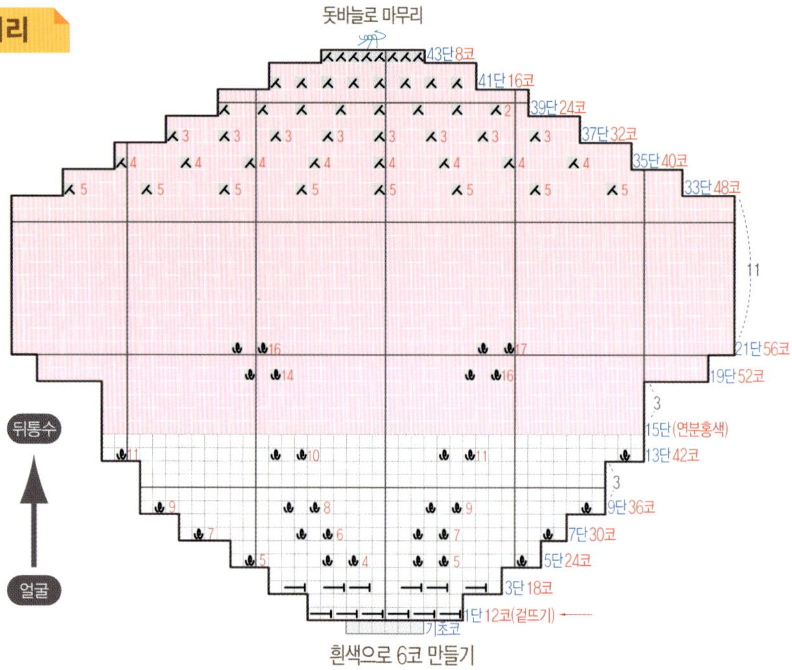

- ㅣ = □ 겉뜨기(K)
- ㅡ 안뜨기(P)
- 오른코 모아뜨기(SKPO)
- 왼코 모아뜨기(K2tog)
- 겉뜨기로 늘리기(Kfb)→(겉1,늘1)로 표기
- 안뜨기로 늘리기(Pfb)→(안1,늘1)로 표기
- 왼쪽 만들기(M1L)→ 만1로 표기
- 오른코 만들기(M1R)→ 오른코 만들기로 표기
- 감아코(Backward loop cast on)
- ● = □ 코막음(cast off)

만드는 방법 - 토나(엄마 토끼)

머리

(흰색 실) 6코 만들기

1단: (겉1, 늘1)×6 - 12코

2단: 안뜨기

3단: 겉1, (겉1, 늘1), 겉1, (겉1, 늘1) ×2, 겉2, (겉1, 늘1)×2, 겉1, (겉1, 늘1), 겉1 - 18코

4단: 안뜨기

5단: 겉1, 만1, 겉5, 만1, 겉1, 만1, 겉4, 만1, 겉1, 만1, 겉5,만1, 겉1 - 24코

6단: 안뜨기

7단: 겉1, 만1, 겉7, 만1, 겉1, 만1, 겉6, 만1,겉1, 만1, 겉7, 만1, 겉1 - 30코

8단: 안뜨기

9단: 겉1, 만1, 겉9, 만1, 겉1, 만1, 겉8, 만1, 겉1, 만1, 겉9, 만1, 겉1 - 36코

10단: 안뜨기

11단~12단: 메리야스뜨기

13단: 겉1, 만1, 겉11, 만1, 겉1, 만1, 겉10, 만1, 겉1, 만1, 겉11, 만1, 겉1 - 42코

14단: 안뜨기

15단: (연분홍색 실로 바꾼다), 겉뜨기

16단~18단: 안뜨기 시작으로 메리야스뜨기

19단: 겉16, 만1, 겉1, 만1, 겉14, 만1, 겉1,만1, 겉16 - 52코

20단: 안뜨기

21단: 겉17, 만1, 겉1, 만1, 겉16, 만1, 겉1, 만1, 겉17 - 56코

22~32단: 안뜨기 시작으로 11단, 메리야스뜨기

33단: (겉5, 2코 모아뜨기)×8 - 48코

34단: 안뜨기

35단: (겉4, 2코 모아뜨기)×8 - 40코

36단: 안뜨기

37단: (겉3, 2코 모아뜨기)×8 - 32코

38단: 안뜨기

39단: (겉2, 2코 모아뜨기)×8 - 24코

40단: 안뜨기

41단: (겉1, 2코 모아뜨기)×8 - 16코

42단: 안뜨기

43단: (2코 모아뜨기)×8 - 8코

몸통(왼쪽 다리+오른쪽 다리)

63단: 겉22+겉22 - 44코

64단~66단: 안뜨기 시작으로 메리야스뜨기

67단: 겉1, {겉6, (겉1, 늘1)}×6, 겉1 - 50코

68단~72단: 안뜨기 시작으로 메리야스뜨기

73단: 겉1, {겉7, (겉1, 늘1)}×6, 겉1 - 56코
74단~80단: 안뜨기 시작으로 메리야스뜨기
81단: 겉1, (겉7, 2코 모아뜨기)×6, 겉1 - 50코
82단~84단: 안뜨기 시작으로 메리야스뜨기
85단: 겉1, (겉6, 2코 모아뜨기)×6, 겉1 - 44코
86단~88단: 안뜨기 시작으로 메리야스뜨기
89단: 겉1, (겉5, 2코 모아뜨기)×6, 겉1 - 38코
90단~94단: 안뜨기 시작으로 메리야스뜨기
95단: 겉1, (겉4, 2코 모아뜨기)×6, 겉1 - 32코
96단~98단: 안뜨기 시작으로 메리야스뜨기
99단: 겉1, (겉3, 2코 모아뜨기)×2, 겉10 (겉3, 2코 모아뜨기)×2, 겉1 - 28코막음

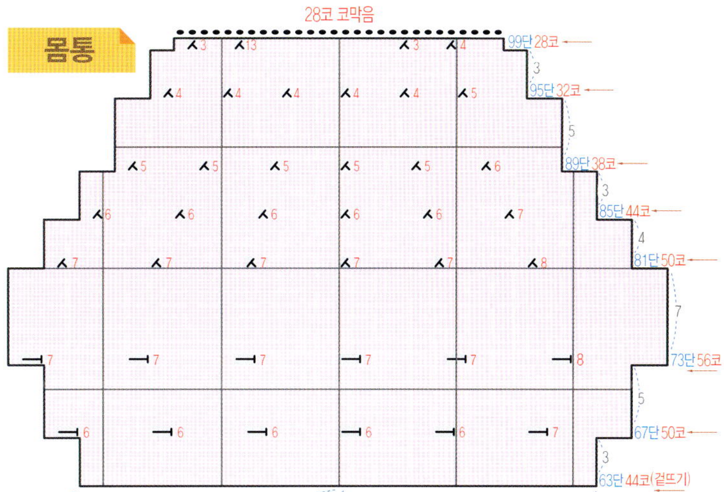

*오른쪽 다리

(진한 밤색 실) 24코 만들기
1단: 겉1, (겉1, 늘1)×22, 겉1 - 46코
2단~6단. 안뜨기 시작으로 메리야스뜨기
(분홍색 실로 바꾼다)
7단~12단: 메리야스뜨기
13단: 겉11, (2코 모아뜨기)×8, 겉19 - 36코
14단: 안뜨기
15단: 겉9, (2코 모아뜨기)×6, 겉17 - 32코
16단: 안뜨기
17단: 겉6, (2코 모아뜨기)×6, 겉14 - 26코
18단: 안뜨기
19단: 겉5, (2코 모아뜨기)×4, 겉13 - 22코
20단: 안뜨기
(연분홍색 실로 바꾼다)
21단~62단: 42단 메리야스뜨기
실을 끊고 안전핀에 걸어둔다.

왼쪽 다리

(진한 밤색 실) 24코 만들기
1단: 겉1, (겉1, 늘1)×22, 겉1 - 46코
2단~6단: 안뜨기 시작으로 메리야스뜨기
(분홍색으로 바꾼다)
7단~12단: 메리야스뜨기
13단: 겉19, (2코 모아뜨기)×8, 겉11 - 38코
14단: 안뜨기
15단: 겉17, (2코 모아뜨기)×6, 겉9 - 32코
16단: 안뜨기
17단: 겉14, (2코 모아뜨기)×6, 겉6 - 26코
18단: 안뜨기
19단: 겉13, (2코 모아뜨기)×4, 겉5 - 22코
20단: 안뜨기
(연분홍색 실로 바꾼다)
21단~62단: 42단 메리야스뜨기

팔x2장

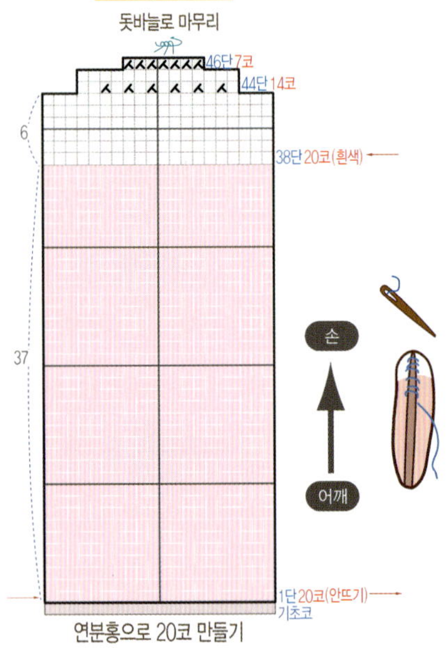

귀x2장

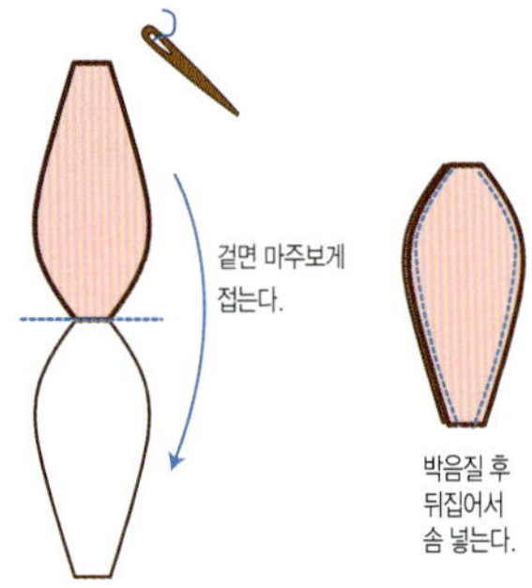

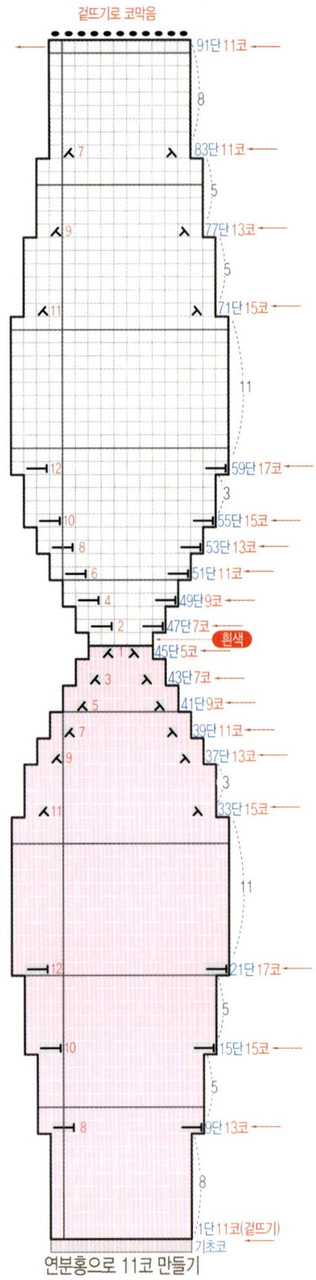

속옷

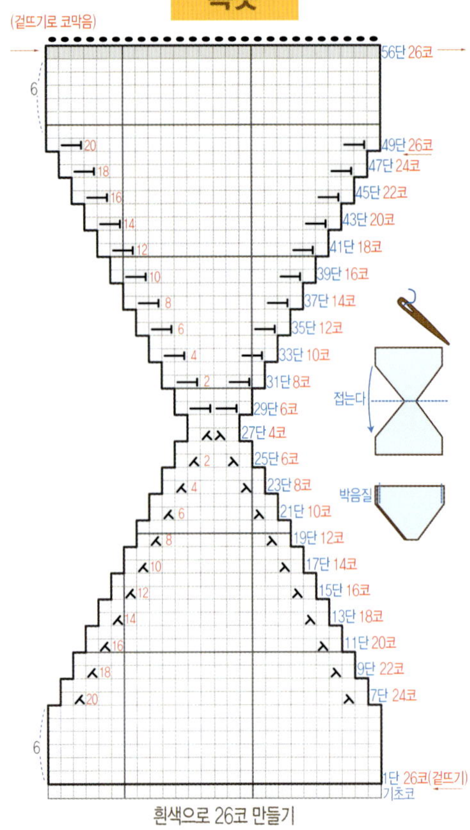

팔 - 2개

*(연분홍실) 20코 만들기

1단: 안뜨기로 시작

2단~37단: 메리야스뜨기

38단~43단: (흰색 실로 바꾼다) 메리야스뜨기

44단: (겉1, 2코 모아뜨기)×6, 겉2 - 14코

45단: 안뜨기

46단: (2코 모아뜨기)×7 - 7코

돗바늘로 마무리**

위와 같이 *1단 - 46단** 반복해서 1장 더 뜬다.

속옷

(흰색 실) 26코 만들기

1단~6단: 메리야스뜨기

7단: 겉1, 오른코 줄이기1, 겉20, 2코 모아뜨기1, 겉1 - 24코

8단: 안24

9단~27단: 위와 같은 방법으로 겉뜨기 때 겉1, 양쪽 2, 3번째 코 2코 모아뜨기, 겉1 - 4코 남을 때까지 반복한다.

28단: 안4

29단: 겉, (겉1, 늘1), (겉1, 늘1), 겉1 - 6코

30단: 안6

31단: 겉, (겉1, 늘1), 겉2, (겉1, 늘1), 겉1 - 8코

32단: 안8

33단~49단: 위와 같은 방법으로 겉뜨기 때 겉1, 양쪽 2번째 코 (겉1, 늘1), 겉1, 26코 될 때까지 반복한다.

50단~55단: 안뜨기 시작으로 메리야스뜨기

56단: 겉뜨기로 코막음

귀 - 2개

*(연분홍색 실) 11코 만들기

1단~8단: 메리야스뜨기

9단: (겉1, 늘1), 겉8, (겉1, 늘1), 겉1 - 13코

10단~14단: 안뜨기 시작으로 메리야스뜨기

15단: (겉1, 늘1), 겉10, (겉1, 늘1), 겉1 - 15코

16단~20단: 안뜨기 시작으로 메리야스뜨기

21단: (겉1, 늘1), 겉12, (겉1, 늘1), 겉1 - 17코

22단~32단: 안뜨기 시작으로 메리야스뜨기

33단: 겉1, 오른코 줄이기, 겉11, 2코 모아뜨기, 겉1 - 15코

34단~36단: 안뜨기 시작으로 메리야스뜨기

37단: 겉1, 오른코 줄이기, 겉9, 2코 모아뜨기, 겉1 - 13코

38단: 안뜨기

39단: 겉1, 오른코 줄이기, 겉7, 2코 모아뜨기, 겉1 - 11코

40단: 안뜨기

41단: 겉1, 오른코 줄이기, 겉5, 2코 모아뜨기, 겉1 - 9코

42단: 안뜨기

43단: 겉1, 오른코 줄이기, 겉3, 2코 모아뜨기, 겉1 - 7코

44단: 안뜨기

45단: 겉1, 오른코 줄이기, 겉1, 2코 모아뜨기, 겉1 - 5코

(흰색 실로 바꾼다)

46단: 안뜨기

47단: (겉1, 늘1), 겉2, (겉1, 늘1), 겉1 - 7코

48단: 안뜨기
49단: (겉1, 늘1), 겉4, (겉1, 늘1), 겉1 - 9코
50단: 안뜨기
51단: (겉1, 늘1), 겉6, (겉1, 늘1), 겉1 - 11코
52단: 안뜨기
53단: (겉1, 늘1), 겉8, (겉1, 늘1), 겉1 - 13코
54단: 안뜨기
55단: (겉1, 늘1), 겉10, (겉1, 늘1), 겉1 - 15코
56단~58단: 안뜨기 시작으로 메리야스뜨기
59단: (겉1, 늘1), 겉12, (겉1, 늘1), 겉1 - 17코
60단~70단: 안뜨기 시작으로 메리야스뜨기
71단: 겉1, 오른코 줄이기, 겉11, 2코 모아뜨기, 겉1 - 15코
72단~76단: 안뜨기 시작으로 메리야스뜨기
77단: 겉1, 오른코 줄이기, 겉9, 2코 모아뜨기, 겉1 - 13코
78단~82단: 안뜨기 시작으로 메리야스뜨기
83단: 겉1,오른코 줄이기, 겉7, 2코 모아뜨기,겉1 - 11코
84단~91단: 안뜨기 시작으로 메리야스뜨기
겉뜨기로 코막음
위와 같이 *1단 - 91단** 반복해서 1장 더 뜬다.

운동화x2장

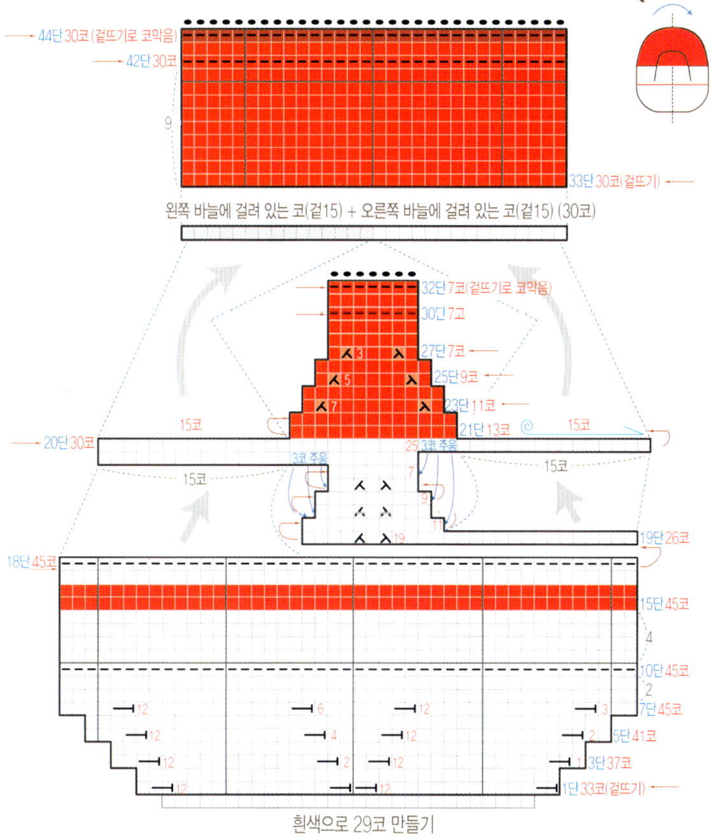

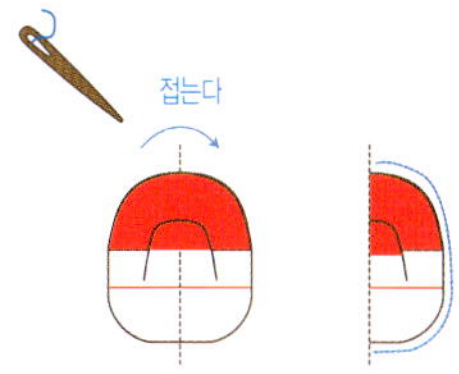

뒷발목부터 발바닥을 박음질한다.
운동화 앞부분에 신발끈을 묶는다.

운동화끈 : 코바늘 3호로 사슬뜨기 100코 만들기

운동화 - 2개

(흰색 실) 29코 만들기
1단: (겉1, 늘1), 겉12, (겉1, 늘1)×2, 겉12,(겉1, 늘1), 겉1 - 33코
2단: 안33
3단: 겉1, (겉1, 늘1), 겉12, (겉1, 늘1), 겉2, (겉1, 늘1), 겉12, (겉1, 늘1), 겉2 - 37코
4단: 안37
5단: 겉2, (겉1, 늘1), 겉12, (겉1, 늘1), 겉4, (겉1, 늘1), 겉12, (겉1, 늘1), 겉3 - 41코
6단: 안41
7단: 겉3, (겉1, 늘1), 겉12, (겉1, 늘1), 겉6, (겉1, 늘1), 겉12, (겉1, 늘1), 겉4 - 45코
8단: 안45
9단: 겉45
10단: 겉45
11단~14단: 메리야스뜨기
15단~16단: (빨간색 실) 메리야스뜨기
17단: 겉45
18단: 겉45
19단: 겉19, 오른코 줄이기1, 겉1, 2코 모아뜨기1, 겉4
(되돌린다): 안11
(되돌린다): 겉3, 오른코 줄이기1, 겉1, 2코 모아뜨기1, 겉3 - 9코
(되돌린다): 안9
(되돌린다): 겉2, 오른코 줄이기1, 겉1, 2코 모아뜨기1, 겉2 - 7코
(되돌린다): 안7
(되돌린다): 겉7, (3코 줍는다), 겉15(왼쪽 바늘에 걸려있는 코)
20단: 안25 (3코 줍는다), 안15
21단: (15코를 안전핀에 걸어둔다) (빨간색 실) 겉13
22단: 안13
23단: 겉1, 오른코 줄이기1, 겉7, 2코 모아뜨기, 겉1 - 11코
24단: 안11
25단: 겉1, 오른코 줄이기1, 겉5, 2코 모아뜨기,겉1 - 9코
26단: 안9
27단: 겉1, 오른코 줄이기1, 겉3, 2코 모아뜨기,겉1 - 7코
28단: 안7
29단: 겉7
30단: 겉7
31단: 겉7
32단: 겉뜨기로 코막음
(왼쪽 바늘에 걸려 있는 코) 겉15 +
(오른쪽 바늘에 걸려 있는 코) 겉15 - 30코
33단~40단: 메리야스뜨기
41단: 겉30
42단: 겉30
43단: 겉30
44단: 겉뜨기로 코막음

*운동화끈 - 2개

코바늘 3호 100코 만든다.

모자

❶ 1장 ❷ 4장 ❸ 1장

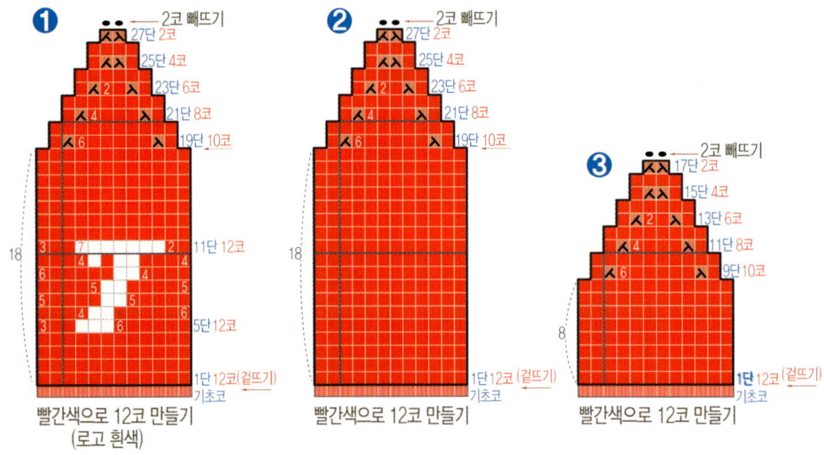

모자 끈

주황색으로 12코 만들고
12코 코막음

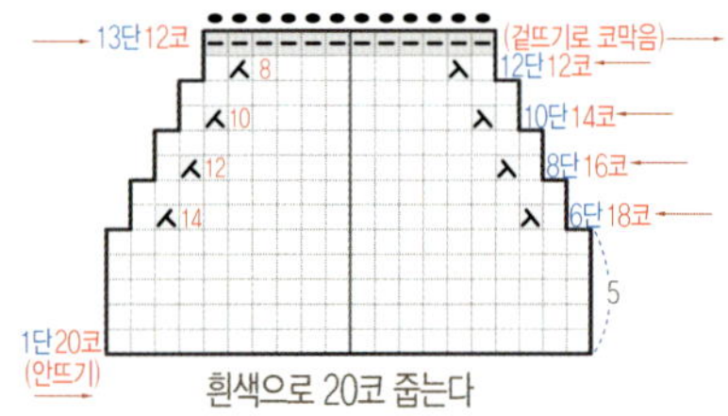

흰색으로 20코 줍는다

모자 챙 로고가 있는 모자의 앞부분을 중심으로 로고 없는 부분을 2장씩 양쪽에 박음질한다. 짧게 뜬 부분은 제일 뒷쪽에 박음질하고 끈의 양쪽 끝을 잇는다. 챙은 앞 로고 부분을 중심으로 아빠, 엄마 모자는 20코를 줍는다.

모자

[모자 ①]

(빨간색 실) 12코 만들기

1단~4단: 메리야스뜨기

5단: 겉(6, 3, 3) - 12코

6단: 안(4, 2, 6)

7단: 겉(5, 2, 5)

8단: 안(5, 2, 5)

9단: 겉(4, 2, 6)

10단: 안(4, 1, 1, 2, 4)

11단: 겉(2, 7, 3)

12단~18단: 안뜨기 시작으로 메리야스뜨기

*19단: 겉1, 오른코 줄이기1, 겉6, 2코 모아뜨기1, 겉1 - 10코

20단: 안10

21단: 겉1, 오른코 줄이기1, 겉4, 2코 모아뜨기1, 겉1 - 8코

22단: 안8

23단: 겉1, 오른코 줄이기1, 겉2, 2코 모아뜨기1, 겉1 - 6코

24단: 안6

25단: 겉1, 오른코 줄이기1, 2코 모아뜨기1, 겉1 - 4코

26단: 안4

27단: 오른코 줄이기1, 2코 모아뜨기1 - 2코

2코 빼뜨기**

[모자 ②]

(빨간색 실) 12코 만들기 - 4개

1단~18단: 메리야스뜨기

*19단~27단** 반복뜨기

[모자 ③]

(빨간색 실) 12코 만들기

1단~8단: 메리야스뜨기

9단~17단: 모자 ①의 *19단~27단** 반복뜨기

끈: 12코 만들기, 12코 코막음

*모자 챙

(흰색 실) 20코 줍는다.

1단~5단: 안뜨기 시작으로 메리야스뜨기

6단: 겉1, 오른코 줄이기1, 겉14, 2코 모아뜨기1, 겉1 - 18코

7단: 안18

8단: 겉1, 오른코 줄이기1, 겉12, 2코 모아뜨기1, 겉1 - 16코

9단: 안16

10단: 겉1, 오른코 줄이기1, 겉10, 2코 모아뜨기1, 겉1 - 14코

11단: 안14

12단: 겉1, 오른코 줄이기1, 겉8, 2코 모아뜨기1, 겉1 - 12코

13단: 겉뜨기로 코막음

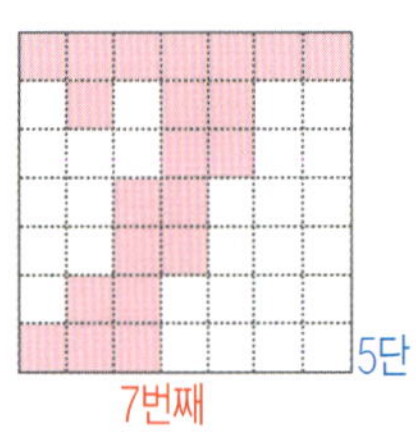

로고 (진회색) 5단 7번째 코부터 배색 시작

주름치마

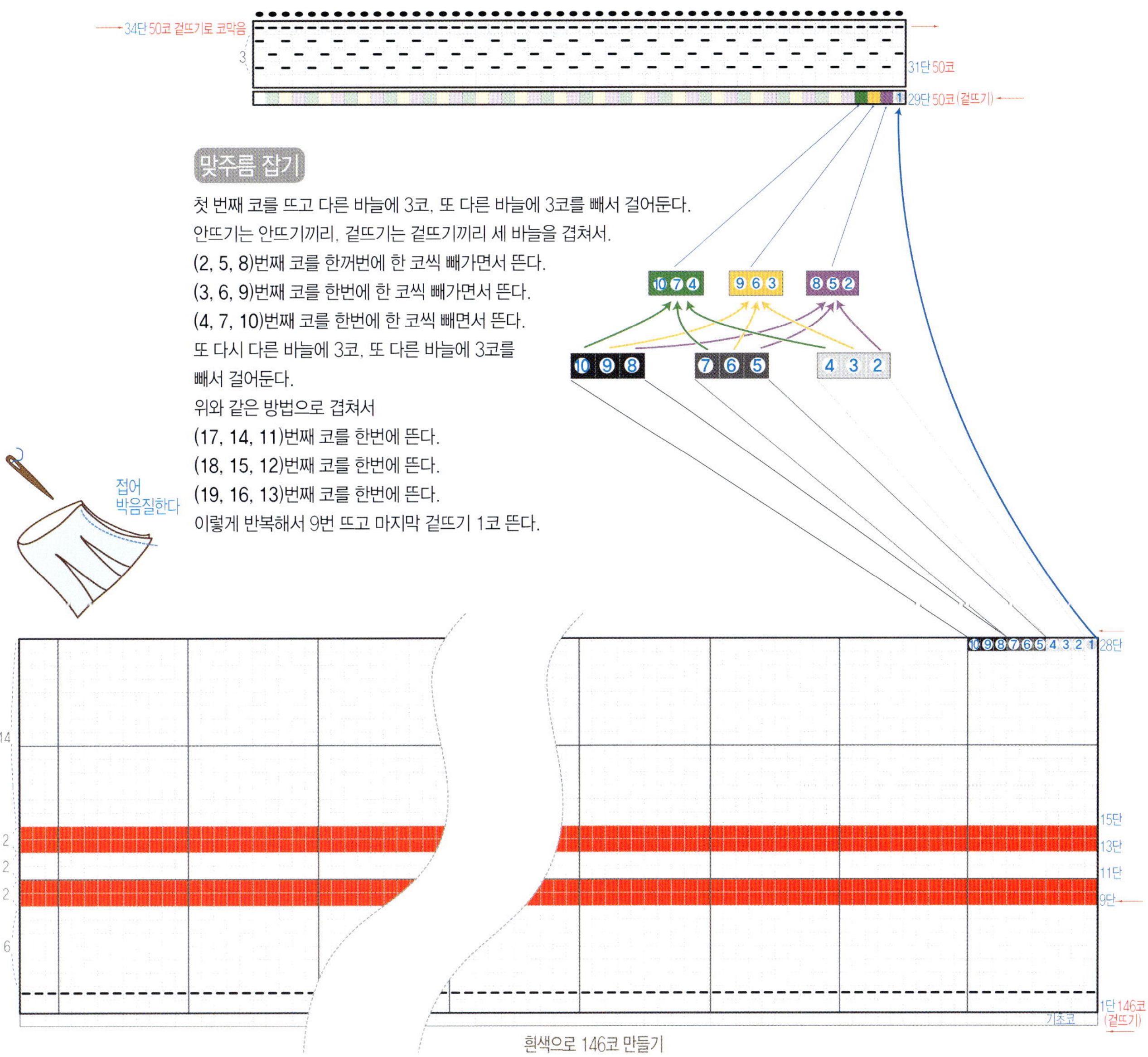

주름치마

(흰색 실) 146코 만들기

1단: 겉146

2단: 겉146

3단: 겉146

4단~8단: 안뜨기 시작으로 메리야스뜨기

9단~10단: (빨간색 실) 메리야스뜨기

11단~12단: (흰색 실) 메리야스뜨기

13단~14단: (빨간색 실) 메리야스뜨기

15단~28단: (흰색 실) 메리야스뜨기

(맞주름 잡기)

29단: 첫 번째 코를 뜨고 다른 바늘에 3코, 또 다른 바늘에 3코를 빼서 걸어둔다. 안뜨기는 안뜨기끼리, 겉뜨기는 겉뜨기끼리 세 바늘을 겹쳐서 (2, 5, 8)번째 코를 한꺼번에 한 코씩 빼가면서 뜬다. (3, 6, 9)번째 코를 한번에 한 코씩 빼가면서 뜬다. (4, 7, 10)번째 코를 한번에 한 코씩 빼면서 뜬다. 또 다시 다른 바늘에 3코, 또 다른 바늘에 3코를 빼서 걸어둔다. 위와 같은 방법으로 겹쳐서

(17, 14, 11)번째 코를 한번에 뜬다.

(18, 15, 12)번째 코를 한번에 뜬다.

(19, 16, 13)번째 코를 한번에 뜬다.

이렇게 반복해서 9번 뜨고 마지막 겉뜨기 1코 뜬다.

30단: 안50

31단~33단: (겉1, 안1) 마지막까지

34단: 겉뜨기로 코막음

운동복 상의

(빨간색 실) 34코 만들기

1단: 겉34

2단: 겉1, 오른코 만들기1, 겉2, 만1, 겉6,
오른코 만들기1, 겉2, 만1, 겉12
오른코 만들기1, 겉2, 만1, 겉6,
오른코 만들기1, 겉2, 만1, 겉1 - 42코

3단: 안뜨기

4단: 겉1, (겉1, 늘1),
오른코 만들기1, 겉2, 만1, 겉8,
오른코 만들기1, 겉2, 만1, 겉14,
오른코 만들기1, 겉2, 만1, 겉8,
오른코 만들기1, 겉2, 만1, (겉1, 늘1), 겉1 - 52코

5단: 안1, (안1, 안뜨기 늘리기1),
안48, (안1, 안뜨기 늘리기1), 안1 - 54코

6단: 겉1, (겉, 늘1), 겉3,
오른코 만들기1, 겉2, 만1, 겉10,
오른코 만들기1, 겉2, 만1, 겉16,
오른코 만들기1, 겉2, 만1, 겉10,
오른코 만들기1, 겉2, 만1, 겉3, (겉1, 늘1), 겉1 - 64코

7단: 안뜨기

8단: 겉1, (겉1, 늘1), 겉5,
오른코 만들기1, 겉2, 만1, 겉12,
오른코 만들기1, 겉2, 만1, 겉18,
오른코 만들기1, 겉2, 만1, 겉12,
오른코 만들기1, 겉2, 만1, 겉5,
(겉1, 늘1), 겉1 - 74코

9단: 안1, (안1, 안뜨기 늘리기1), 안70,
(안1, 안뜨기 늘리기1), 안1 - 76코

10단: 겉1, (겉1, 늘1), 겉8,
오른코 만들기1, 겉2, 만1, 겉14,
오른코 만들기1, 겉2, 만1, 겉20,
오른코 만들기1, 겉2, 만1, 겉14,
오른코 만들기1, 겉2, 만1, 겉8(겉1, 늘1), 겉1 - 86코

11단: 안1, (안1, 안뜨기 늘리기1), 안82,
(안1, 안뜨기 늘리기1), 안1 - 88코

12단: 겉13, 오른코 만들기1, 겉2, 만1, 겉16,
오른코 만들기1, 겉2, 만1, 겉(3, 7, 5, 4, 3),
오른코 만들기1, 겉2, 만1, 겉16,
오른코 만들기1, 겉2, 만1, 겉13 - 97코

13단: 안40(4, 5, 8), 안39

14단: 겉(4, 9, 1),
오른코 만들기1, 겉2, 만1, 겉18,
오른코 만들기1, 겉2, 만1, 겉(3, 2, 10, 2, 1, 2, 4),
오른코 만들기1, 겉2, 만1, 겉18,
오른코 만들기1, 겉2, 만1, 겉14 - 104코

15단: 안44(2, 1, 2, 10, 2), 안33(2, 2, 1, 5)

16단: 겉(8, 2, 5),
오른코 만들기1, 겉2, 만1,겉20,
오른코 만들기1, 겉2, 만1, 겉(4, 2, 9, 2, 2, 2, 5)
오른코 만들기1, 겉2, 만1, 겉20,
오른코 만들기1, 겉2, 만1, 겉15 - 112코

17단: 안48(2, 2, 2, 4, 7), 안38(2, 7)

18단: 겉(7, 2, 7),
오른코 만들기1, 겉2, 만1, 겉22,
오른코 만들기1, 겉2, 만1, 겉(6, 7, 2, 2, 3, 2, 6),
오른코 만들기1, 겉2, 만1, 겉22,
오른코 만들기1, 겉2, 만1, 겉16 - 120코

19단: 안52(2, 3, 2, 2, 2), 안49(2, 6)

20단: 겉(6, 2, 9),
오른코 만들기1, 겉2, 만1, 겉24,
오른코 만들기1, 겉2, 만1, 겉(12, 2, 2, 2, 3, 2, 7),
오른코 만들기1, 겉2, 만1, 겉17 - 136코

21단: 안55(8, 2, 2, 4, 2), 안47(3, 5)

22단: 겉18, 오른코 만들기1, 겉2, 만1, 겉26,
오른코 만들기1, 겉2, 만1, 겉(7, 2, 4, 2, 2, 8, 7),
오른코 만들기1, 겉2, 만1, 겉26,
오른코 만들기1, 겉2, 만1, 겉18 - 136코

23단: 안60(2, 7, 8), 안59 - 136코

24단: 겉19, 오른코 만들기1, 겉2, 만1, 겉28,
오른코 만들기1, 겉2, 만1, 겉(9, 6, 8, 2, 9),
오른코 만들기1, 겉2, 만1, 겉28,
오른코 만들기1, 겉2, 만1, 겉19 - 144코

25단: 안뜨기

26단: **[왼쪽 앞판]** 겉21, (흰실) 겉32

[팔] (되돌린다): 겉32

(되돌린다): (빨간색 실) 겉32

(되돌린다): 안32

(되돌린다): 겉32

겉뜨기로 코막음

[몸통] 겉38 (흰색 실) 겉32

[팔] (되돌린다): 겉32

(되돌린다): (빨간색 실) 겉32

(되돌린다): 안32

(되돌린다): 겉32

겉뜨기로 코막음

+ **[오른쪽 앞판]** 겉21 - 80코

27단~31단: 안뜨기 시작으로 메리야스뜨기

32단: (흰색 실) 겉80

33단: 겉80

34단~36단: (빨간색 실) 메리야스뜨기

37단: 겉80

38단: 겉80

겉뜨기로 코막음

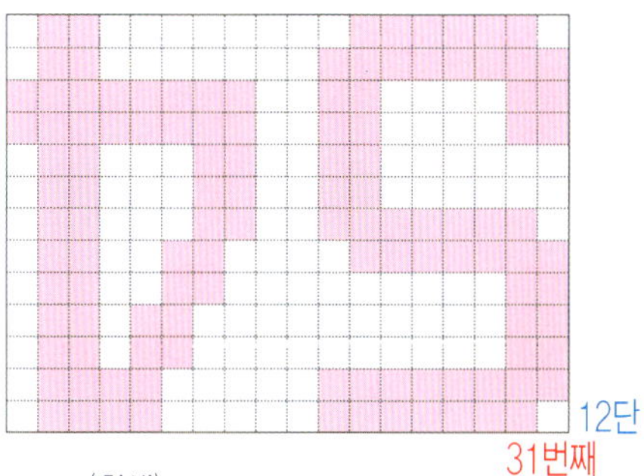

로고 (흰색) 12단 31번째 코부터 배색 시작

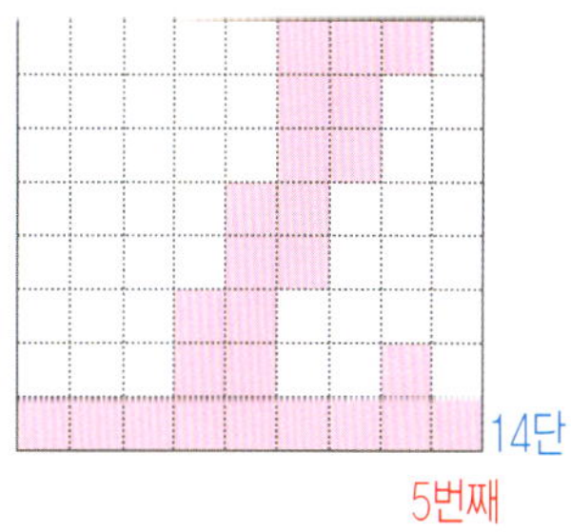

로고 (진회색) 14단 5번째 코부터 배색 시작

【마무리】

머리, 팔, 머리, 귀 시작(마지막)에 남긴 실을 이용하여 도안 중간의 그림대로 접어 박음질 또는 오므린다.

머리, 팔, 머리, 귀 솜을 넣어서 돗바늘을 이용해서 연결해준다.

토리(아빠), 토토(아들), 토미(딸) 같은 방법으로 마무리한다.

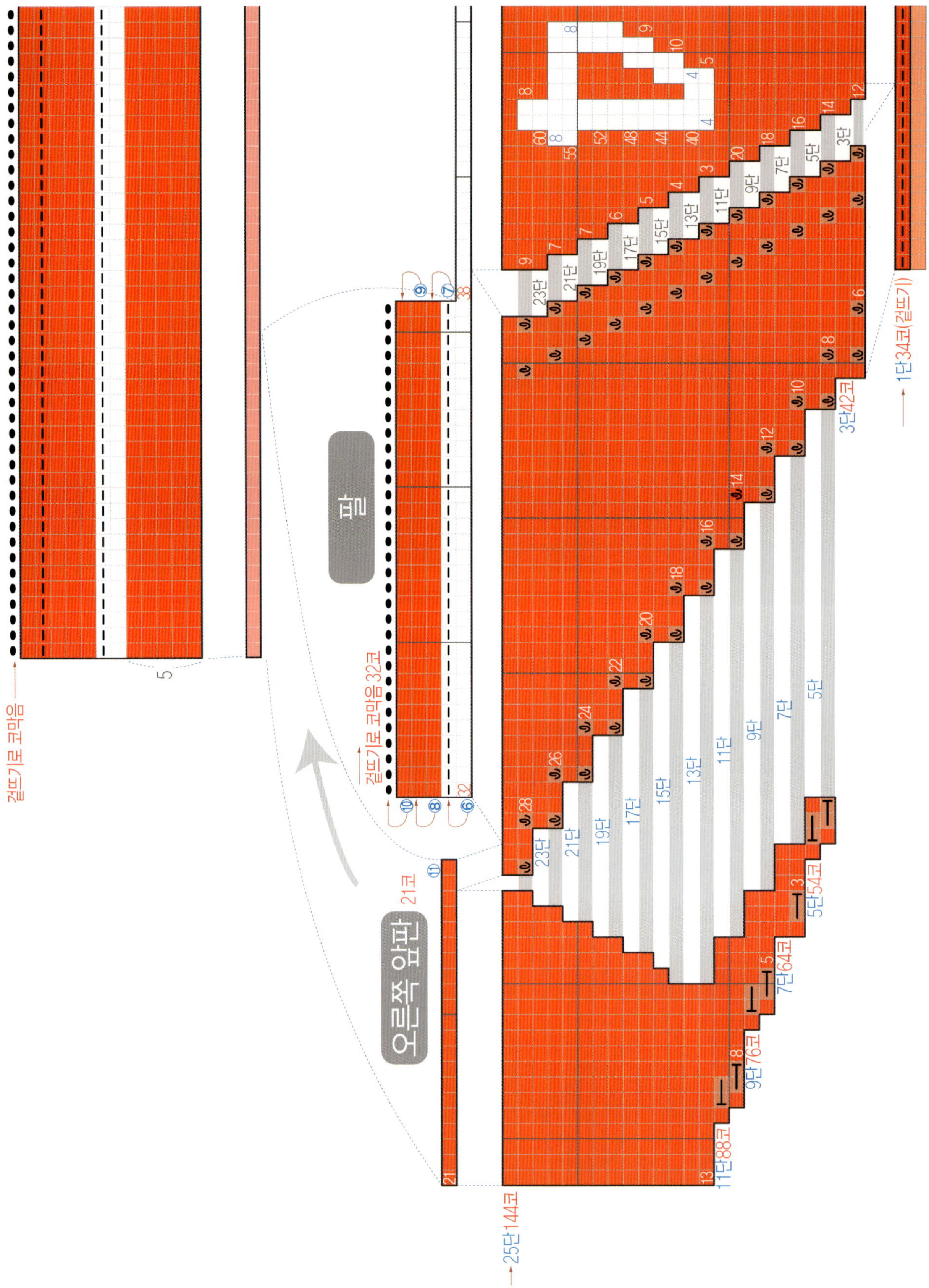

운동복 상의

▯ = □	겉뜨기(K)
—	안뜨기(P)
⋋	오른코 모아뜨기(SKPO)
⋌	왼코 모아뜨기(K2tog)
⊢	겉뜨기로 늘리기(Kfb)→(겉1, 늘1)로 표기
⊤	안뜨기로 늘리기(Pfb)→(안1, 늘1)로 표기
ⓛ	왼쪽 만들기. 만들기(M1L)→ 만1로 표기
ⓡ	오른코 만들기(M1R)→ 오른코 만들기로 표기
◎	감아코(Backward loop cast on)
● = □	코막음(cast off)

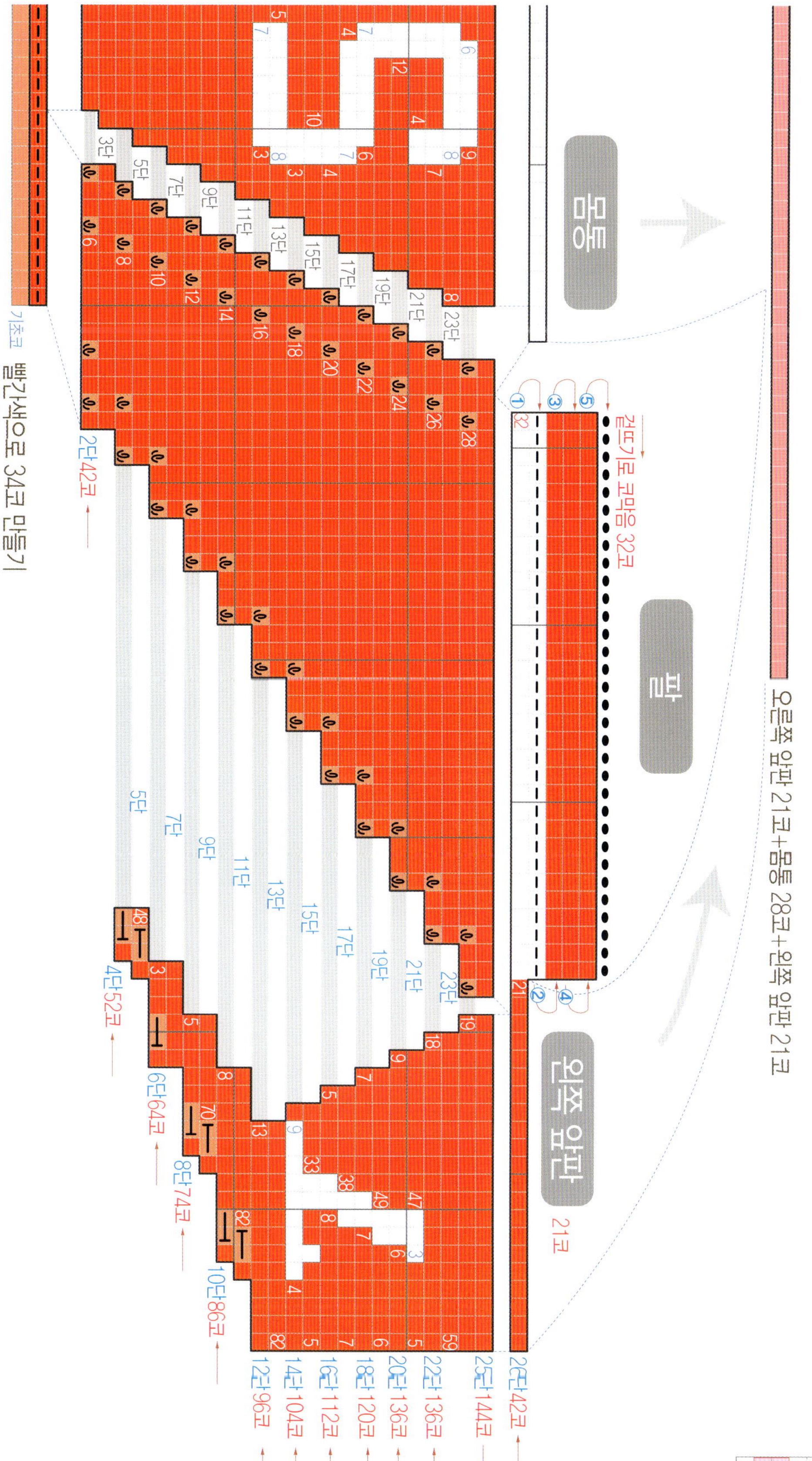
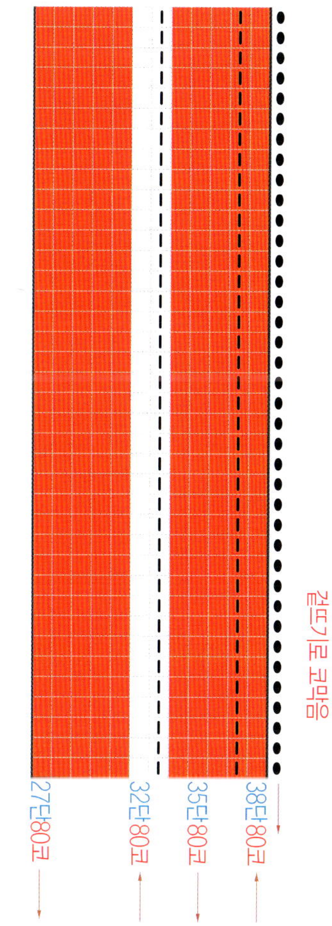

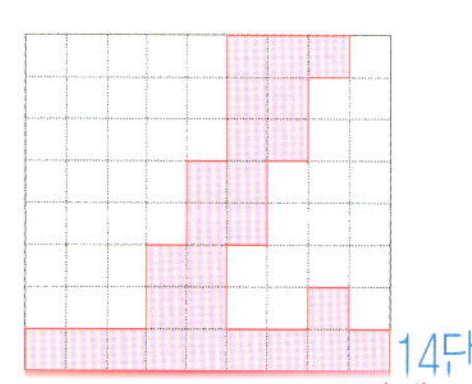

로고(진회색)

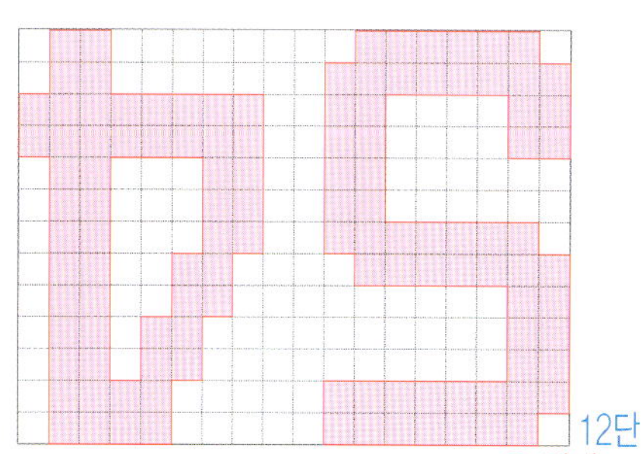

로고(흰색)

소매 아래부분 박음질한다.

토리(아빠 토끼)

사용실과 사용량(g): 아이돌 실(흰색, 회색, 진회색, 파란색, 진한 밤색)/200g
사용 도구: 대바늘 2.5mm
작품 사이즈: 가로 20cm, 세로 35cm
작품 난이도: ★★★★☆

만드는 방법 – 토리(아빠 토끼)

토나(엄마 토끼)와 동일하며 배색만 달리한다.

[머리]: 흰색→흰색, 분홍색→회색
[다리]: 진한 밤색→진한 밤색, 분홍색 → 보라색, 연분홍색→회색
[팔]: 연분홍→회색, 흰색→흰색
[귀]: 연분홍색→회색, 흰색→흰색

야구 글러브

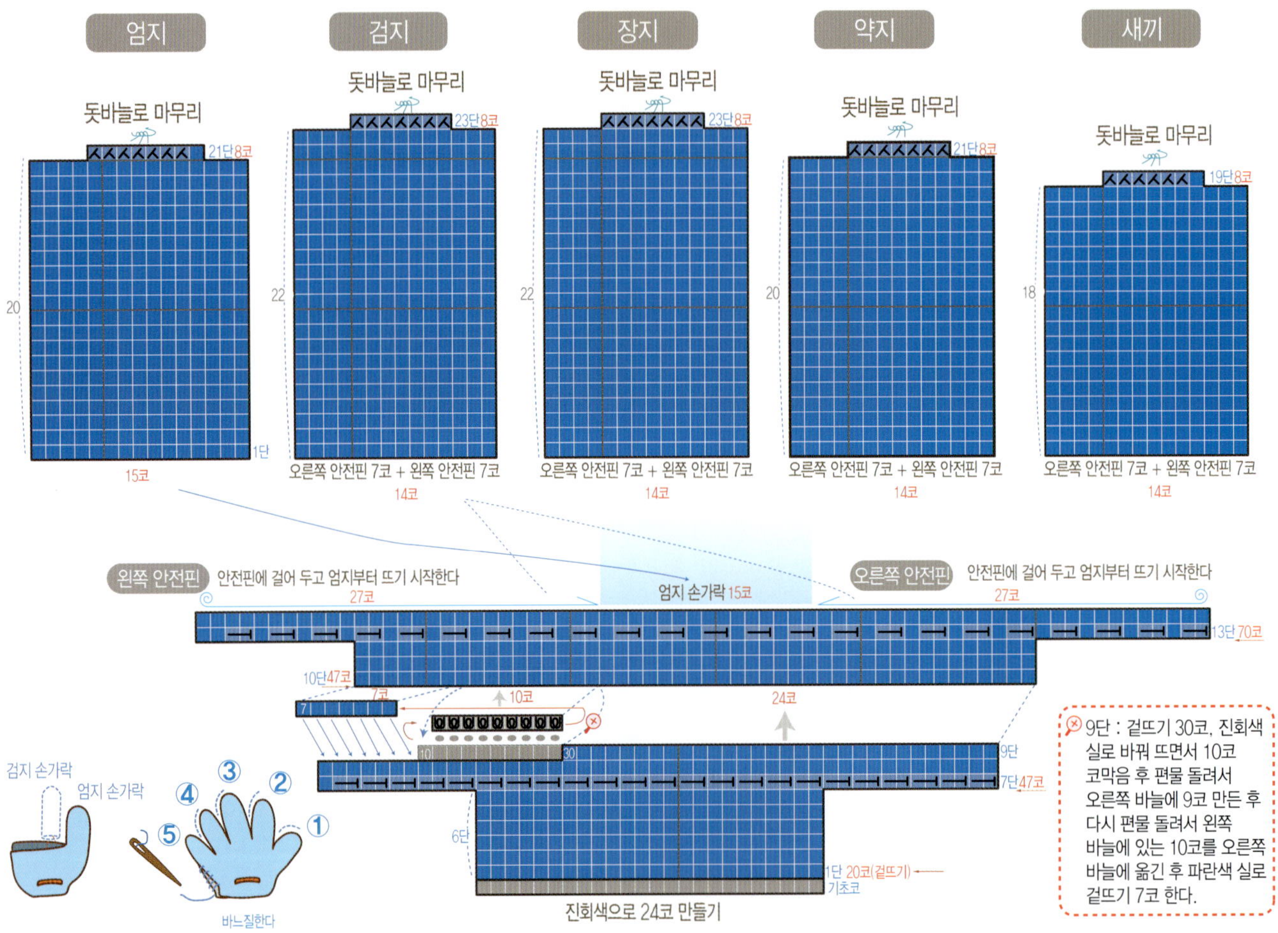

야구 글러브

(진회색 실) 24코 만들기
(파란색 실)
1단~6단: 메리야스뜨기
7단: (겉1, 늘1)×23, 겉1 - 47코
8단: 안47
9단: 겉30, (진회색), 10코 코막음
　(되돌리기): 오른쪽 바늘에 9코 만들기
　(되돌리기): (파란색 실) 겉7
10단: 안47
11단~12단: 메리야스뜨기
13단: {(겉1, 늘1), 겉}, 한 코 남을 때까지 겉1 - 70코
14단: 안70
안전핀에 27코를 걸어둔다.

[엄지]
1단: 겉15, 나머지 코도 안전핀에 걸어둔다.
2단~20단: 안뜨기 시작으로 메리야스뜨기
21단: 겉1, 2코 모아뜨기×7 - 8코
돗바늘로 마무리

[검지]
오른쪽 안전핀 7코+왼쪽 안전핀 7코 - 14코
1단~22단: 메리야스뜨기
23단: 2코 모아뜨기×7 - 7코
돗바늘로 마무리

[장지]
오른쪽 안전핀 7코+왼쪽 안전핀 7코 - 14코
1단~22단: 메리야스뜨기
23단: 2코 모아뜨기×7 - 7코
돗바늘로 마무리

[약지]
오른쪽 안전핀 7코+왼쪽 안전핀 7코 - 14코
1단~20단: 메리야스뜨기
21단: 2코 모아뜨기×7 - 7코
돗바늘로 마무리

[새끼]
오른쪽 안전핀 7코+왼쪽 안전핀 7코 - 14코
1단~18단: 메리야스뜨기
19단: 겉1, 2코 모아뜨기×6 - 7코
돗바늘로 마무리

모자

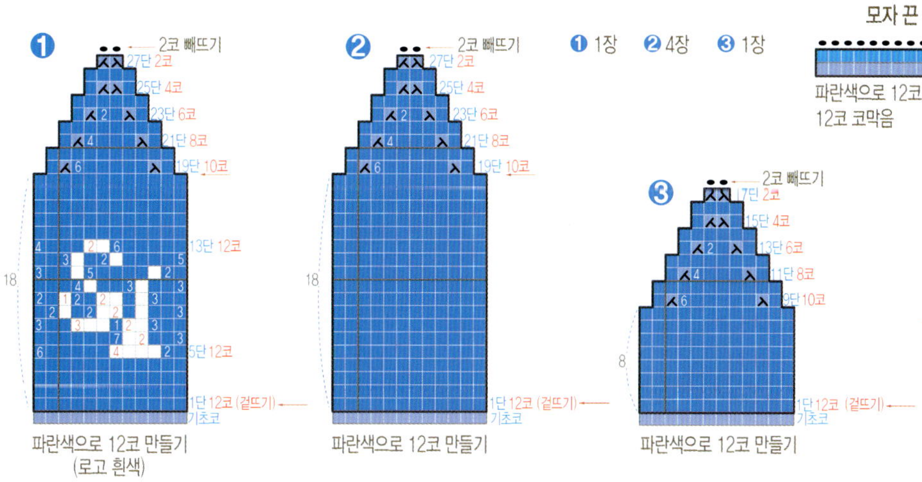

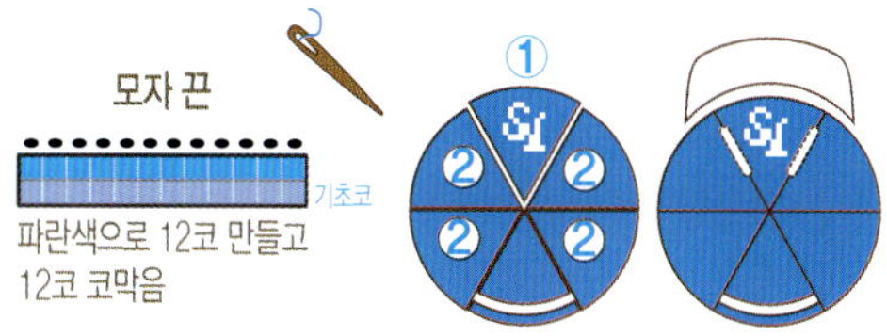

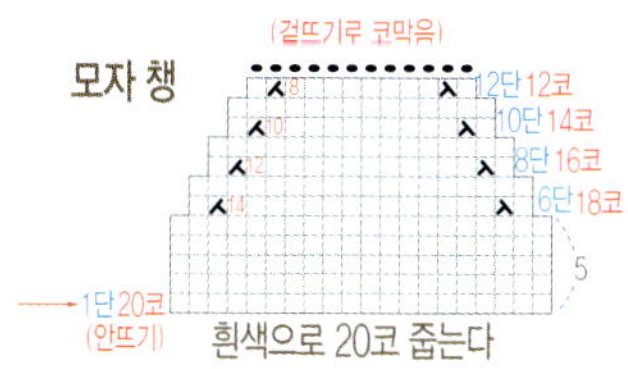

로고가 있는 모자의 앞부분을 중심으로 로고 없는 부분을 2장씩 양쪽에 박음실한다. 쌓세 는 부분은 세일 뒷쪽에 박음질하고 끈의 양쪽 끝을 잇는다. 챙은 앞 로고 부분을 중심으로 아빠, 엄마모자는 20코를 줍는다.

모자
로고 - 흰색 실(빨간색으로 표시)
(파란색 실) 12코 만들기-1개---[모자 ①]
1단~4단: 메리야스뜨기
5단: 겉(2, 4, 6)
6단: 안(7, 2, 3)
7단: 겉(3, 2, 1, 3, 3)
8단: 안(2, 1, 2, 2, 1, 1, 3)
9단: 겉(3, 1, 1, 2, 2, 1, 2)
10단: 안(4, 1, 3, 1, 3)
11단: 겉(2, 1, 5, 1, 3)
12단: 안(3, 1, 2, 1, 5)
13단: 겉(6, 2, 4)
14단~18단: 안뜨기를 시작으로 메리야스뜨기
*19단: 겉1, 오른코 줄이기1, 겉6, 2코 모아뜨기1, 겉1 - 10코
20단: 안10
21단: 겉1, 오른코 줄이기1, 겉4, 2코 모아뜨기1, 겉1 - 8코
22단: 안8
23단: 겉1, 오른코 줄이기1, 겉2, 2코 모아뜨기 1, 겉1 - 6코
24단: 안6
25단: 겉1, 오른코 줄이기1, 겉1, 2코 모아뜨기1, 겉1 - 4코
26단: 안4
27단: 오른코 줄이기1, 2코 모아뜨기1 - 2코
2코 빼뜨기**

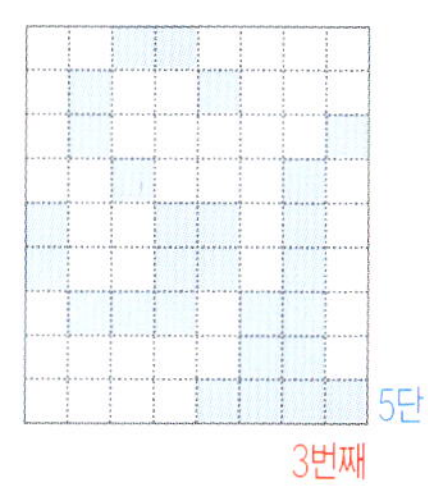

로고(흰색) 5단 3번째 코부터 배색 시작

[모자 ②]
(파란색 실) 12코 만들기 - 4개
1단~18단: 메리야스뜨기
*19단 ~ 27단** 반복뜨기

[모자 ③]
(파란색 실) 12코 만들기
1단~8단: 메리야스뜨기
9단~17단: 모자 ①의 *19단~27단** 반복뜨기

끈: 12코 만들기, 12코 코막음

*모자 챙
(흰색 실) 20코 줍는다.
1단~5단: 메리야스뜨기 (안뜨기로 시작)
6단: 겉1, 오른코 줄이기1, 겉14, 2코 모아뜨기1, 겉1 - 18코
7단: 안18
8단: 겉1, 오른코 줄이기1, 겉12, 2코 모아뜨기1, 겉1 - 16코
9단: 안16
10단: 겉1, 오른코 줄이기1, 겉10, 2코 모아뜨기1, 겉1 - 14코
11단: 안14
12단: 겉1, 오른코 줄이기1, 겉8, 2코 모아뜨기1, 겉1 - 12코
겉뜨기로 코막음

운동복 상의

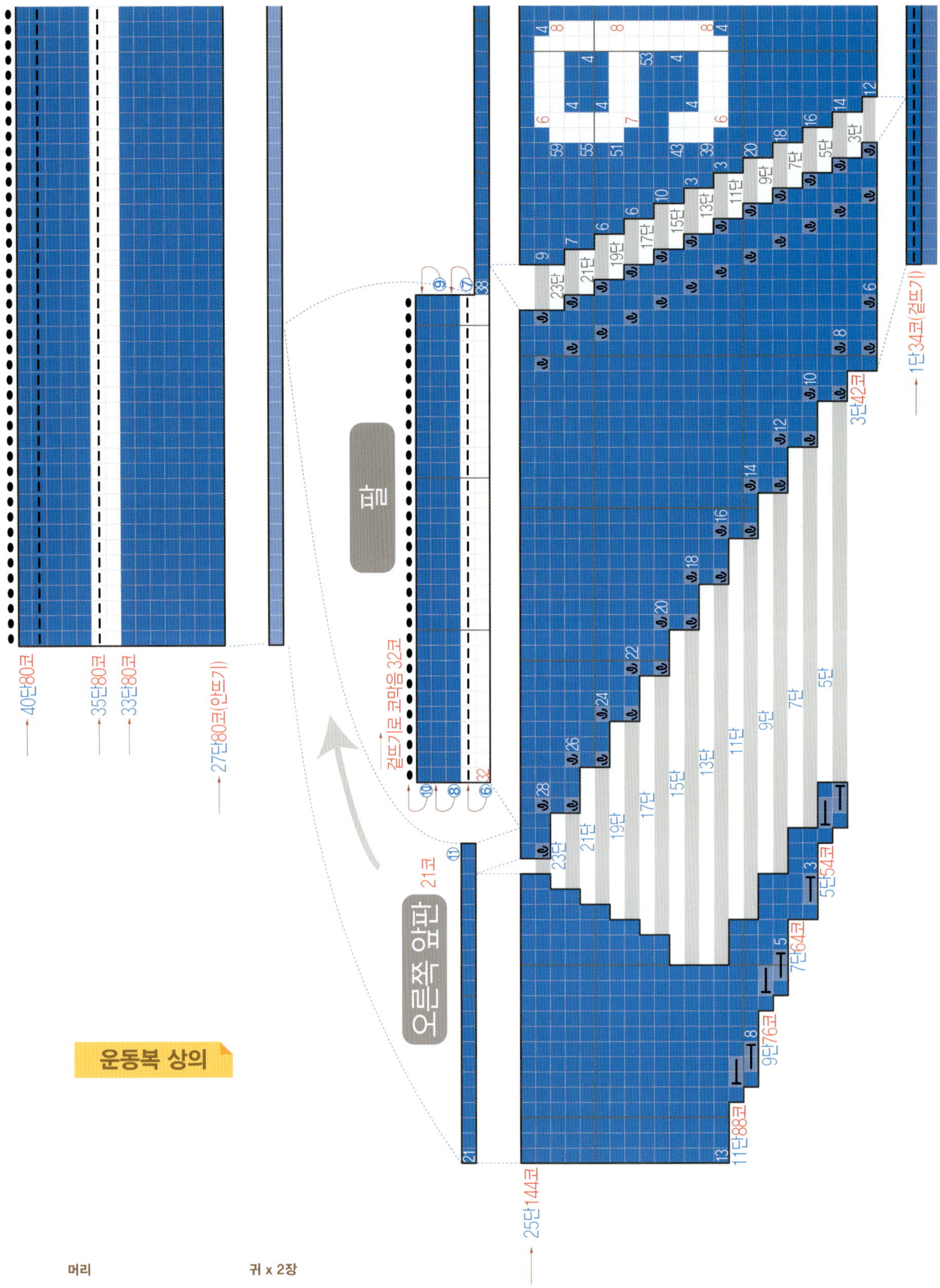

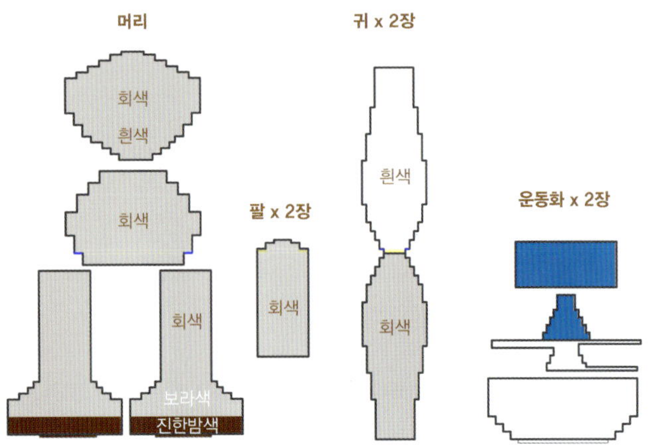

토리(아빠 토끼)

운동복 상의를 제외하고 엄마 토끼와 도안은 동일하며 배색만 달리해서 뜬다. 야구 방망이, 글러브는 아들(토미) 참고하여 뜨고 연결한다.

소매 아래부분 박음질한다.

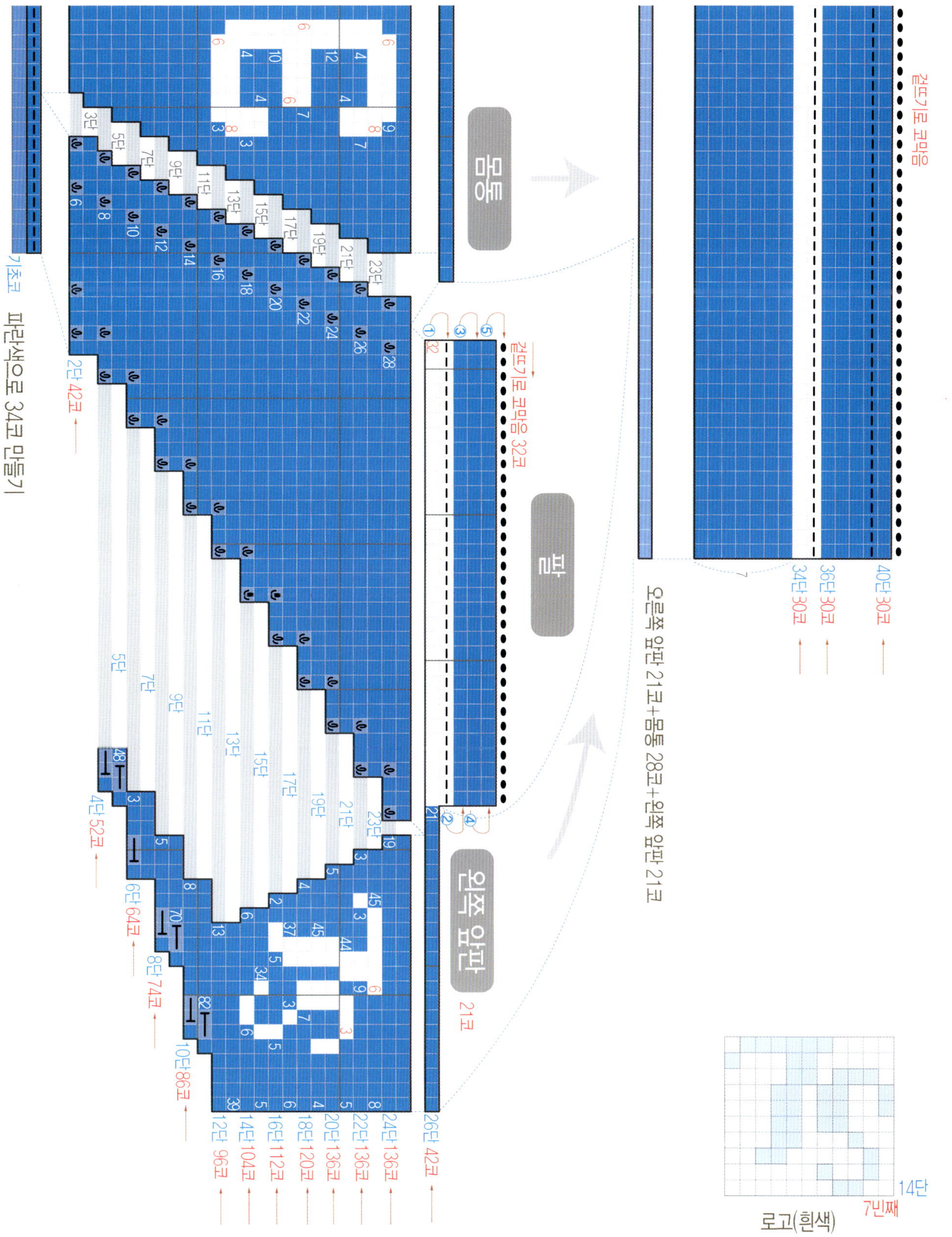

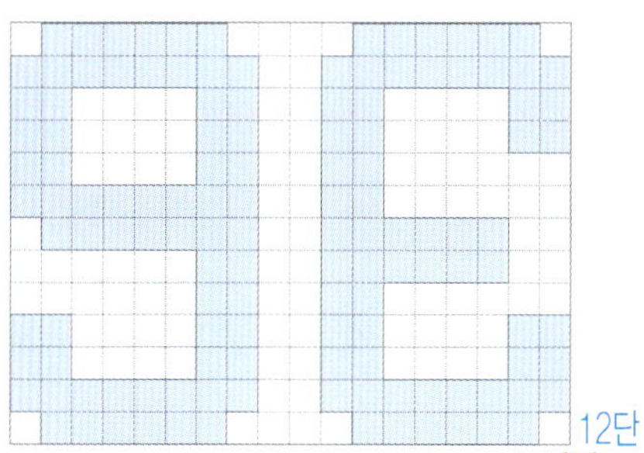

- | = □ 겉뜨기(K)
- − 안뜨기(P)
- ⋋ 오른코 모아뜨기(SKPO)
- ⋌ 왼코 모아뜨기(K2tog)
- 겉뜨기로 늘리기(Kfb)→(겉1, 늘1)로 표기
- 안뜨기로 늘리기(Pfb)→(안1, 늘1)로 표기
- 왼쪽 만들기. 만들기(M1L)→ 만1로 표기
- 오른코 만들기(M1R)→ 오른코 만들기로 표기
- 감아코(Backward loop cast on)
- ● = □ 코막음(cast off)

운동복 상의

배색: 흰실(빨간색으로 표시)

파란색 실 34코 만들기

1단: 겉34

2단: 겉1, 오른코 만들기, 겉2, 만1, 겉6,
오른코 만들기, 겉2, 만1, 겉12
오른코 만들기, 겉2, 만1, 겉6,
오른코 만들기, 겉2, 만1, 겉1 - 42코

3단: 안뜨기

4단: 겉1, (겉1, 늘1),
오른코 만들기, 겉2, 만1, 겉8,
오른코 만들기, 겉2, 만1, 겉14,
오른코 만들기, 겉2, 만1, 겉8,
오른코 만들기, 겉2, 만1, (겉1, 늘1), 겉1 - 52코

5단: 안1, (안1, 안뜨기 늘리기), 안48, (안1, 안뜨기 늘리기),
안1 - 54코

6단: 겉1, (겉1, 늘1), 겉3,
오른코 만들기1, 겉2, 만1, 겉10,
오른코 만들기1, 겉2, 만1, 겉16,
오른코 만들기1, 겉2, 만1, 겉10,
오른코 만들기1, 겉2, 만1, 겉3, (겉1, 늘1), 겉1 - 64코

7단: 안뜨기

8단: 겉1, (겉1, 늘1), 겉5,
오른코 만들기1, 겉2, 만1, 겉12,
오른코 만들기1, 겉2, 만1, 겉18,
오른코 만들기1, 겉2, 만1, 겉12,
오른코 만들기1, 겉2, 만1, 겉5, (겉1, 늘1), 겉1 - 74코

9단: 안1, (안1, 안뜨기 늘리기), 안70, (안1, 안뜨기 늘리
기1), 안1 - 76코

10단: 겉1, (겉1, 늘1), 겉8,
오른코 만들기1, 겉2, 만1, 겉14,
오른코 만들기1, 겉2, 만1, 겉20,
오른코 만들기1, 겉2, 만1, 겉14,
오른코 만들기1, 겉2, 만1, 겉8, (겉1, 늘1), 겉1 - 86코

11단: 안1, (안1, 안뜨기 늘리기1), 안82,
(안1, 안뜨기 늘리기), 안1 - 88코

12단: 겉13, 오른코 만들기1, 겉2, 만1, 겉16,
오른코 만들기1, 겉2, 만1, 겉(3, 6, 4, 6, 3)
오른코 만들기1, 겉2, 만1, 겉16,
오른코 만들기1, 겉2, 만1, 겉13 - 97코

13단: 안(39, 8, 2, 8, 39)

14단: 겉(6, 2, 6), 오른코 만들기1, 겉2, 만1, 겉18,
오른코 만들기1, 겉2, 만1, 겉(3, 2, 4, 2, 2, 2, 4,
2, 3),
오른코 만들기1, 겉2, 만1, 겉18,
오른코 만들기1, 겉2, 만1, 겉13 - 104코

15단: 안43(2, 4, 2, 2, 2, 4, 2), 안(34, 1, 2, 1, 5)

16단: 겉(5, 1, 5, 2, 2),
오른코 만들기1, 겉2, 만1, 겉20,
오른코 만들기1, 겉2, 만1, 겉(10, 2, 2, 2, 10),
오른코 만들기1, 겉2, 만1, 겉20,
오른코 만들기, 겉2, 만1, 겉15 - 112코

17단: 안53(2, 2, 6), 안37(2, 3, 1, 6)

18단: 겉(7, 2, 1, 2, 4),
오른코 만들기1, 겉2, 만1, 겉22,
오른코 만들기1, 겉2, 만1, 겉(7, 6, 2, 7, 6),
오른코 만들기, 겉2, 만1, 겉22,
오른코 만들기, 겉2, 만1, 겉16 - 120코

19단: 안51(8, 2, 2), 안45(2, 1, 2, 2, 1, 4)

20단: 겉(4, 1, 2, 2, 1, 2, 5),
오른코 만들기1, 겉2, 만1, 겉24,
오른코 만들기1, 겉2, 만1, 겉(12, 2, 2, 2, 4, 2, 6),
오른코 만들기1, 겉2, 만1, 겉24,
오른코 만들기1, 겉2, 만1, 겉17 - 128코

21단: 안55(2, 4, 2, 2, 2, 4, 2), 안44(2, 1, 3, 5)

22단: 겉(9, 2, 3, 1, 3),
오른코 만들기1, 겉2, 만1, 겉26,
오른코 만들기1, 겉2, 만1, 겉(7, 2, 4, 2, 2, 2,
4, 2, 7),
오른코 만들기1, 겉2, 만1, 겉26,
오른코 만들기1, 겉2, 만1, 겉18 - 136코

23단: 안59(8, 2, 8), 안45(6, 8)

24단: 겉19, 오른코 만들기, 겉2, 만1, 겉28,
오른코 만들기1, 겉2, 만1, 겉(9, 6, 4, 6, 9),
오른코 만들기1, 겉2, 만1, 겉28,
오른코 만들기1, 겉2, 만1, 겉19 - 144코

25단: 안뜨기

26단: **[왼쪽 앞판]** 겉21,
[팔](흰색 실) 겉32
되돌린다 겉32
되돌린다(파란색 실) 겉32
되돌린다 안32
되돌린다 겉32
겉뜨기로 코막음
[몸통] 겉38,
[팔](흰색 실) 겉32
되돌린다 겉32
되돌린다(파란색 실) 겉32
되돌린다 안32
되돌린다 겉32
겉뜨기로 코막음

\+ **[오른쪽 앞판]** 겉21 - 80코

27단~33단: 안뜨기 시작으로 메리야스뜨기

34단: (흰색 실) 겉80

35단: 겉80

36단~38단: (파란색 실) 메리야스뜨기

39단: 겉80

40단: 겉80

겉뜨기로 코막음

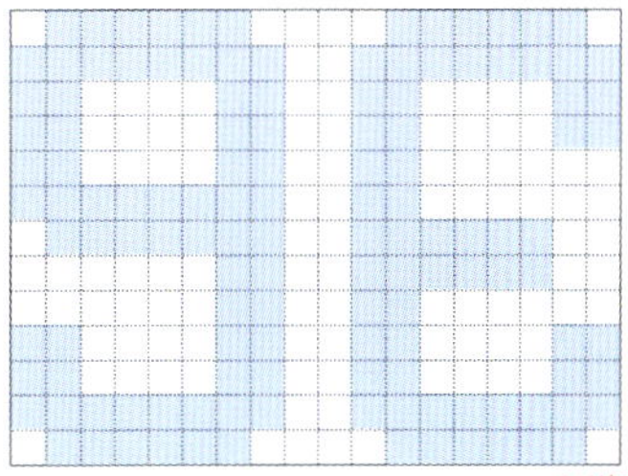

12단

41번째

로고(흰색) 12단 41번째 코부터 배색 시작

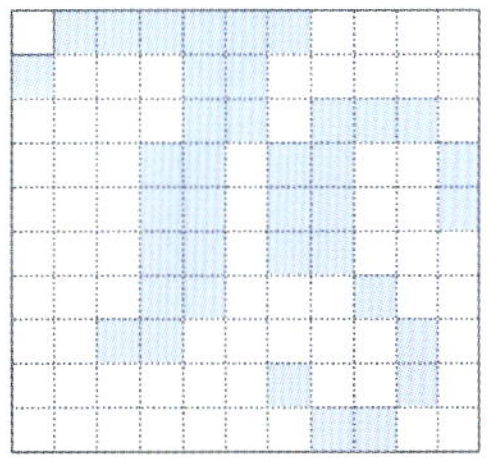

14단

7번째

로고(흰색) 14단 7번째 코부터 배색 시작

운동화 - 2개

(흰색 실) 29코 만들기

1단: (겉1, 늘1), 겉12, (겉1, 늘1)×2, 겉12, (겉1, 늘1), 겉1 - 33코

2단: 안33

3단: 겉1, (겉1, 늘1), 겉12, (겉1, 늘1), 겉2, (겉1, 늘1), 겉12, (겉1, 늘1), 겉2 - 37코

4단: 안37

5단: 겉2, (겉1, 늘1), 겉12, (겉1, 늘1), 겉4, (겉1, 늘1), 겉12, (겉1, 늘1), 겉3 - 41코

6단: 안41

7단: 겉3, (겉1, 늘1), 겉12, (겉1, 늘1), 겉6, (겉1, 늘1), 겉12, (겉1, 늘1), 겉4 - 45코

8단: 안45

9단: 겉45

10단: 겉45

11단~14단: 메리야스뜨기

15단~16단: (파란색 실) 메리야스뜨기

17단: 겉45

18단: 겉45

19단: 겉19, 오른코 줄이기1, 겉1, 2코 모아뜨기, 겉4

(되돌린다): 안11

(되돌린다): 겉3, 오른코 줄이기1, 겉1, 2코 모아뜨기1, 겉3 - 9코

(되돌린다): 안9

(되돌린다): 겉2, 오른코 줄이기1, 겉1, 2코 모아뜨기1, 겉2 - 7코

(되돌린다): 안7

(되돌린다): 겉7, (3코 줍는다), 겉15(바늘에 걸려있는 코)

20단: 안25, (3코 줍는다), 안15

21단: (15코를 안전핀에 걸어둔다)

(파란색 실) 겉13

22단: 안13

23단: 겉1, 오른코 줄이기1, 겉7, 2코 모아뜨기, 겉1 - 11코

24단: 안11

25단: 겉1, 오른코 줄이기1, 겉5, 2코 모아뜨기1, 겉1 - 9코

26단: 안9

27단: 겉1, 오른코 줄이기1, 겉3, 2코 모아뜨기1, 겉1 - 7코

28단: 안7

29단: 겉7

30단: 겉7

31단: 겉7

32단: 겉뜨기로 코막음

(왼쪽 바늘에 걸려있는 코) 겉15+(오른쪽 바늘에 걸려있는 코), 겉15 - 30코

33~40단: 메리야스뜨기

41단: 겉30

42단: 겉30

43단: 겉30

44단: 겉뜨기로 코막음

*운동화끈 - 2개

코바늘 3호로 100코 만든다.

야구 방망이

(베이지색 실) 12코 만들기

1단: 안12

2단: (겉1, 늘1)×12 - 24코

3단~21단: 안뜨기 시작으로 메리야스뜨기

22단: (겉4, 2코 모아뜨기)×4 - 20코

23단~37단: 안뜨기 시작으로 메리야스뜨기

38단: (겉3, 2코 모아뜨기)×4 - 16코

39단~53단: 안뜨기 시작으로 메리야스뜨기

54단: (겉2, 2코 모아뜨기)×4 - 12코

55단~69단: 안뜨기 시작으로 메리야스뜨기

(진회색 실)

70단: (겉1, 2코 모아뜨기)×4 - 8코

71단~87단: 안뜨기 시작으로 메리야스뜨기

88단: {(겉1, 늘1), 겉1}×4 - 12코

89단: 겉12

90단: 겉12

91단: 겉12

돗바늘로 마무리

야구 방망이

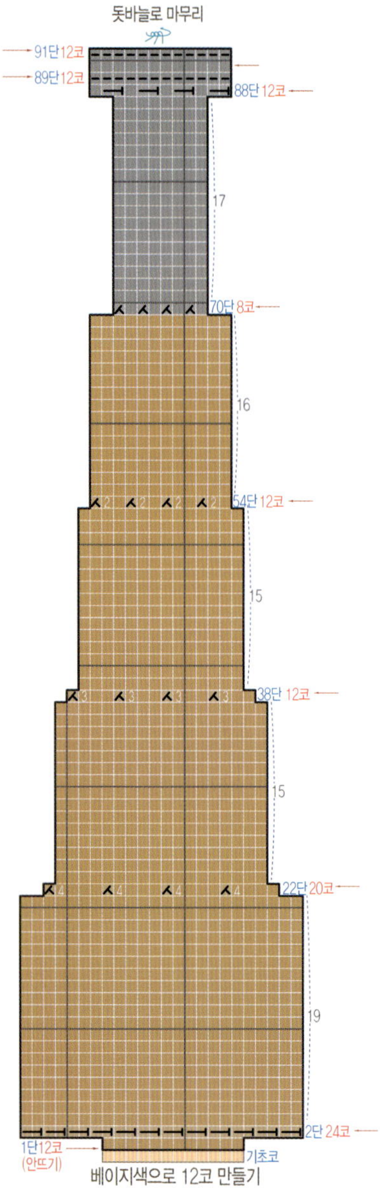

운동복 반바지x2장

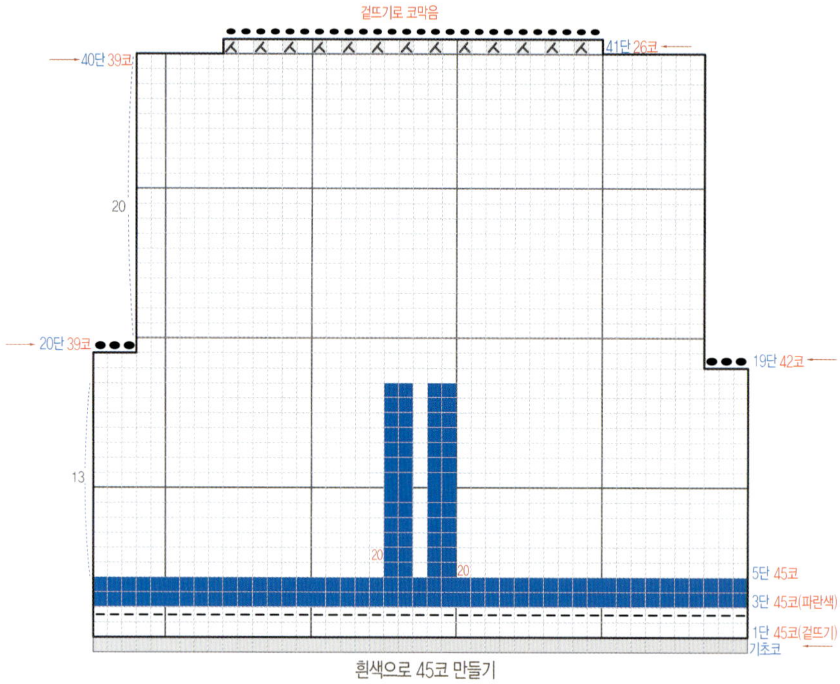

바지

*(흰색 실) 45코 만들기

1단: 겉45

2단: 겉45

3단: (파란색 실) 겉45

4단: 겉45

5단: (흰색 실) 겉(20, 2, 1, 2, 20)

6단: 안(20, 2, 1, 2, 20)

7단~18단: 위의 5, 6단 같은 방법으로 메리야스뜨기

19단: 3코 코막음, 겉42 - 42코

20단: 3코 코막음, 안39 - 39코

21단~40단: 겉뜨기 시작으로 메리야스뜨기

41단: (겉1, 2코 모아뜨기)×13 - 26코

겉뜨기로 코막음 **

*1 ~ 41단** 반복하여 1장 더 뜬다.

토토(아들 토끼)

사용실과 사용량(g): 아이돌 실(흰색, 하늘색, 파란색, 회색, 진회색, 주황색)/150g
사용 도구: 대바늘 2.5mm
작품 사이즈: 가로 16cm, 세로 32cm
작품 난이도: ★★★★☆

만드는 방법 - 토토(아들 토끼)

머리

(흰색 실) 6코 만들기
1단: (겉1, 늘1)×6 - 12코
2단: 안12
3단: 겉1, (겉1, 늘1), 겉1, (겉1, 늘1)×2, 겉2, (겉1, 늘1)×2, 겉1, (겉1, 늘1), 겉1 - 18코
4단: 안18
5단: 겉1, 만1, 겉5, 만1, 겉1, 만1, 겉4, 만1, 겉1, 만1, 겉5, 만1, 겉1 - 24코
6단: 안24
7단: 겉1, 만1, 겉7, 만1, 겉1, 만1, 겉6, 만1, 겉1, 만1, 겉7, 만1, 겉1 - 30코
8단: 안30
9단: 겉1, 만1, 겉9, 만1, 겉1, 만1, 겉8, 만1, 겉1, 만1, 겉9, 만1, 겉1 - 36코
10단~12단: 안뜨기 시작으로 메리야스뜨기
13단: (하늘색 실) 겉1, 만1, 겉11, 만1, 겉1, 만1, 겉10, 만1, 겉1, 만1, 겉11, 만1, 겉1 - 42코
18단~28단: 안뜨기 시작으로 메리야스뜨기
29단: (겉4, 2코 모아뜨기)×8 - 40코
30단: 안40
31단: (겉3, 2코 모아뜨기)×8 - 32코
32단: 안32
33단: (겉2, 2코 모아뜨기)×8 - 24코
34단: 안24
35단: (겉1, 2코 모아뜨기)×8 - 16코
36단: 안16
37단: 2코 모아뜨기×8 - 8코
돗바늘로 마무리

머리

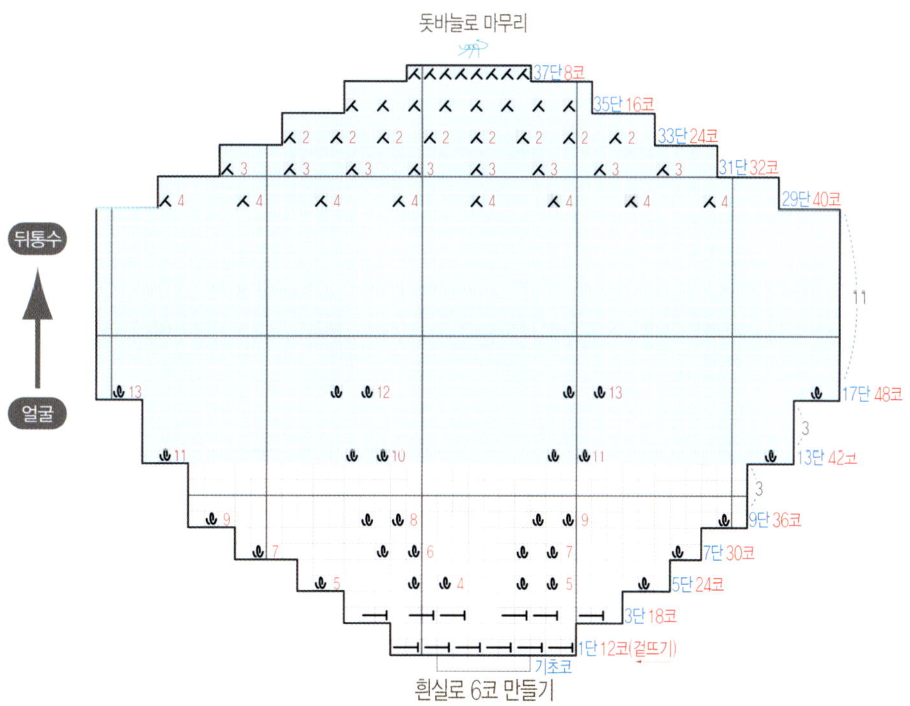

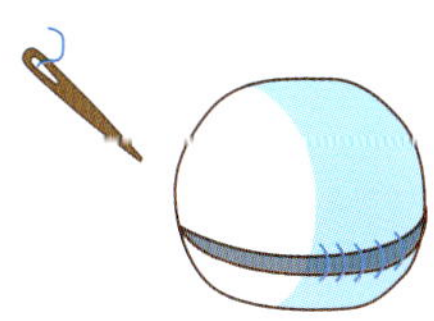
바닥과 같은 색으로 바느질한다.

몸통(왼쪽 다리+오른쪽 다리)

57단: 겉18+겉18 - 36코

58단~60단: 안뜨기 시작으로 메리야스뜨기

61단: {(겉1, 늘1), 겉5}×6 - 42코

62단~66단: 안뜨기 시작으로 메리야스뜨기

67단: {(겉1, 늘1), 겉6}×6 - 48코

68단~74단: 안뜨기 시작으로 메리야스뜨기

75단: (겉4, 2코 모아뜨기)×8 - 40코

76단~80단: 안뜨기 시작으로 메리야스뜨기

81단: (겉3, 2코 모아뜨기)×8 - 32코

82단~84단: 안뜨기 시작으로 메리야스뜨기

85단: (겉2, 2코 모아뜨기)×8 - 24코

86단~88단: 안뜨기 시작으로 메리야스뜨기

89단: 코막음

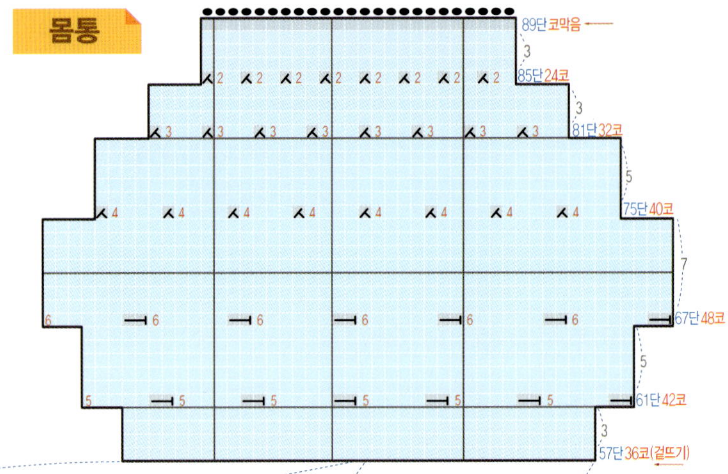

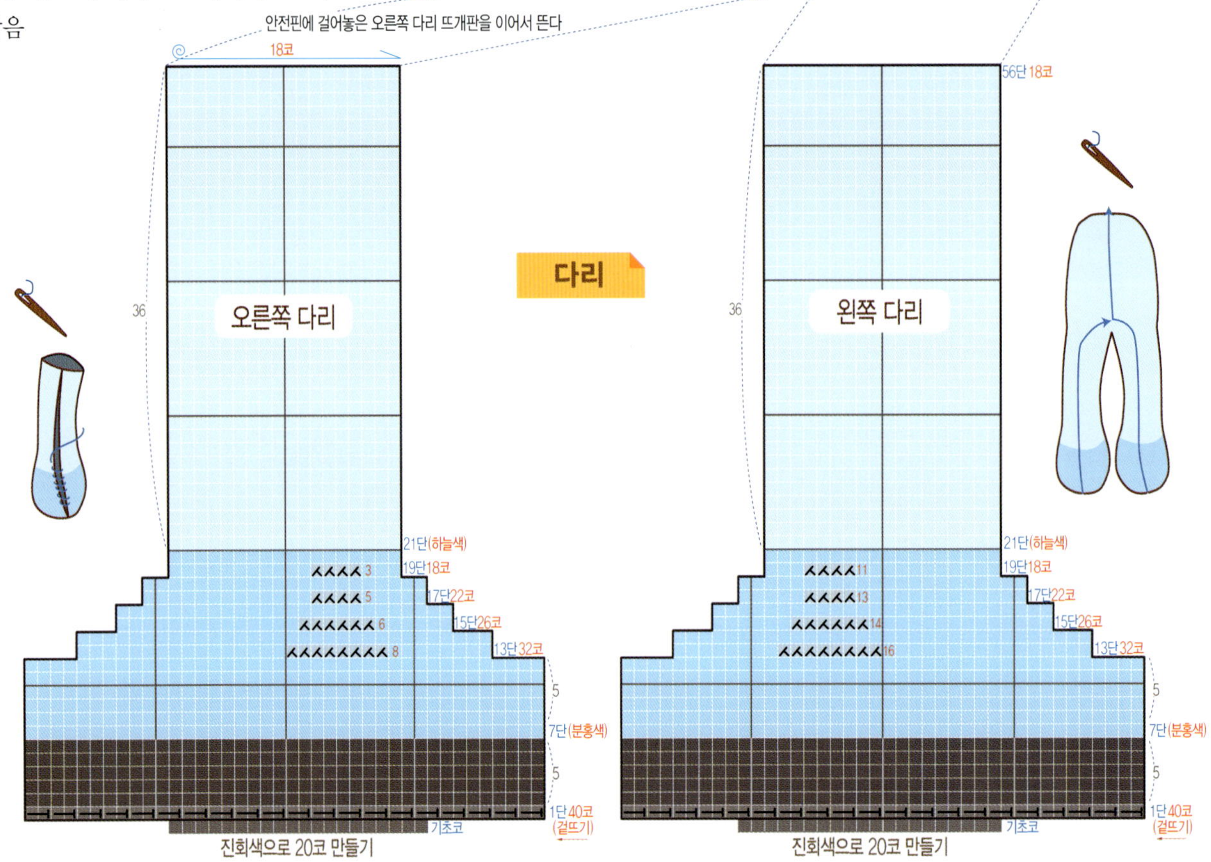

*오른쪽 다리

*(진회색 실) 20코 만들기

1단: (겉1, 늘1)×20 - 40코

2단~6단: 안뜨기를 시작으로 메리야스뜨기

7단~12단: (파란색 실) 메리야스뜨기**

13단: 겉8, 2코 모아뜨기×8, 겉16 - 32코

14단: 안32

15단: 겉6, 2코 모아뜨기×6, 겉14 - 26코

16단: 안26

17단: 겉5, 2코 모아뜨기×4, 겉13 - 22코

18단: 안22

19단: 겉3, 2코 모아뜨기×4, 겉11 - 18코

20단: 안18

(하늘색 실로 바꾼다)

21단~56단: 36단 메리야스뜨기

실을 끊고 안전핀에 걸어둔다.

*왼쪽 다리

(진회색 실) 20코 만들기

1단: (겉1, 늘1)×20 -40코

2단~6단: 안뜨기 시작으로 메리야스뜨기

*7단~12단: (파란색 실) 메리야스뜨기**

13단: 겉16, 2코 모아뜨기×8, 겉8 -32코

14단: 안32

15단: 겉14, 2코 모아뜨기×6, 겉6 -26코

16단: 안26

17단: 겉13, 2코 모아뜨기×4, 겉5 -22코

18단: 안22

19단: 겉11, 2코 모아뜨기×4, 겉3 -18코

20단: 안18

(하늘색 실로 바꾼다)

21단~56단: 36단 메리야스뜨기

팔x2장

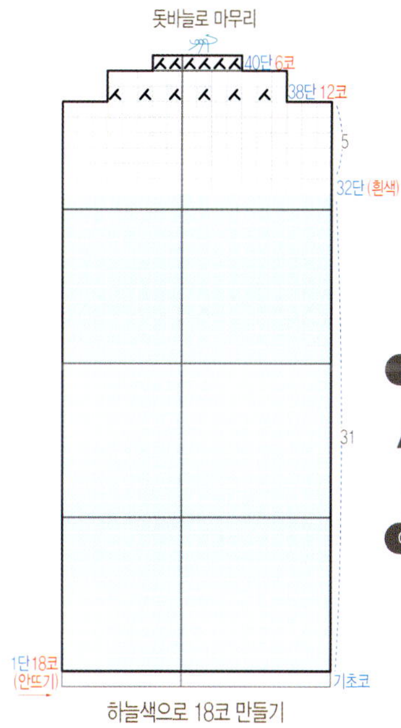

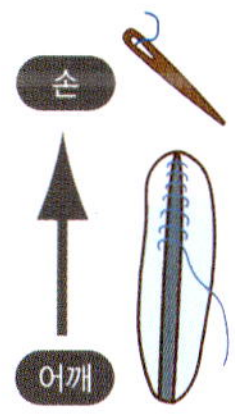

팔 – 2개

*(하늘색 실) 18코 만들기

1단: 안뜨기로 시작

2단~31단: 메리야스뜨기

32단~37단: (흰색 실) 메리야스뜨기

38단: (겉1, 2코 모아뜨기)×6 - 12코

39단: 안12

40단: 2코 모아뜨기×6 - 6코

돗바늘로 마무리**

위와 같이 *1~40단** 반복해서 1장 더 뜬다.

귀x2장

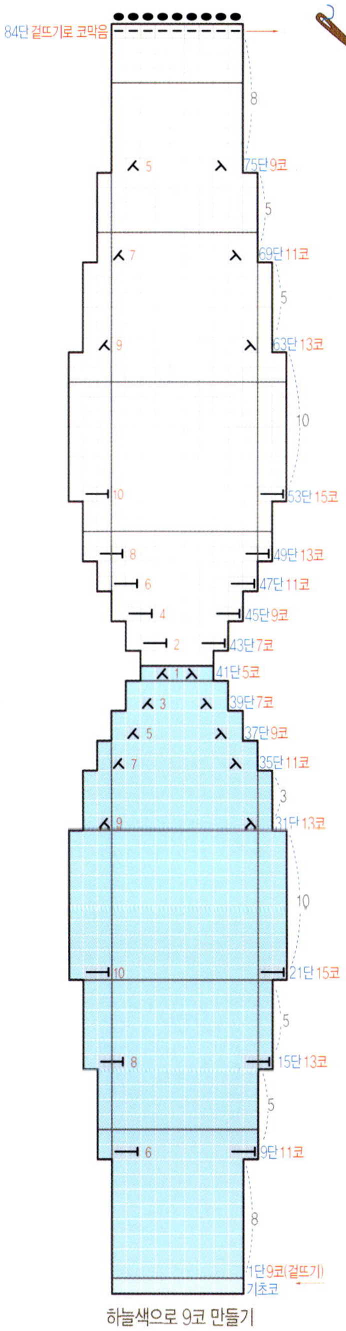

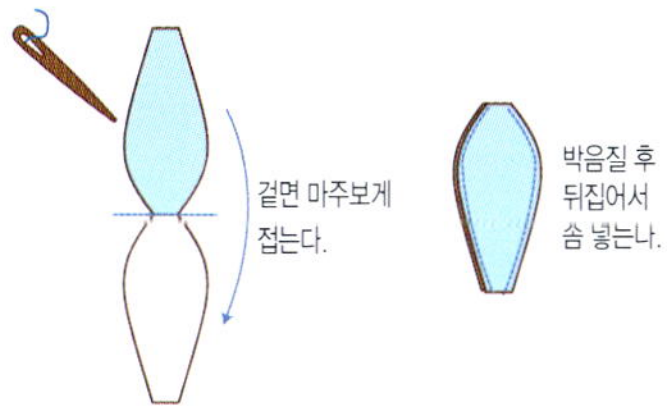

귀 – 2개

(하늘색 실) 9코 만들기

1단~8단: 메리야스뜨기

9단: (겉1, 늘1), 겉6, (겉1, 늘1), 겉1 - 11코

10단~14단: 안뜨기 시작으로 메리야스뜨기

15단: (겉1, 늘1), 겉8, (겉1, 늘1), 겉1 - 13코

16단~20단: 안뜨기 시작으로 메리야스뜨기

21단: (겉1, 늘1), 겉10, (겉1, 늘1), 겉1 - 15코

22단~30단: 안뜨기 시작으로 메리야스뜨기

31단: 겉1, 오른코 줄이기, 겉9, 2코 모아뜨기, 겉1 - 13코

32단~34단: 안뜨기 시작으로 메리야스뜨기

35단: 겉1, 오른코 줄이기, 겉7, 2코 모아뜨기, 겉1 - 11코

36단: 안11

37단: 겉1, 오른코 줄이기, 겉5, 2코 모아뜨기, 겉1 - 9코

38단: 안9

39단: 겉1, 오른코 줄이기, 겉3, 2코 모아뜨기, 겉1 - 7코

40단: 안7

41단: 겉1, 오른코 줄이기, 겉1, 2코 모아뜨기, 겉1 - 5코

(흰색 실로 바꾼다.)

42단: 안5

43단: (겉1, 늘1), 겉2, (겉1, 늘1), 겉1 - 7코

44단: 안7

45단: (겉1, 늘1), 겉4, (겉1, 늘1), 겉1 - 9코

46단: 안9

47단: (겉1, 늘1), 겉6, (겉1, 늘1), 겉1 - 11코

48단: 안11

49단: (겉1, 늘1), 겉8, (겉1, 늘1), 겉1 - 13코

50단~52단: 안뜨기 시작으로 메리야스뜨기

53단: (겉1, 늘1), 겉10, (겉1, 늘1), 겉1 - 15코

54~62단: 안뜨기 시작으로 메리야스뜨기

63단: 겉1, 오른코 줄이기, 겉9, 2코 모아뜨기, 겉1 - 13코

64단~68단: 안뜨기 시작으로 메리야스뜨기

69단: 겉1, 오른코 줄이기, 겉7, 2코 모아뜨기, 겉1 - 11코

70단~74단: 안뜨기 시작으로 메리야스뜨기

75단: 겉1, 오른코 줄이기, 겉5, 2코 모아뜨기, 겉1 - 9코

76단~83단: 안뜨기 시작으로 메리야스뜨기

84단: 겉뜨기로 코막음

야구 방망이

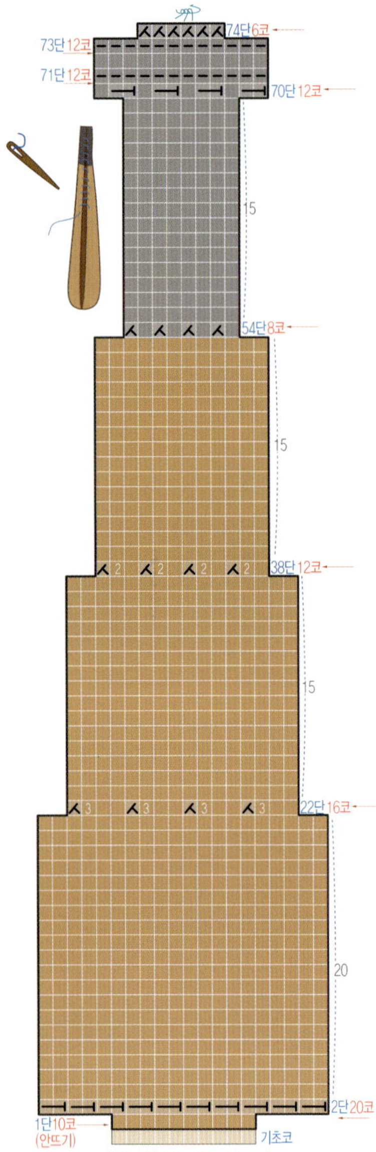

베이지색으로 10코 만들기

야구 방망이

(베이지색 실) 10코 만들기
1단: 안뜨기로 시작
2단: (겉1, 늘1)×10 - 20코
3단~21단: 안뜨기 시작으로 메리야스뜨기
22단: (겉3, 2코 모아뜨기)×4 - 16코
23단~37단: 안뜨기 시작으로 메리야스뜨기
38단: (겉2, 2코 모아뜨기)×4 - 12코
39단~53단: 안뜨기 시작으로 메리야스뜨기
(진회색 실)
54단: (겉1, 2코 모아뜨기)×4 - 8코
55단~69단: 안뜨기 시작으로 메리야스뜨기
70단: {(겉1, 늘1), 겉1}×4 - 12코
71단: 겉12
72단: 겉12
73단: 겉12
74단: 2코 모아뜨기×6 - 6코
돗바늘로 마무리

모자

G: 주황색
(진회색 실) 10코 만들기 - 1개---[모자 ①]
1단~4단: 메리야스뜨기
5단: 겉(3, 4, 3) - 10코
6단: 안(2, 6, 2)
7단: 겉(2, 2, 2, 2, 2)
8단: 안(2, 2, 1, 3, 2)
9단: 겉(2, 2, 2, 2, 2)
10단: 안(2, 3, 5)
11단: 겉(2, 5, 3)
12단~14단: 안뜨기 시작으로 메리야스뜨기
*15단: 겉1, 오른코 줄이기, 겉4, 2코 모아뜨기, 겉1
16단: 안8
17단~21단: 겉1 (위와 같은 방법으로 겉뜨기 때 양쪽 끝 2~3번째 코를 2코 모아줄이기), 겉1. 2코 될 때까지
22단: 빼뜨기로 마무리**

(진회색 실) 10코 만들기 - 4개---[모자 ②]
1단~14단: 메리야스뜨기
*15단~22단** 반복한다.

(진회색 실) 10코 만들기 - 1개---[모자 ③]
1단~8단: 메리야스뜨기
9단~16단: 모자 ①의 *15단~22단** 반복한다.

끈: 10코 만들기, 10코 코막음

*모자 챙

(흰색 실) 17코 줍는다.
1단~7단: 안뜨기 시작으로 메리야스뜨기
8단: 겉1, 오른코 줄이기, 겉11, 2코 모아뜨기, 겉1
9단: 안15
10단: 겉1, 오른코 줄이기, 겉9, 2코 모아뜨기, 겉1
11단: 안13
12단: 겉1, 오른코 줄이기, 겉7, 2코 모아뜨기, 겉1
13단: 겉뜨기로 코막음

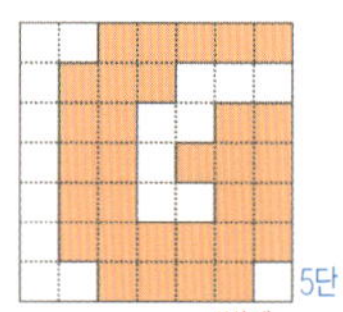

로고(주황색) 5단 4번째 코부터 배색 시작

모자

❶ 1장 ❷ 4장 ❸ 1장

로고가 있는 모자의 앞부분을 중심으로 로고 없는 부분을 2장씩 양쪽에 박음질한다. 짧게 뜬 부분은 제일 뒷쪽에 박음질하고 끈의 양쪽 끝을 잇는다. 챙은 앞 로고 부분을 중심으로 딸, 아들 모자는 17코를 줍는다.

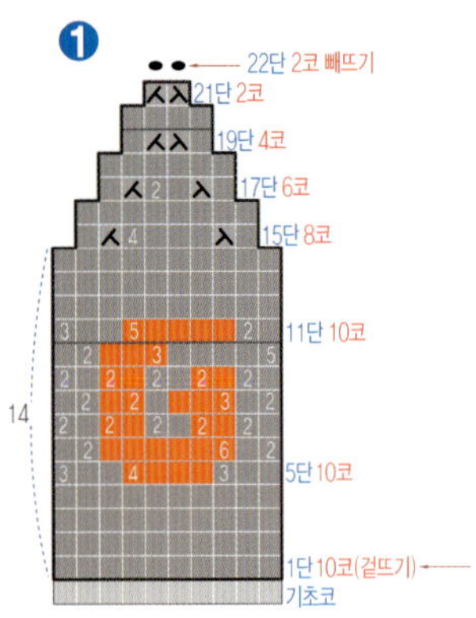

진회색으로 10코 만들기
(로고 주황색)

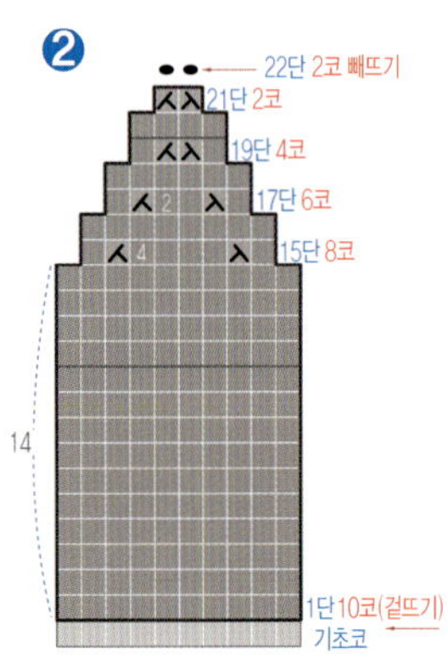

진회색으로 10코 만들기

모자 끈

진회색으로 10코 만들고
12코 코막음

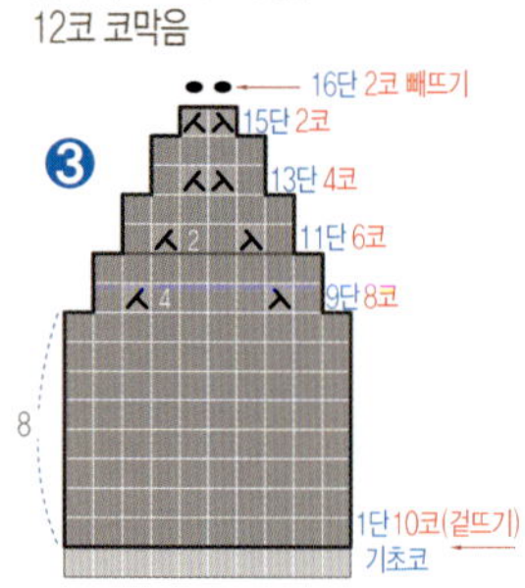

진회색으로 10코 만들기

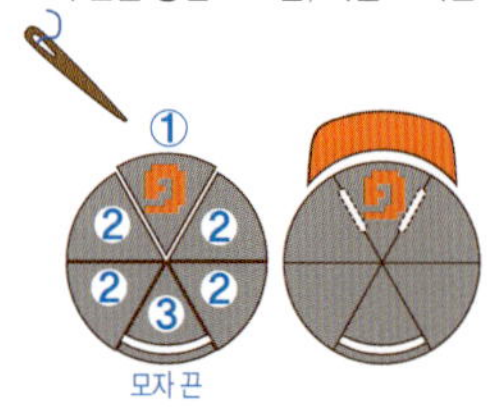

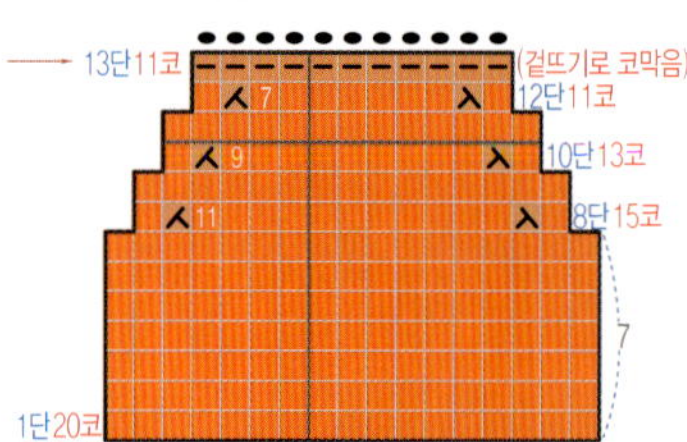

흰색으로 17코 줍는다.

운동화 - 2개

(흰색 실) 25코 만들기

1단: (겉1, 늘1), 겉10, (겉1, 늘1)×2, 겉10, (겉1, 늘1), 겉1 - 29코

2단: 안29

3단: 겉1, (겉1, 늘1), 겉10, (겉1, 늘1), 겉2, (겉1, 늘1), 겉10, (겉1, 늘1), 겉2 - 33코

4단: 안33

5단: 겉2, (겉1, 늘1), 겉10, (겉1, 늘1), 겉4, (겉1, 늘1), 겉10, (겉1, 늘1), 겉3 - 37코

6단: 안37

7단: 겉3, (겉1, 늘1), 겉10, (겉1, 늘1), 겉6, (겉1, 늘1), 겉10, (겉1, 늘1), 겉4 - 41코

8단: 안41

9단: 겉41

10단: 겉41

11단~12단: 메리야스뜨기

13단~14단: (진회색 실) 메리야스뜨기

15단: 겉41

16단: 겉41

17단: 겉18, 오른코 줄이기, 겉1, 2코 모아뜨기, 겉4

(되돌린다): 안11

(되돌린다): 겉3, 오른코 줄이기, 겉1, 2코 모아뜨기, 겉3

(되돌린다): 안9

(되돌린다): 겉2, 오른코 줄이기, 겉1, 2코 모아뜨기, 겉2

(되돌린다): 안7

(되돌린다): 겉7 + (3코 줍는다), (왼쪽 바늘에 걸린 코) 겉14

18단: 안24, +(3코 줍는다), 안14

19단: 14코를 안전핀에 걸어둔다. (주황색 실) 겉13

20단: 안13

21단: 겉1, 오른코 줄이기, 겉7, 2코 모아뜨기, 겉1

22단: 안11

23단: 겉1, 오른코 줄이기, 겉5, 2코 모아뜨기, 겉1

24단: 안9

25단: 겉1, 오른코 줄이기, 겉3, 2코 모아뜨기, 겉1

26단: 안7

27단: 겉1, 오른코 줄이기, 겉1, 2코 모아뜨기, 겉1

28단: 겉5

29단: 겉5

30단: 겉뜨기로 코막음

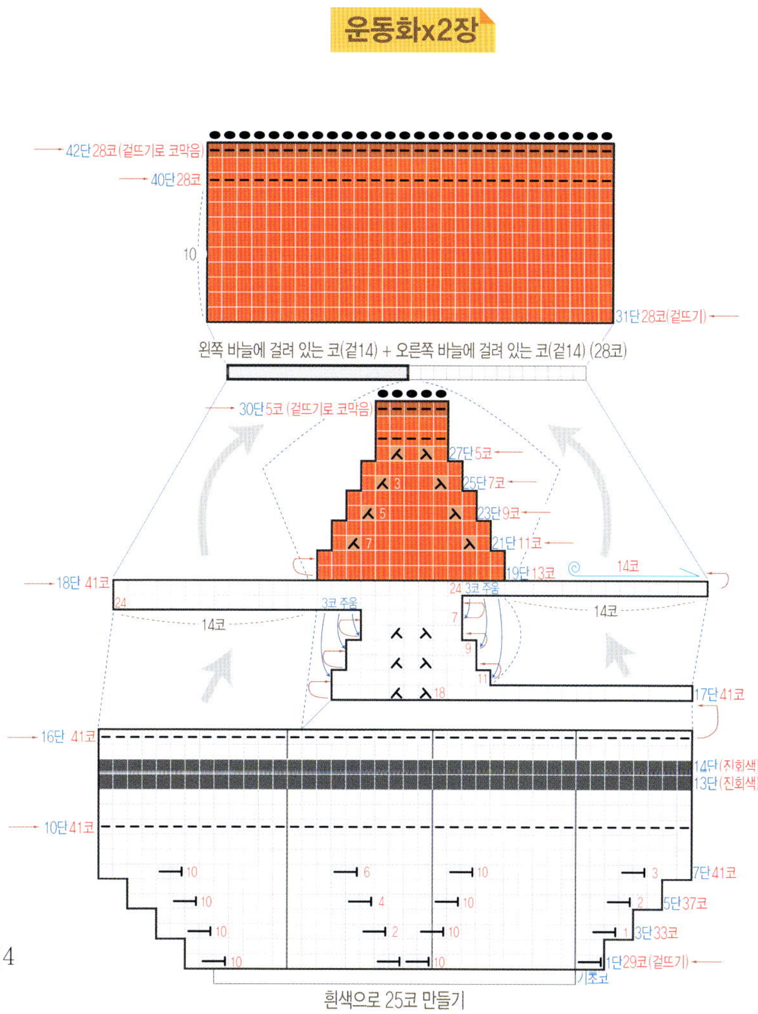

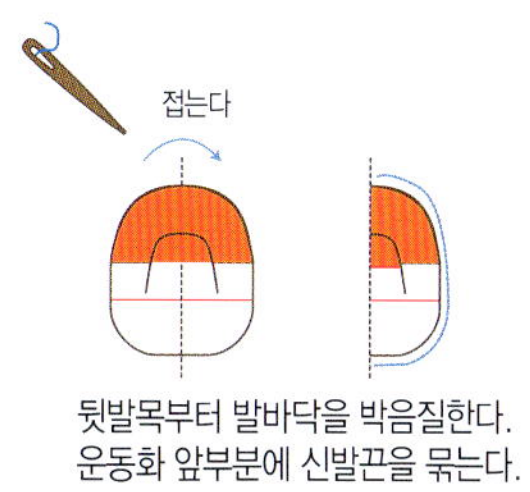

31단: (왼쪽 바늘에 걸려 있는 코) 겉14 + (안전핀에 걸려 있는 코) 겉14 - 28코

32단~38단: 메리야스뜨기

39단: 겉28

40단: 겉28

41단: 겉28

42단: 겉뜨기로 코막음

*운동화끈 - 2개

코바늘 3호로 85코 만든다.

글러브

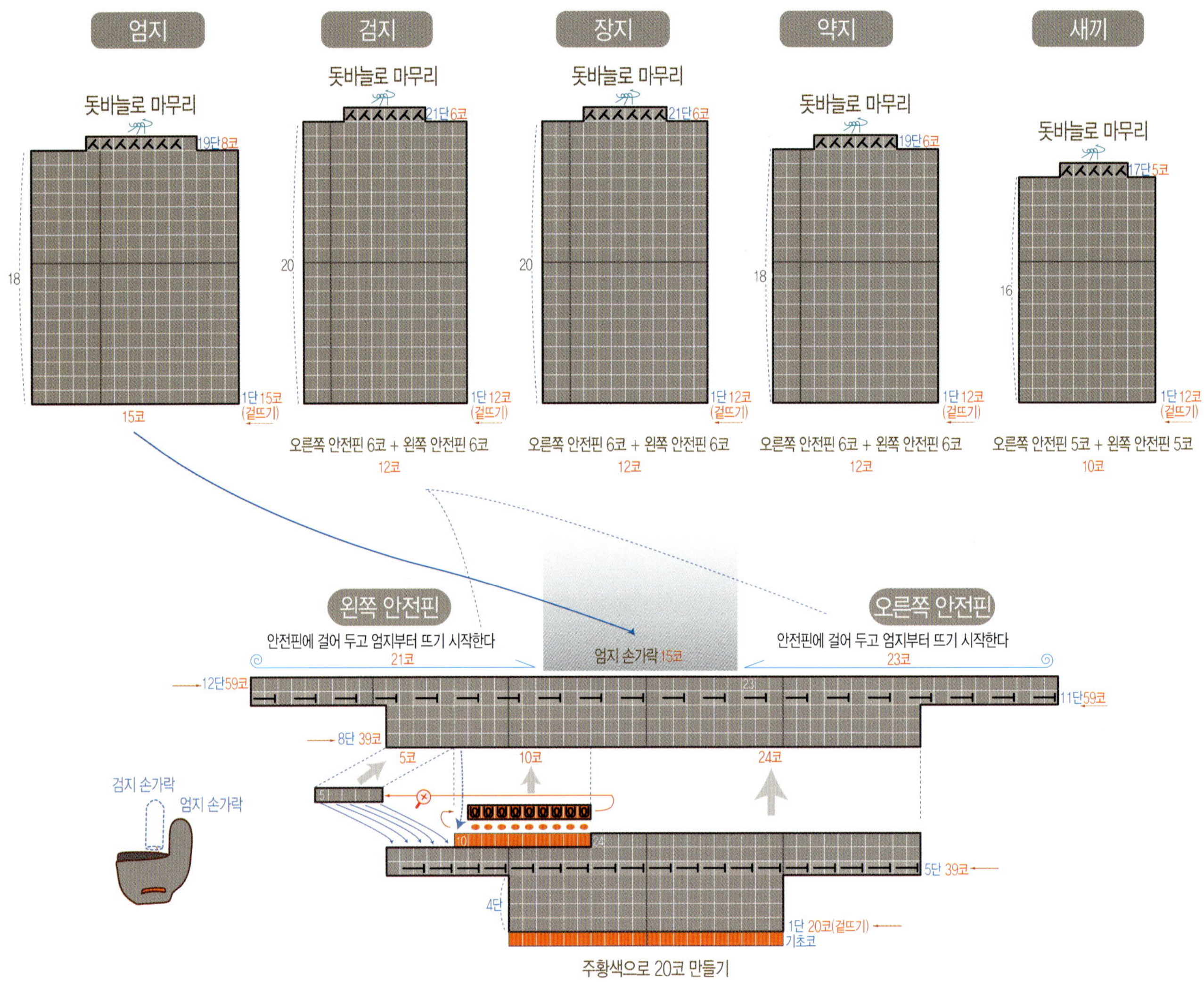

7단 : 겉뜨기 24코, 주황색실로 바꿔 뜨면서 10코 코막음 후 편물 돌려서 오른쪽 바늘에 9코 만든 후 다시 편물 돌려서 왼쪽 바늘에 있는 10코를 오른쪽 바늘에 옮긴 후 회색 실로 겉뜨기 5코 한다.

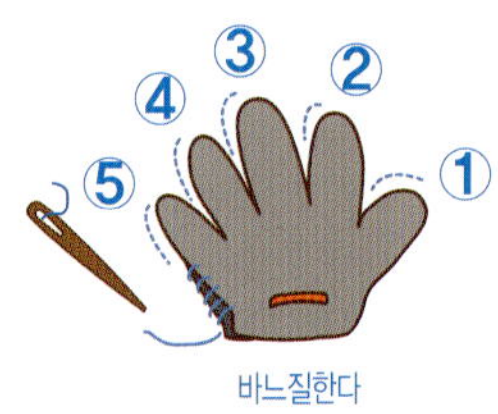

글러브

(주황색 실) 20코 만들기

(진회색 실)

1단~4단: 메리야스뜨기

5단: (겉1, 늘1)×19, 겉1 - 39코

6단: 안39

7단: 겉24, (주황색 실), 10코 코막음

(되돌리기) 오른쪽 바늘에 10코 만들기

(되돌리기) (진회색 실) 겉5

8단~10단: 안뜨기 시작으로 메리야스뜨기

11단: {(겉1, 늘1), 겉1}×19, (겉1, 늘1) - 59코

12단: 안59

(안전핀에 23코 걸어둔다. 나머지도 안전핀에 걸어둔다)

[엄지]

1단: 겉15

2단~18단: 안뜨기 시작으로 메리야스뜨기

19단: 겉1, 2코 모아뜨기×7 - 8코

돗바늘로 마무리

[검지]
오른쪽 안전핀 6코+왼쪽 안전핀 6코
1단~20단: 메리야스뜨기 - 12코
21단: 2코 모아뜨기×6 - 6코
돗바늘로 마무리

[약지]
오른쪽 안전핀 6코+왼쪽 안전핀 6코
1단~18단: 메리야스뜨기
19단: 2코 모아뜨기×6 - 6코
돗바늘로 마무리

[장지]
오른쪽 안전핀 6코+왼쪽 안전핀 6코
1단~20단: 메리야스뜨기
21단: 2코 모아뜨기×6 - 6코
돗바늘로 마무리

[새끼]
오른쪽 안전핀 5코+왼쪽 안전핀 5코
1단~16단: 메리야스뜨기
17단: 2코 모아뜨기×5 - 5코
돗바늘로 마무리

운동복 반바지x2장

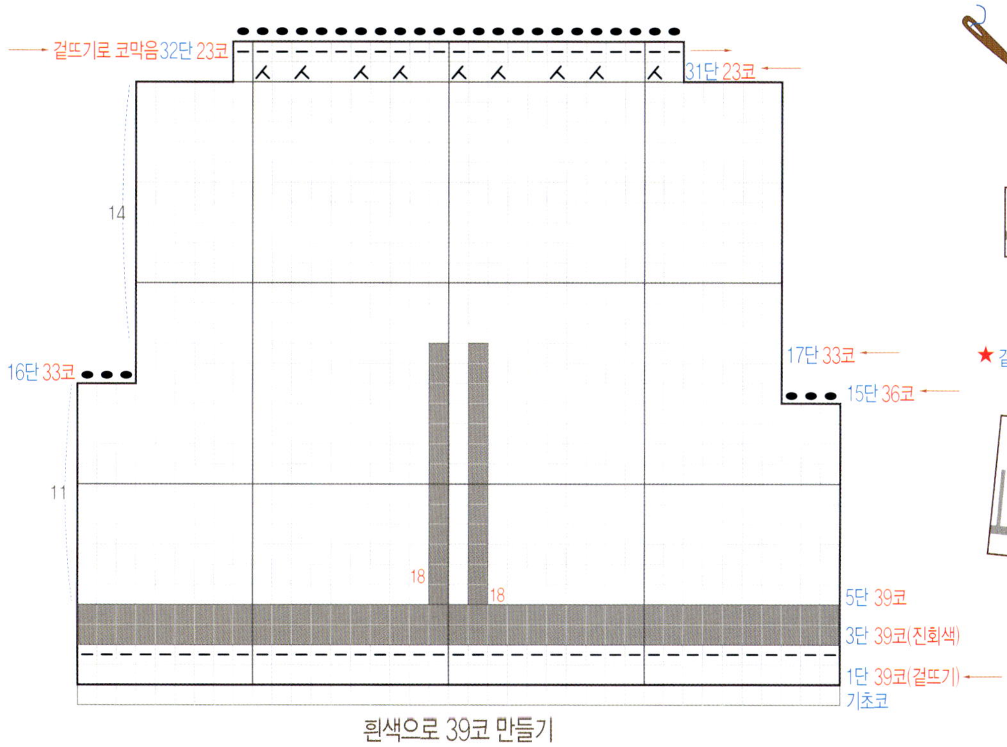

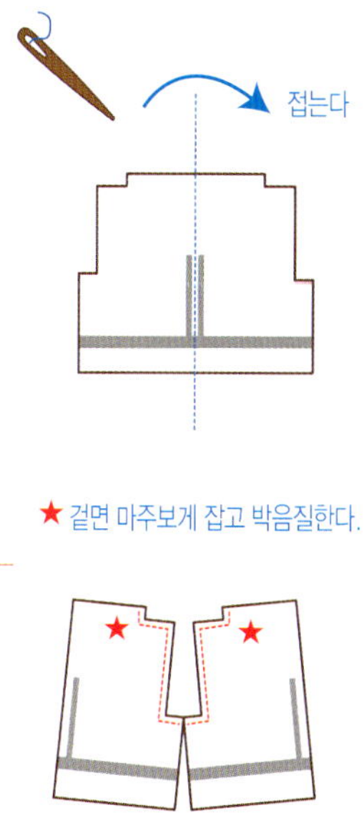

바지

(흰색 실) 39코 만들기
1단: 겉39
2단: 겉39
3단~4단: (진회색) 메리야스뜨기
5단: (흰색 실) 겉(18, 1, 1, 1, 18) - 39코
6단: 안(18, 1, 1, 1, 18)
7단~14단: (5, 6단)을 4번 반복
15단: 3코 코막음, 겉(15, 1, 1, 1, 18) - 36코
16단: 3코 코막음, 안(15, 1, 1, 1, 15) - 33코
17단~30단: 메리야스뜨기
31단: 겉1, (2코 모아뜨기, 겉2, 2코 모아뜨기, 겉1)×4, 2코 모아뜨기, 겉1 - 24코
32단: 겉뜨기로 코막음

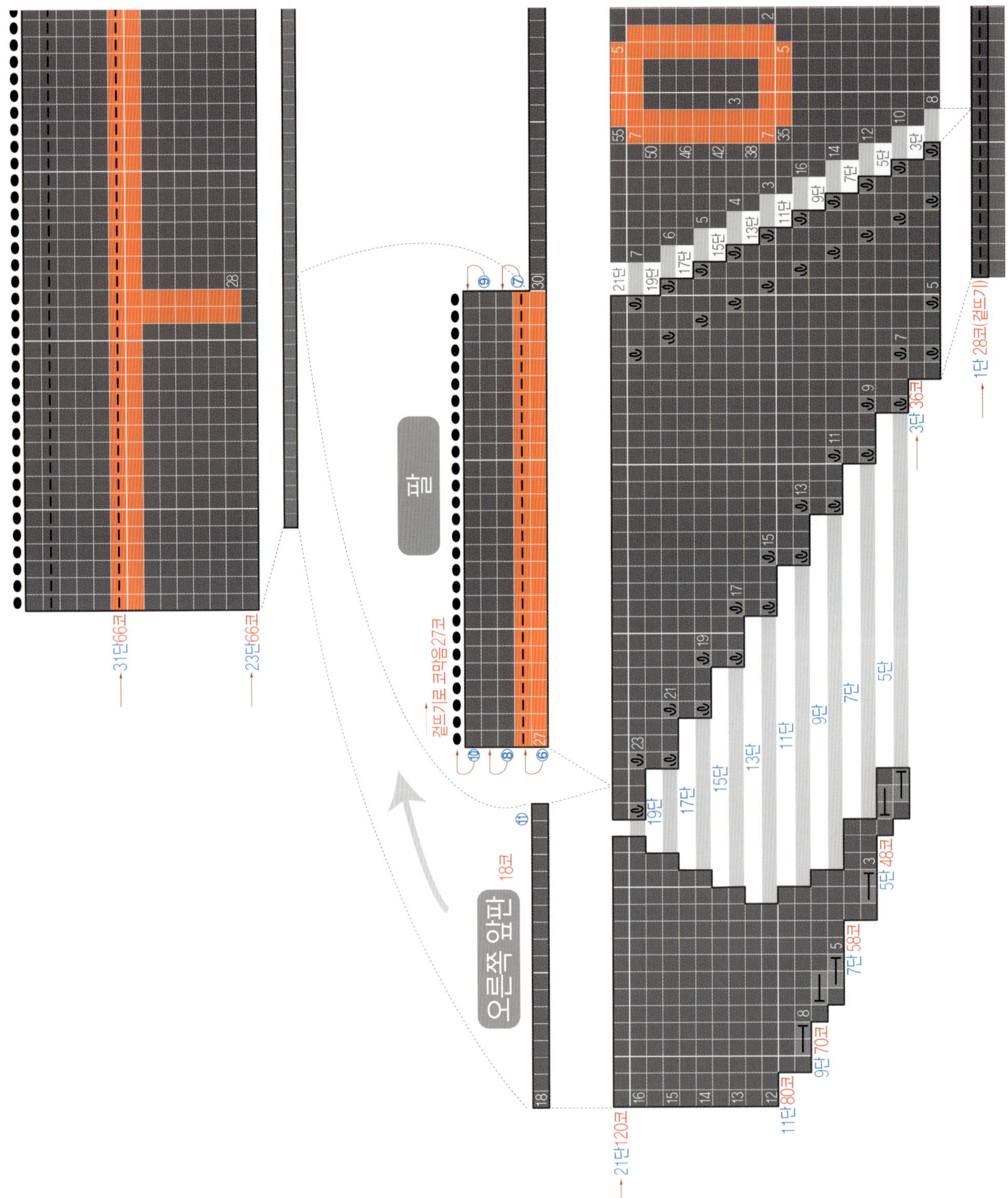

운동복 상의

I = □	겉뜨기(K)
ㅡ	안뜨기(P)
⋋	오른코 모아뜨기(SKPO)
⋌	왼코 모아뜨기(K2tog)
─┤	겉뜨기로 늘리기(Kfb)→(겉1, 늘1)로 표기
├─	안뜨기로 늘리기(Pfb)→(안1, 늘1)로 표기
왼쪽 만들기 기호	왼쪽 만들기. 만들기(M1L)→ 만1로 표기
오른코 만들기 기호	오른코 만들기(M1R)→ 오른코 만들기로 표기
감아코 기호	감아코(Backward loop cast on)
● = □	코막음(cast off)

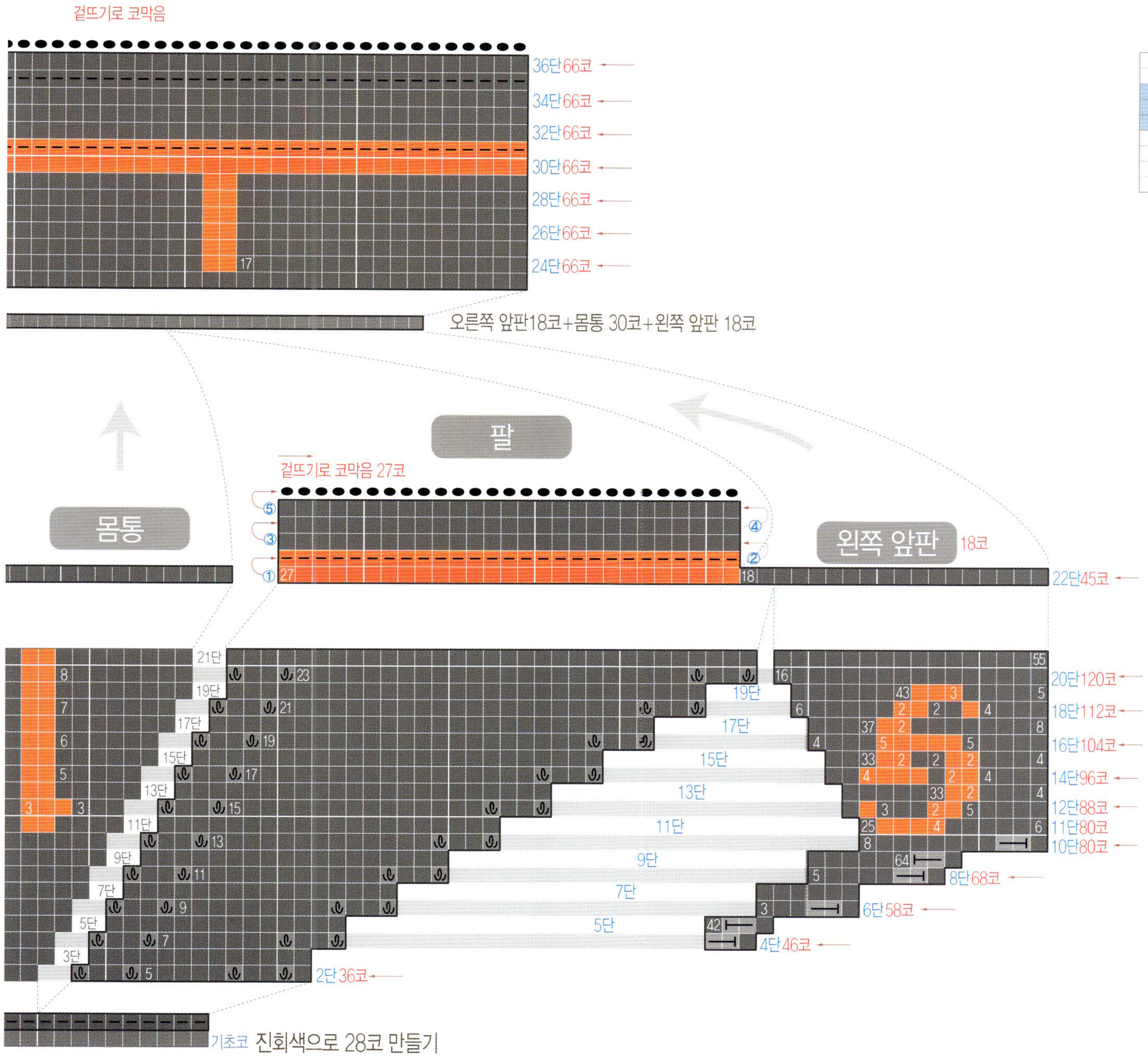

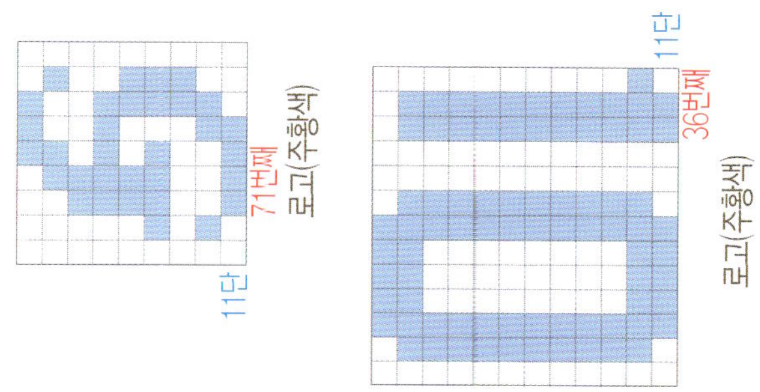

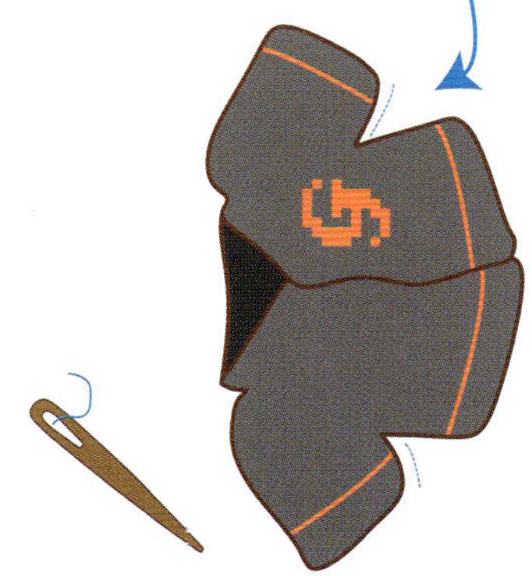

소매 아래부분 박음질한다.

운동복 상의

10. G: 주황색 실

(진회색 실) 28코 만들기

1단: 겉28

2단: 겉1, 오른코 만들기, 겉2, 만1, 겉5,
오른코 만들기, 겉2, 만1, 겉8,
오른코 만들기, 겉2, 만1, 겉5,
오른코 만들기, 겉2, 만1, 겉1 - 36코

3단: 안36

4단: 겉1, (겉1, 늘1),
오른코 만들기, 겉2, 만1, 겉7,
오른코 만들기, 겉2, 만1, 겉10,
오른코 만들기, 겉2, 만1, 겉7,
오른코 만들기, 겉2, 만1,
(겉1, 늘1), 겉1 - 46코

5단: 안1, (안1, 안뜨기 늘리기), 안42, (안1, 안뜨기 늘리기), 안1 - 48코

6단: 겉1, (겉1, 늘1), 겉3,
오른코 만들기, 겉2, 만1, 겉9,
오른코 만들기, 겉2, 만1, 겉12,
오른코 만들기, 겉2, 만1, 겉9,
오른코 만들기, 겉2, 만1, 겉3,
(겉1, 늘1), 겉1 - 58코

7단: 안58

8단: 겉1, (겉1, 늘1), 겉5,
오른코 만들기, 겉2, 만1, 겉11,
오른코 만들기, 겉2, 만1, 겉14,
오른코 만들기, 겉2, 만1, 겉11,
오른코 만들기, 겉2, 만1, 겉5,
(겉1, 늘1), 겉1 - 68코

9단: 안1, (안1, 안뜨기 늘리기), 안64, (안1, 안뜨기 늘리기1), 안1 - 70코

10단: 겉1, (겉1, 늘1), 겉8,
오른코 만들기, 겉2, 만1, 겉13,
오른코 만들기, 겉2, 만1, 겉16,
오른코 만들기, 겉2, 만1, 겉13,
오른코 만들기, 겉2, 만1, 겉8,
(겉1, 늘1), 겉1 - 80코

11단: 안35(5, 3, 2), 안25, (4, 6)

12단: 겉(5, 2, 3, 1, 1),
오른코 만들기, 겉2, 만1, 겉15,
오른코 만들기, 겉2, 만1, 겉(3, 3, 2, 7, 3),
오른코 만들기, 겉2, 만1, 겉15,
오른코 만들기, 겉2, 만1, 겉12 - 88코

13단: 안38(2, 3, 2, 2, 2), 안33(2, 4)

14단: 겉(4, 2, 1, 4, 2),
오른코 만들기, 겉2, 만1, 겉17,
오른코 만들기, 겉2, 만1, 겉(5, 2, 2, 2, 3, 2, 4),
오른코 만들기, 겉2, 만1, 겉17,
오른코 만들기, 겉2, 만1, 겉13 - 96코

15단: 안42(2, 3, 2, 2, 2), 안33(2, 2, 2, 4)

16단: 겉(5, 5, 4),
오른코 만들기, 겉2, 만1, 겉19,
오른코 만들기, 겉2, 만1, 겉(6, 2, 2, 2, 3, 2, 5),
오른코 만들기, 겉2, 만1, 겉19,
오른코 만들기, 겉2, 만1, 겉14 -104코

17단: 안46(2, 3, 2, 2, 2), 안37(2, 8)

18단: 겉(4, 1, 2, 2, 6),
오른코 만들기, 겉2, 만1, 겉21,
오른코 만들기, 겉2, 만1, 겉(7, 2, 2, 2, 3, 2, 6),
오른코 만들기, 겉2, 만1, 겉21,
오른코 만들기, 겉2, 만1, 겉15 - 112코

19단: 안50(2, 3, 2, 2, 2), 안43(3, 5)

20단: 겉16, 오른코 만들기, 겉2, 만1, 겉23,
오른코 만들기, 겉2, 만1, 겉(8, 2, 2, 7, 7),
오른코 만들기, 겉2, 만1, 겉23,
오른코 만들기, 겉2, 만1, 겉16 - 120코

21단: 안55(5, 3, 2), 안55

22단: **[왼쪽 앞판]** 겉18, (주황색 실) 겉27
[팔] (되돌린다): 겉27
(되돌린다): (진회색) 겉27
(되돌린다): 안27
(되돌린다): 겉27
겉뜨기로 코막음
+**[몸통]** 겉30 (주황색 실) 겉27
[팔] (되돌린다): 겉27
(되돌린다): (진회색) 겉27
(되돌린다): 안27
(되돌린다): 겉27
겉뜨기로 코막음
+**[오른쪽 앞판]** 겉18 - 66코

23단: 안66

24단: 겉17(2, 28, 2), 겉17 - 66코

25단: 안17(2, 28, 2), 안17

26단~29단: 위에 (24, 25단)을 2번 반복

30단: (주황색 실) 겉66

31단: 겉66

32단~34단: (진회색 실) 메리야스뜨기

35단: 겉66

36단: 겉66

겉뜨기로 코막음

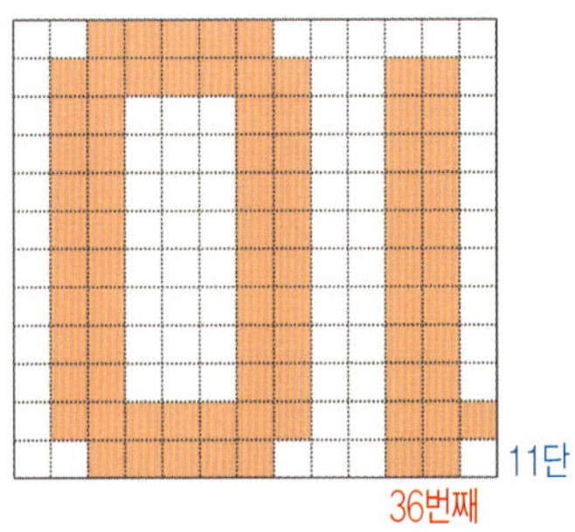

로고(주황색) 11단 36번째 코부터 배색 시작

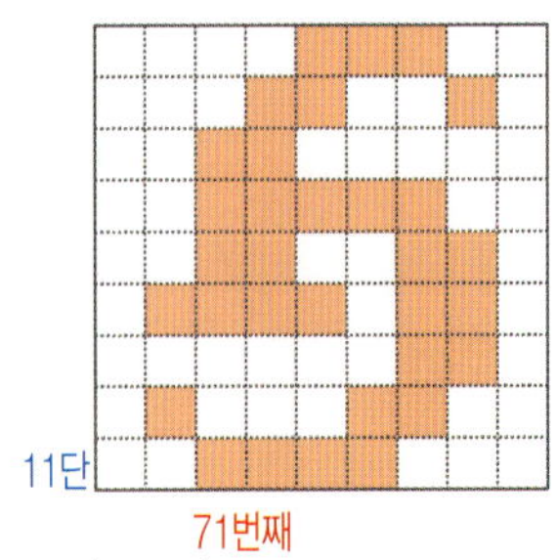

로고(주황색) 5단 7번째 코부터 배색 시작

토미(딸 토끼)

사용실과 사용량(g): 아이돌 실(흰색, 연분홍색, 분홍색, 진회색)/150g

사용 도구: 대바늘 2.5mm

작품 사이즈: 가로 16cm, 세로 32cm

작품 난이도: ★★★★☆

만드는 방법 - 토미(딸 토끼)

토토(아들 토끼)와 동일하며 배색만 달리한다.

[머리]: 흰색→흰색, 하늘색→분홍색

[다리]: 진회색→진회색, 파란색→진분홍색, 하늘색→연분홍색

[팔]: 하늘색→연분홍색, 흰색→흰색

[귀]: 하늘색→분홍색, 흰색→흰색

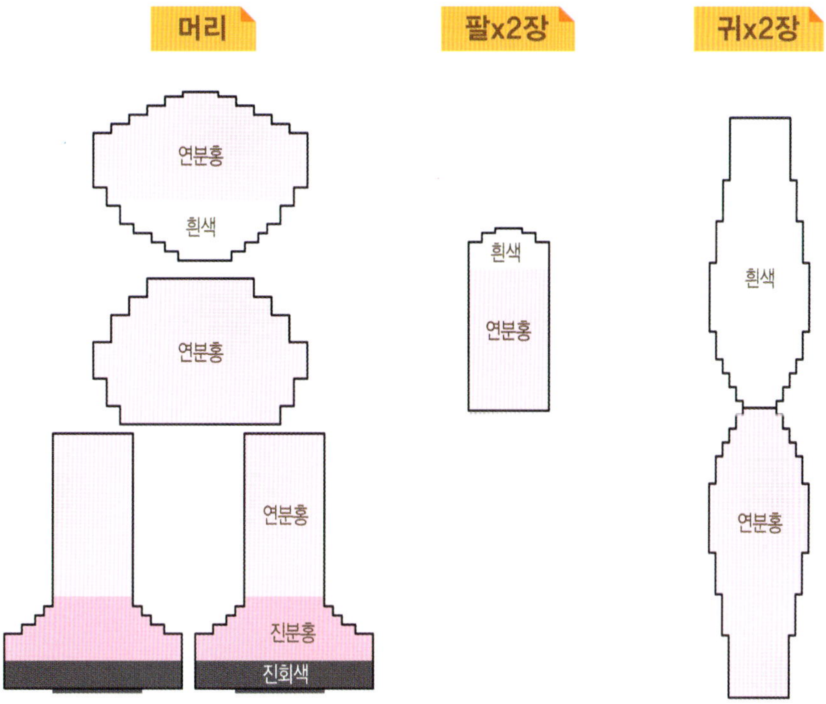

머리

(흰색 실) 6코 만들기

1단: (겉1, 늘1)×6 - 12코

2단: 안12

3단: 겉1, (겉1, 늘1), 겉1, (겉1, 늘1)×2, 겉2, (겉1, 늘1)×2, 겉1, (겉1, 늘1), 겉1 -18코

4단: 안18

5단: 겉1, 만1, 겉5, 만1, 겉1, 만1, 겉4, 만1, 겉1, 만1, 겉5, 만1, 겉1 - 24코

6단: 안24

7단: 겉1, 만1, 겉7, 만1, 겉1, 만1, 겉6, 만1, 겉1, 만1, 겉7, 만1, 겉1 - 30코

8단: 안30

9단: 겉1, 만1, 겉9, 만1, 겉1, 만1, 겉8, 만1, 겉1, 만1, 겉9, 만1, 겉1 - 36코

10단~12단: 안뜨기 시작으로 메리야스뜨기

13단: (분홍색 실) 겉1, 만1, 겉11, 만1, 겉1, 만1, 겉10, 만1, 겉1, 만1, 겉11, 만1, 겉1 - 42코

14단~16단: 안뜨기 시작으로 메리야스뜨기

17단: 겉1, 만1, 겉13, 만1, 겉1, 만1, 겉12, 만1, 겉1, 만1, 겉13, 만1, 겉1 - 48코

18단~28단: 안뜨기 시작으로 메리야스뜨기

29단: (겉4, 2코 모아뜨기)×8 - 40코

30단: 안40

31단: (겉3, 2코 모아뜨기)×8 - 32코

32단: 안32

33단: (겉2, 2코 모아뜨기)×8 - 24코

34단: 안24

35단: (겉1, 2코 모아뜨기)×8 - 16코

36단: 안16

37단: 2코 모아뜨기×8 - 8코

돗바늘로 마무리

*오른쪽 다리
*(진회색 실) 20코 만들기
1단: (겉1, 늘1)×20 - 40코
2단~6단: 안뜨기 시작으로 메리야스뜨기
7단~12단: (진분홍색 실) 메리야스뜨기 **
13단: 겉8, 2코 모아뜨기×8, 겉16 - 32코
14단: 안32
15단: 겉6, 2코 모아뜨기×6, 겉14 - 26코
16단: 안26
17단: 겉5, 2코 모아뜨기×4, 겉13 - 22코
18단: 안22
19단: 겉3, 2코 모아뜨기×4, 겉11 - 18코
20단: 안18
(연분홍색 실로 바꾼다)
21단~56단: 36단 메리야스뜨기
실을 끊고 안전핀에 걸어둔다.

*왼쪽 다리
*1단 ~ 12단** 반복한다.
13단: 겉16, 2코 모아뜨기×8, 겉8 - 32코
14단: 안32
15단: 겉14, 2코 모아뜨기×6, 겉6 - 26코
16단: 안26
17단: 겉13, 2코 모아뜨기×4, 겉5 - 22코
18단: 안22
19단: 겉11, 2코 모아뜨기×4, 겉3 - 18코
20단: 안18
(연분홍색 실로 바꾼다)
21단~56단: 36단 메리야스뜨기

*몸통(왼쪽 다리 + 오른쪽 다리)
57단: 겉18+겉18 - 36코
58단~60단: 안뜨기 시작으로 메리야스뜨기
61단: {(겉1, 늘1), 겉5}×6 - 42코
62단~66단: 안뜨기 시작으로 메리야스뜨기
67단: {(겉1, 늘1), 겉6}×6 - 48코
68단~74단: 안뜨기 시작으로 메리야스뜨기
75단: (겉4, 2코 모아뜨기)×8 - 40코
76단~80단: 안뜨기 시작으로 메리야스뜨기
81단: (겉3, 2코 모아뜨기)×8 - 32코
82단~84단: 안뜨기 시작으로 메리야스뜨기
85단: (겉2, 2코 모아뜨기)×8 - 24코
86단~88단: 안뜨기 시작으로 메리야스뜨기
89단: 겉뜨기로 코막음

귀 - 2개
(분홍색 실) 9코 만들기
1단~8단: 메리야스뜨기
9단: (겉1, 늘1), 겉6, (겉1, 늘1), 겉1 - 11코
10단~14단: 안뜨기 시작으로 메리야스뜨기
15단: (겉1, 늘1), 겉8, (겉1, 늘1), 겉1 - 13코
16단~20단: 안뜨기 시작으로 메리야스뜨기
21단: (겉1, 늘1), 겉10, (겉1, 늘1), 겉1 - 15코
22단~30단: 안뜨기 시작으로 메리야스뜨기
31단: 겉1, 오른코 줄이기, 겉9, 2코 모아뜨기, 겉1 - 13코
32단~34단: 안뜨기 시작으로 메리야스뜨기
35단: 겉1, 오른코 줄이기, 겉7, 2코 모아뜨기, 겉1 - 11코
36단: 안11
37단: 겉1, 오른코 줄이기, 겉5, 2코 모아뜨기, 겉1 - 9코
38단: 안9
39단: 겉1, 오른코 줄이기, 겉3, 2코 모아뜨기, 겉1 - 7코
40단: 안7
41단: 겉1, 오른코 줄이기, 겉1, 2코 모아뜨기, 겉1 - 5코
(흰색 실로 바꾼다)
42단: 안5
43단: (겉1, 늘1), 겉2, (겉1, 늘1), 겉1 - 7코
44단: 안7
45단: (겉1, 늘1), 겉4, (겉1, 늘1), 겉1 - 9코
46단: 안9
47단: (겉1, 늘1), 겉6, (겉1, 늘1), 겉1 - 11코
48단: 안11
49단: (겉1, 늘1), 겉8, (겉1, 늘1), 겉1 - 13코
50단~52단: 안뜨기 시작으로 메리야스뜨기
53단: (겉1, 늘1), 겉10, (겉1, 늘1), 겉1 - 15코
54단~62단: 안뜨기 시작으로 메리야스뜨기
63단: 겉1, 오른코 줄이기, 겉9, 2코 모아뜨기, 겉1 - 13코
64단~68단: 안뜨기 시작으로 메리야스뜨기
69단: 겉1, 오른코 줄이기, 겉7, 2코 모아뜨기, 겉1 - 11코
70단~74단: 안뜨기 시작으로 메리야스뜨기
75단: 겉1, 오른코 줄이기, 겉5, 2코 모아뜨기, 겉1 - 9코
76단~83단: 안뜨기 시작으로 메리야스뜨기
84단: 겉뜨기로 코막음

팔 - 2개
*(연분홍색 실) 18코 만들기
1단: 안뜨기로 시작
2단~31단: 메리야스뜨기
32단~37단: (흰색 실) 메리야스뜨기
38단: (겉1, 2코 모아뜨기)×6 - 12코
39단: 안12
40단: 2코 모아뜨기×6 - 6코
돗바늘로 마무리 **
위와 같이 *1단 ~ 40단** 반복

모자

❶ 1장 ❷ 4장 ❸ 1장

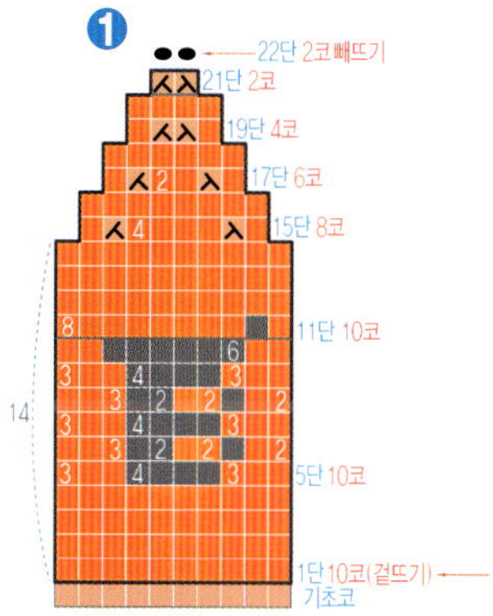

주황색으로 10코 만들기
로고(진회색)

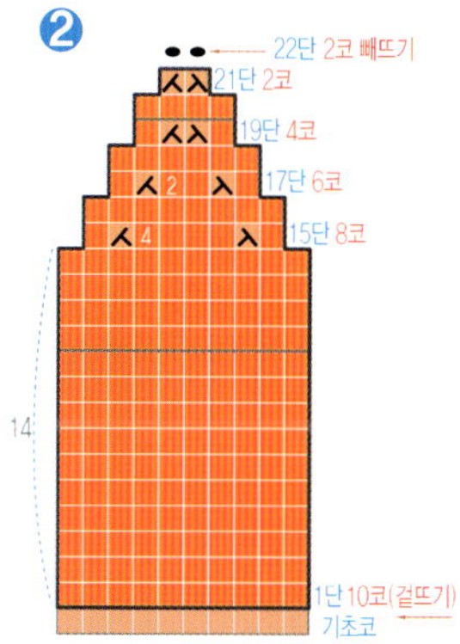

주황색으로 10코 만들기

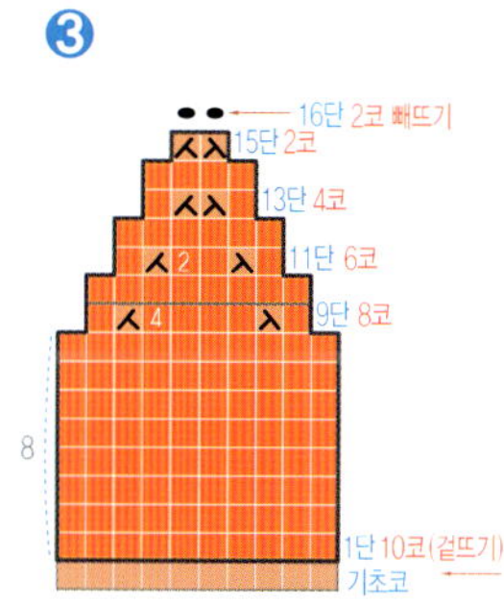

주황색으로 10코 만들기

모자 챙

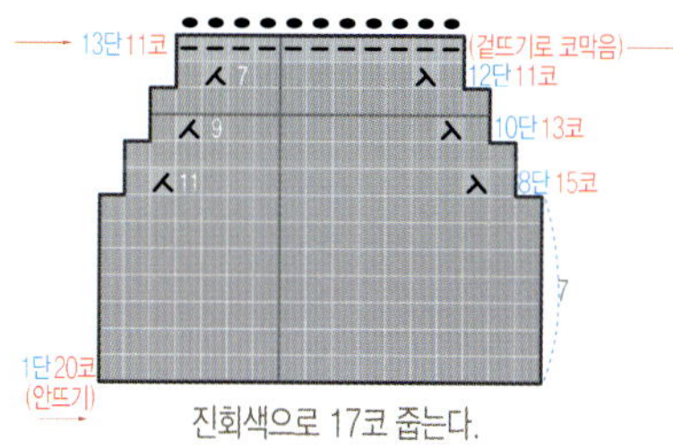

진회색으로 17코 줍는다.

로고가 있는 모자의 앞부분을 중심으로 로고 없는 부분을 2장씩 양쪽에 박음질한다. 짧게 뜬 부분은 제일 뒷쪽에 박음질하고 끈의 양쪽 끝을 잇는다. 챙은 앞 로고 부분을 중심으로 떠, 아들 모자는 17코를 줍는다.

모자 끈

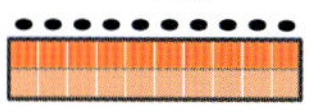

진회색 실로 10코 만들고
12코 코막음

모자

로고 - 진회색(빨간색으로 표시)

(주황색 실) 10코 만들기 ---[모자 ①]

1단~4단: 메리야스뜨기

5단: 겉(3, 4, 3)

6단: 안(3, 2, 2, 1, 2)

7단: 겉(3, 4, 3)

8단: (3, 2, 2, 1, 2)

9단: (3, 4, 3)

10단: (2, 6, 2)

11단: (1, 1, 8)

12단~14단: 안뜨기 시작으로 메리야스뜨기

*15단: 겉1, 오른코 줄이기, 겉4, 2코 모아뜨기, 겉1

16단: 안8

17단~21단: 겉1 (15, 16단 같은 방법으로, 겉뜨기 때 양쪽 끝 2, 3번째 코를 2코 모아뜨기) 겉1 - 2코 될 때까지

22단: 2코 빼뜨기**

(주황색 실) 10코 만든다 - 4개 ---[모자 ②]

1단~14단: 메리야스뜨기

*15단 ~ 22단** 반복뜨기

(주황색 실) 10코 만들기 ---[모자 ③]

1단~8단: 메리야스뜨기

9단~16단: 모자 ①의 *15단 ~ 22단** 반복뜨기

끈: (주황색 실) 10코 만들기, 10코 코막음

*모자 챙

(진회색 실) 17코 줍는다.

1단~7단: 안뜨기를 시작으로 메리야스뜨기

8단: 겉1, 오른코 줄이기, 겉11, 2코 모아뜨기, 겉1

9단: 안15

10단: 겉1, 오른코 줄이기, 겉9, 2코 모아뜨기, 겉1

11단: 안13

12단: 겉1, 오른코 줄이기, 겉7, 2코 모아뜨기, 겉1

13단: 겉뜨기로 코막음

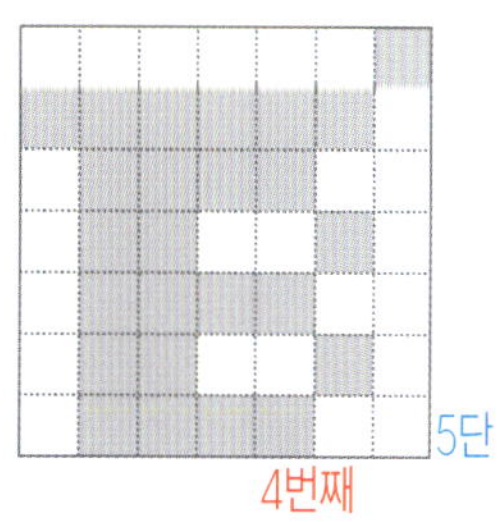

로고(진회색) 5단 4번째 코부터 배색 시작

주름치마

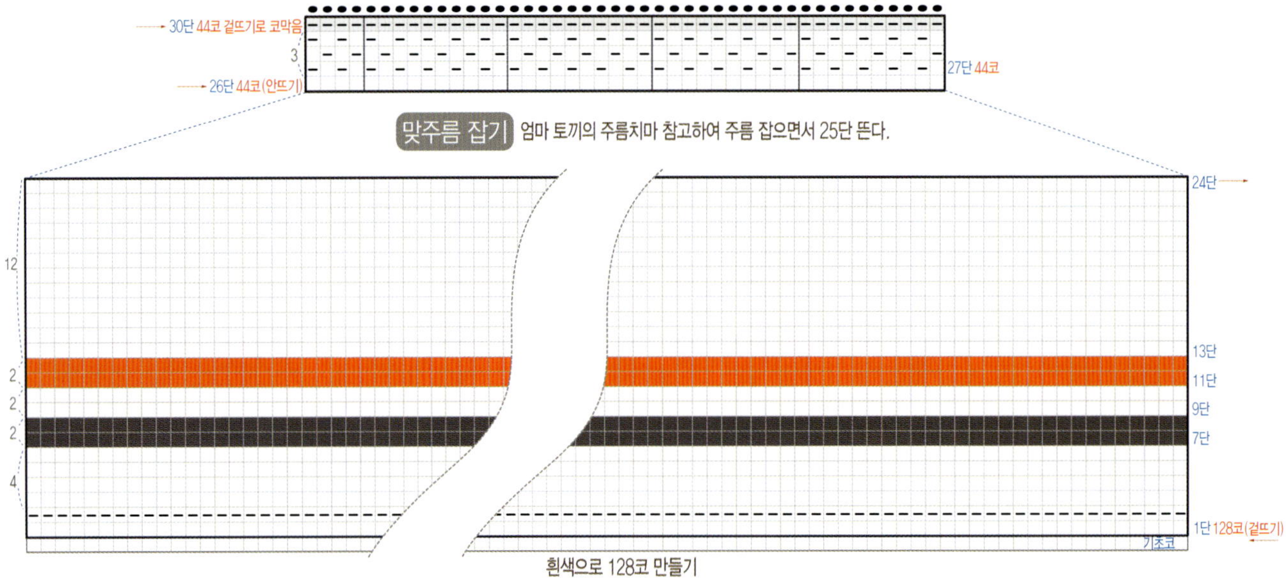

주름치마

(흰색 실) 128코 만들기

1단: 겉128

2단: 겉128

3단: 겉128

4단~6단: 안뜨기 시작으로 메리야스뜨기

7단~8단: (진회색 실) 메리야스뜨기

9단~10단: (흰색 실) 메리야스뜨기

11단~12단: (주황색 실) 메리야스뜨기

13단~24단: 12단 메리야스뜨기

(맞주름 잡기)

25단: 겉1, 다른 바늘에 3코, 또 다른 바늘에 3코, 안뜨기는 안뜨기끼리, 겉뜨기는 겉뜨기끼리 세 바늘을 겹쳐 놓는다.
(2, 5, 8)번째 코를 한 번에 한 코씩 빼면서 뜬다.
(3, 6, 9)번째 코를 한 번에 뜬다.
(4, 7, 10)번째 코를 한 번에 뜬다.
다른 바늘에 3코, 또 다른 바늘에 3코를 같은 방법으로 나눠서 겹쳐 놓는다.
(17, 14, 11)번째 코를 한 번에 뜬다.
(18, 15, 12)번째 코를 한 번에 뜬다.
(19, 16, 13)번째 코를 한 번에 뜬다.
이렇게 반복해서 7번 뜨고 마지막 겉1

26단: 안44

27단~29단: (겉1, 안1) 마지막 코까지

30단: 겉뜨기로 코막음

운동화x2장

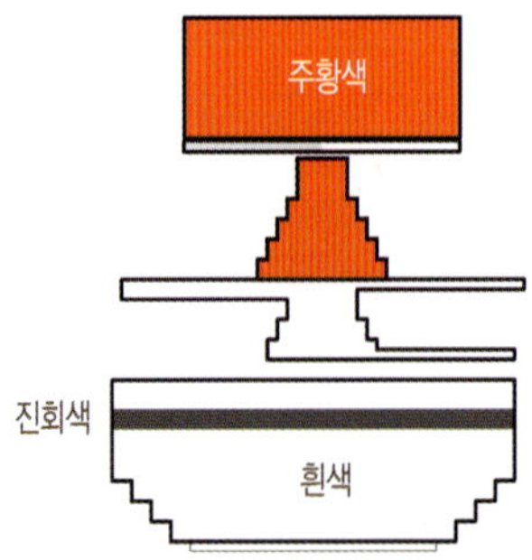

운동화 – 2개

(흰색 실) 25코 만들기

1단: (겉1, 늘1), 겉10, (겉1, 늘1)×2, 겉10,(겉1, 늘1), 겉1 - 29코

2단: 안29

3단: 겉1, (겉1, 늘1), 겉10, (겉1, 늘1), 겉2, (겉1, 늘1), 겉10, (겉1, 늘1), 겉2 - 33코

4단: 안33

5단: 겉2, (겉1, 늘1), 겉10, (겉1, 늘1), 겉4, (겉1, 늘1), 겉10, (겉1, 늘1), 겉3 - 37코

6단: 안37

7단: 겉3, (겉1, 늘1), 겉10, (겉1, 늘1), 겉6, (겉1, 늘1), 겉10, (겉1, 늘1), 겉4 - 41코

8단: 안41

9단: 겉41

10단: 겉41

11단~12단: 메리야스뜨기

13단~14단: (진회색 실) 메리야스뜨기

15단: (흰색 실) 겉41

16단: 겉41
17단: 겉18, 오른코 줄이기, 겉1, 2코 모아뜨기, 겉4
(되돌린다): 안11
(되돌린다): 겉3, 오른코 줄이기, 겉1, 2코 모아뜨기, 겉3
(되돌린다): 안9
(되돌린다): 겉2, 오른코 줄이기, 겉1, 2코 모아뜨기, 겉2
(되돌린다): 안7
(되돌린다): 겉7+(3코 줍는다), 왼쪽 바늘에 걸린 코 14
18단: 안24 +(3코 줍는다), 안14
19단: 14코를 안전핀에 걸어둔다. (주황색 실) 겉13
20단: 안13
21단: 겉1, 오른코 줄이기, 겉7, 2코 모아뜨기, 겉1
22단: 안11
23단: 겉1, 오른코 줄이기, 겉5, 2코 모아뜨기, 겉1
24단: 안9
25단: 겉1, 오른코 줄이기, 겉3, 2코 모아뜨기, 겉1
26단: 안7
27단: 겉1, 오른코 줄이기, 겉1, 2코 모아뜨기, 겉1
28단: 겉5
29단: 겉5
30단: 겉뜨기로 코막음
31단: (왼쪽 바늘에 걸려 있는 코) 겉14+(안전핀에 걸려 있는 코) 겉14 - 28코
32단~38단: 메리야스뜨기
39단: 겉28
40단: 겉28
41단: 겉28
42단: 겉뜨기로 코막음

*운동화 끈 - 2개
(진회색 실) 코바늘 3호로 85코 만들기

속옷

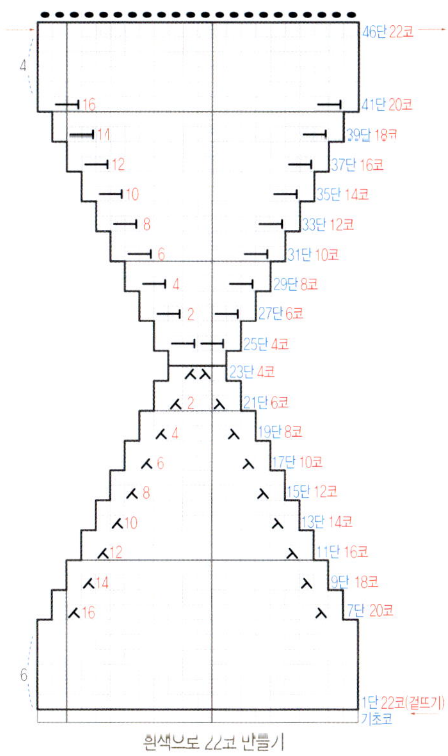

속옷
(흰색 실) 22코 만들기
1단~6단: 메리야스뜨기
7단: 겉1, 오른코 줄이기, 겉16, 2코 모아뜨기, 겉1
8단: 안20
9단~24단: 겉1, (양쪽 끝 2, 3번째 코 2코 모아뜨기), 겉1
짝수단: 안뜨기
4코 남을 때까지 뜬다.
25단: 겉1, (겉1, 늘1), (겉1, 늘1), 겉1 - 6코
26단: 안6
27단~41단: 겉1 (양쪽 끝 2번째 코 늘리기), 겉1 - 22코 될 때까지 짝수단 안뜨기
42단~46단: 안뜨기를 시작으로 메리야스뜨기
겉뜨기로 마무리

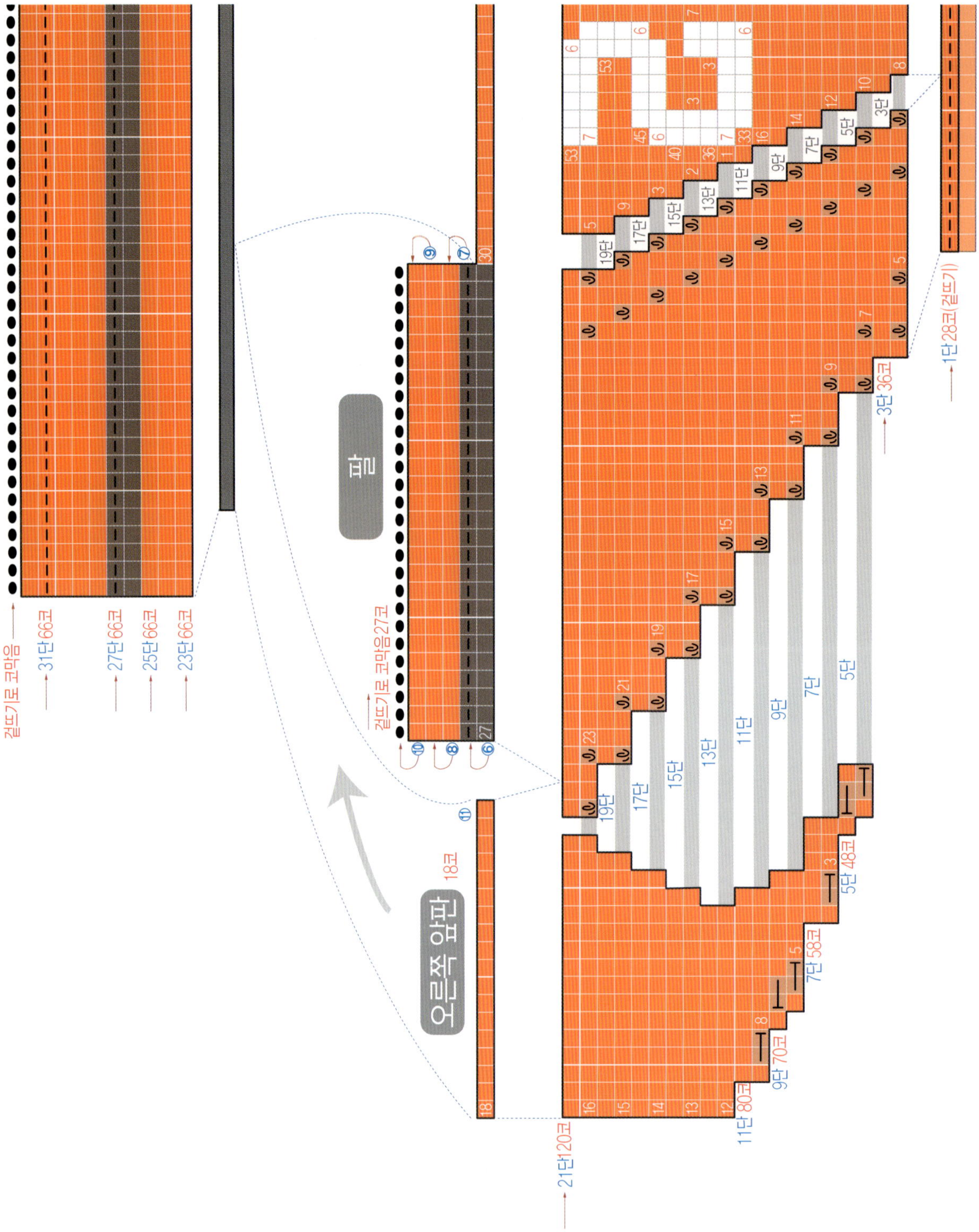

운동복 상의

⊟ = □	겉뜨기(K)
⊟	안뜨기(P)
⋋	오른코 모아뜨기(SKPO)
⋌	왼코 모아뜨기(K2tog)
⊣	겉뜨기로 늘리기(Kfb)→(겉1, 늘1)로 표기
⊢	안뜨기로 늘리기(Pfb)→(안1, 늘1)로 표기
ⓛ	왼쪽 만들기. 만들기(M1L)→ 만1로 표기
ⓡ	오른코 만들기(M1R)→ 오른코 만들기로 표기
Ⓞ	감아코(Backward loop cast on)
● = □	코막음(cast off)

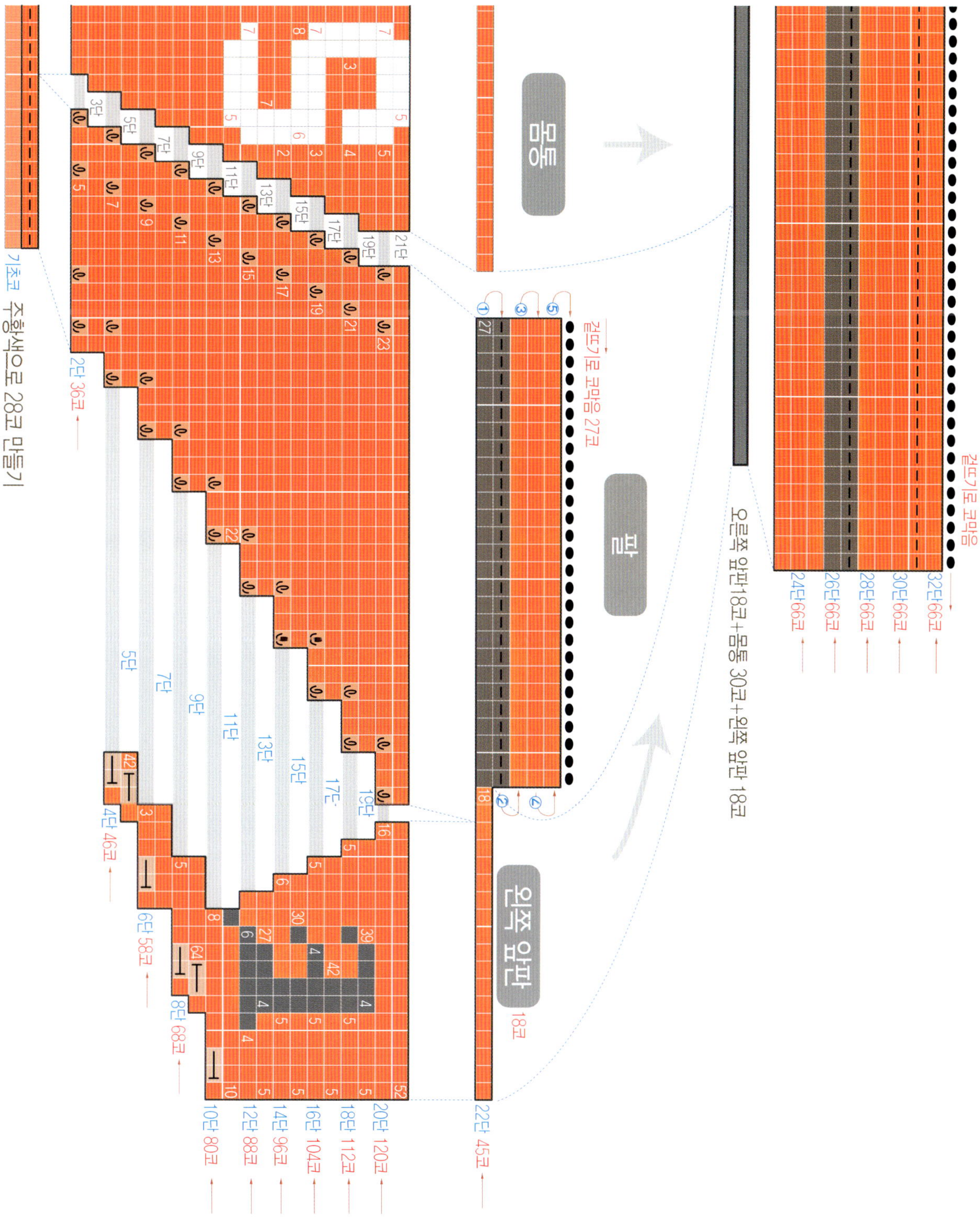

로고(흰색)

로고(진회색)

소매 아래부분 박음질한다.

운동복 상의

52는 흰색/ E는 진회색(흰색은 빨간색, 진회색은 초록색)
(주황색 실) 28코 만들기
1단: 겉28
2단: 겉1, 오른코 만들기, 겉2, 만1, 겉5,
오른코 만들기, 겉2, 만1, 겉8,
오른코 만들기, 겉2, 만1, 겉5,
오른코 만들기, 겉2, 만1, 겉1 - 36코
3단: 안36
4단: 겉, (겉1, 늘1),
오른코 만들기, 겉2, 만1, 겉7,
오른코 만들기, 겉2, 만1, 겉10,
오른코 만들기, 겉2, 만1, 겉7,
오른코 만들기, 겉2, 만1, (겉1, 늘1), 겉1 - 46코
5단: 안1, (안1, 안뜨기 늘리기), 안42, (안1, 안뜨기 늘리기),
안1 - 48코
6단: 겉, (겉1, 늘1), 겉3,
오른코 만들기, 겉2,만1, 겉9,
오른코 만들기, 겉2, 만1, 겉12,
오른코 만들기, 겉2, 만1, 겉9,
오른코 만들기, 겉2, 만1, 겉3,
(겉1, 늘1), 겉1 - 58코
7단: 안58
8단: 겉, (겉1, 늘1), 겉5,
오른코 만들기, 겉2, 만1, 겉11,
오른코 만들기, 겉2, 만1, 겉14,
오른코 만들기, 겉2, 만1, 겉11,
오른코 만들기, 겉2, 만1, 겉5,
(겉1, 늘1), 겉1 - 68코
9단: 안1, (안1, 안뜨기 늘리기), 안64, (안1, 안뜨기 늘리기),
안1 - 70코
10단: 겉, (겉1, 늘1), 겉8,
오른코 만들기, 겉2, 만1, 겉13,
오른코 만들기, 겉2, 만1, 겉16,
오른코 만들기, 겉2, 만1, 겉13,
오른코 만들기, 겉2, 만1, 겉8,
(겉1, 늘1), 겉1 - 80코
11단: 안33(6, 3, 5), 안22(1, 10)
12단: 겉(4, 6, 2),
오른코 만들기, 겉2, 만1, 겉15,
오른코 만들기, 겉2, 만1, 겉(1, 7, 2, 7, 1),
오른코 만들기, 겉2, 만1, 겉15,
오른코 만들기, 겉2, 만1, 겉12 - 88코
13단: 안36(2, 3, 2, 7, 2), 안27(4, 5)
14단: 겉(5, 2, 6),
오른코 만들기, 겉2, 만1, 겉17,
오른코 만들기, 겉2, 만1, 겉(2, 2, 7, 2, 3, 2, 2),
오른코 만들기, 겉2, 만1, 겉17,
오른코 만들기, 겉2, 만1, 겉13 - 96코
15단: 안40(2, 8, 6), 안30(1, 2, 2, 5)
16단: 겉(5, 4, 5),
오른코 만들기, 겉2, 만1, 겉19,
오른코 만들기, 겉2, 만1, 겉(3, 7, 3, 6, 3),
오른코 만들기, 겉2, 만1, 겉19,
오른코 만들기, 겉2, 만1, 겉14 - 104코
17단: 안45(6, 2, 2), 안42(2, 5)
18단: 겉(5, 2, 2, 1, 5),
오른코 만들기, 겉2, 만1, 겉21,
오른코 만들기, 겉2, 만1, 겉(4, 2, 3, 2, 2, 2, 9),
오른코 만들기, 겉2, 만1, 겉21,
오른코 만들기, 겉2, 만1, 겉15 -112코
19단: 안53(2, 2, 2, 3, 2), 안39(4, 5)
20단: 겉16,
오른코 만들기, 겉2, 만1, 겉23,
오른코 만들기, 겉2, 만1, 겉(5, 7, 2, 7, 5),
오른코 만들기, 겉2, 만1, 겉23,
오른코 만들기, 겉2, 만1, 겉16 - 120코
21단: 안53(6, 4, 5), 안52
22단: **[왼쪽 앞판]** 겉18, (진회색 실) 겉27
[팔] (되돌린다): 겉27
(되돌린다): (주황색 실) 겉27
(되돌린다): 안27
(되돌린다): 겉27
겉뜨기로 코막음
+ **[몸통]** 겉30 (진회색 실) 겉27
[팔] (되돌린다): 겉27
(되돌린다): (주황색 실) 겉27
(되돌린다): 안27
(되돌린다): 겉27
+ **[오른쪽 앞판]** 겉18 - 66코
23단~25단: 안뜨기 시작으로 메리야스뜨기
26단: (진회색 실) 겉66
27단: 겉66
28단~30단: (주황색 실) 메리야스뜨기
31단: 겉66
32단: 겉66
겉뜨기로 코막음

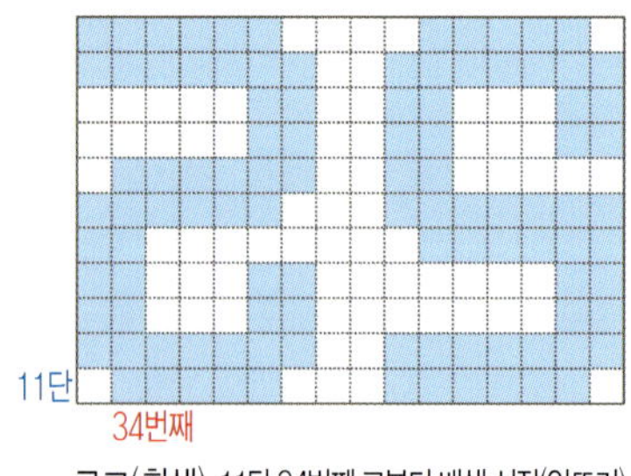

로고(흰색) 11단 34번째 코부터 배색 시작(안뜨기)

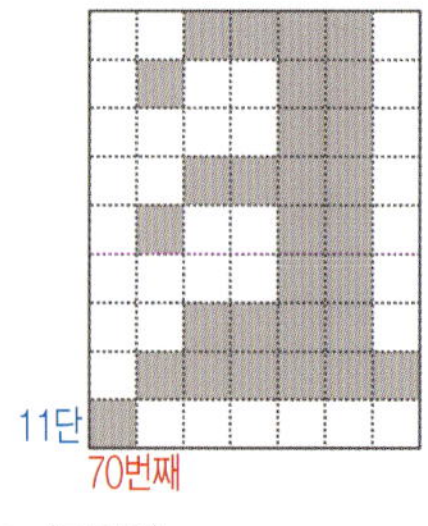

로고(진회색) 11단 70번째 코부터 배색 시작(안뜨기)

금 상

레인보우 블라썸

남 연 주 곰치는 소년

사용실과 사용량(g): 마카롱, 네코 / 1200g
사용 도구: 모사용 코바늘 6/0호
작품 사이즈: 가로 120cm, 세로 92cm
작품 난이도: ★★★☆☆ **작품사진:** 12쪽

만드는 방법

● **만들기 POINT:** 모티브 4단만 배색 들어가고 5단은 뜨면서 연결한다. 모티브 154장을 연결하면서 뜬 후 테두리로 짧은뜨기 2단, 엣징 1단을 뜬다.

배색 (모티브 154장)

마카롱 꽃술 58번 - 50g, 꽃잎 및 바탕 01번 - 686g, 이파리 33번 - 170g
2g 16
4g 8, 9,10, 22, 25, 27, 40, 41, 54, 60, 61, 62
6g 3
8g 11, 12, 13, 14, 15, 23, 24, 28

마카롱 10g 29, 34, 63
12g 26, 36, 38, 39
14g 30, 65

네코 2g 405, 432, 433
4g 406, 408, 418
6g 403, 441
8g 435
14g 422, 423

41	8	9	14	12	15	406	3	441	422	30	35	65	423
403	63	30	422	65	35	423	34	29	36	26	39	435	38
29	36	26	27	24	39	38	435	11	13	15	12	408	14
418	23	25	60	28	61	40	62	39	38	11	54	13	10
63	30	422	35	65	423	34	36	29	28	24	26	23	22
405	433	432	16	3	441	403	63	30	422	35	65	34	423
63	30	422	35	65	423	34	36	29	28	24	26	23	22
418	23	25	60	28	61	40	62	39	38	11	54	13	10
29	36	26	27	24	39	38	435	11	13	15	12	408	14
403	63	30	422	65	35	423	34	29	36	26	39	435	38
41	8	9	14	12	15	406	3	441	442	30	35	65	423

92cm

120cm

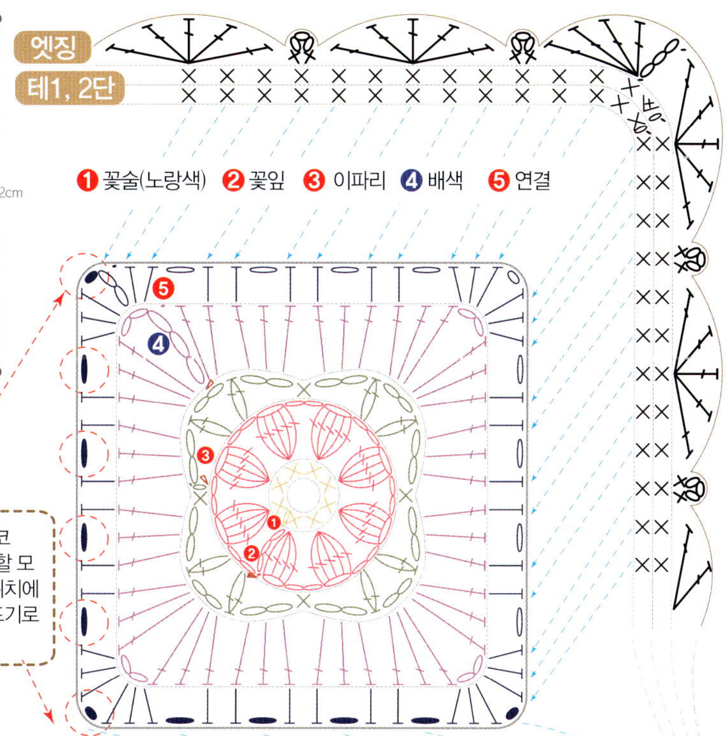

모티브 1장 : 사슬코
모티브 연결 : 연결할 모티브 5단의 같은 위치에 있는 사슬코에 빼뜨기로 한다.

금 상

태엽귀 장식 곰 세 마리

김효영 훙-아

골드 태엽귀 장식 곰돌이
청동 태엽귀 장식 곰돌이
실버 태엽귀 장식 곰돌이
작품 사이즈: 가로 17cm, 세로 25cm
작품 난이도: ★★★★☆ **작품사진:** 16쪽

만들기 POINT

- **시작코:** 기본코 잡기
- **겉1:** 겉뜨기로 1코 뜬다.
- **안1:** 안뜨기로 1코 뜬다.
- **겉으로 1코 늘리기(Kfb):** 겉뜨기한 후 왼쪽 바늘에 걸려 있는 코를 빼지 않고 왼쪽 코의 뒤쪽 실에 겉뜨기를 한다. → '늘 1'로 표기한다.
- **안으로 1코 늘리기(Pfb):** 안뜨기한 후 왼쪽 바늘에 걸려있는 코를 빼지 않고 왼쪽 코의 뒷실을 뒤쪽에서 앞쪽으로 바늘을 넣어 안뜨기를 한다. → '늘 1'로 표기한다.
  ※ 겉뜨기에선 겉뜨기 방향으로 늘려주고, 안뜨기에선 안뜨기 방향으로 늘려준다.
- **겉으로 왼코 늘리기(KLL):** 겉뜨기한 오른쪽 코의 두 단 아래 코를 끌어올려 왼쪽 바늘에 걸어서 겉뜨기한다. (옷 뜰 때 방향 늘리는 방식이다.) → '왼코 늘1'로 표기한다.
- **겉으로 오른코 늘리기(KRL):** 겉뜨기할 왼쪽 코의 한 단 아래 코를 끌어올려 왼쪽 바늘에 걸어서 겉뜨기한다. (옷 뜰 때 방향 늘리는 방식이다.) → '오른코 늘1'로 표기한다.
  ※ 왼코 늘리기와 오른코 늘리기는 코트를 뜰 때만 쓰인다.
- **감아코(Backward loop cast on):** 엄지나 검지를 이용하여 실을 꼬아 고리를 만들고 바늘에 옮겨준다. → '감아코 1'로 표기한다.
- **겉으로 왼코 모아뜨기(2코 모아뜨기, K2tog):** 2코를 한꺼번에 겉뜨기한다. → '왼모 1'로 표기한다.
- **겉으로 오른코 모아뜨기(SKPO):** 첫코를 걸러뜨기한다. 다음 코를 겉뜨기한 후 첫코로 덮어씌운다. → '오모 1'로 표기한다.
- **안으로 왼코 모아뜨기(P2tog):** 2코를 한꺼번에 안뜨기한다. → '왼모 1'로 표기한다.
- **안으로 오른코 모아뜨기(P2tog TBL):** 바늘을 2코의 뒤쪽 실에 한꺼번에 걸어 안뜨기한다. → '오모 1'로 표기한다.
- **되돌아뜨기(경사뜨기):** 정한 콧수만큼 뜨고 편물의 방향을 바꾸어 정한 콧수만큼 메리야스뜨기를 한다. 편물을 바꾸기 전 실의 방향을 바꾸고 걸러뜨기 1코를 넣어 다음 단을 뜰 때 걸러뜨기 1코 자리 감아져 있는 실과 함께 떠 (되돌아뜨기 정리) 편물의 단 차이를 자연스럽게 이어준다.
- **코줍기(pick up stitches):** 이 도안에선 코막음한 코의 안쪽 실과 1단 아래 코와 같이 코를 줍는다.
- **코막음(cast off):** 겉뜨기, 또는 안뜨기 뜨고 뒤의 코로 앞의 코를 덮어씌운다. 처음에는 2코로 시작한다.
- **메리야스 잇기:** 돗바늘로 1코씩, 또는 1단씩(옆선잇기) 양쪽 편물을 번갈아 가면서 바느질한다.
- **감침질:** 돗바늘로 단의 반 코씩 양쪽 편물을 맞춘 후 감침질하듯이 함께 실을 통과시킨다.
- **겉으로 오른쪽 방향 1코 만들기(M1R):** 코와 코 사이 가로 실을 왼쪽 바늘로 뒤에서 앞으로 걸어올려 겉뜨기로 한다.
- **겉으로 왼쪽 방향 1코 만들기(M1L):** 코와 코 사이 가로 실을 왼쪽 바늘로 앞에서 뒤로 걸어올려 겉뜨기로 한다.
- **(겉 시작):** 겉뜨기로 시작한다. **(안 시작):** 안뜨기로 시작한다.

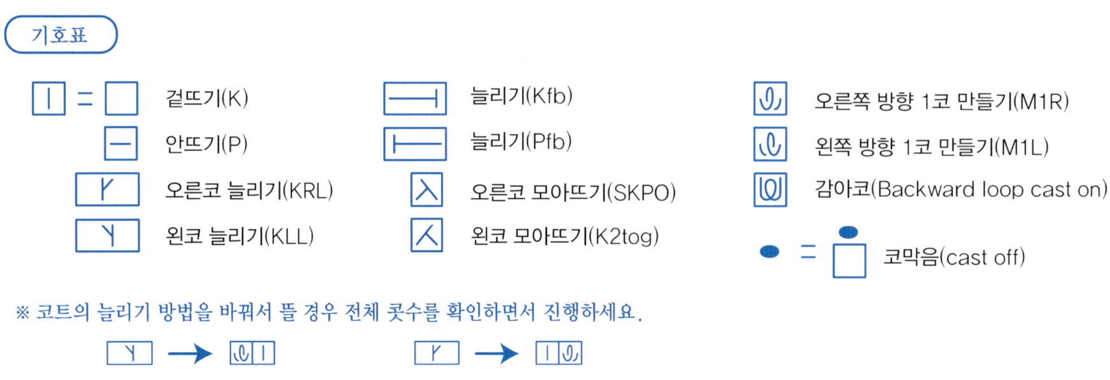

골드 태엽귀 장식 곰돌이

사용실과 사용량(g)

엘라-레 라이언(머리+몸)/ 38g, 하이브리드 캐시100 카멜브라운(발바닥)/ 2g, 헤라울 딥네이비(코트)/ 33g, 양모 자수실 4ply 밝은 빨강(테두리 배색)/ 8m

사용 도구: 대바늘 2.5mm, 3.0mm, 3.5mm, 코바늘 2/0호, 솜, 돗바늘, 바늘, 배바늘, 겸자, 가위, 와이어 등

사용 장식: 금속 태엽 장식 골드 21mm(귀), 메탈볼 둥근사각 골드 3mm(하이넥 단추), 둥근사각 골드 2.5mm(소매단추), 앤틱 열쇠 58mm(꼬리), 메탈별 펜던트 골드(코) 10mm, 고리 메탈볼 골드 4mm(단추), 메탈볼 둥근사각 골드 3mm(하이넥 단추), 메탈볼 둥근사각 골드 2.5mm (소매단추), 드레스 잇업 1554 타이니 블랙(견장), 하이 보드 조인트 25mm 1세트(목), 글라스아이 7mm(눈), 자수실 진갈색(입)

만드는 방법

머리(뒤통수에서 코로 진행한다.)

시작코 10코, 3.0mm 대바늘 사용(실을 15cm 정도 남긴다. 몸과 같은 색실 사용한다.)

1단~2단: 메리야스뜨기 2단, 겉뜨기로 시작한다. - 10코

3단: (늘1)×10 - 20코

4단: 안20 - 20코

5단: 겉1, (겉1, 늘1)×9, 겉1 - 29코

6단~8단: (안 시작) 메리야스뜨기 3단 - 29코

9단: 겉1, (겉1, 늘1, 겉1)×9, 겉1 - 38코

10단~12단: (안 시작) 메리야스뜨기 3단 - 38코

13단: 겉11, 코막음4, 겉8, 코막음4, 겉11 - 30코

14단: 안11, 감아코4, 안8, 감아코4, 안11 - 38코

15단~22단: (겉 시작) 메리야스뜨기 8단 - 38코

23단: 겉1, (겉1, 왼모1)×3, 겉1, (겉1, 왼모1, 겉1)×4, 겉1, (왼모1, 겉1)×3, 겉1 - 28코

24단~26단: (안 시작) 메리야스뜨기 3단 - 28코

*25단 아이홀 자리

★27단: (겉1, 왼모1)×9, 겉1 - 19코

28단: 안19 - 19코

29단: 겉1, 왼모1, 겉13, 왼모1, 겉1 - 17코

30단~31단: (안 시작) 메리야스뜨기 2단 - 17코

32단: 안1, 왼모1, 안11, 왼모1, 안1 - 15코

33단~35단: (겉 시작) 메리야스뜨기 3단 - 15코

*36단: 안1, (안1, 오모1)×2, 안1, (왼모1, 안1)×2, 안1 - 11코

실을 길게 남기고 자른 후 돗바늘에 실을 꿰어 대바늘에 걸린 모든 코를 통과시켜 오므린다.

머리

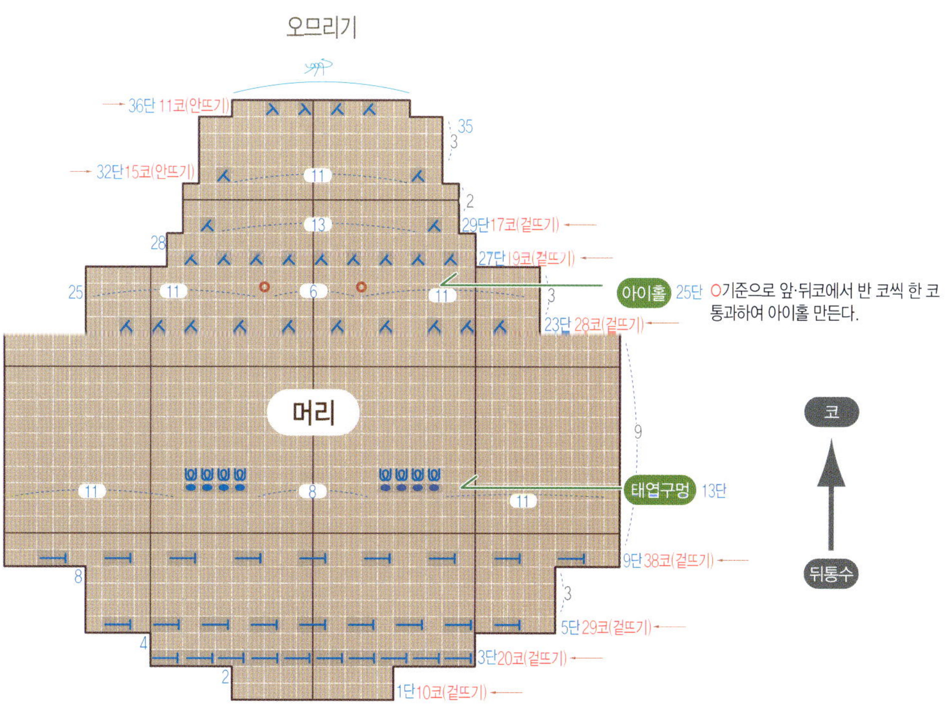

시작코 10코 (3mm 대바늘/몸색깔 실)
(15cm 정도 남긴 후 코잡기)

오른쪽 팔(어깨에서 손으로 진행한다.)

시작코 6코(실을 15cm 정도 남긴다. 몸과 같은 색실 사용한다.)

1단~2단: (안뜨기 시작) 메리야스뜨기 2단 - 6코

3단: 안1, 늘1, 안2, 늘1, 안1 - 8코

4단: 겉8 - 8코

5단: 늘1, 안7 - 9코

6단: 겉9 - 9코

7단: (늘1)×2, 안7 - 11코

8단: 겉9, (늘1)×2 - 13코

9단: 감아코3, 안3, 실 뒤로 옮김, 1코 걸러뜨기, 실 앞으로 옮김, 뜨개판 방향 바꿈 -1코 걸러뜨기, 겉3, 안2, 실 뒤로 옮김, 1코 이동, 실 앞으로 옮김, 1코 걸러뜨기, 뜨개판 방향 바꿈 - 겉2, 안16

(되돌아뜨기 정리) - 16코

10단: 겉16(되돌아뜨기 정리) - 16코

11단: 안6, 왼모1, 안6, 늘1, 안1 - 16코

12단~14단: (겉 시작) 메리야스뜨기 3단 - 16코

15단: 안1, 늘1, 안6, 왼모1, 안6 - 16코

16단~17단: (겉 시작) 메리야스뜨기 2단 - 16코

18단: 겉4, 왼모1, 겉4, 왼모1, 겉4 - 14코

19단~22단: (안 시작) 메리야스뜨기 4단 - 14코

23단: 안1, 왼모1, 안8, 오모1, 안1 - 12코

24단~27단: (겉 시작) 메리야스뜨기 4단 - 12코

28단: 겉5, 늘1, 겉1, 늘1, 겉4 - 14코

*빨간색은 발바닥 색과 같은 실로 뜬다.

29단: 안2, 안3, 안9 - 14코

30단: 겉8, 겉6 - 14코

31단: 안6, 안8 - 14코

32단: 겉8, 겉6 - 14코

33단: 안6, 안8 - 14코

34단: 겉1, 오모1, 겉3, 왼모1, 겉3, 왼모1, 겉1 - 11코

35단: 안5, 안6 - 11코

36단: 겉5, 왼모1, 겉4 - 10코

37단: 코막음10

오른팔

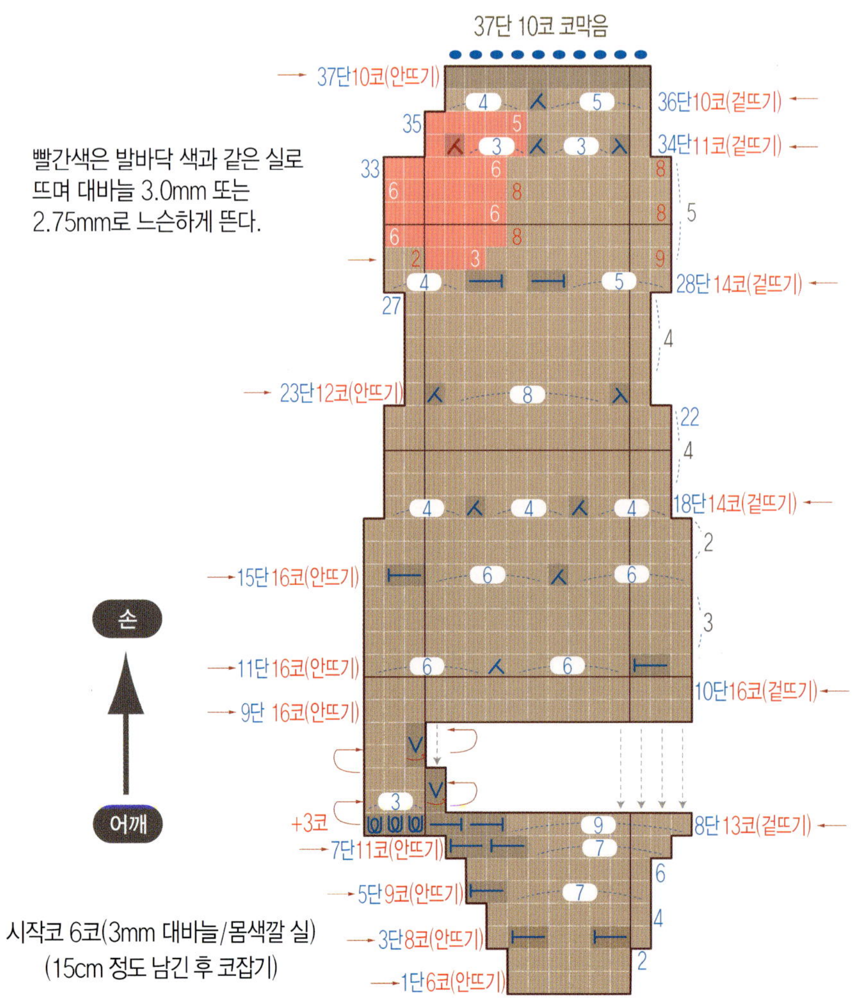

왼쪽 팔(어깨에서 손으로 진행한다.)

시작코 6코, 3.0mm 대바늘(실을 15cm 정도 남긴다. 몸과 같은 색실 사용한다.)

1단~2단: (겉뜨기 시작) 메리야스뜨기 2단 -6코

3단: 겉1, 늘1, 겉2, 늘1, 겉1 - 8코

4단: 안8 - 8코

5단: 늘1, 겉7 - 9코

6단: 안9 - 9코

7단: (늘1)×2, 겉7 - 11코

8단: 안9, (늘1)×2 - 13코

9단: 감아코3, 겉3, 실 앞으로 옮김, 1코 걸러뜨기, 실 뒤로 옮김, 뜨개판 방향 바꿈 - 1코 걸러뜨기, 안3, 겉2, 실 앞으로 옮김, 1코 걸러뜨기, 실 뒤로 옮김, 뜨개판 방향 바꿈 - 1코 걸러뜨기, 안2, 겉16

(되돌아뜨기 정리) - 16코

10단: 안16 (되돌아뜨기 정리) - 16코

11단: 겉6, 왼모1, 겉6, 늘1, 겉1 - 16코

12단~14단: (안 시작) 메리야스뜨기 3단 - 16코

15단: 겉1, 늘1, 겉6, 왼모1, 겉6 - 16코

16단~17단: (안 시작) 메리야스뜨기 2단 - 16코

18단: 안4, 왼모1, 안4, 왼모1, 안4 - 14코

19단~22단: (겉 시작) 메리야스뜨기 4단 - 14코

23단: 겉1, 오모1, 겉8, 왼모1, 겉1 - 12코

24단~27단: (안 시작) 메리야스뜨기 4 - 12코

28단: 안5, 늘1, 안1, 늘1, 안4 - 14코

*빨간색은 발바닥 색과 같은 실로 뜬다.

29단: 겉2, 겉3, 겉9 - 14코

30단: 안8, 안6 - 14코

31단: 겉6, 겉8 - 14코

32단: 안8, 안6 - 14코

33단: 겉6, 겉8 - 14코

34단: 안1, 왼모1, 안3, 오모1, 안3, 오모1, 안1 - 11코

35단: 겉5, 겉6 - 11코

36단: 안5, 왼모1, 안4 - 10코

37단: 코막음 10

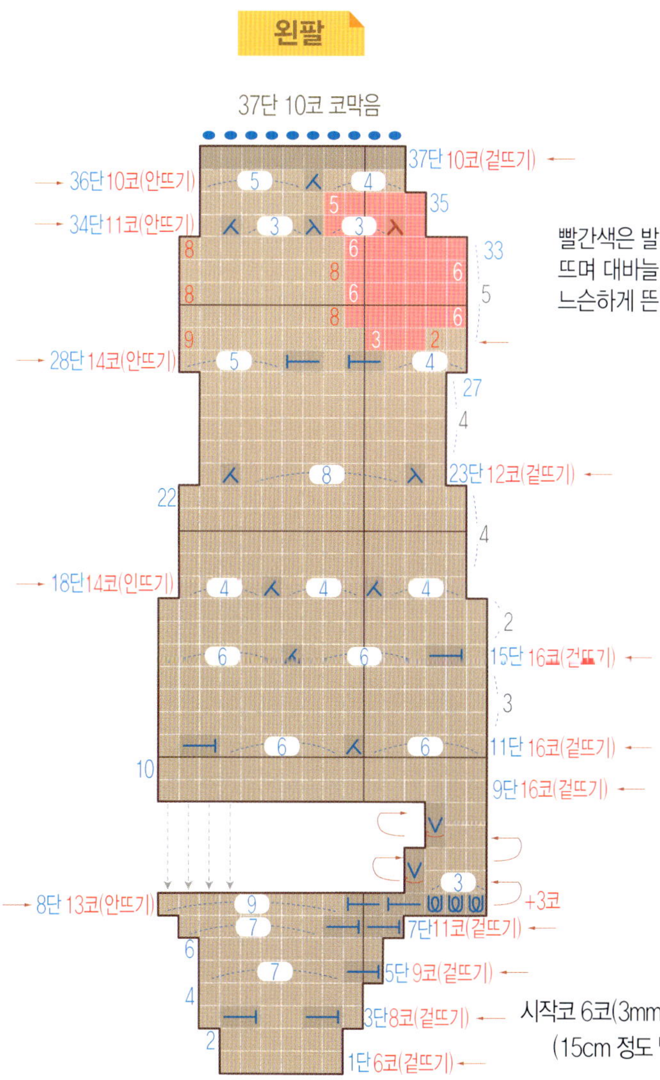

빨간색은 발바닥 색과 같은 실로 뜨며 대바늘 3.0mm 또는 2.75mm로 느슨하게 뜬다.

시작코 6코(3mm 대바늘/몸색깔 실)
(15cm 정도 남긴 후 코잡기)

몸

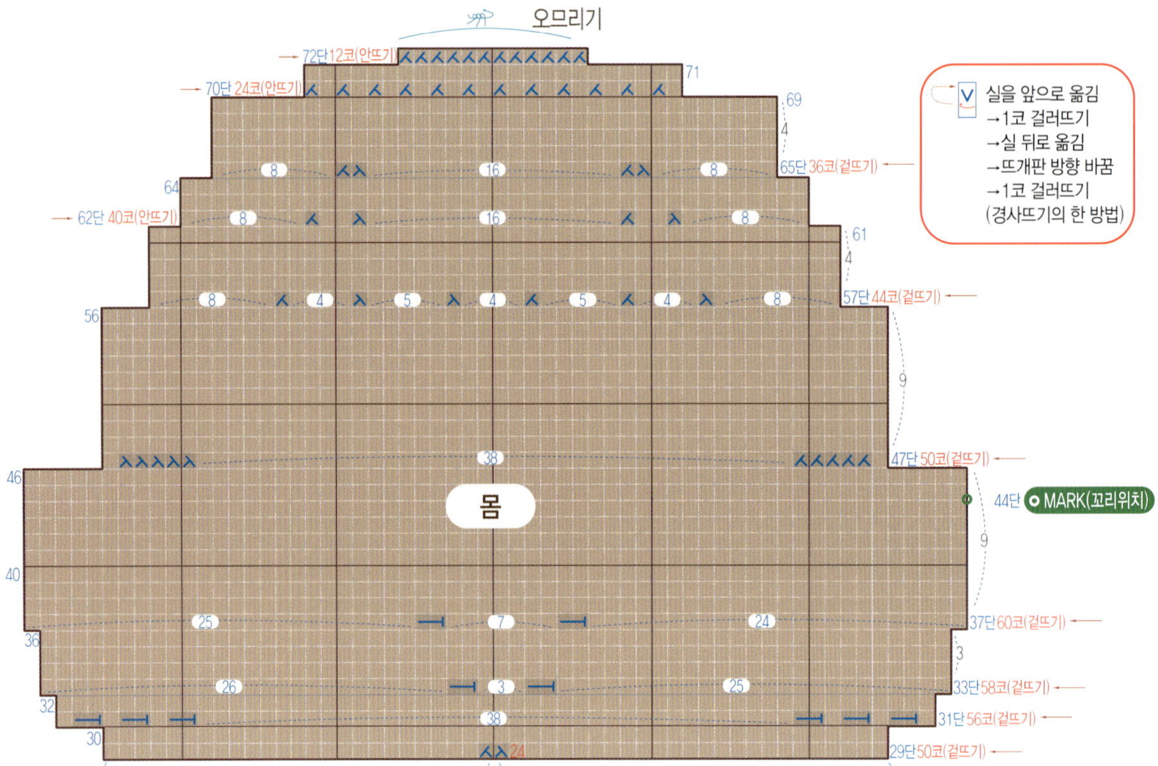

V 실을 앞으로 옮김
→1코 걸러뜨기
→실 뒤로 옮김
→뜨개판 방향 바꿈
→1코 걸러뜨기
(경사뜨기의 한 방법)

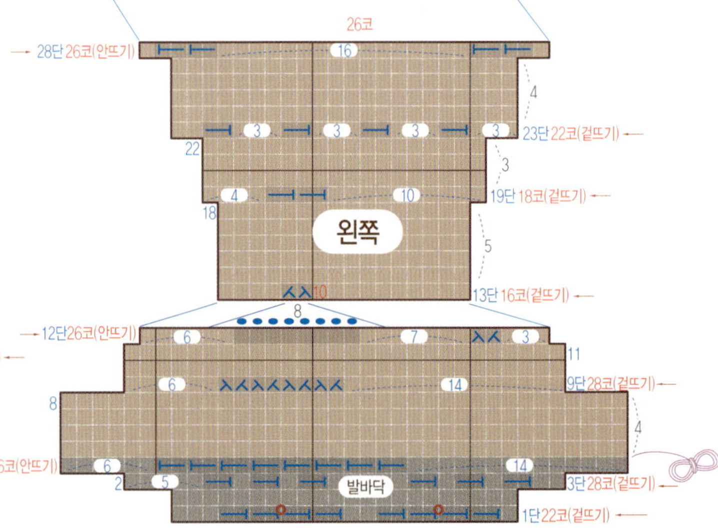

시작코 14코 (3mm 대바늘/발바닥 색)
(15cm 정도 남긴 후 코잡기)

왼쪽

안전핀에 걸어놓은 오른쪽 다리 뜨개판을 이어서 뜬다.

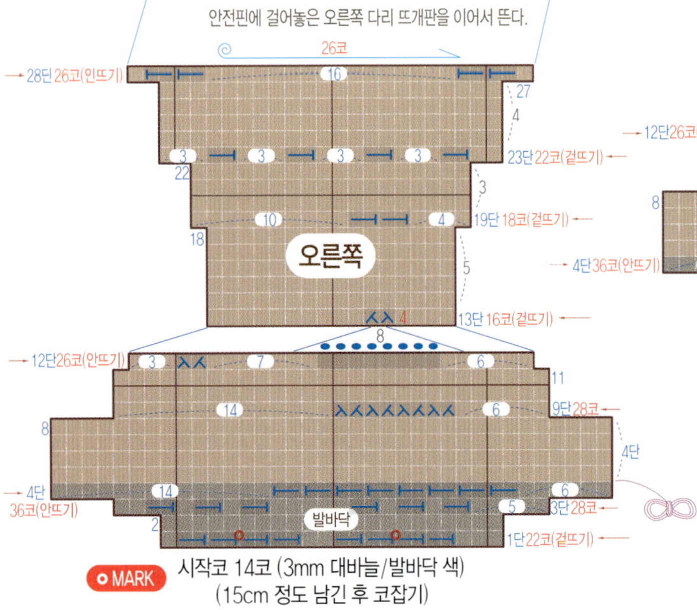

시작코 14코 (3mm 대바늘/발바닥 색)
(15cm 정도 남긴 후 코잡기)

오른쪽

몸(발바닥에서 목으로 진행한다.)

오른쪽 발바닥

시작코 14코, 3.0mm 대바늘(실을 15cm 정도 남긴다. 발바닥 실 사용한다.)

1단: 겉3, (늘1)×2, MARK(늘1)×2, 겉2, (늘1)×2, MARK(늘1)×2, 겉1 - 22코

2단: 안22 - 22코

3단: 겉5, (늘1, 겉1)×3, 겉4, (늘1, 겉1)×3, 겉1 - 28코

4단: 안14, (늘1)×8, 안6 - 36코

발바닥 실을 15cm 정도 남기고 자른다.

몸색깔 실로 바꾸어 다음 단을 뜬다.

5단~8단: (겉 시작) 메리야스뜨기 4단 - 36코

9단: 겉6, (왼모1, 오모1)×4, 겉14 - 28코

10단~11단: (안 시작) 메리야스뜨기 2단 - 28코

12단: 안3, 오모1, 왼모1, 안7, 코막음8, 안6 - 18코

13단: 겉4, 오모1, 왼모1, 겉10 - 16코

14단~18단: (안 시작) 메리야스뜨기 5단 - 16코

19단: 겉4, (늘 1)×2, 겉10 - 18코

20단~22단: (안 시작) 메리야스뜨기 3단 - 18코

23단: 겉1, (겉1, 늘1, 겉2)×4, 겉1 - 22코

24단~27단: (안 시작) 메리야스뜨기 4단 - 22코

28단: 안1, (늘1)×2, 안16, (늘1)×2, 안1 - 26코

실을 15cm 정도 남기고 자른다.

바늘에 걸려 있는 코를 안전핀에 옮긴다.

왼쪽 발바닥

시작코 14코(실을 15cm 정도 남긴다. 발바닥 실 사용한다.)

1단: 겉1, (늘1)×2, MARK(늘1)×2, 겉2, (늘1)×2, MARK(늘1)×2, 겉3 - 22코

2단: 안22 - 22코

3단: 겉1, (겉1, 늘1)×3, 겉4, (겉1, 늘1)×3, 겉5 - 28코

4단: 안6, (늘1)×8, 안14 - 36코

발바닥 실을 15cm 정도 남기고 자른다.

몸색깔 실로 바꾸어 다음 단을 뜬다.

5단~8단: (겉 시작) 메리야스뜨기 4단 - 36코

9단: 겉14, (왼모1, 오모1)×4, 겉6 - 28코

10단~11단: (안 시작) 메리야스뜨기 2단 - 28코

12단: 안6, 코막음8, 안7, 오모1, 왼모1, 안3 - 18코

13단: 겉10, 오모1, 왼모1, 겉4 - 16코

14단~18단: (안 시작) 메리야스뜨기 5단 - 16코

19단: 겉10, (늘1)×2, 겉4 - 18코

20단~22단: (안 시작) 메리야스뜨기 3단 - 18코

23단: 겉1, (겉2, 늘1, 겉1)×4, 겉1 - 22코

24단~27단: (안 시작) 메리야스뜨기 4단 - 22코

28단: 안1, (늘1)×2, 안16, (늘1)×2, 안1 - 26코

안전핀에 걸어놓은 오른쪽 다리 뜨개판을 이어서 뜬다.

29단: 겉24, 오모1, 왼모1, 겉24 - 50코

30단: 안50 - 50코

31단: 겉1, (늘1, 겉1)×3, 겉36, (겉1, 늘1)×3, 겉1 - 56코

32단: 안56 - 56코

33단: 겉25, 늘1, 겉3, 늘1, 겉26 - 58코

34단~36단: (안 시작) 메리야스뜨기 3단 - 58코

37단: 겉24, 늘1, 겉7, 늘1, 겉25 - 60코

38단~46단: (안 시작) 메리야스뜨기 9단 - 60코

47단: 겉1, (왼모1)×5, 겉38, (오모1)×5, 겉1 - 50코

48단~56단: (안 시작) 메리야스뜨기 9단 - 50코

57단: 겉8, 오모1, 겉4, 왼모1, 겉5, 왼모1,겉4, 오모1, 겉5, 오모1, 겉4, 왼모1, 겉8 - 44코

58단~61단: (안 시작) 메리야스뜨기 4단 - 44코

62단: 안8, 왼모1, 안2, 오모1, 안16, 왼모1, 안2, 오모1, 안8 - 40코

63단~64단: (겉 시작) 메리야스뜨기 2단 - 40코

65단: 겉8, 오모1, 왼모1, 겉16, 오모1, 왼모1, 겉8 - 36코

66단~69단: (안 시작) 메리야스뜨기 4단 - 36코

70단: (왼모1, 안1)×12 - 24코

71단: 겉24 - 24코

72단: 안뜨기 방향(왼모1)×12 - 12코

실을 길게 남기고 자른 후 돗바늘에 실을 꿰어 대바늘에 걸린 모든 코를 통과시켜 오므린다. 마지막에 오므린 실로 한번 더 통과하여 딘딘히 조여준다.

하이넥 네이비 코트

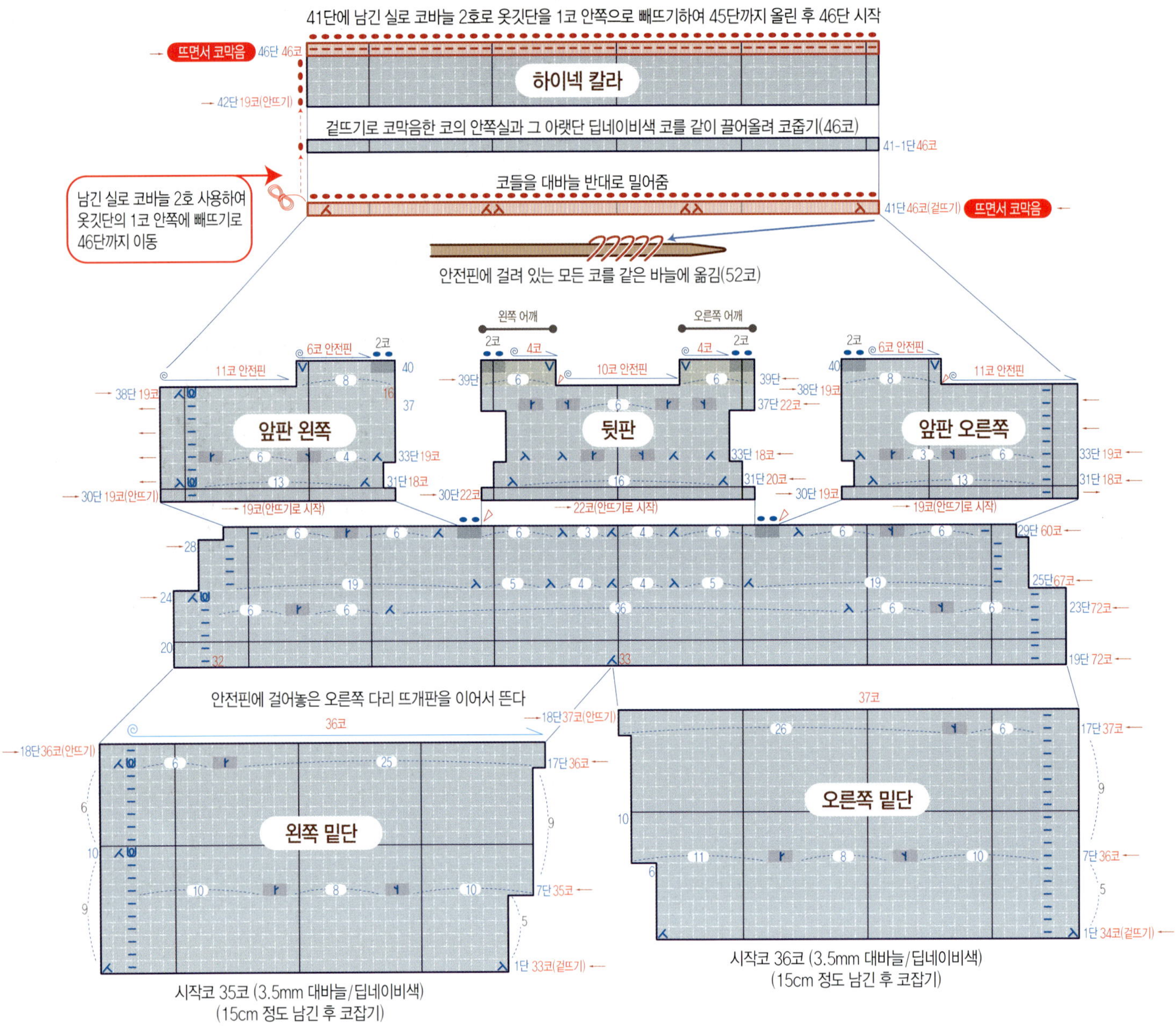

하이넥 네이비 코트

도안 중 늘리기는 옷뜨기용 늘리기이다.

왼쪽 밑단

시작코 35코, 3.5mm 대바늘 사용. 딥네이비색 실 사용하여 밑단부터 시작한다. (실을 15cm 정도 남긴다.)

1단: 겉뜨기로 시작한다.
 오모1, 겉29, 안1, 겉1, 왼모1 - 33코

2단: 안2, 겉1, 안30 - 33코

3단: 겉30, 안1, 겉2 - 33코

4~6단: 2~3단 반복. 안뜨기 단으로 끝난다. - 33코

7단: 겉10, 왼코 늘1, 겉8, 오른코 늘1, 겉10, 안1, 겉2 - 35코

8단: 안2, 겉1, 안32 - 35코

9단: 겉32, 안1, 겉2 -35코

10단: 안1, 왼모1, 감아코1(단추구멍-구멍은 아래단에 만들어진다.), 안32 - 35코

11단: 겉32, 안1, 겉2 - 35코

12단: 안2, 겉1, 안32 - 35코

13~16단: 11~12단 반복. 안뜨기 단으로 끝난다. - 35코

17단: 겉25, 오른코 늘1, 겉6, 감아코1, 왼모1(단추구멍), 겉1 - 36코

18단: 안2, 겉1, 안33 - 36코

실을 길게 남기고 자른다. 바늘에 걸려 있는 코를 안전핀에 옮긴다.

오른쪽 밑단

시작코 36코, 딥네이비색 실 사용하여 밑단부터 시작한다.(실을 15cm 정도 남긴다.)

1단: 겉뜨기로 시작한다.
 오모1, 겉1, 안1, 겉30, 왼모1 - 34코

2단: 안31, 겉1, 안2 - 34코

3단: 겉2, 안1, 겉31 - 34코

4~6단: 2~3단 반복. 안뜨기로 끝난다. - 34코

7단: 겉2, 안1, 겉10, 왼코 늘1, 겉8, 오른코 늘1, 겉11 - 36코

8단: 안33, 겉1, 안2 - 36코

9단: 겉2, 안1, 겉33 - 36코

10단~16단: 8~9단을 반복. 안뜨기 단으로 끝난다. - 36코
17단: 겉2, 안1, 겉6, 왼코 늘1, 겉26 - 37코
18단: 안34, 겉1, 안2 - 37코
왼쪽 밑단 안전핀에 걸려있는 코들을 오른쪽 밑단 코들과 같은 대바늘에 옮긴다.
19단: 겉2, 안1, 겉33코, 왼모1, 겉32, 안1, 겉2 - 72코
20단: 안2, 겉1, 안66, 겉1, 안2 - 72코
21단: 겉2, 안1, 겉66, 안1, 겉2 - 72코
22단: 안2, 겉1, 안66, 겉1, 안2 - 72코
23단: 겉2, 안1, 겉6, 왼코 늘1, 겉6, 오모1, 겉36, 왼모1, 겉6, 오른코 늘1, 겉6, 안1, 겉2 - 72코
24단: 안1, 왼모1, 감아코1(단추구멍), 안66, 겉1, 안2 - 72코
25단: 겉2, 안1, 겉19, 왼모1, 겉5, 오모1, 겉4, 왼모1, 겉4, 오모1, 겉5, 오모1, 겉19, 안1, 겉2 - 67코
26단: 안2, 겉1, 안61, 겉1, 안2 - 67코
27단: 겉2, 안1, 겉61, 안1, 겉2 - 67코
28단: 안2, 겉1, 안61, 겉1, 안2 - 67코
29단: 겉2, 안1, 겉6, 왼코 늘1, 겉6, 오모1, 겉1, 코막음2, 겉6, 왼모1, 겉4, 왼모1, 겉3, 오모1, 겉6, 코막음2, 겉1, 왼모1, 겉6, 오른코 늘1, 겉6, 안1, 겉2 - 60코

앞판 왼쪽

30단: 안2, 겉1, 안16(19코만 가지고 뜬다.) - 19코
31단: 겉1, 왼모1, 겉13, 감아코1, 오모1(단추구멍), 겉1 - 18코
32단: 안2, 겉1, 안15 - 18코
33단: 겉1, 왼모1, 겉4, 왼코 늘1, 겉6, 오른코 늘1, 안1, 겉2 - 19코
34단: 안2, 겉1, 안16 - 19코
35단: 겉16, 안1, 겉2 - 19코
36~37단: 34~35단 반복. 겉뜨기 단으로 끝난다. - 19코
38단: 안1, 왼모1, 감아코1(단추 구멍), 안8, (안전핀에 뜨개질한 11코를 걸어둔다.) 안8(8코만 가지고 뜬다.) - 11+8코
39단: 겉8 - 8코
40단: 1코 걸러뜨기, 안5, (1코 걸러뜨기+ 안뜨기한 코 5코를 38단 안전핀에 걸어둔 코와 함께 걸어둔다.), 코막음 2 - 11+6코
실을 15cm 정도 남기고 자른다.

뒷판

30단: 안22(22코만 가지고 뜬다.) - 22코
31단: 겉1, 왼모1, 겉16, 오모1, 겉1 - 20코
32단: 안20 - 20코
33단: 겉1, 왼모1, 겉2, 왼모1, 겉1, 왼코 늘1, 겉2, 오른코 늘1, 겉1, 오모1, 겉2, 오모1, 겉1 - 18코
34단~36단: (안 시작) 메리야스뜨기 3단 -18코
37단: 겉3, 왼코 늘1, 겉1, 오른코 늘1, 겉6, 왼코 늘1, 겉1, 오른코 늘1, 겉3 - 22코
38단: 안6, 안10, (안전핀에 안뜨기한 10코를 걸어둔다.) 안6 - 6+10+6코

뒷판 오른쪽 어깨

39단: 겉6(6코만 가지고 뜬다.) - 6코
40단: 1코 걸러뜨기, 안3, (1코 걸러뜨기+안뜨기한 3코를 안전핀에 걸어둔다.) 코막음2 - 4코
실을 15cm 정도 남기고 자른다.

뒷판 왼쪽 어깨

새로운 딥네이비색 실 사용.
39단: 겉6(6코만 가지고 뜬다.) - 6코
40단: 코막음2, 안3, 1코 걸러뜨기(1코 걸러뜨기+안뜨기한 3코를 안전핀에 걸어둔다.) - 4코
실을 15cm 정도 남기고 자른다.
- 뒷판 안전핀에 걸려있는 코 - 4+10+4코

앞판 오른쪽

30단: 안16, 겉1, 안2(18코만 가지고 뜬다.) - 19코
31단: 겉2, 안1, 겉13, 오모1, 겉1 - 18코
32단: 안15, 겉1, 안2 - 18코
33단: 겉2, 안1, 겉6, 왼코 늘1, 겉3, 오른코 늘1,겉1, 오모1, 겉1 - 19코
34단: 안16, 겉1, 안2 - 19코
35단: 겉2, 안1, 겉16 - 19코
36~37단: 34~35단 반복. 겉뜨기 단으로 끝난다. - 19코
38단: 안16, 겉1, 안2, (안전핀에 안뜨기한 마지막 11코를 걸어눈다.) - 8+11코
새로운 딥네이비색 실 사용
39단: 겉8 - 8코
40단: 코막음2, 안5, 1코 걸러뜨기(안뜨기한 5코+걸러뜨기한 1코를 38단 안전핀에 걸어둔 코와 함께 걸어둔다.) - 11+6코
실을 15cm 정도 남기고 자른다.

하이넥 칼라

안전핀에 걸어놓은 코들을 대바늘에 모두 옮긴다. - 52코
4ply 밝은 빨간색 실로 다음 단을 뜬다.
41단: (뜨면서 코막음) 겉1, 오모1, 겉12, 오모1, 왼모1, 겉14, 오모1, 왼모1, 겉12, 왼모1, 겉1 - 46코
코들을 대바늘 반대로 밀어준다.
딥네이비실로 다음 단을 뜬다.
41-1단: 겉뜨기로 코막음한 코의 안쪽실과 그 아랫단 네이비 코를 같이 끌어올려 코줍기한다. 코막음한 모든 코를 줍는다. (사진 참고) - 46코

42단~45단: (안 시작) 메리야스뜨기 4단 - 46코
4ply 빨간색 실 사용 (41단 코막음한 실을 길게 남기고 코바늘 2호로 옷깃단을 1코 안쪽으로 빼뜨기하여 45단까지 올린다. 나머지 실로 46단을 뜬다.)
46단: 겉으로 코막음 후 실을 길게 여유있게 남긴다.

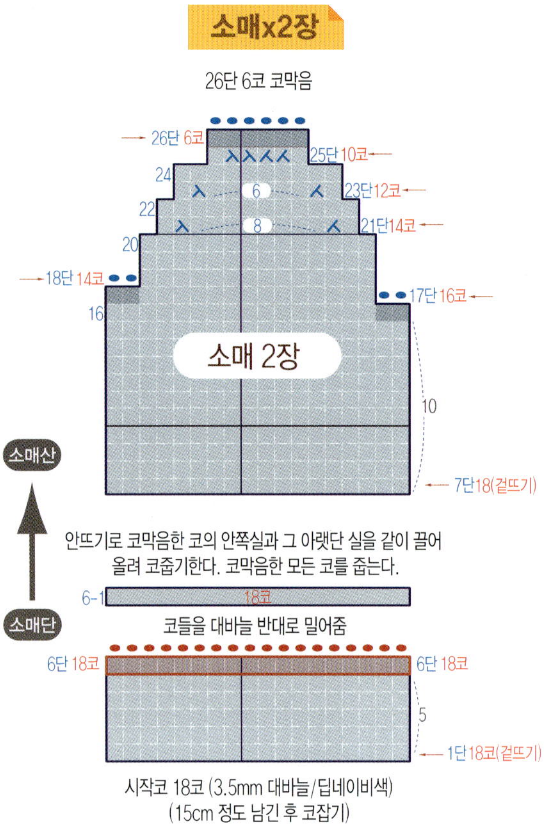

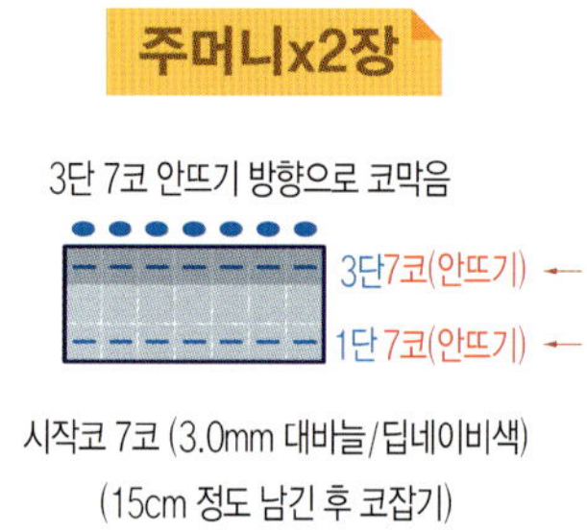

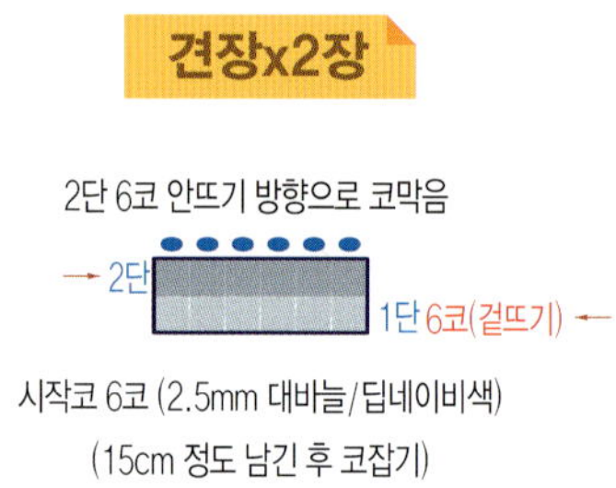

소매×2장

시작코 18코(실을 15cm 정도 남긴다. 딥네이비색 실 사용. 소매단에서 소매산으로 진행한다.)

1단~5단: 메리야스뜨기 5단. 겉뜨기로 시작한다. - 18코

4ply 빨간색 실로 다음 단을 뜬다.

6단: 안뜨기 방향으로 코막음. 18코들을 대바늘 반대쪽으로 보낸다. 딥네이비실로 다음 단을 뜬다.

6-1단: 안뜨기로 코막음한 코의 안쪽실과 그 아랫단 실을 같이 끌어올려 코줍기한다. 코막음한 모든 코를 줍는다. - 18코

7단~16단: (겉 시작)메리야스뜨기 10단 - 18코

17단: 코막음2, 겉16 - 16코

18단: 코막음2, 안14 - 14코

19단~20단: (겉 시작) 메리야스뜨기 2단 - 14코

21단: 겉1, 왼모1, 겉8, 오모1, 겉1 - 12코

22단: 안12 - 12코

23단: 겉1, 왼모1, 겉6, 오모1, 겉1 - 10코

24단: 안10 - 10코

25단: 겉1, (왼모1)×2, (오모1)×2, 겉1 - 6코

26단: 코막음6

실을 길게 남기고 자른다.

주머니×2장

시작코 7코(실을 15cm 정도 남긴다. 딥네이비색 실로 시작한다. 3.0mm 대바늘 사용하여 타이트하게 뜬다.)

1단~2단: 메리야스뜨기 2단. 안뜨기로 시작한다. - 7코

3단: 안뜨기 방향으로 코막음7

실을 길게 남기고 자른다.

견장×2장

시작코 6코(실을 15cm 정도 남긴다. 딥네이비색 실로 시작한다. 2.5mm 대바늘 사용하여 타이트하게 뜬다.)

1단: 겉6 - 6코

2단: 안뜨기 방향으로 코막음6

실을 길게 남기고 자른다.

마무리-골드 태엽 곰돌이

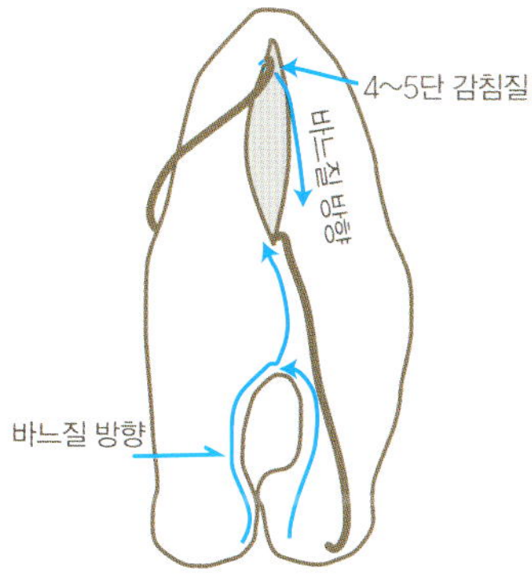

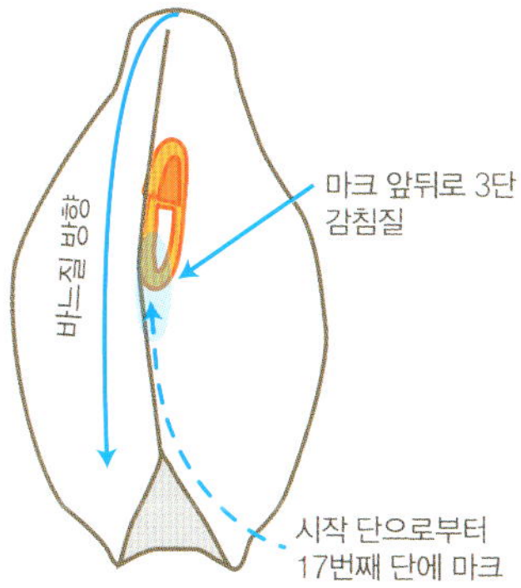

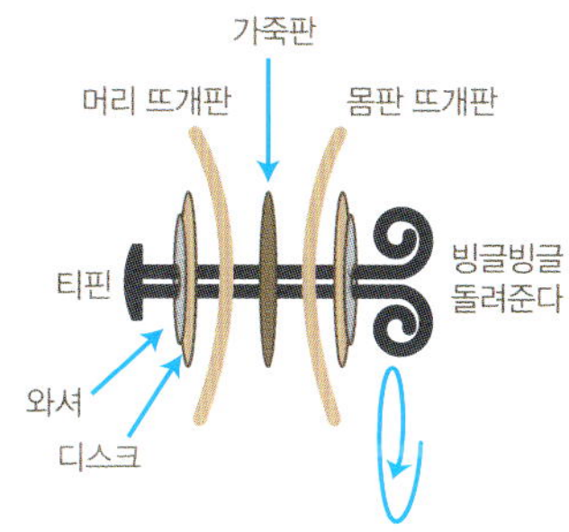

몸

발바닥 시작코 실로 발뒤꿈치까지 몸색깔 실로 엉덩이까지 메리야스 잇기로 바느질한다. 발바닥의 마크를 기준으로 양쪽으로 나눈 뒤 같은 색실로 (길게 자른다.) 발뒤꿈치부터 시작하여 앞꿈치로 메리야스 잇기로 바느질한다. 마지막 2코는 창구멍 막듯이 감침질하여 모아준다.

발가락

남은 실로 발바닥과 몸 8단을 감아 발가락을 만들어 준다. (몸 9단 오른코 모아뜨기와 왼코 모아뜨기를 한 발가락으로 왼코 모아뜨기와 오른코 모아뜨기 사이 아래단을 통과한다.) 발등 코막음 부분을 반으로 나누어 메리야스 잇기로 바느질한다. 창구멍을 남겨 발가락을 만들면서 솜을 더 넣는다.

머리

조인트 고정핀 위치: 머리 시작 단에서부터 17번째 단 끝에 마킹한다. 조인트 고정핀 위치이다. 머리 뜨개판 마지막 단부터 메리야스 잇기로 바느질하여 머리 뒤쪽으로 진행한다. (머리 뜨개판에 조인트가 들어갈 공간이 있어야 한다.) 17단을 기준으로 앞뒤로 3단을 감침질한다. 바느질할 면은 되도록 굴곡이 없도록 한다. 몸과 목을 25mm 조인트로 고정시키고 얼굴에 솜을 넣어 모양을 잡아준다. 머리 시작 단 창구멍은 감침질하듯 감아 조여준다.

조인트 연결

몸의 목 부분을 감침질하여 4~5단 등쪽으로 내려오고 그 다음 단부터는 메리야스 잇기로 바느질한다. (머리와 몸의 목을 조인트 작업할 만큼 공간이 있어야 한다.) 머리와 조인트를 고정시키고 몸에 솜을 넣어준다.

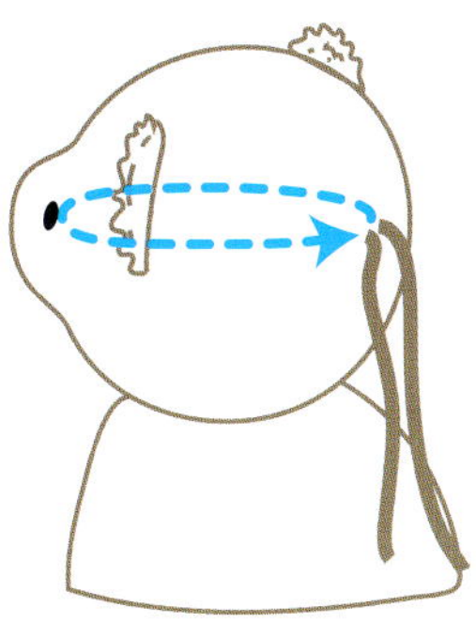

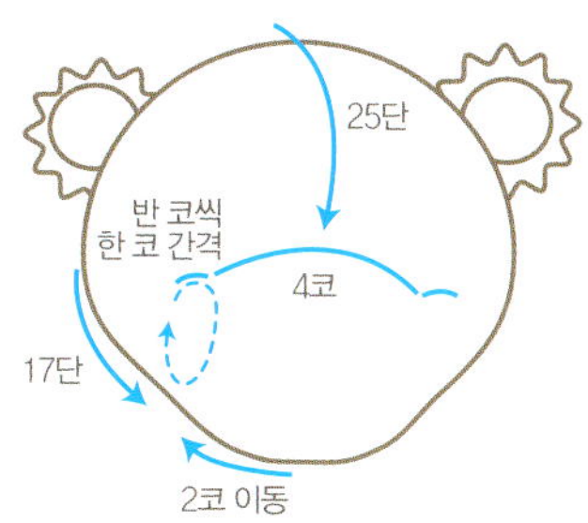

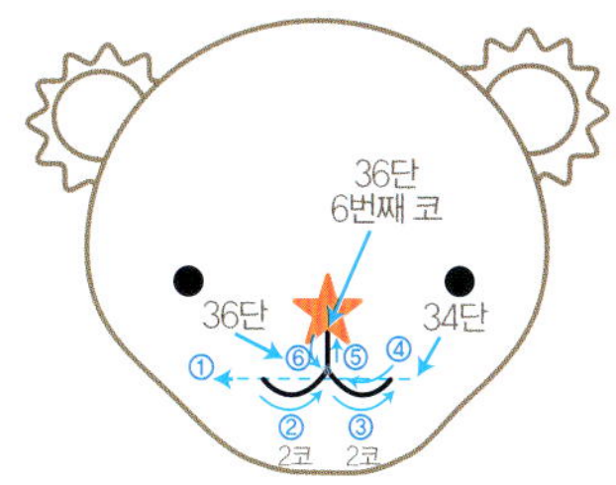

귀

귀는 코막음 4코를 중심으로 좌우 반 코씩을 더한다. (총 5코 바느질한다.) 좌우 반 코부터 1코씩 앞뒤로 메리야스 잇기를 하면서 금속 태엽장식 골드 21mm 공간 4곳을 2번씩 통과한다. 청동 곰돌이와 실버 곰돌이는 공간 3곳을 나누어서 통과한다. (3, 2, 3회로 나누어 통과)

눈

아이홀 자리: 턱쪽 조인트에 가까운 곳에서 (시작 단에서 17단, 머리 바느질 선에서 2코 이동) 바늘을 넣어 25단 눈 간격 4코 정도 반 코씩 1코 간격을 감아 턱쪽으로 나온다. 아이홀 자리를 손가락으로 누르면서 실을 잡아당겨서 볼이 더 나오도록 한다. 새로운 실이 머리 뒤쪽에서 아이홀 자리로 나와 글라스 아이 7mm 고리를 통과하여 뒤통수로 다시 나온다. 아이홀을 누르면서 실을 잡아당겨 코가 나오도록 한다.

입

머리 뜨개판 마지막 단 오므린 코를 오른쪽 아래부터 메리야스 잇기처럼 바느질한다. 마지막 3코는 1코씩 통과하여 반대쪽으로 이동한다. 가장 가까운 메리야스 잇기를 한 코에 맞추어 한번 더 바느질하여 숨긴다. 갈색 자수실을 사용하여 머리 뜨개판 바느질선을 기준으로 왼쪽 방향 위쪽으로 2코 34단에서 오른쪽 34단으로 통과하여 36단(오므린 고듬) 가장 아래쪽 가운데로 들어가 왼쪽 34단 실이 들어갔던 곳으로 나온다. 다시 36단 가장 아래쪽 가운데로 들어가 오므린 코듬 위쪽 가장 가운데(8번째 코)로 나온다. 다시 36단 가장 아래쪽 가운데로 바늘을 넣어 마무리한다. (34단에서 36단으로 자수실로 바느질할 때 35단에서 머리 뜨개판쪽 실을 살짝 통과하여 찝어준다.) 입 라인을 고정한다.

코

머리 뒤쪽에서 바늘을 넣어 코의 36단 6번째 코 가운데로 나와 메탈별 펜던트 골드 10mm의 고리(펜던트에 티포스트 4mm를 붙여 고리를 만들었다)를 통과하여 다시 머리 뒤쪽으로 나온다. 실을 잡아당겨 코를 고정시키고, 실은 머리 뒤쪽에서 마무리한다. 고리가 없다면 강력 본드로 펜던트를 붙인다.

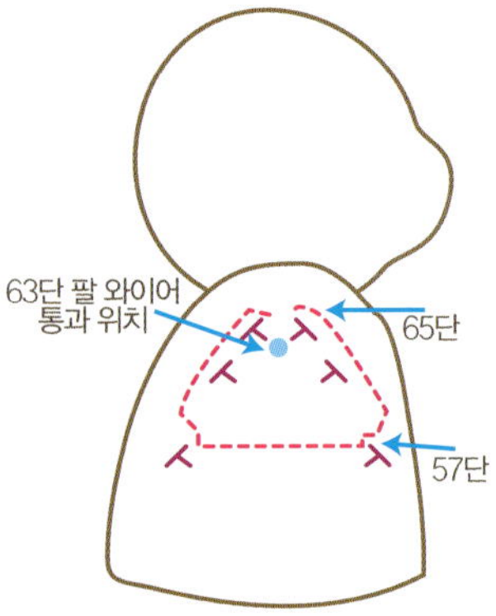

팔 메이크업

손끝에서 메리야스 잇기로 어깨 방향으로 바느질한다. 와이어 1.5mm를 (양쪽 팔 길이와 몸통 너비+여유분 3cm)×2 길이로 잘라 양쪽 끝이 가운데 오도록 한다. 여유분 3cm는 양쪽 끝을 서로 꼬을 때 쓴다. 와이어 양쪽 고리를 반대 방향으로 여러 번 꼬아 준다. 와이어 작업 후 수축튜브나 테이프로 끝부분을 감아준다. 와이어를 양쪽 63단 오른코 모아뜨기와 왼코 모아뜨기 사이로 통과시킨다.(굵은 대바늘이나 송곳으로 통과할 곳을 미리 뚫어 놓아야 와이어가 통과하기 쉽다.) 손끝과 통과한 와이어 끝을 고정시키고 팔 곡선을 살려 솜을 넣으면서 팔을 몸에 바느질한다. 팔 어깨부분의 가운데와 몸통의 65단 모아뜨기한 곳의 바깥 라인을 따라 바느질하여 59단까지 모아뜨기한 코의 바깥 라인을 따라 바느질한다. 바느질을 59단까지 한다. 가로폭은 57단 모아뜨기 바깥라인이다.

마무리-하이넥 네이비 코트

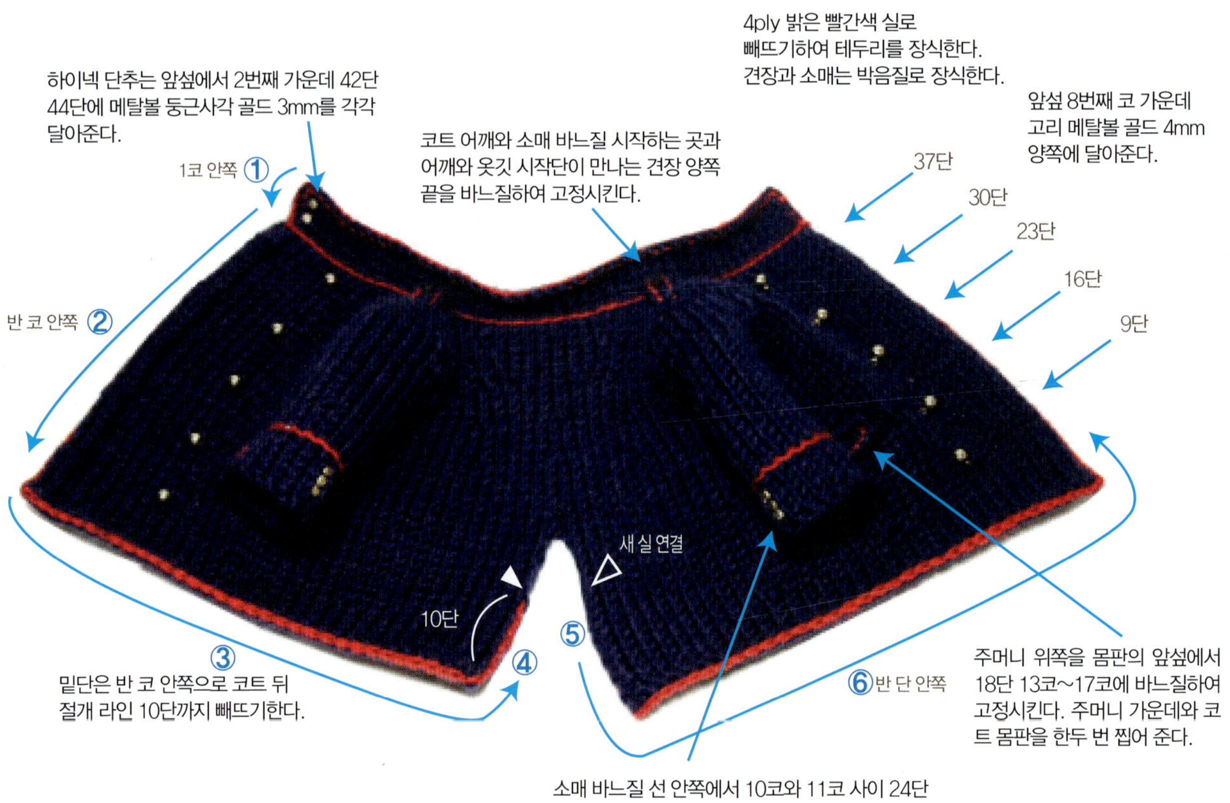

하이넥 네이비 코트

소매를 메리야스 잇기로 소매 시작 단에서 진동까지 바느질한다.
코트의 어깨 코막음을 마주보게 하여 메리야스 잇기로 바느질한다.
진동라인에 맞추어 소매산을 바느질한다.(소매산 가운데에서 시작하고 진동라인 1코 또는 1단과 소매산 1코 또는 1단씩 바느질하면 맞다.)

테두리

4ply 밝은 빨간색 실로 빼뜨기하여 테두리를 장식한다. (코트 하이넥 46단을 뜨고 남은 실로 코바늘 모사용 2호 바늘을 사용하여 같은 쪽 넥칼라는 1코 안쪽으로 빼뜨기한다. → 나머지는 반 코 안쪽으로 코트 왼쪽 앞섶 → 반 단 안쪽으로 코트 왼쪽 밑단 → 반 코 안쪽으로 코트 뒤 절개라인 10단까지 빼뜨기한다. 새로운 4ply 밝은 빨간색 실로 반 코 안쪽으로 반대쪽 코트 뒤 절개라인 10단 → 반 단 안쪽으로 코트 오른쪽 밑단 → 반 코 안쪽으로 오른쪽 앞섶을 빼뜨기한다. 주머니와 견장을 4ply 밝은 빨간색 실로 박음질하여 장식한다.

청동 태엽귀 장식 곰돌이

사용실과 사용량(g)

알리제 캐시미라 브라운 멜란지(머리+몸)/35g, 베이비 알파카 DK 아이보리(입 배색)/3g, 렘스울 메종 코코아 그레이 멜란지(발바닥)/2g, 카르토프 8p, 진카키(코트)/34g, 서브라임 베이비 레드 브라운(테두리)/6m, 빈센트 3p 딥청록(주머니 테두리)/50cm

사용 도구: 대바늘 2.5mm, 3.0mm, 3.5mm, 코바늘 2호, 솜 ,돗바늘, 바늘, 배바늘, 겸자, 가위, 와이어 등

사용 장식

금속 태엽 장식 청동 22mm(귀), 엔틱 열쇠 금속장식 18x58mm(꼬리), 가시발 하트 엔틱골드 10x10x3mm(코), 메탈볼 브라운 4mm(단추+허리밴드장식), 메탈볼 브라운 3mm(소매 밴드+칼라 단추), 메탈볼 신주 버니쉬 3mm(견장), 하이보드 조인트 25mm 1세트(목), 글라스 아이 7mm(눈), 자수실 진갈색(입)

만드는 방법

몸+머리+팔

몸+머리+팔 뜨개판은 골드 태엽 곰돌이 몸과 같다. 얼굴 배색은 머리 도안 27단 ★표시부터 베이비 알파카 DK 아이보리색으로 뜬다. 발바닥은 렘스울 메종 코코아 그레이 멜란지, 몸+머리는 알리제 캐시미라 브라운 멜란지, 머리 배색은 베이비 알파카 DK 아이보리를 사용한다.

몸+머리+팔 메이크업

몸, 머리, 팔 메이크업은 골드 태엽 곰돌이와 같다. 귀는 금속 태엽장식 청동 22mm, 꼬리는 엔틱 열쇠 금속장식 18×58mm, 코는 가시발 하트 엔틱골드 10×10×3mm를 쓴다.

오픈 카키 코트

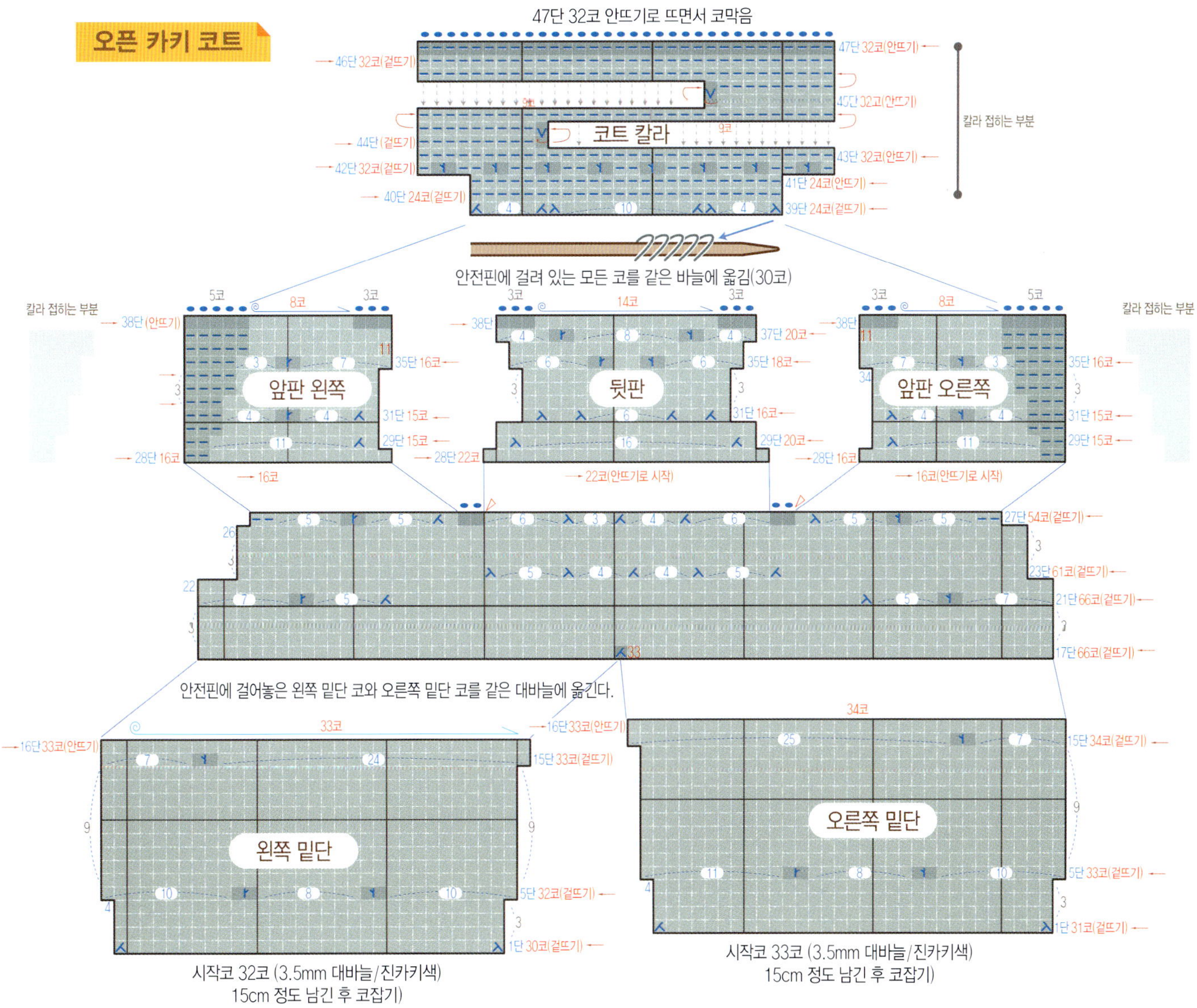

오픈형 카키 코트

*단추구멍이 없다. 도안 중 늘리기는 옷뜨기용 늘리기이다.

왼쪽 밑단

시작코 32코(실을 15cm 정도 남긴다. 3.5mm 대바늘 사용. 진카키색 사용. 밑단부터 시작한다.)

1단: 겉뜨기로 시작한다.
오모1, 겉28, 왼모1 - 30코

2~4단: (안 시작) 메리야스뜨기 3단 - 30코

5단: 겉10, 왼코 늘1, 겉8, 오른코 늘1, 겉10 - 32코

6단~14단: (안 시작) 메리야스뜨기 9단 - 32코

15단: 겉24, 오른코 늘1, 겉7 - 33코

16단: 안33 - 33코

실을 15cm 정도 남기고 자른다.

바늘에 걸려 있는 코를 안전핀에 옮긴다.

오른쪽 밑단

시작코 33코(실을 15cm 정도 남긴다.)

1단: 겉뜨기로 시작한다.
오모1, 겉29, 왼모1 - 31코

2~4단: (안 시작) 메리야스뜨기 3단 - 31코

5단: 겉10, 왼코 늘1, 겉8, 오른코 늘1, 겉11 - 33코

6단~14단: (안 시작) 메리야스뜨기 9단 - 33코

15단: 겉7, 왼코 늘1, 겉25 - 34코

16단: 안34 - 34코

오른쪽 밑단 안전핀에 걸려있는 코와 왼쪽 밑단 코를 같은 대바늘에 옮긴다.

17단: 겉33, 왼모1, 겉32 - 66코

18단~20단: (안 시작)메리야스뜨기 3단 - 66코

21단: 겉7, 왼코 늘1, 겉5, 오모1, 겉36, 왼모1, 겉5, 오른코 늘1, 겉7 - 66코

22단: 안66 - 66코

23단: 겉19, 왼모1, 겉5, 오모1, 겉4, 왼모1,겉4, 오모1, 겉5, 오모1, 겉19 - 61코

24단~26단: (안 시작) 메리야스뜨기 3단 - 61코

27단: 안2, 겉5, 왼코 늘1, 겉5, 오모1, 겉1, 코막음2, 겉6, 왼모1, 겉4, 왼모1, 겉3, 오모1, 겉6, 코막음2, 겉1, 왼모1, 겉5, 오른코 늘1, 겉5, 안2 - 54코

앞판 왼쪽

28단: 겉2, 안14(16코만 가지고 뜬다.) - 16코

29단: 겉1, 왼모1, 겉11, 안2 - 15코

30단: 겉3, 안12 - 15코

31단: 겉1, 왼모1, 겉4, 오른코 늘1, 겉4, 안3 - 15코

32단: 겉3, 안12 - 15코

33단: 겉11, 안4 - 15코

34단: 겉4, 안11 - 15코

35단: 겉7, 오른코 늘1, 겉3, 안4 - 16코

36단: 겉5, 안11 - 16코

37단: 겉11, 안5 - 16코

38단: 코막음5, 안8, 코막음3(안뜨기를 한 8코는 안전핀에 걸어둔다.) - 8코

실을 15cm 정도 남기고 자른다.

뒷판

28단: 안22(22코만 가지고 뜬다.) - 22코

29단: 겉1, 왼모1, 겉16, 오모1, 겉1 - 20코

30단: 안 20 - 20코

31단: 겉1, 왼모1, 겉2, 왼모1, 겉6, 오모1, 겉2, 오모1, 겉1 - 16코

32단~34단: (안 시작) 메리야스뜨기 3단 - 16코

35단: 겉6, 왼코 늘1, 겉2, 오른코 늘1, 겉6 - 16코

36단: 안18 - 18코

37단: 겉4, 왼코 늘1, 겉8, 오른코 늘1, 겉4 - 20코

38단: 코막음3, 안14, 코막음3(안뜨기를 한 14코는 안전핀에 걸어둔다.) - 14코

앞판 오른쪽

28단: 안14, 겉2(16코만 가지고 뜬다.) - 16코

29단: 안2, 겉11, 오모1, 겉1 - 15코

30단: 안12, 겉3 - 15코

31단: 안3, 겉4, 왼코 늘1, 겉4, 오모1, 겉1 - 15코

32단: 안12, 겉3 - 15코

33단: 안4, 겉11 - 15코

34단: 안11, 겉4 - 15코

35단: 안4, 겉3, 왼코 늘1, 겉7 - 16코

36단: 안11, 겉5 - 16코

37단: 안5, 겉11 - 16코

38단: 코막음3, 안8, 코막음5(안뜨기를 한 8코는 안전핀에 걸어둔다.) - 8코

실을 15cm 정도 남기고 자른다.

코트 칼라

안전핀에 걸려 있는 모든 코를 같은 대바늘에 옮긴다. - 30코 - 8+14+8코

39단: 겉뜨기로 시작한다. 왼모1, 겉4, 오모1, 왼모1, 겉10, 오모1, 왼모1, 겉4, 오모1 - 24코

40단~41단: (겉 시작) 메리야스 뜨기2단 - 24코

42단: (겉1, 왼코 늘1, 겉1)×8 - 32코

43단: 안32 - 32코

44단: 겉9, 실 앞으로 옮김, 1코 이동, 실 뒤로옮김, 1코 이동, 뜨개판 방향 바꿔서 안9, 뜨개판 방향 바꿔서 겉32(되돌아뜨기 정리한다.) - 32코

45단: 안9, 실 뒤로 옮김, 1코 이동, 실 앞으로옮김, 1코 이동, 뜨개판 방향 바꿔서 겉 9, 뜨개판 방향 바꿔서 안32(되돌아뜨기 정리한다.) - 32코

46단: 겉32코(되돌아뜨기 정리한다.) - 32코

47단: 안뜨기 방향으로 코막음 32

실을 길게 남기고 자른다.

소매x2장

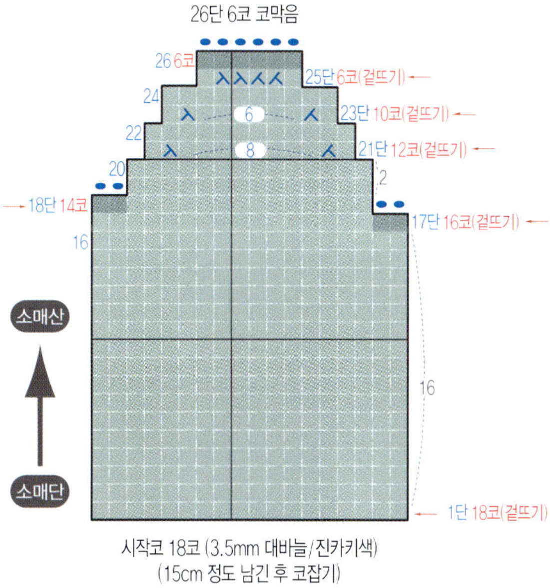

허리밴드

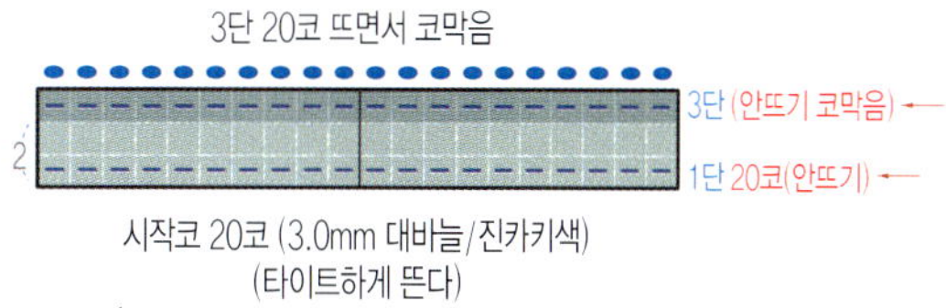

소매밴드x2장

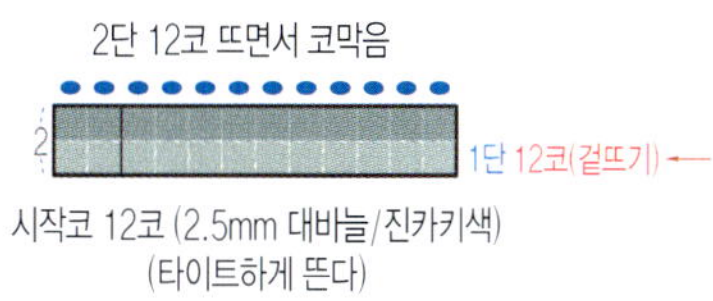

견장x2장

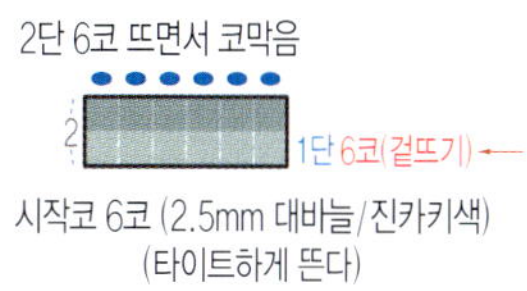

주머니x2장

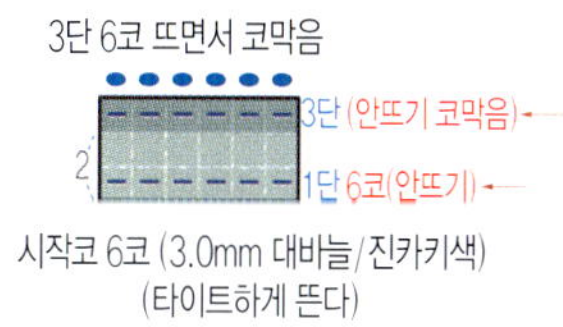

소매×2장

시작코 18코(실을 15cm 정도 남긴다. 진카키색 사용, 소매단부터 시작한다.)

1단~16단: 메리야스 뜨기 16단, 겉뜨기로 시작한다. - 18코

17단: 코막음2, 겉16 - 16코

18단: 코막음2, 안14 - 14코

19단~20단: (겉 시작) 메리야스뜨기 2단 - 14코

21단: 겉1, 왼모1, 겉8, 오모1, 겉1 - 12코

22단: 안12 - 12코

23단: 겉1, 왼모1, 겉6, 오모1, 겉1 - 10코

24단: 안10 - 10코

25단: 겉1, (왼모1)×2, (오모 1)×2, 겉1 - 6코

26단: 코막음 6

실을 길게 남기고 자른다.

허리밴드

시작코 20코(실을 15cm 정도 남긴다. 3.0mm 대바늘로 타이트하게 뜬다.)

1단~2단: 메리야스뜨기 2단, 안뜨기로 시작한다. - 20코

3단: 안뜨기 방향으로 코막음20

실을 길게 남기고 자른다.

소매밴드×2장

시작코 12코(실을 15cm 정도 남긴다. 2.5mm 대바늘로 타이트하게 뜬다.)

1단: 겉12 - 12코

2단: 안뜨기 방향으로 코막음12

실을 길게 남기고 자른다.

견장×2장

시작코 6코(실을 15cm 정도 남긴다. 2.5mm 대바늘로 타이트하게 뜬다.)

1단: 겉6 - 6코

2단: 안뜨기 방향으로 코막음6

실을 길게 남기고 자른다.

주머니×2장

시작코 6코(실을 15cm 정도 남긴다. 진카키색 실 사용. 3.0mm 대바늘로 타이트하게 뜬다.)

1단~2단: (안 시작) 메리야스뜨기 2단 - 6코

3단: 안뜨기 방향으로 코막음6

실을 길게 남기고 자른다.

마무리-청동 카키 코트

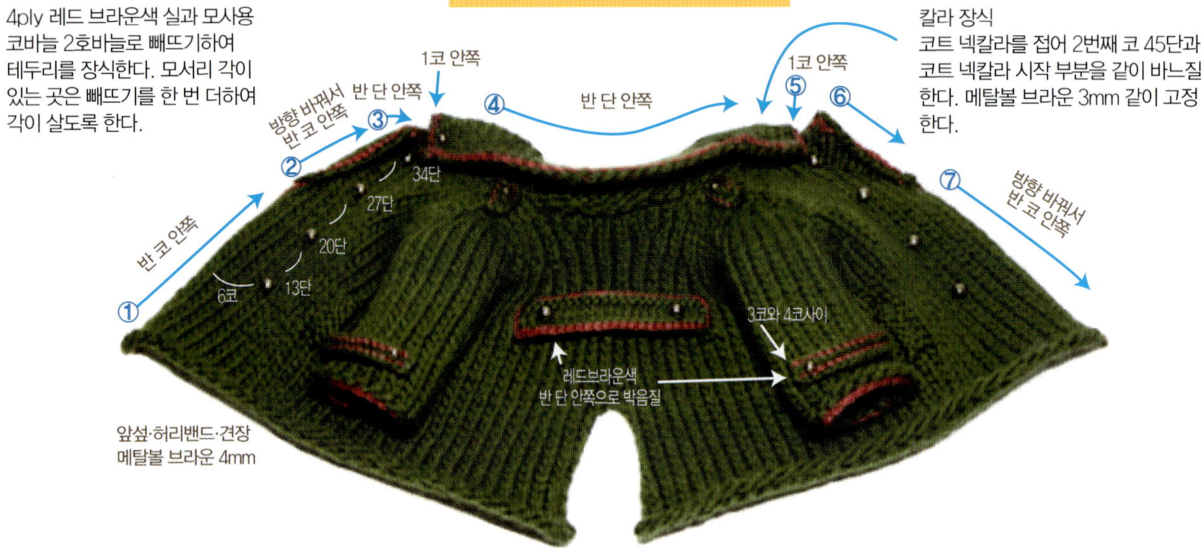

청동 카키 코트

소매를 메리야스 잇기로 소매 시작 단에서 소매산까지 바느질한다. 코트의 어깨 코막음을 마주보게 하여 메리야스 잇기로 바느질한다. 진동라인에 맞추어 소매산을 바느질한다.(소매산 가운데부터 시작하고 진동라인 1코 또는 1단과 소매산 1코 또는 1단씩 바느질한다.)

테두리

4ply 레드브라운색 실로 빼뜨기하여 테두리를 장식한다. 모사용 코바늘 2호 바늘을 사용하여 앞섶 반 코 안쪽으로 왼쪽 앞섶 밑에서 시작하여 → 방향 바꿔서 반 코 안쪽으로 왼쪽 앞섶 위쪽 → 1코 안쪽으로 칼라 앞섶 → 반 단 안쪽으로 칼라 테두리 → 1코 안쪽으로 칼라 앞섶 → 반 코 안쪽으로 오른쪽 앞섶 위쪽 → 방향 바꿔서 오른쪽 앞섶 아래쪽으로 진행한다.(모서리 각이 있는 곳은 빼뜨기를 한 번 더하여 각이 살도록 한다.) 소매 시작 단도 반 단 안쪽에 4ply 레드브라운 실로 빼뜨기하여 1바퀴 돌린다. 앞섶 위쪽 접힌 부분 모서리에 대각선으로 4ply 레드브라운색 실로 박음질하여 자수를 놓는다.

코트 앞섶 단추 위치

앞섶에서 6번째 코 가운데에 밑단에서부터 13단, 20단, 27단, 34단에 메탈볼 브라운 4mm를 양쪽으로 달아준다.

칼라 장식

코트 넥칼라를 접어 2번째 코 45단과 코트 넥칼라 시작 부분을 같이 바느질하여 고정한다. 메탈볼 브라운 3mm를 같이 고정시킨다.

주머니 위치

주머니 안뜨기면이 겉으로 보이도록 한다. 주머니를 길게 세워 아래쪽을 몸판의 앞섶에서 11번째 코와 12번째 코 사이를 12단에서 18단을 바느질한다. →12단 13번째 코까지 호주머니 아래쪽 가로선을 바느질한다. → 18단 13번째 코까지 호주머니 위쪽 가로선을 바느질한다. 반대편도 주머니를 세워 대칭되는 위치에 바느질한다.

견장 위치

4ply 레드브라운 실로 반 단 들여서 박음질하여 위아래 테두리를 장식한다. 코트 어깨 시작과 마지막에 견장 양쪽 끝을 바느질하여 고정시킨다. 견장 가운데 메탈볼 브라운 3mm를 바느질하여 장식한다.

소매밴드 위치

4ply 레드브라운색 실로 반 단 들여서 박음질하여 위아래 테두리를 장식한다. 소매 바느질선을 기준으로 안쪽에서 3코와 4코 사이 4단과 5단에 밴드 한 쪽을 바느질한다. 소매 안쪽에서 9코와 10코 사이 4단과 5단을 나머지 한 쪽 소매밴드 안쪽으로 3코 들어선 위치에 메탈볼 브라운 3mm와 함께 바느질하여 고정시킨다. 반대쪽도 같은 위치에 바느질한다.

허리밴드 위치

4ply 레드브라운색 실로 빼뜨기하여 테두리를 장식한다. 코트 몸판 가운데 14코 간격으로 두고 21단~25단과 허리밴드 양쪽 끝을 바느질하여 고정, 허리밴드 양쪽 끝에서 4번째 코 가운데에 메탈볼 브라운 4mm를 허리밴드에 바느질하여 고정한다.

실버 태엽귀 장식 곰돌이

사용실과 사용량(g)

빈센트 베이비 칵테일 2겹 화이트(머리+몸)/25g, 바비울 아이보리(입 배색)/3g, 헤라울+로얄 메리노 진갈색(발바닥)/2g, 메리노울 5p 비둘기색(코트)/33g, 빈센트 3p 딥청록(테두리)/10m

사용 도구: 대바늘 2.5mm, 2.75mm, 3.0mm, 3.5mm, 코바늘 2호, 솜, 돗바늘, 바늘, 배바늘, 겸자, 가위, 와이어 등

사용 장식

금속 태엽장식 실버 21mm(귀), 메탈 팬던트 하트 버블 열쇠 19x59mm(꼬리), 다이아몬드 스톤찡 7x13mm(코), 고리 메탈볼 실버 4mm(단추), 메탈볼 흑니켈 3mm(칼라 단추), 큐빅 3mm(단추), 하이보드 조인트 25mm 1세트(목), 글라스 아이 7mm(눈), 자수실 진갈색(입)

만드는 방법

몸+머리+팔

골드 태엽 곰돌이와 같지만 실버 태엽장식 곰돌이의 몸과 머리는 실이 코와 단이 잘 보이지 않아 MARK 표시를 추가한 곳이 많다. 팔은 몸색깔 실과 손바닥 실의 굵기 차이가 있어 대바늘을 2개 사용하거나 실의 잡아당김을 조절하며 떠야 한다. 실버 태엽장식 곰돌이와 골드 태엽장식 곰돌이의 몸+머리+팔의 뜨개판 형태는 같다. 얼굴 배색은 머리 도안 27단 ★표시부터 바비울 아이보리색으로 뜬다. 발바닥은 헤라울+로얄메리노 진갈색(진갈색 8ply) 몸+머리는 빈센트 베이비 칵테일 2겹 화이트, 머리 배색은 바비울 아이보리를 사용한다.

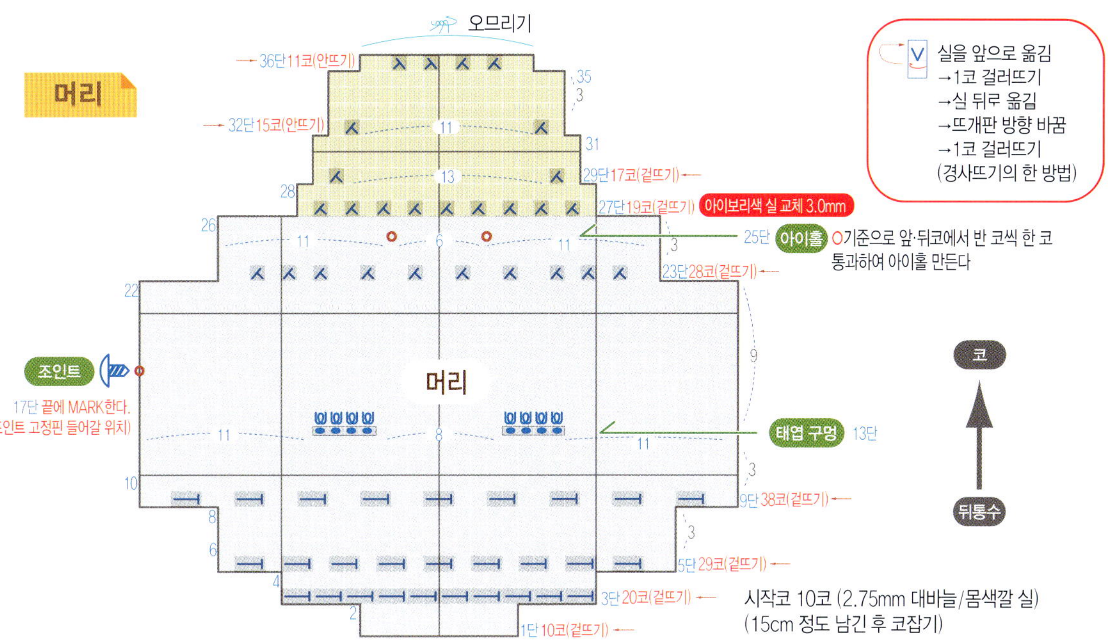

머리

시작코 10코(실을 15cm 정도 남긴다. 몸색깔 실 사용. 2.75mm 대바늘 사용. 뒤통수에서 코로 진행한다.)

1단~2단: 메리야스뜨기 2단, 겉뜨기로 시작한다. - 10코

3단: (늘 1)×10 - 20코

4단: 안20 - 20코

5단: 겉1, (겉1, 늘1)×9, 겉1 - 29코

6단~8단: (안 시작) 메리야스뜨기 3단 - 29코

9단: 겉1, (겉1, 늘1, 겉1)×9, 겉1 - 38코

10단~12단: (안 시작) 메리야스뜨기 3단 - 38코

13단: 겉11, 코막음4, 겉8, 코막음4, 겉11 - 30코

14단: 안11, 감아코4, 안8, 감아코4, 안11 - 38코

15단~17단: (겉 시작) 메리야스뜨기 3단 - 38코

*17단 끝에 MARK한다.(조인트 고정핀 들어갈 자리이다.)

18단~22단: (안 시작) 메리야스뜨기 5단 - 38코

23단: 겉1, (겉1, 왼모1)×3, 겉1, (겉1, 왼모1,겉1)×4, 겉1, (왼모1, 겉1)×3, 겉1 - 28코

24단: 안28 - 28코

25단: 겉11코, MARK, 겉6코, MARK, 겉11코 - 28코 (MARK 기준으로 앞, 뒤코에서 반 코씩 1코 통과하여 아이홀 만든다.)

26단: 안28 - 28코

몸색깔 실을 자른다.

아이보리색 실로 바꾸고 대바늘을 3.0mm로 다음 단을 뜬다.

27단: (겉1, 왼모1)×9, 겉1 - 19코

28단: 안19 - 19코

29단: 겉1, 왼모1, 겉13, 왼모1, 겉1 - 17코

30단~31단: (안 시작) 메리야스뜨기 2단 - 17코

32단: 안1, 왼모1, 안11, 왼모1, 안1 - 15코

33단~35단: (겉 시작) 메리야스뜨기 3단 - 15코

36단: 안1, (안1, 오모1)×2, 안1, (왼모1, 안1)×2, 안1 - 11코

실을 길게 남기고 자른 후 돗바늘에 실을 꿰어 대바늘에 걸린 모든 코를 통과시켜 오므린다.

오른팔

시작코 6코(실을 15cm 정도 남긴다. 몸과 같은 색실 사용. 2.75mm 대바늘 사용. 어깨에서 시작한다.)

1단~2단: 메리야스뜨기 2단, 안뜨기로 시작한다. - 6코

3단: 안1, 늘1, 안2, 늘1, 안1 - 8코

4단: 겉8 - 8코

5단: 늘1, 안7 - 9코

6단: 겉9 - 9코

7단: (늘1)×2, 안7 - 11코

8단: 겉9, (늘1)×2 - 13코

9단: 감아코3, 안3, 실 뒤로 옮김, 1코 걸러뜨기, 실 앞으로 옮김, 뜨개판 방향 바꿈 -1코 걸러뜨기, 겉3, 안2, 실 뒤로 옮김, 1코 걸러뜨기, 실 앞으로 옮김, 1코 걸러뜨기, 뜨개판 방향 바꿈 - 겉2, 안16 (되돌아뜨기 정리한다.) - 16코

10단: 겉16(되돌아뜨기 정리한다.) - 16코

11단: 안6, 왼모1, 안6, 늘1, 안1 - 16코

12단~14단: (겉 시작) 메리야스뜨기 3단 - 16코

15단: 안1, 늘1, 안6, 왼모1, 안6 - 16코

16단~17단: (겉 시작) 메리야스뜨기 2단 - 16코

18단: 겉4, 왼모1, 겉4, 왼모1, 겉4 - 14코

19단~22단: (안 시작) 메리야스뜨기 4단 - 14코

23단: 안1, 왼모1, 안8, 오모1, 안1 - 12코

24단~27단: (겉 시작) 메리야스뜨기 4단 - 12코

28단: 겉5, 늘1, 겉1, 늘1, 겉4 - 14코

*빨간색은 발바닥 색과 같은 실로 뜬다.

빨간색은 3.0mm 대바늘로 뜨거나 2.75mm 대바늘로 약간 느슨하게 뜬다.

29단: 안2, 안3, 안9 - 14코

30단: 겉8, 겉6 - 14코

31단: 안6, 안8 - 14코

32단: 겉8, 겉6 - 14코

33단: 안6, 안8 - 14코

34단: 겉1, 오모1, 겉3, 왼모1, 겉3, 왼모1, 겉1 - 11코

35단: 안5, 안6 - 11코

36단: 겉5, 왼모1, 겉4 - 10코

37단: 코막음10

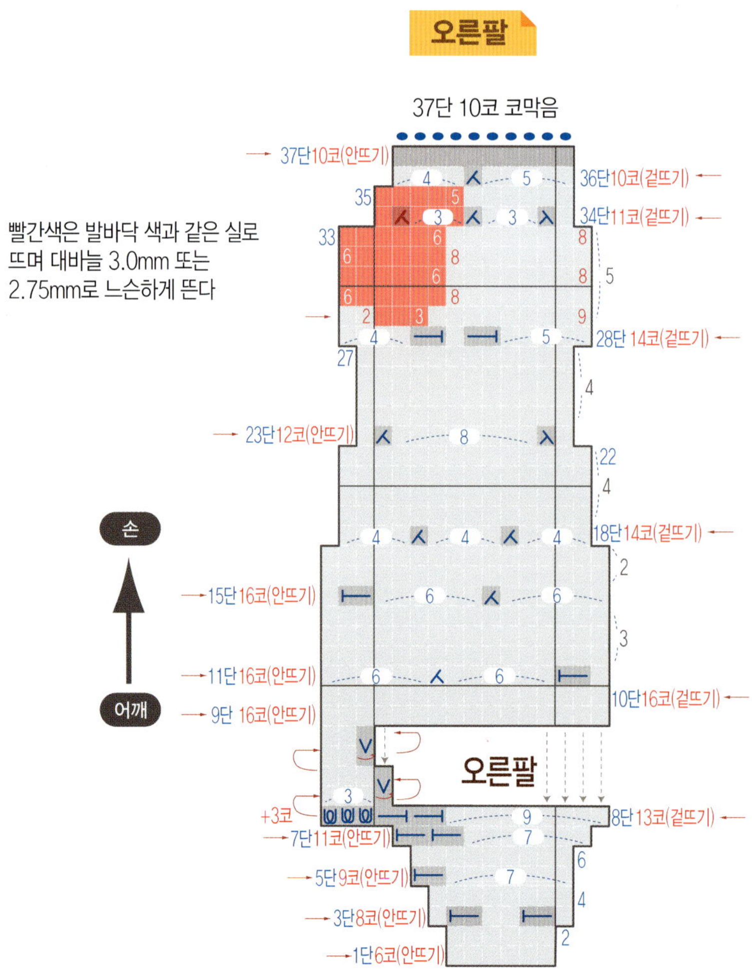

시작코 6코(2.75mm 대바늘/몸색깔 실)
(15cm 정도 남긴 후 코잡기)

왼팔

시작코 6코(실을 15cm 정도 남긴다. 몸과 같은 색실을 사용한다. 2.75mm 대바늘 사용. 어깨에서 시작한다.)

1단~2단: 메리야스뜨기 2단, 겉뜨기로 시작한다. - 6코

3단: 겉1, 늘1, 겉2, 늘1, 겉1 - 8코

4단: 안8 - 8코

5단: 늘1, 겉7 - 9코

6단: 안9 - 9코

7단: (늘)×2, 겉7 - 11코

8단:안9, (늘)×2 - 13코

9단: 감아코3, 겉3, 실 앞으로 옮김, 1코 걸러뜨기, 실 뒤로 옮김, 뜨개판 방향 바꿈 - 1코 걸러뜨기, 안3, 겉2, 실 앞으로 옮김, 1코 걸러뜨기, 실 뒤로 옮김, 뜨개판 방향 바꿈 - 1코 걸러뜨기, 안2, 겉16 (되돌아뜨기 정리한다.) - 16코

10단: 안16(되돌아뜨기 정리한다.) - 16코

11단: 겉6, 왼모1, 겉6, 늘1, 겉1 - 16코

12단~14단: (안 시작) 메리야스뜨기 3단 - 16코

15단: 겉1, 늘1, 겉6, 왼모1, 겉6 - 16코

16단~17단: (안 시작) 메리야스뜨기 2단 - 16코

18단: 안4, 왼모1, 안4, 왼모1, 안4 - 14코

19단~22단: (겉 시작) 메리야스뜨기 4단 - 14코

23단: 겉1, 오모1, 겉8, 왼모1, 겉1 - 12코

24단~27단: (안 시작) 메리야스뜨기 4단 - 12코

28단: 안5, 늘1, 안1, 늘1, 안4 - 14코

*빨간색은 발바닥 색과 같은 실로 뜬다.

빨간색은 3.0mm 대바늘로 뜨거나 2.75mm 바늘로 약간 느슨하게 뜬다.

29단: 겉2, 겉3, 겉9 - 14코

30단: 안8, 안6 - 14코

31단: 겉6, 겉8 - 14코

32단: 안8, 안6 - 14코

33단: 겉6, 겉8 - 14코

34단: 안1, 왼모1, 안3, 오모1, 안3, 오모1, 안1 - 11코

35단: 겉5, 겉6 - 11코

36단: 안5, 왼모1, 안4 - 10코

37단: 코마음10

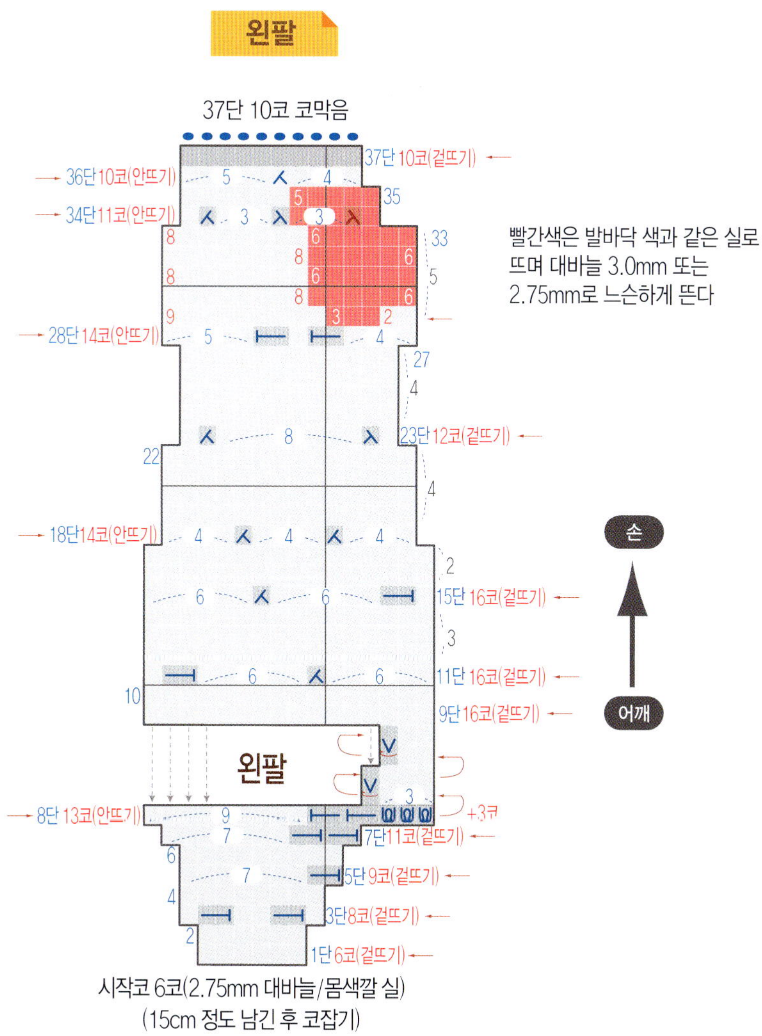

몸

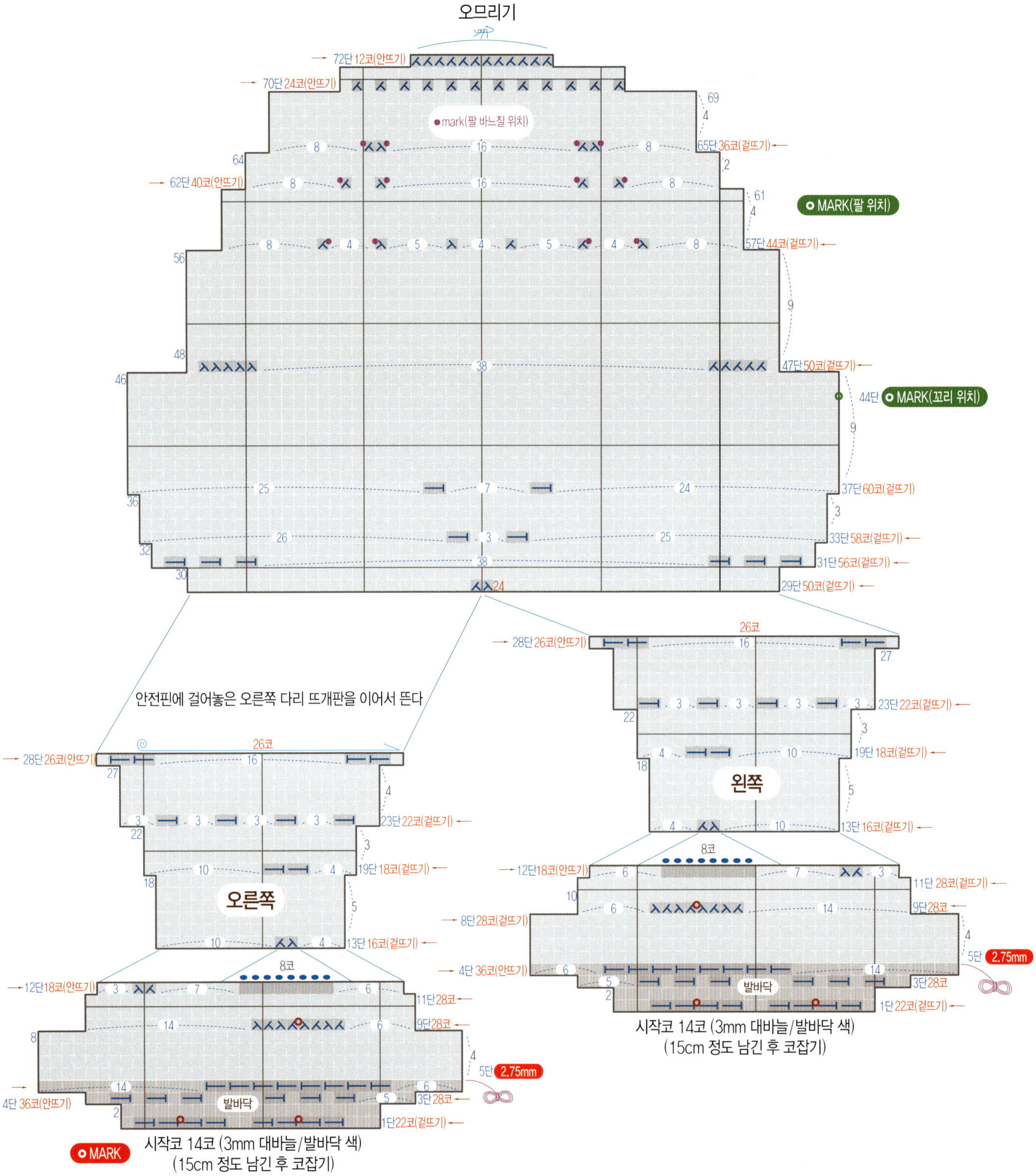

겉뜨기로 늘리기(Kfb)→(겉1,늘1)로 표기 　 안뜨기로 늘리기(Pfb)→(안1,늘1)로 표기

겉뜨기한 후 왼쪽 바늘에 걸려있는 코를 빼지 않고 왼쪽 코의 뒤쪽 실에 겉뜨기를 한다. → '늘 1'로 표기

안뜨기한 후 왼쪽 바늘에 걸려있는 코를 빼지 않고 왼쪽 코의 뒷실을 뒤쪽에서 앞쪽으로 바늘을 넣어 안뜨기를 한다.

몸

오른쪽 발바닥

시작코 14코(실을 15cm 정도 남긴다. 발바닥 실 사용. 3.0mm 대바늘 사용. 발바닥에서 목으로 진행한다.)

1단: 겉3, (늘1)×2, MARK(늘1)×2, 겉2, (늘1)×2, MARK (늘1)×2, 겉1 - 22코

2단: 안22 - 22코

3단: 겉5, (늘1, 겉1)×3, 겉4, (늘1, 겉1)×3, 겉 1 - 28코

4단: 안15, (늘1)×8, 안5 - 36코

발바닥 실을 15cm 정도 남기고 자른다.

몸색깔 실로 바꾸어 다음 단을 뜬다. 2.75mm 대바늘 사용.

5단~8단: (겉 시작) 메리야스뜨기 4단 - 36코

9단: 겉6, (왼모1, 오모)×2, MARK(왼모1, 오모1)×2, 겉14(MARK는 발가락 만들 때 가운데 기준을 위해 표시함) - 28코

10단~11단: (안 시작) 메리야스뜨기 2단 - 28코

12단: 안3, 오모1, 왼모1, 안7, 코막음8, 안6 - 18코

13단: 겉4, 오모1, 왼모1, 겉10 - 16코

14단~18단: (안 시작) 메리야스뜨기 5단 - 16코

19단: 겉4, (늘1)×2, 겉10 - 18코

20단~22단: (안 시작) 메리야스뜨기 3단 - 18코

23단: 겉1, (겉1, 늘1, 겉2)×4, 겉1 - 22코

24단~27단: (안 시작) 메리야스뜨기 4단 - 22코

28단: 안1, (늘1)×2, 안16, (늘1)×2, 안1 - 26코

실을 15cm 정도 남기고 자른다. 바늘에 걸려 있는 코를 안전핀에 옮긴다.

왼쪽 발바닥

시작코 14코(실을 15cm 정도 남긴다. 발바닥 실 사용, 3.0mm 대바늘 사용. 발바닥부터 시작한다.)

1단: 겉1, (늘1)×2, MARK(늘1)×2, 겉2, (늘1)×2, MARK (늘1)×2, 겉3 - 22코

2단: 안22 - 22코

3단: 겉1, (겉1, 늘1)×3, 겉4, (겉1, 늘1)×3, 겉5 - 28코

4단: 안5, (늘1, 안1)×8, 안14 - 36코

발바닥 실을 15cm 정도 남기고 자른다. 몸색깔 실로 바꾸어 다음 단을 뜬다. 2.75mm 대바늘 사용

5단~8단: 메리야스뜨기 4단. 겉뜨기로 시작한다. - 36코

9단: 겉14, (왼모1, 오모1)×2, MARK(왼모1, 오모1)×2, 겉6(MARK는 발가락 만들 때 가운데 기준을 위해 표시함) - 28코

10단~11단: (안 시작) 메리야스뜨기 2단 - 28코

12단: 안6, 코막음8, 안7, 오모1, 왼모1, 안3 - 18코

13단: 겉10, 오모1, 왼모1, 겉4 - 16코

14단~18단: (안 시작) 메리야스뜨기 5단 - 16코

19단: 겉10, (늘 1)×2, 겉4 - 18코

20단~22단: (안 시작) 메리야스뜨기 3단 - 18코

23단: 겉1, (겉2, 늘1, 겉1)×4, 겉1 - 22코

24단~27단: (안 시작) 메리야스뜨기 4단 - 22코

28단: 안1, (늘1)×2, 안16, (늘1)×2, 안1 - 26코

안전핀에 걸어놓은 오른쪽 다리뜨개판을 이어서 뜬다.

29단: 겉24, 오모1, 왼모1, 겉24 - 50코

30단: 안50 - 50코

31단: 겉1, (늘1, 겉1)×3, 겉36, (겉1, 늘1) ×3, 겉1 - 56코

32단: 안56 - 56코

33단: 겉25, 늘1, 겉3, 늘1, 겉26 - 58코

34단~36단: (안 시작) 메리야스뜨기 3단 - 58코

37단: 겉24, 늘1, 겉7, 늘1, 겉25 - 60코

38단~ 44단: (안 시작) 메리야스뜨기 7단 - 60코

(44단 끝에 MARK 꼬리 위치이다.)

45단~46단: (겉 시작) 메리야스뜨기 2단 - 60코

47단: 겉1, (왼모1)×5, 겉38, (오모1)×5, 겉1 - 50코

48단~56단: (안 시작) 메리야스뜨기 9단 - 50코

MARK는 팔 바느질 위치를 위한 표시임(그림 참고)

57단: 겉8, 오모1, MARK 겉4, MARK 왼모1,겉5, 왼모1, 겉4, 오모1, 겉5, 오모1, MARK 겉4, MARK 왼모1, 겉8 - 44코

58단~61단: (안 시작) 메리야스뜨기 4단 - 44코

62단: 안8, MARK 왼모1, 안2, 오모1, MARK 안16, MARK 왼모1, 안2, 오모1, MARK 안8 - 40코

63단~64단: (겉 시작) 메리야스뜨기 2단 - 40코

65단: 겉8, MARK 오모1, 왼모1, MARK 겉16, MARK 오모1, 왼모1, MARK 겉8 - 36코

66단~69단: (안 시작) 메리야스뜨기 4단 - 36코

70단: (안1, 왼모1)×12 - 24코

71단: 겉24 - 24코

72단: 안뜨기 방향이다. (왼모1)×12 - 12코

실을 길게 남기고 자른 후 돗바늘에 실을 꿰어 대바늘에 걸린 모든 코를 통과시켜 오므린다. 마지막에 오므린 실로 한번 더 통과하여 단단히 조인다.

몸+머리+팔 메이크업

몸, 머리, 팔 메이크업은 골드 태엽귀 곰돌이와 같다. 귀는 금속 태엽장식 실버 21mm, 꼬리는 메탈 펜던트 하트 버블 열쇠 19×59mm, 코는 다이아몬드 스톤찡 7×13mm를 쓴다.

케이프 코트

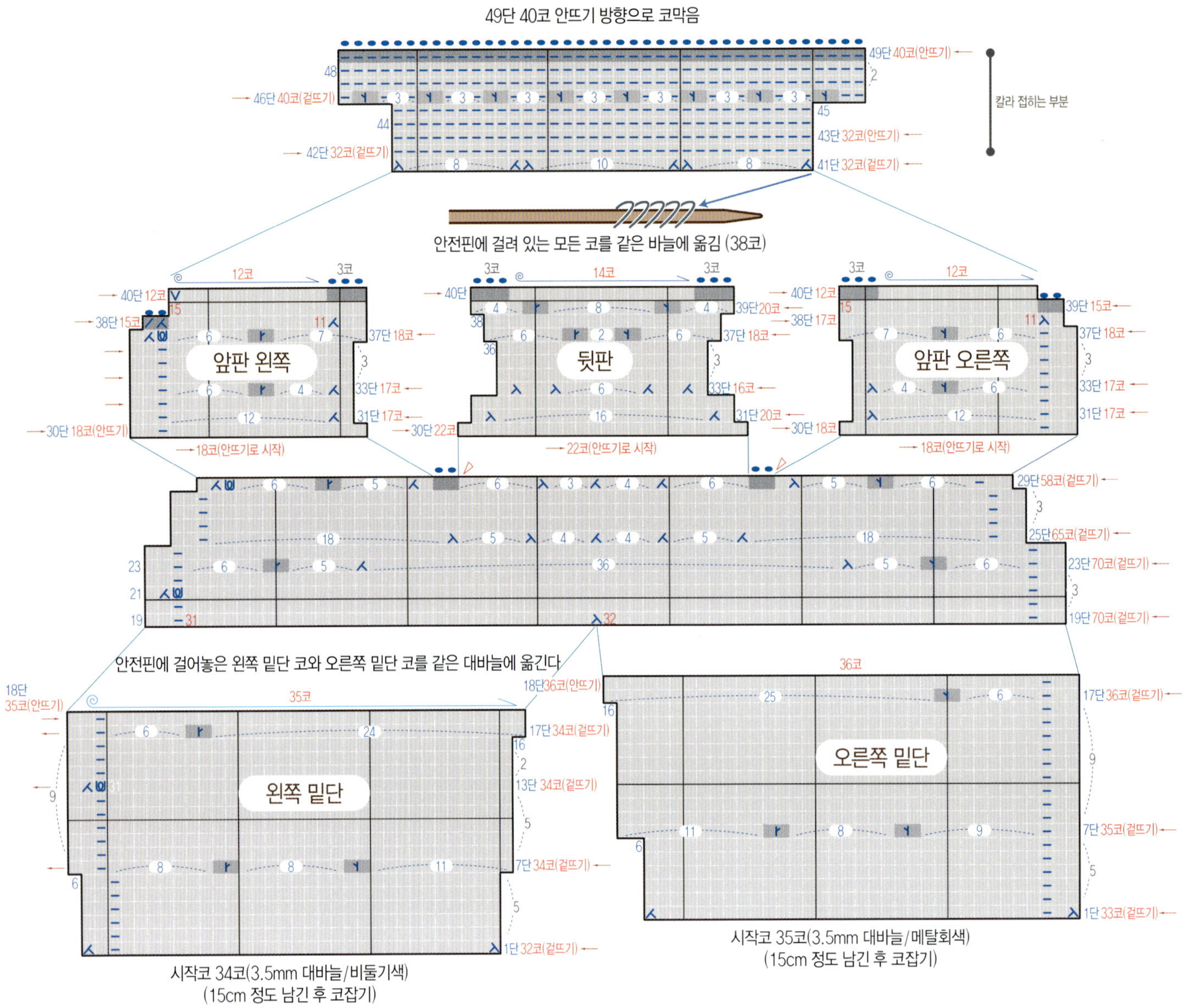

케이프 코트(망토 코트)

도안 중 늘리기는 옷뜨기용 늘리기이다.

왼쪽 밑단

시작코 34코(실을 15cm 정도 남긴다. 비둘기색 실로 밑단부터 시작한다.)

1단: 겉으로 시작한다. 오모1, 겉28, 안1, 겉1, 왼모1 - 32코

2단: 안2, 겉1, 안29 - 32코

3단: 겉29, 안1, 겉2 - 32코

4단~6단: 2~3단을 반복. 안뜨기 단으로 끝남 - 32코

7단: 겉11, 왼코 늘1, 겉8, 오른코 늘1, 겉8, 안1, 겉2 - 34코

8단: 안2, 겉1, 안31 - 34코

9단: 겉31, 안1, 겉2 - 34코

10단~12단: 8~9단을 반복. 안뜨기 단으로 끝남 - 34코

13단: 겉31, 감아코1, 왼모1(단추구멍. 아래단에 단추구멍이 생긴다.), 겉1 - 34코

14~16단: 8~9단을 반복. 안뜨기 단으로 끝남 - 34코

17단: 겉24, 오른코 늘1, 겉6, 안1, 겉2 - 35코

18단: 안2, 겉1, 안32 - 35코

실을 15cm 정도 남기고 자른다. 바늘에 걸려 있는 코를 안전핀에 옮긴다.

오른쪽 밑단

시작코 35코(실을 15cm 정도 남긴다.)

1단: 겉뜨기로 시작한다. 오모1, 겉1, 안1, 겉29, 왼모1 - 33코

2단: 안30, 겉1, 안2 - 33코

3단: 겉2, 안1, 겉30 - 33코

4단~6단: 2단~3단을 반복. 안뜨기 단으로 끝남 - 33코

7단: 겉2, 안1, 겉9, 왼코 늘1, 겉8, 오른코 늘1, 겉11 - 35코

8단: 안32, 겉1, 안2 - 35코

9단: 겉2, 안1, 겉32 - 35코

10단~16단: 8~9단을 반복. 안뜨기 단으로 끝남 - 35코

17단: 겉2, 안1, 겉6, 왼코 늘1, 겉25 - 36코

18단: 안33, 겉1, 안2 - 36코
왼쪽 밑단 안전핀에 걸려있는 코와 왼쪽 밑단 코를 같은 대바늘에 옮긴다. - 71코
19단: 겉2, 안1, 겉32, 왼모1, 겉31, 안1, 겉2 - 70코
20단: 안2, 겉1, 안64, 겉1, 안2 - 70코
21단: 겉2, 안1, 겉64, 감아코1, 왼모1(단추구멍), 겉1 - 70코
22단: 안2, 겉1, 안64, 겉1, 안2 - 70코
23단: 겉2, 안1, 겉6, 왼코 늘1, 겉5, 오모1, 겉36, 왼모1, 겉5, 오른코 늘1, 겉6, 안1, 겉2 - 70코
24단: 안2, 겉1, 안64, 겉1, 안2 - 70코
25단: 겉2, 안1, 겉18, 왼모1, 겉5, 왼모1, 겉4,왼모1, 겉4, 오모1, 겉5, 오모1, 겉18, 안1, 겉2 - 65코
26단: 안2, 겉1, 안59, 겉1, 안2 - 65코
27단: 겉2, 안1, 겉59, 안1, 겉2 - 65코
28단: 안2, 겉1, 안59, 겉1, 안2 - 65코
29단: 겉2, 안1, 겉6, 왼코 늘1, 겉5, 오모1, 겉1, 코막음2, 겉6, 왼모1, 겉4, 왼모1, 겉3, 오모1, 겉6, 코막음2, 겉1, 왼모1, 겉5, 오른코 늘1, 겉6, 감아코1, 왼모1(단추구멍), 겉1 - 58코

앞판 왼쪽

30단: 안2, 겉1, 안15(18코만 가지고 뜬다.) - 18코
31단: 겉1, 왼모1, 겉12, 안1, 겉2 - 17코
32단: 안2, 겉1, 안14 - 17코
33단: 겉1, 왼모1, 겉4, 오른코 늘1, 겉6, 안1,겉2 - 17코
34단: 안2, 겉1, 안14 - 17코
35단: 겉14, 안1, 겉2 - 17코
36단: 안2, 겉1, 안14 - 17코
37단: 겉7, 오른코 늘1, 겉6, 감아코1, 왼모1(단추구멍), 겉1 - 18코
38단: 코막음2(안1, 왼모1 한 코로 엎어 씌워 코막음 후 안1, 엎어 씌워 코막음 - 3코), 안15 - 15코
39단: 겉15 - 15코
40단: 1코 걸러뜨기, 안11(1코 걸러뜨기+안뜨기 11코=12코를 안전핀에 걸어둔다.), 코막음3 - 12코
실을 15cm 정도 남기고 자른다.

뒷판

30단: 안22(22코만 가지고 뜬다.) - 22코
31단: 겉1, 왼모1, 겉16, 오모1, 겉1 - 20코
32단: 안20 - 20코
33단: 겉1, 왼모1, 겉2, 왼모1, 겉6, 오모1, 겉2, 오모1, 겉1 - 16코
34단~36단: (안 시작) 메리야스뜨기 3단 - 16코
37단: 겉6, 왼코 늘1, 겉2, 오른코 늘1, 겉6 -16코
38단: 안18 - 18코
39단: 겉4, 왼코 늘1, 겉8, 오른코 늘1, 겉4 - 20코
40단: 코막음3, 안14, 코막음3
(안뜨기를 한 14코는 안전핀에 걸어둔다.) - 14코

앞판 오른쪽

30단: 안15, 겉1, 안2(18코만 가지고 뜬다.) -18코
31단: 겉2, 안1, 겉12, 오모1, 겉1 - 17코
32단: 안14, 겉1, 안2 - 17코
33단: 겉2, 안1, 겉6, 왼코 늘1, 겉4, 오모1, 겉1 - 17코
34단: 안14, 겉1, 안2 - 17코
35단: 겉2, 안1, 겉14 - 17코
36단: 안14, 겉1, 안2 - 17코
37단: 겉2, 안1, 겉6, 왼코 늘1, 겉7 - 18코
38단: 안15, 오모1, 안1 - 17코
39단: 코막음2, 겉15 - 15코
40단: 코막음3, 안12(안뜨기를 한 12코를 안전핀에 걸어둔다.) - 12코
실을 15cm 정도 남기고 자른다.

넥칼라

안전핀에 걸려 있는 모든 코를 같은 대바늘에 옮긴다.
총 38코
41단: 왼모1, 겉8, 오모1, 왼모1, 겉10, 오모1, 왼모1, 겉8, 오모1 - 32코
42단: 겉32 - 32코
43단~45단: (안 시작) 메리야스뜨기 3단 - 32코
46단: (겉1, 왼코 늘1, 겉2)×8 - 40코
47단~48단: (안 시작) 메리야스뜨기 2단 - 40코
49단: 안뜨기 방향으로 코막음 40
실을 길게 남기고 자른다.

소매×2장

시작코 18코(실을 15cm 정도 남긴다. 비둘기색 소매 끝부터 시작한다.)
1단~16단: 메리야스뜨기 16단. 겉뜨기로 시작한다. - 18코
17단: 코막음2, 겉16 - 16코
18단: 코막음2, 안14 - 14코
19단~20단: (겉 시작) 메리야스뜨기 2단 - 14코
21단: 겉1, 왼모1, 겉8, 오모1, 겉1 - 12코
22단: 안12 - 12코
23단: 겉1, 왼모1, 겉6, 오모1, 겉1 - 10코
24단: 안10 - 10코
25단: 겉1, (왼모1)×2, (오모1)×2, 겉1 - 6코
26단: 코막음6
실을 길게 남기고 자른다.

케이프 망토

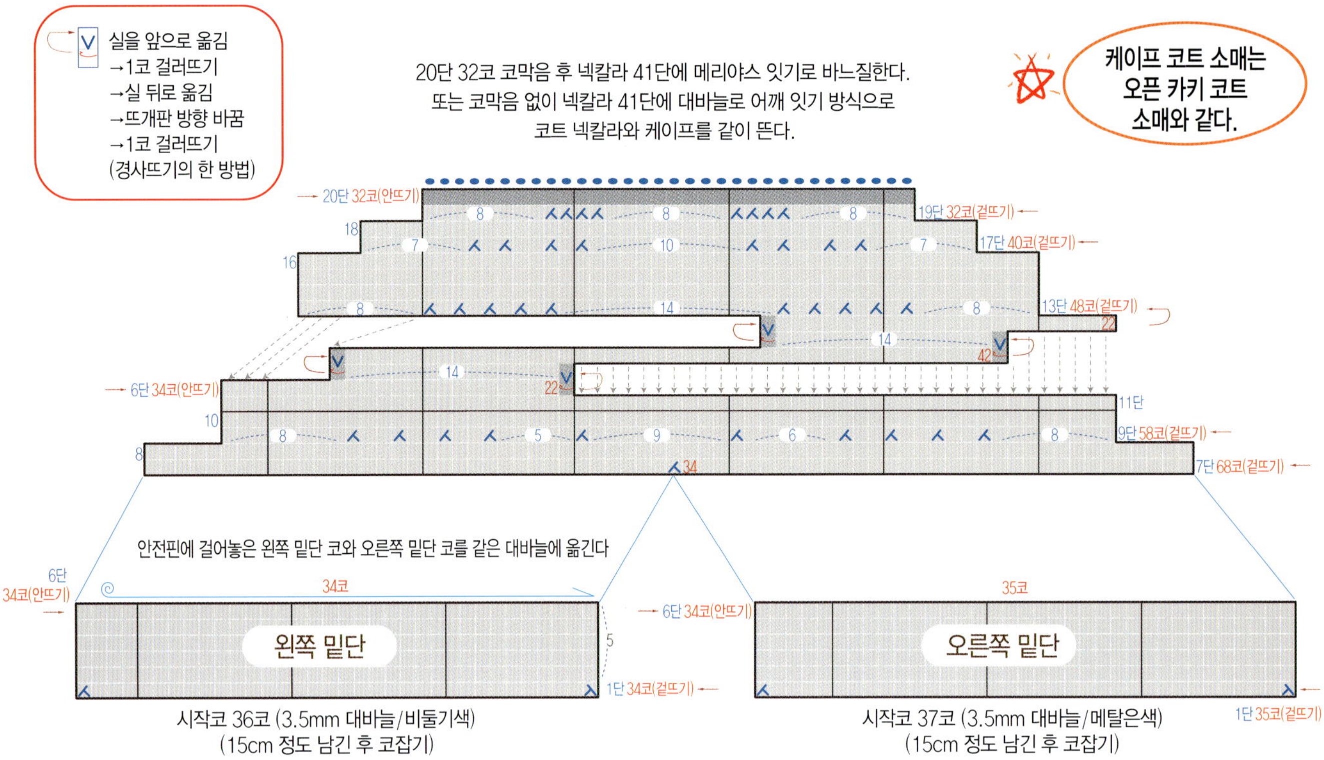

케이프(망토)

왼쪽 밑단

시작코 36코(실을 15cm 정도 남긴다. 비둘기색 실로 밑단부터 시작한다.)

1단: 오모1, 겉32, 왼모1 - 34코

2단: 안34 - 34코

3단: 겉34 - 34코

4~6단: (안 시작) 메리야스뜨기 2단 - 34코

실을 15cm 정도 남기고 자른다. 바늘에 걸려 있는 코를 안전핀에 옮긴다.

오른쪽 밑단

시작코 37코(실을 15cm 정도 남긴다. 메탈은색 밑단부터 시작한다.)

1단: 오모1, 겉33, 왼모1 - 35코

2단: 안35 - 35코

3단: 겉35 - 35코

4~6단: (안 시작) 메리야스뜨기 2단 - 35코

오른쪽 밑단 안전핀에 걸려있는 코와 왼쪽 밑단 코를 같은 대바늘에 옮긴다. - 69코

7단: 겉34, 왼모1, 겉33 - 68코

8단: 안68 - 68코

9단: 겉7, (겉1, 왼모1, 겉1)×4, (겉5, 왼모1,겉4)×2, (겉1, 왼모1, 겉1)×4, 겉7 - 58코

10단~11단: (안 시작) 메리야스뜨기 2단 - 58코

12단: 안22, 실 뒤로 옮김, 1코 걸러뜨기, 실 앞으로 옮김, 뜨개판 방향 바꿈 - 1코 걸러뜨기, 겉14, 실 앞으로 옮김, 1코 걸러뜨기, 실 뒤로 옮김, 뜨개판 방향 바꿈 - 1코 걸러뜨기, 안42, 실 뒤로 옮김, 1코 걸러뜨기, 실 앞으로 옮김, 뜨개판 방향 바꿈 - 1코 걸러뜨기, 겉14, 실 앞으로 옮김, 1코 걸러뜨기, 실 뒤로 옮김, 뜨개판 방향 바꿈 - 1코 걸러뜨기, 안22 (되돌아뜨기 정리한다.) - 58코

13단: 겉8, (왼모1, 겉1)×5, 겉12, (겉1, 왼모1) ×5, 겉8 (되돌아뜨기 정리한다.) - 48코

14단~16단: (안 시작) 메리야스뜨기 3단 - 48코

17단: 겉7, (왼모1, 겉1)×2, 겉1, (왼모1, 겉1)×2, 겉8, (겉1, 왼모1)×2, 겉1, (겉1, 왼모1)×2, 겉7 - 40코

18단: 안40 - 40코

19단: 겉8, (왼모1)×4, 겉8, (왼모1)×4, 겉8 - 32코

20단: 코막음 32코 후 넥칼라 41단에 메리야스 잇기로 바느질한다. 또는 코막음 없이 넥칼라 41단에 대바늘로 어깨잇기 방식으로 코트 넥칼라와 케이프를 같이 뜬다.

마무리-실버 태엽 곰돌이

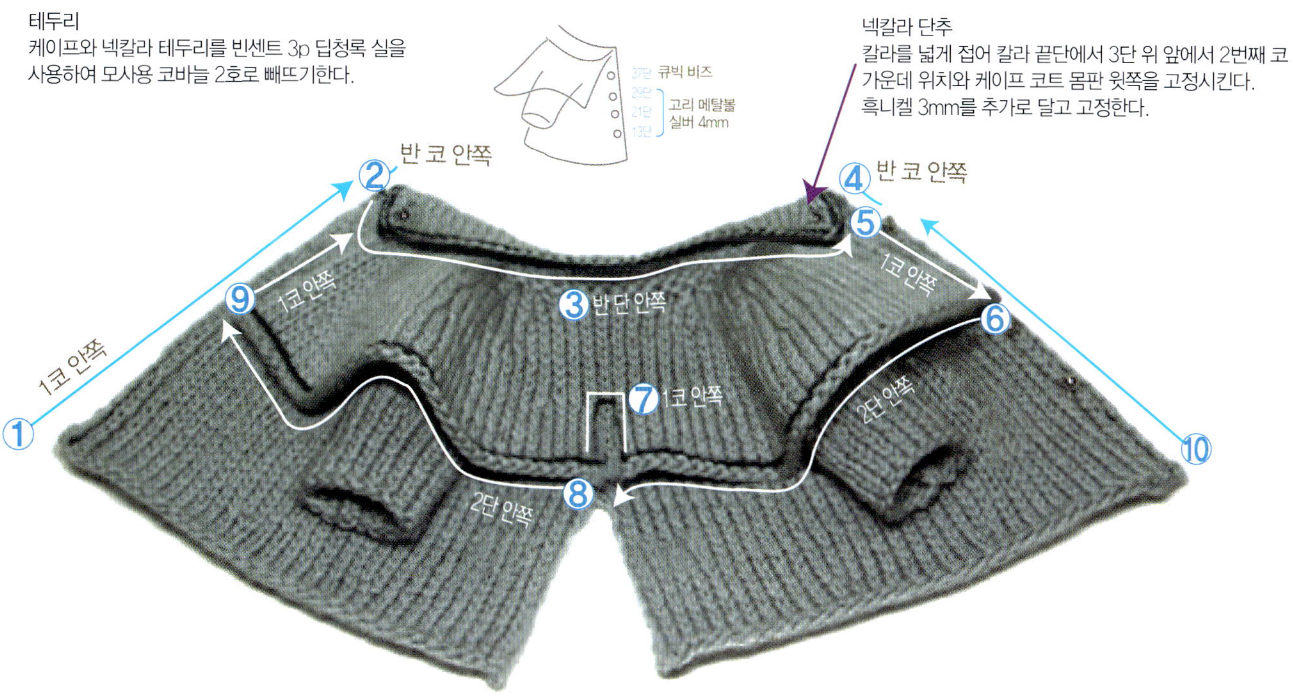

마무리-실버 태엽 곰돌이

몸+머리+팔 메이크업: 골드 태엽귀 곰돌이와 같다. 귀는 금속 태엽장식 실버 21mm, 꼬리는 메탈 팬던트 하트 버블 열쇠 19×59mm, 코는 다이아몬드 스톤찡 7×13mm를 쓴다.

케이프 코트(망토 코트)

코트

소매를 메리야스 잇기로 소매 시작 단에서 진동까지 바느질한다. 코트의 어깨 코막음을 마주보게 하여 메리야스 잇기로 바느질한다. 진동라인에 맞추어 소매산을 바느질한다.(소매산 가운데부터 시작하고 진동라인 1코 또는 1단과 소매산 1코 또는 1단씩 바느질하면 맞다.)

테두리

케이프와 넥칼라 테두리를 빈센트 3p 딥청록실을 사용하여 모사용 코바늘 2호로 빼뜨기한다. 실을 길게 잘라 1단 또는 1코씩 빼뜨기한다. 2단 안쪽으로 케이프 왼쪽 밑단 → 1코 안쪽으로 케이프 왼쪽 앞섶 → 반 코 안쪽으로 왼쪽 네칼라 앞섶 → 반 단 안쪽으로 네칼라 끝단 → 반 코 안쪽으로 오른쪽 칼라 앞섶 → 1코 안쪽으로 케이프 앞섶 → 2단 안쪽으로 케이프 왼쪽 밑단 → 1코 안쪽으로 케이프 뒤 절개 라인 → 2단 안쪽으로 왼쪽 케이프 밑단 순으로 빼뜨기한다. 딥청록실을 50cm씩 2개로 잘라 칼라 앞섶 양쪽 1코 안쪽 라인을 빼뜨기한다.

코트 단추 위치

오른쪽 앞섶에서 3번째 코 가운데에 밑단에서부터 13단, 21단, 29단, 37단에 고리 메탈볼 실버 4mm를 달아준다. 마지막 37단에는 큐빅 비즈를 달아준다.

넥칼라 단추

칼라를 넓게 접어 칼라 끝단에서 3단 위 앞에서 2번째 코 가운데 위치와 케이프 코트 몸판 윗쪽을 고정시킨다. 흑니켈 3mm를 추가로 달고 고정시킨다.

금상

딸기 케이크 수납 바구니

박윤정 공방언니

사용실과 사용량(g): 케이크 본체-데일리코튼(200g), 생크림 및 딸기 모양-헤라코튼(100g)

사용 도구: 케이크 본체-모사용 코바늘 5/0호, 생크림 및 딸기 모양-3/0호, 솜, 돗바늘

작품 사이즈: 가로 26cm, 세로 16cm (직경 20cm 틴케이스 기준)

작품 난이도: ★★★☆☆ **작품사진:** 17쪽

만드는 방법

● 만들기 POINT: 기둥코 세우지 않고 나선형으로 뜬다.

케이크 바닥 1단

바닥 1단

X(짧은뜨기), V(코 늘리기), A(코 줄이기), F(한길긴뜨기)
단 올라갈 때마다 기둥코 (사슬 1) 세우고 시작한다.

단	기호	콧수	단	기호	콧수
1	갈색/원형코-6X	6	13	(X11, V)*6	78
2	V*6	12	14	(X12, V)*6	84
3	(X1, V)*6	18	15	(X13, V)*6	90
4	(X2, V)*6	24	16	(X14, V)*6	96
5	(X3, V)*6	30	17	(X15, V)*6	102
6	(X4, V)*6	36	18	(X16, V)*6	108
7	(X5, V)*6	42	19	(X17, V)*6	114
8	(X6, V)*6	48	20	(X18, V)*6	120
9	(X7, V)*6	54	21	(X19, V)*6	126
10	(X8, V)*6	60	22	증감 없이 X126/갈색 끝	126
11	(X9, V)*6	66	23	흰색 실/이랑뜨기로 짧은뜨기 X126	126
12	(X10, V)*6	72	24~35	두코 모두 잡아 짧은뜨기 X126	126

조립 순서

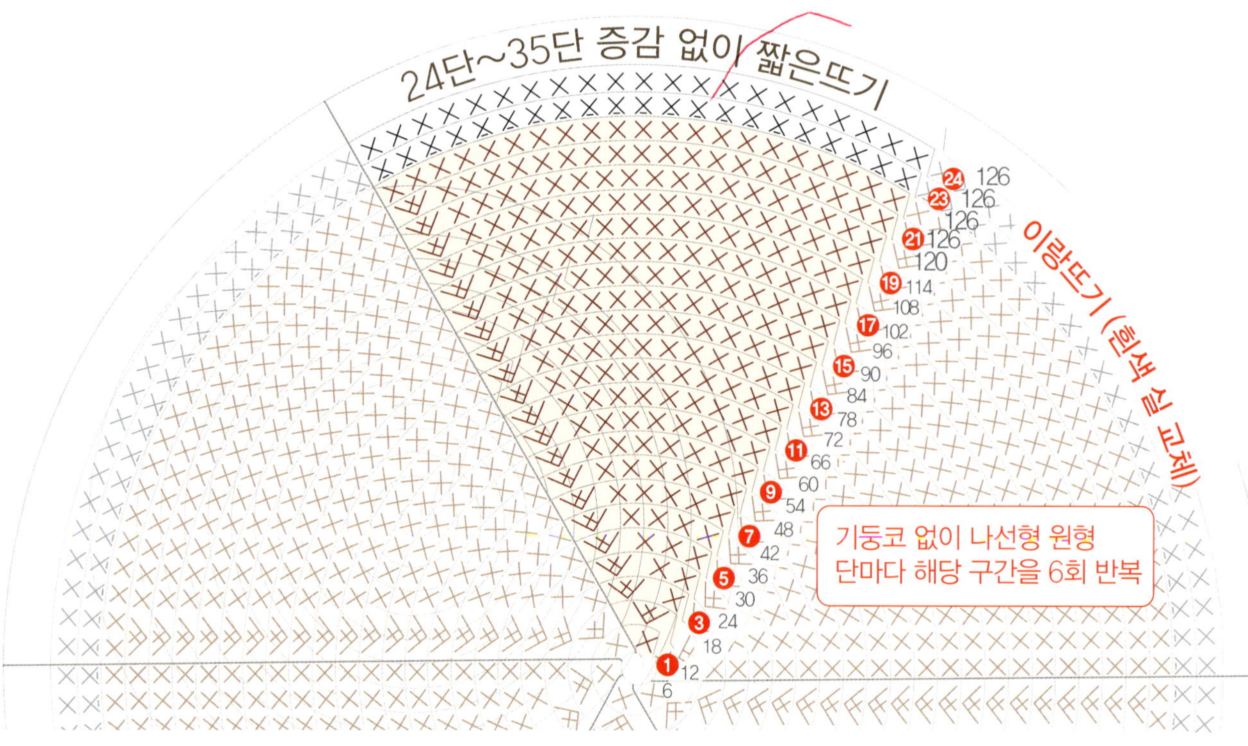

케이크 바닥 2단

모사용 5/0호

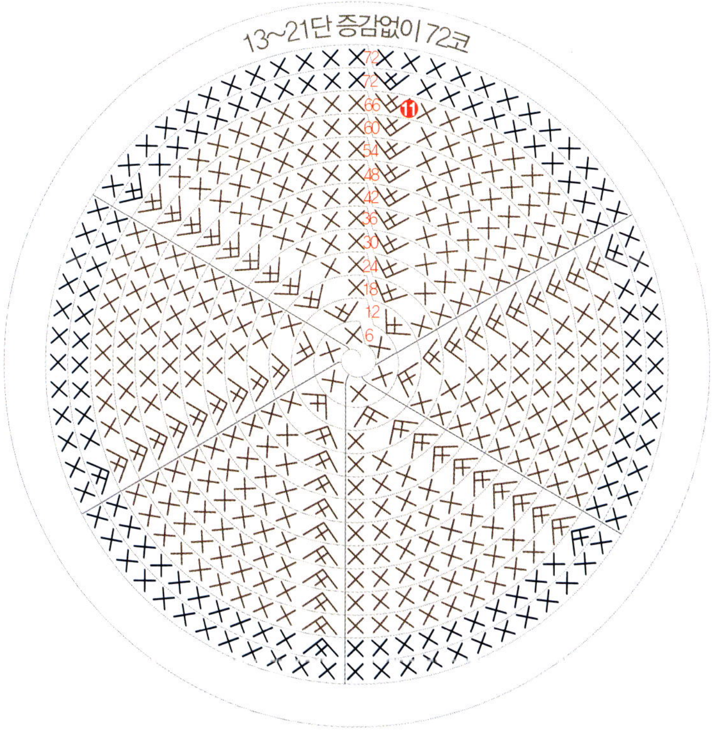

케이크 2단(바닥)

단	기호	콧수
1	갈색/원형코-6X	6
2	V*6	12
3	(X1, V)*6	18
4	(X2, V)*6	24
5	(X3, V)*6	30
6	(X4, V)*6	36
7	(X5, V)*6	42
8	(X6, V)*6	48
9	(X7, V)*6	54
10	(X8, V)*6	60
11	(X9, V)*6	66
12	흰색/(X10, V)*6	72
13~21	증감 없이 X72-21단	72

딸기, 생크림

흰색 20개, 갈색 15개
모사용 3/0호

딸기, 생크림

단	기호	콧수
1	갈색/원형코-6X	6
2	(X1, V)*3	9
3	(X2, V)*3	12
4	(X3, V)*3	15
5	(X4, V)*3	18
6	(X5, V)*3	21
7	증감 없이 X21	21
	솜 넣기	
8	(X1, A)*7	14
9	(A)*7	7

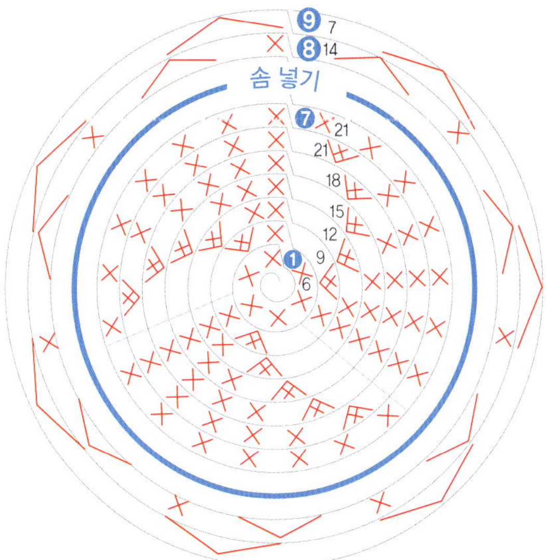

케이크 뚜껑 2단

모사용 5/0호

2단 뚜껑

기호	콧수
1단 바닥 도안 참고하여 14단까지 뜬다.	84
증감 없이 X84	84
무늬 내기/1단 케이크 무늬 참고하여 무늬 넣기	

케이크 뚜껑 2단

모사용 5/0호

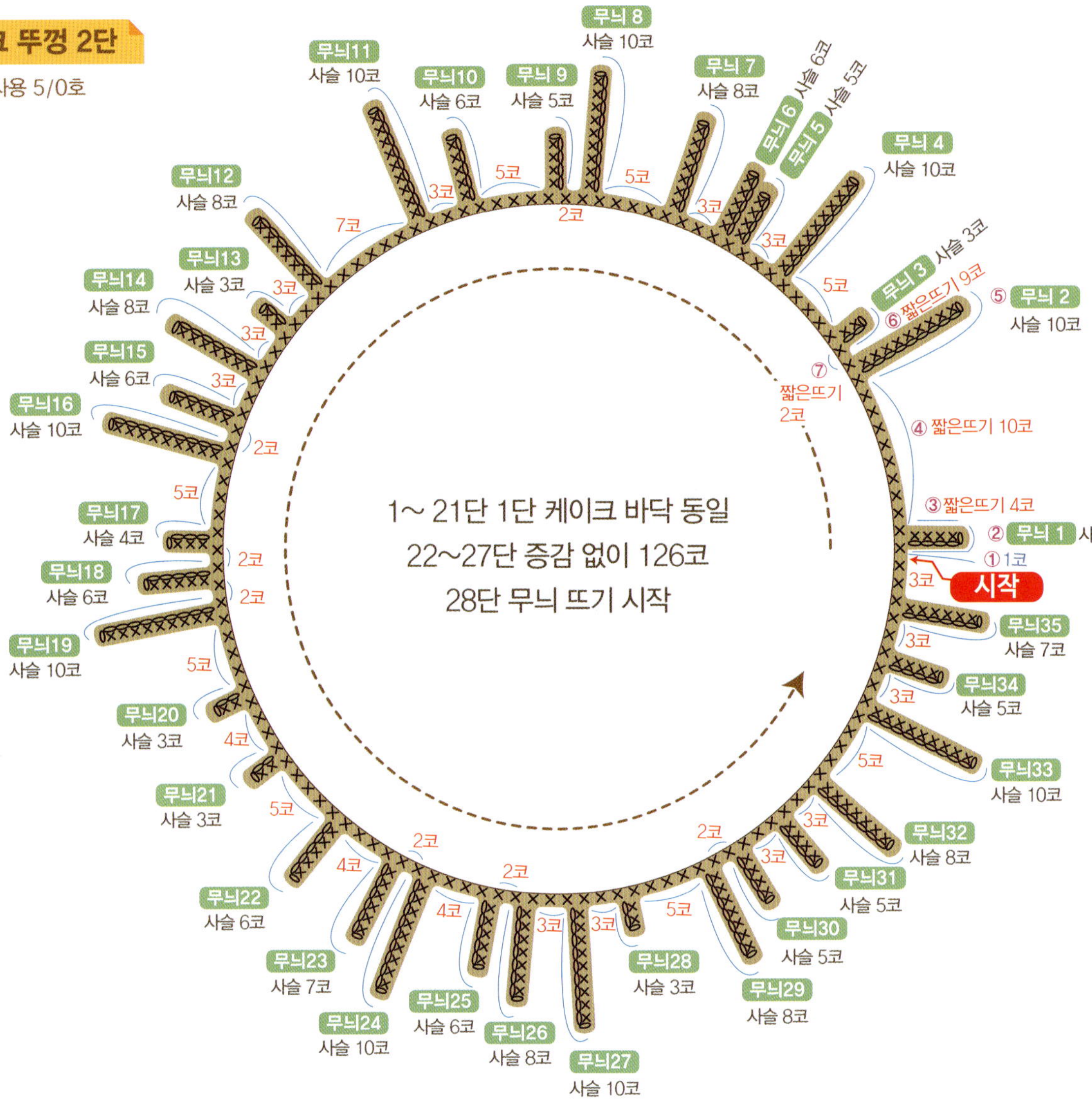

1단 바닥 뚜껑

단	기호	콧수
1~21	바닥 도안 참고	126
22~27	증감 없이 짧은뜨기 126코	126

28단 무늬 도안 예) X1, (무늬1) C5, S1, X4 : 27단에 짧은뜨기 1개 후 (무늬 뜨기) 사슬 5 후 1코 건너뛰고 짧은뜨기 4

단	기호
28	X1, (무늬1) C5, S1, X4
	X10, (무늬2) C10, S1, X9
	X2, (무늬3) C3, S1, X2
	X5, (무늬4) C10, S1, X9
	X3, (무늬5) C5, S1, X4
	X1, (무늬6) C6, S1, X5
	X3, (무늬7) C8, S1, X7
	X5, (무늬8) C10, S1, X9
	X2, (무늬9) C5, S1, X4
	X5, (무늬10) C6, S1, X5
	X3, (무늬11) C10, S1, X9
	X7, (무늬12) C8, S1, X7
	X3, (무늬13) C3, S1, X2

단	기호
28	X3, (무늬14) C8, S1, X7
	X3, (무늬15) C6, S1, X5
	X2, (무늬16) C10, S1, X9
	X5, (무늬17) C4, S1, X3
	X2, (무늬18) C6, S1, X5
	X2, (무늬19) C10, S1, X9
	X5, (무늬20) C3, S1, X2
	X4, (무늬21) C3, S1, X2
	X5, (무늬22) C6, S1, X5
	X4, (무늬23) C7, S1, X6
	X2, (무늬24) C10, S1, X9
	X4, (무늬25) C6, S1, X5
	X2, (무늬26) C8, S1, X7

단	기호
28	X3, (무늬27) C10, S1, X9
	X3, (무늬28) C3, S1, X2
	X5, (무늬29) C8, S1, X7
	X2, (무늬30) C4, S1, X3
	X3, (무늬31) C5, S1, X4
	X3, (무늬32) C8, S1, X7
	X5, (무늬33) C10, S1, X9
	X3, (무늬34) C5, S1, X4
	X3, (무늬35) C7, S1, X6
	X3, 무늬 끝

금상

러블리 장미 토피어리와 부케

류 인 선 뽀랑뜨개

사용실과 사용량(g)
아이러브돌(67번 진블루, 31번 소라블루, 30번 연블루, 34번 코랄핑크, 07번 복숭아 핑크, 08번 연핑크) 각 3볼씩, 49번 화이트 8볼, 48번 갈색 1볼
사용 도구: 모사용 코바늘 5/0호
부자재: 지름 1.5cm 길이 30cm 정도의 우드스틱 2개, 지름 12cm 스티로폼볼 4개, 플라스틱 화분 2개, 진주비즈, 장식 리본, 글루건, 굵은 꽃철사, 플라스틱 부케받침
작품 사이즈: 가로 38cm, 세로 38cm **작품 난이도:** ★★★☆☆ **작품사진:** 18쪽

만드는 방법

장미

1. 매직링[원형코]에 사슬 1코, 짧은뜨기 1코, 사슬 3코, 짧은뜨기 1코, 사슬 3코, 짧은뜨기 1코를 하고 실을 당겨준다. 계속해서 (사슬 3코, 짧은뜨기 1코)를 반복해서 장미 밑바탕 원을 21번까지 만든다.
2. [편물을 돌려] 1의 사슬뜨기 부분에 (한길긴뜨기 2코, 사슬 1코, 한길긴뜨기 2코)를 반복해서 뜬다.
3. [편물을 돌려] (한길긴뜨기 5코)×4번, (한길긴뜨기 6코)×4번, (한길긴뜨기 7코)×4번, (한길긴뜨기 9코)×5번을 뜨고 한길긴뜨기 9코를 뜨는 부분은 간격을 벌려서 뜬다.

장미

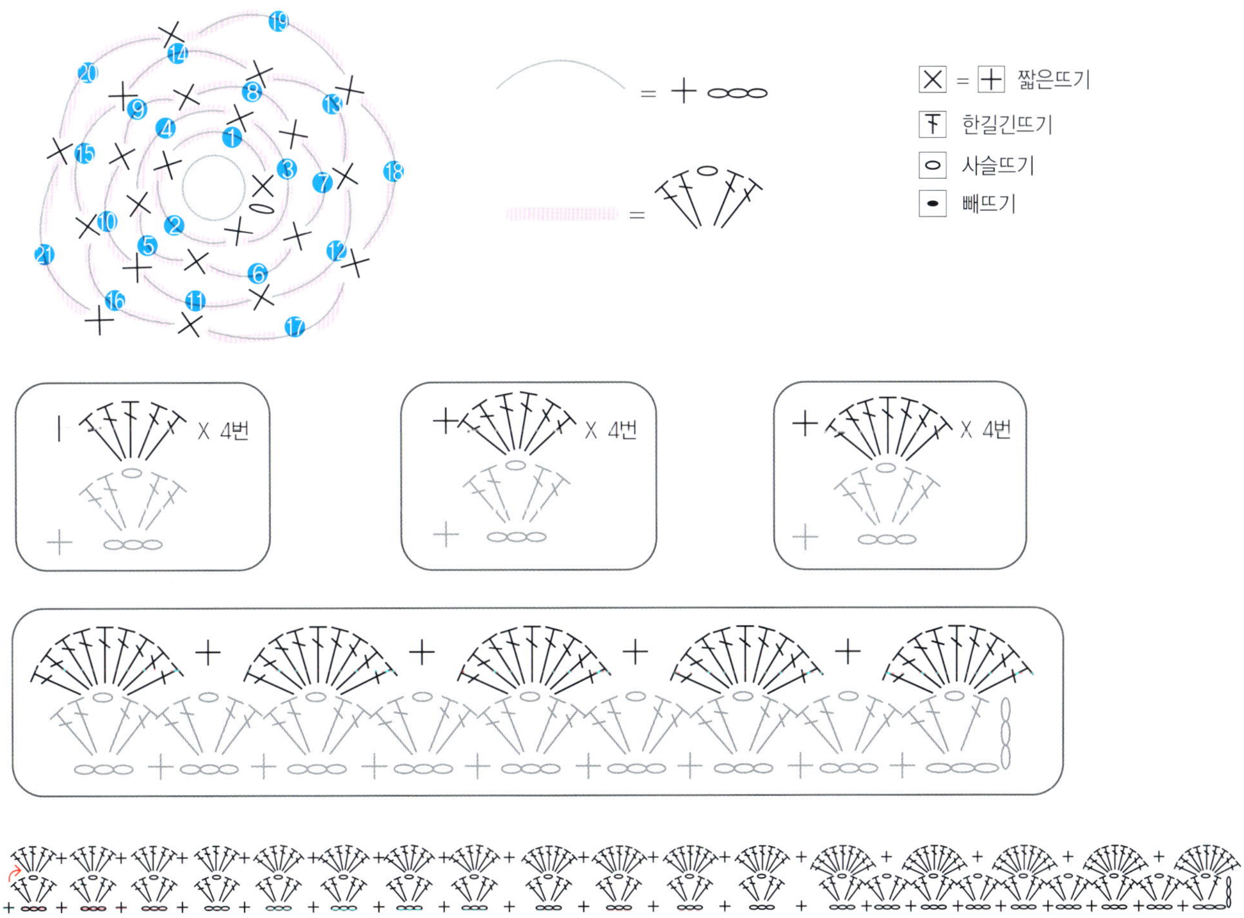

부케 손잡이

1단: 매직링[원형]을 만들어 사슬 3코, 한길긴뜨기 9코 - 10코

2~13단: 한길긴뜨기 12단

14단: 모든 코 늘리기 - 20코

15단: 사슬 3코, 늘리기, (한길긴뜨기 1코, 늘리기)×9번 - 30코

16단: 사슬 3코, 한길긴뜨기 1코, 늘리기, (한길긴뜨기 2코, 늘리기)×9번 - 40코

17단: 사슬 3코, 한길긴뜨기 2코, 늘리기, (한길긴뜨기 3코, 늘리기)×9번 - 50코

18단: 사슬 3코, 한길긴뜨기 3코, 늘리기, (한길긴뜨기 4코, 늘리기)×9번 - 60코

19단: 사슬 3코, 한길긴뜨기 4코, 늘리기, (한길긴뜨기 5코, 늘리기)×9번 - 70코

20단: 사슬 3코, 한길긴뜨기 5코, 늘리기, (한길긴뜨기 6코, 늘리기)×9번 - 80코

21단: 사슬 3코, 한길긴뜨기 6코, 늘리기, (한길긴뜨기 7코, 늘리기)×9번 - 90코

22단: 사슬 3코, 한길긴뜨기 7코, 늘리기, (한길긴뜨기 8코, 늘리기)×9번 - 100코

23단: 한길긴뜨기 안에 짧은뜨기 1코, 사슬 3코를 2번씩 반복하면서 끝까지 뜨고 빼뜨기로 마무리한다.

부케 손잡이와 받침

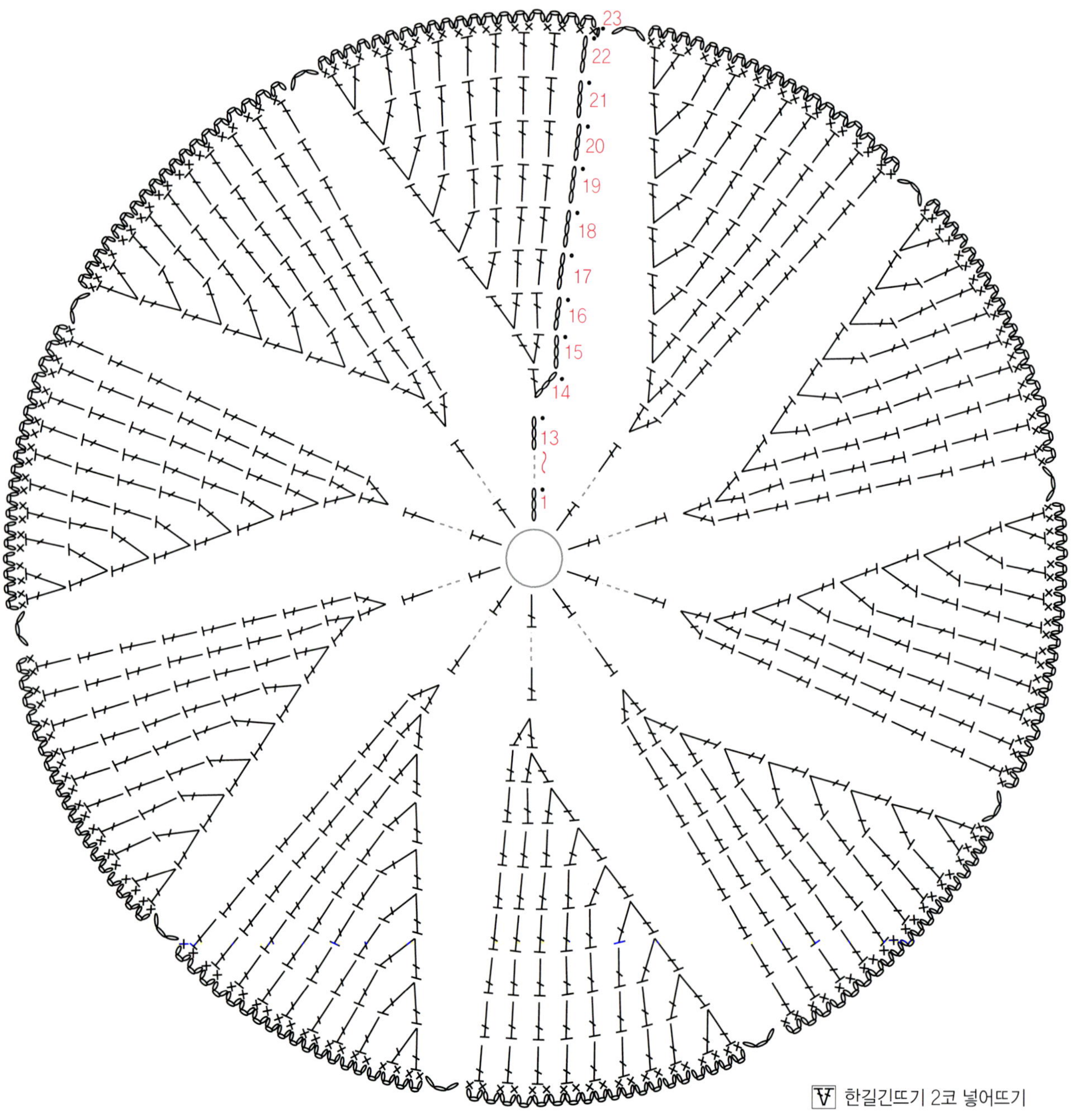

V 한길긴뜨기 2코 넣어뜨기

토피어리 흙

1단: 사슬 12코를 만들어 첫번째 코에 빼뜨기로 원형을 만들고 사슬 1코, 짧은뜨기 18코 - 18코

2단: (짧은뜨기 2코, 늘리기)×6번 - 24코

3단: (짧은뜨기 3코, 늘리기)×6번 - 30코

4단: (짧은뜨기 4코, 늘리기)×6번 - 36코

5단: (짧은뜨기 5코, 늘리기)×6번 - 42코

6~10단: 짧은뜨기 5단

토피어리 흙

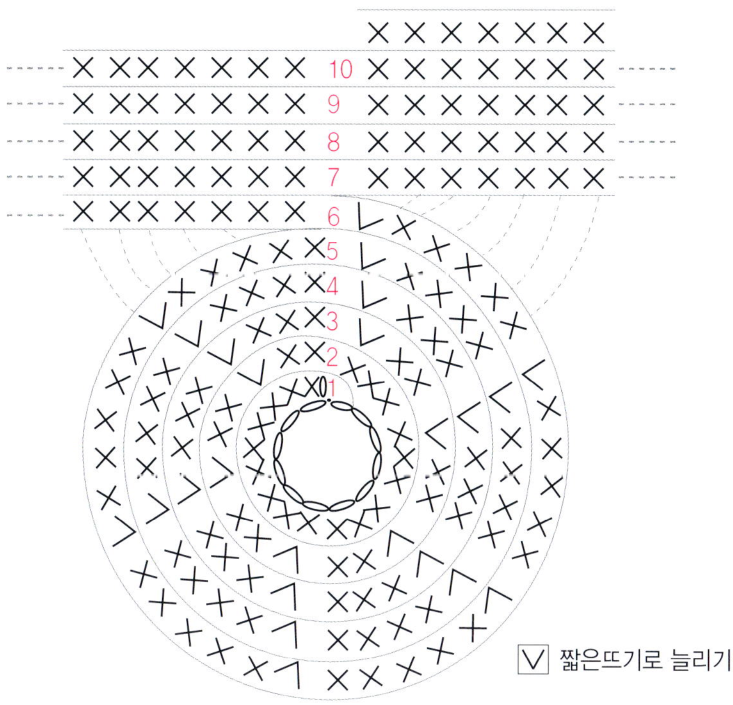

장미 토피어리

재료: 지름 1.5cm 길이 30cm 정도의 우드스틱 2개, 지름 12cm 스티로폼볼 4개, 플라스틱 화분 2개, 진주비즈, 장식리본, 글루건

1. 화분에 폼볼을 글루건으로 고정시키고 토피어리 흙을 위에 붙인다.
2. 다른 폼볼에 장미를 원하는 색계열로 배색하며 글루건으로 붙인다. 장미 가운데 진주비즈를 붙인다.[우드스틱이 들어갈 공간은 남겨둔다]
3. 화분 흙과 장미볼에 우드스틱이 들어갈 수 있게 구멍을 내고 꽂아 고정시킨다.
4. 끈을 리본 모양으로 4개 만든 후, 글루건으로 우드스틱에 붙인다.

장미 부케

재료: 굵은 꽃철사, 플라스틱 부케받침, 진주비즈, 장식리본, 글루건

1. 꽃철사에 진주비즈를 끼고 반으로 접은 후, 장미 중간에 꽂아 장미 줄기를 만든다.
2. 장미를 원하는 색계열로 배색하여 묶은 후, 플라스틱 부케받침에 꽂고 코바늘로 뜬 받침을 끼워서 글루건으로 살짝 고정시킨다.
3. 끈을 리본 모양으로 3개 만든 후, 글루건으로 부케받침에 붙인다.

금 상

꽃밭에서

유 창 희 KDYOO

사용실과 사용량(g): 핑크 모헤어, 빈센트 차콜 8p, 빈센트 핑크 8p, 빈센트(회색, 카키, 민트, 핑크, 차콜), 붐붐 검정
사용 도구: 7mm, 8mm, 4mm, 3.5mm 대바늘, 모사용 코바늘 5/0호
작품 사이즈: 가로 62cm, 세로 40cm
작품 난이도: ★★★★☆ **작품사진:** 19쪽

만드는 방법

강아지 집 핑크 지붕

핑크 모헤어실로 7mm 대바늘을 사용해 101코 만들기
1~5단: 메리야스뜨기 5단 ~ 101코
6단: A무늬 뜨기
7~15단: 메리야스뜨기 9단
다음 단: 7~25단을 무늬가 20개 나올 때까지 뜬다.
다음 단: B무늬를 마지막으로 뜨고 메리야스뜨기 5단 뜬 후, 코막음한다.
스펀지를 씌워서 돗바늘로 꿰매준다.(가로, 세로) 무늬가 들어간 곳마다 겉면에만 진주를 달아준다.

강아지 집 핑크 지붕

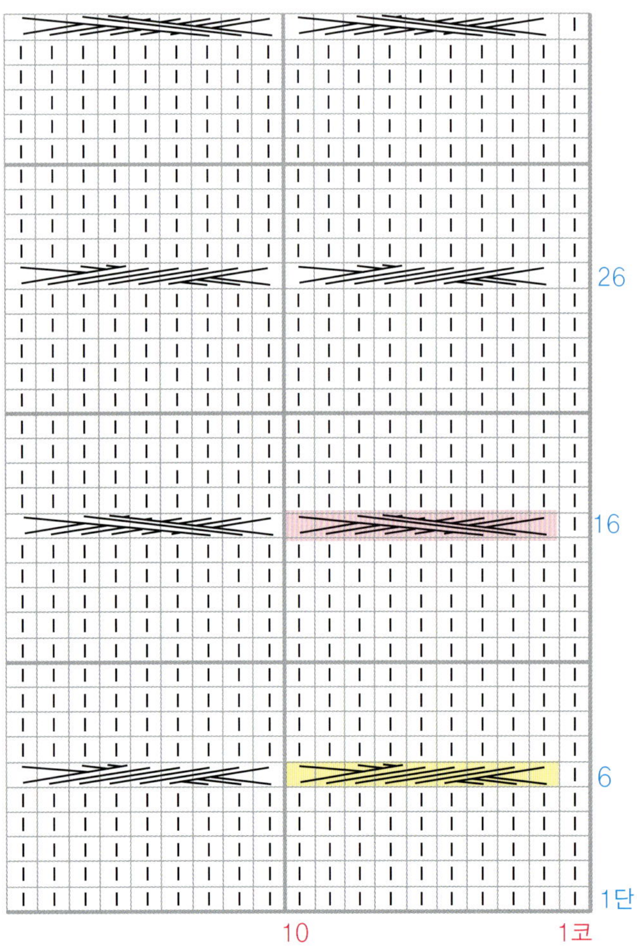

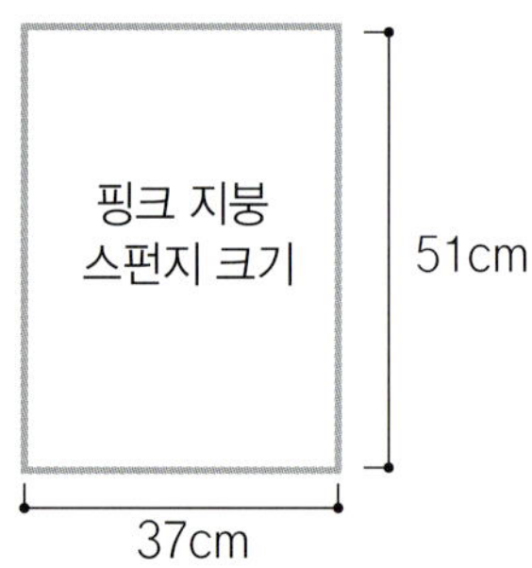

| 겉뜨기

A무늬
1. 꽈배기 바늘에 3코를 옮겨놓고 앞으로 놓기
2. 오른쪽 바늘에 있는 6코를 겉뜨기
3. 꽈배기 바늘에 있는 3코를 겉뜨기

B무늬
1. 꽈배기 바늘에 3코를 옮겨놓고 뒤로 놓기
2. 오른쪽 바늘에 있는 6코를 겉뜨기
3. 꽈배기 바늘에 있는 3코를 겉뜨기

강아지 집 바닥

빈센트 차콜실 2겹으로 8mm 대바늘을 사용해 83코 만들기[양쪽 1코씩 바느질]
1~5단: 메리야스뜨기 5단~101코
6단: A무늬 뜨기
7~11단: 메리야스뜨기 5단
12단: B무늬 뜨기
13~17단: 메리야스뜨기 5단
다음 단: 7~25단을 A,B무늬가 36개 나올 때까지 뜬다.
다음 단: 메리야스뜨기 5단을 뜨고 코막음한다.
스펀지를 씌워서 돗바늘로 꿰매준다.[가로, 세로]

강아지 집 바닥

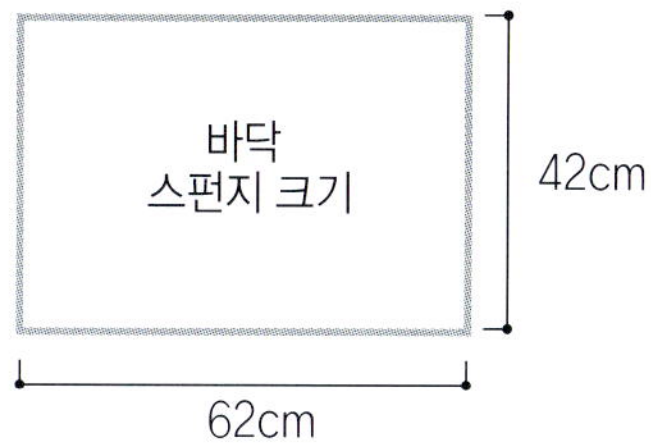

강아지 집 차콜 지붕

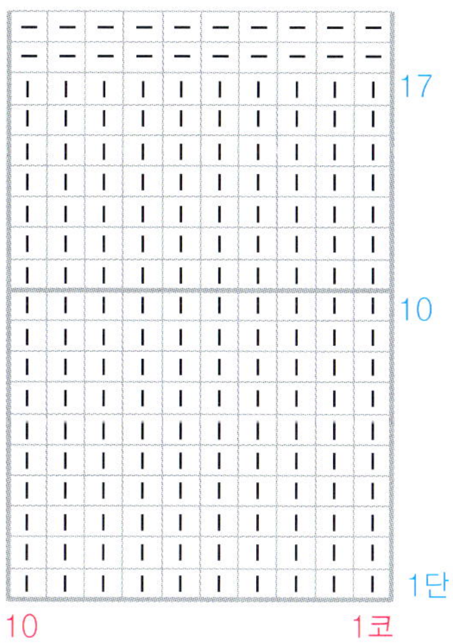

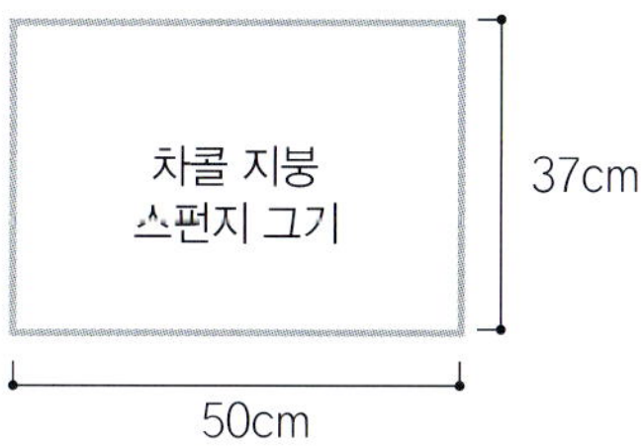

강아지 집 차콜 지붕

빈센트 차콜실로 4mm 대바늘을 사용해 96코 만들기
1~17단: 메리야스뜨기 17단~101코
18~19단: 안메리야스뜨기 2단
20~34단: 메리야스뜨기 15단
35~36단: 안메리야스뜨기 2단
37~51단: 메리야스뜨기 15단
52~53단: 안메리야스뜨기 2단

핑크색으로 변경
54~68단: 메리야스뜨기 15단
69~70단: 안메리야스뜨기 2단

차콜색으로 변경
71~85단: 메리야스뜨기 15단
86~87단: 안메리야스뜨기 2단
88~102단: 메리야스뜨기 15단
103~104단: 안메리야스뜨기 2단
다음 단 총길이 80cm가 될 때까지 뜨고 코막음
스펀지를 씌워서 돗바늘로 꿰매준다.(가로, 세로)

꽃

꽃

빈센트 차콜, 핑크, 회색, 카키, 민트실로 5호 코바늘 사용
1단: 매직링[원형]으로 사슬 1코[기둥코], 짧은뜨기 8코, 빼뜨기 - 8코
2단: 사슬 3코, 한길긴뜨기 2코 넣어뜨기 2코/사슬 3코/빼뜨기
(빼뜨기/사슬 3코/한길긴뜨기 2코 넣어뜨기, 한길긴뜨기 2코 넣어뜨기/사슬 3코/빼뜨기)×3번

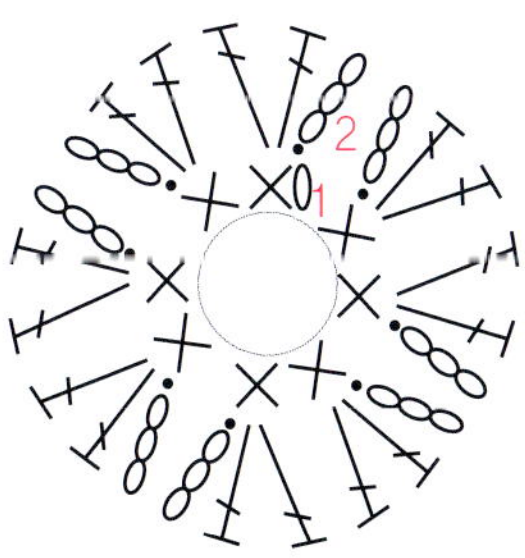

강아지 집 삼각 벽

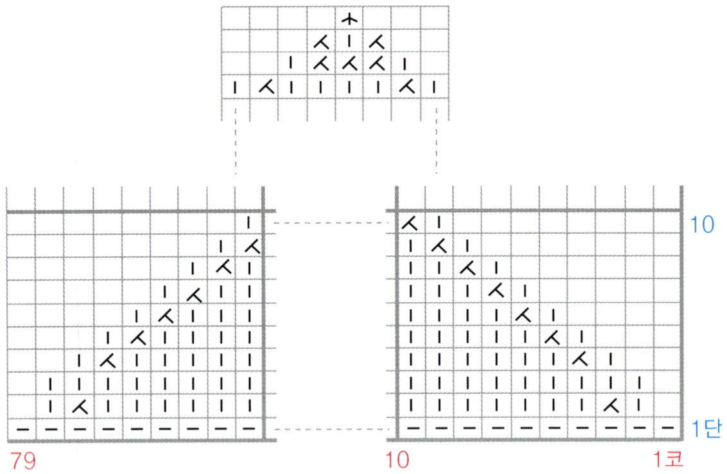

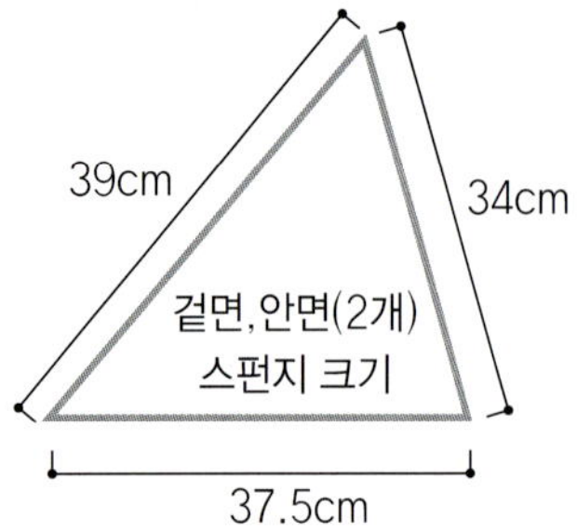

기호	뜻
ㅣ	겉뜨기
ㅡ	안뜨기
ㅅ	2코 모아뜨기
人	중심3코 모아뜨기

강아지 집 삼각 벽(2개)

빈센트 회색 실로 4mm 대바늘을 사용해 79코 만들기
1단: 겉뜨기 1단
2단: 겉1, 2코 모아뜨기, 3코가 남을 때까지 겉뜨기, 2코 모아뜨기, 겉1 - 77코
3단: 안뜨기 1단
4단: 겉1, 2코 모아뜨기, 3코가 남을 때까지 겉뜨기, 2코 모아뜨기, 겉1 - 75코
5단: 안1, 안2코 모아뜨기, 3코가 남을 때까지 안뜨기, 안2코 모아뜨기, 안1 - 73코
다음 단: 4~5단을 8코가 남을 때까지 반복 - 8코
다음 단: 겉1, (2코 모아뜨기)×3번, 겉1 - 5코
다음 단: 안2코 모아뜨기, 안1, 안2코 모아뜨기 - 3코
다음 단: 중심3코 모아뜨기
안쪽 삼각형 전체 꽃모티브 달기

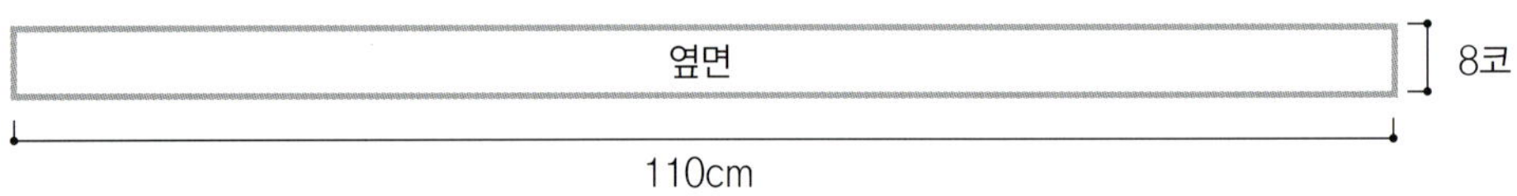

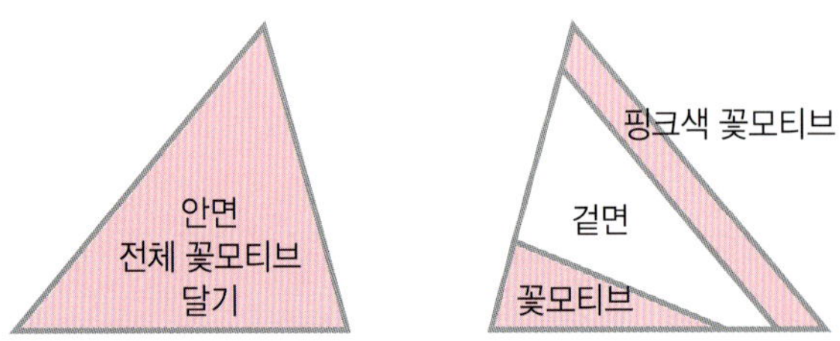

바닥과 양쪽 지붕, 삼각 벽 모두 함께 낚시줄로 꿰매서 고정한다.

옆면 만들기

빈센트 회색 실로 4mm 대바늘을 사용해 8코 만들어 메리야스뜨기를 110cm 뜨고 코막음한다.
스펀지에 대고 삼각형 겉면, 안쪽 면을 대고 옆면을 바늘질한다.

강아지 계단

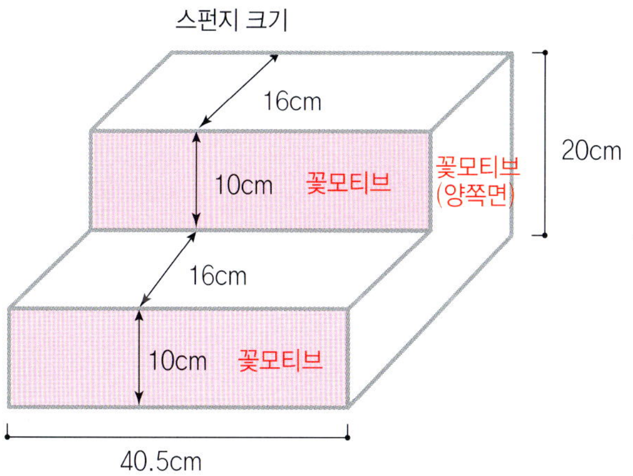

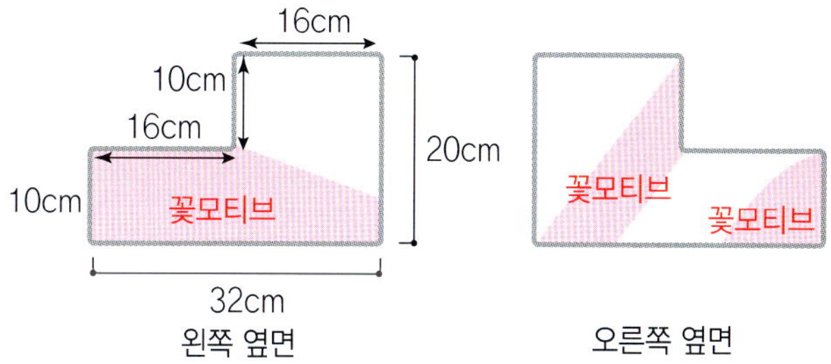

강아지 계단

(앞면)

1. 붐붐 검정색 실로 4mm 대바늘을 사용해 50코를 만들어 메리야스뜨기 66cm 뜨고 코막음[A]한다.
2. 대바늘로 코막음[A] 부분에 코를 잡아 메리야스뜨기 10cm 뜨고 코막음[B]한다.
3. 대바늘로 코막음[B] 부분에 코를 잡아 메리야스뜨기 16cm 뜨고 코막음한다.

(왼쪽, 오른쪽 옆면)

1. 붐붐 검정색 실로 4mm 대바늘을 사용해 24코를 만들어 메리야스뜨기 8cm 뜬다.
2. 12코를 코막음하고 나머지 12코를 8cm까지 뜨고 코막음한다.

계단 스펀지에 씌워서 돗바늘로 꿰매준다.

강아지 계단 바닥 쿠션

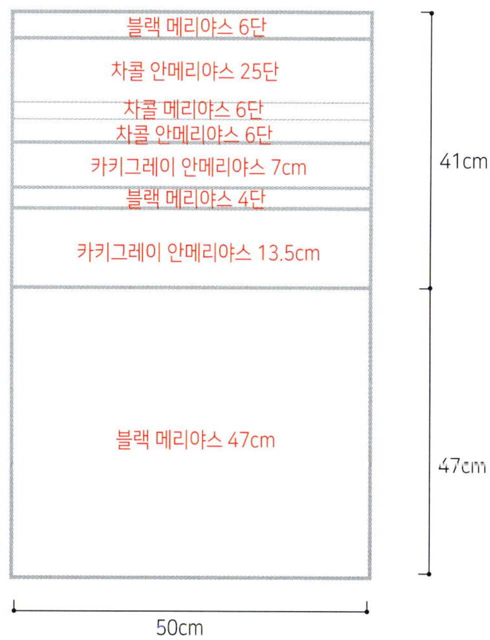

강아지 계단 바닥 쿠션

(앞면)

1. 붐붐 검정색 실로 3.5mm 대바늘을 사용해 66코를 만들어 메리야스뜨기 47cm 뜬다.
2. 카키그레이 붐붐실로 바꿔 안메리야스뜨기 13.5cm 뜬다.
3. 검정 붐붐실로 바꿔 메리야스뜨기 4단을 뜬다.
4. 카키그레이 붐붐실로 바꿔 안메리야스뜨기 7cm 뜬다.
5. 빈센트 차콜색 실로 바꿔 안메리야스뜨기 6단을 뜬다.
6. 메리야스뜨기 6단을 뜬다.
7. 안메리야스뜨기 25단을 뜬다.
8. 검정 붐붐실로 바꿔 메리야스뜨기 6단을 뜨고 코막음한다

속 넣어 돗바늘로 꿰맨다.

(쿠션 레이스)

1. 붐붐 카키그레이실로 3.5mm 대바늘을 사용해 290코를 만들어 겉뜨기 1단을 뜬다. - 290코
2. 겉뜨기로 코마다 늘리기를 한다. - 580코
3. 겉뜨기 1단을 뜬다.
4. 겉뜨기로 코마다 늘리기를 한다. - 1160코
5. 겉뜨기[가터뜨기]로 5cm가 될 때까지 뜨고 코막음한다.

쿠션 사각면 모두 돗바늘로 꿰매준다.

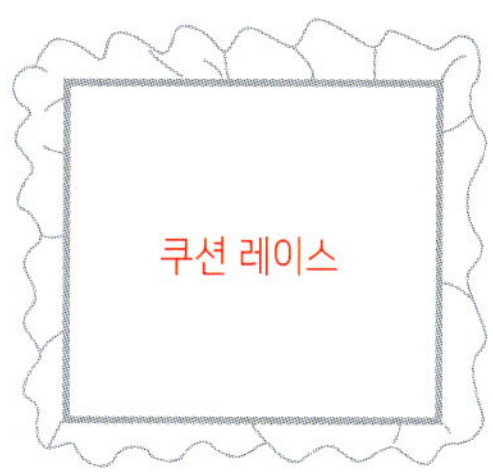

은상

강아지 몰리

이상미 어쭈구리

사용실과 사용량(g): 빈센트 리치 프리미엄, 빈센트 3p / 사용량은 도안 참고

A: 등, 머리, 귀, 뒷다리 일부, 꼬리 일부 – 빈센트 리치 프리미엄 7705 라이트 브라운
B: 배, 주둥이, 앞다리, 뒷다리 일부, 꼬리 일부 – 빈센트 리치 프리미엄 7701 화이트
C: 눈 – 빈센트 3p 2782 코코아 D: 눈 – 빈센트 3p 2735 블랙 E: 눈 – 빈센트 3p 2731화이트
F: 목장식용 – 빈센트 리치 프리미엄 7721 핑크 G: 목장식용 – 빈센트 리치 프리미엄 7723 체리와인

사용 도구: 2.5mm, 2.0mm 대바늘/장갑바늘 **작품 난이도:** ★★★★★

작품 사이즈: 약 가로 13cm, 세로 13cm **작품사진:** 20쪽

등 도안

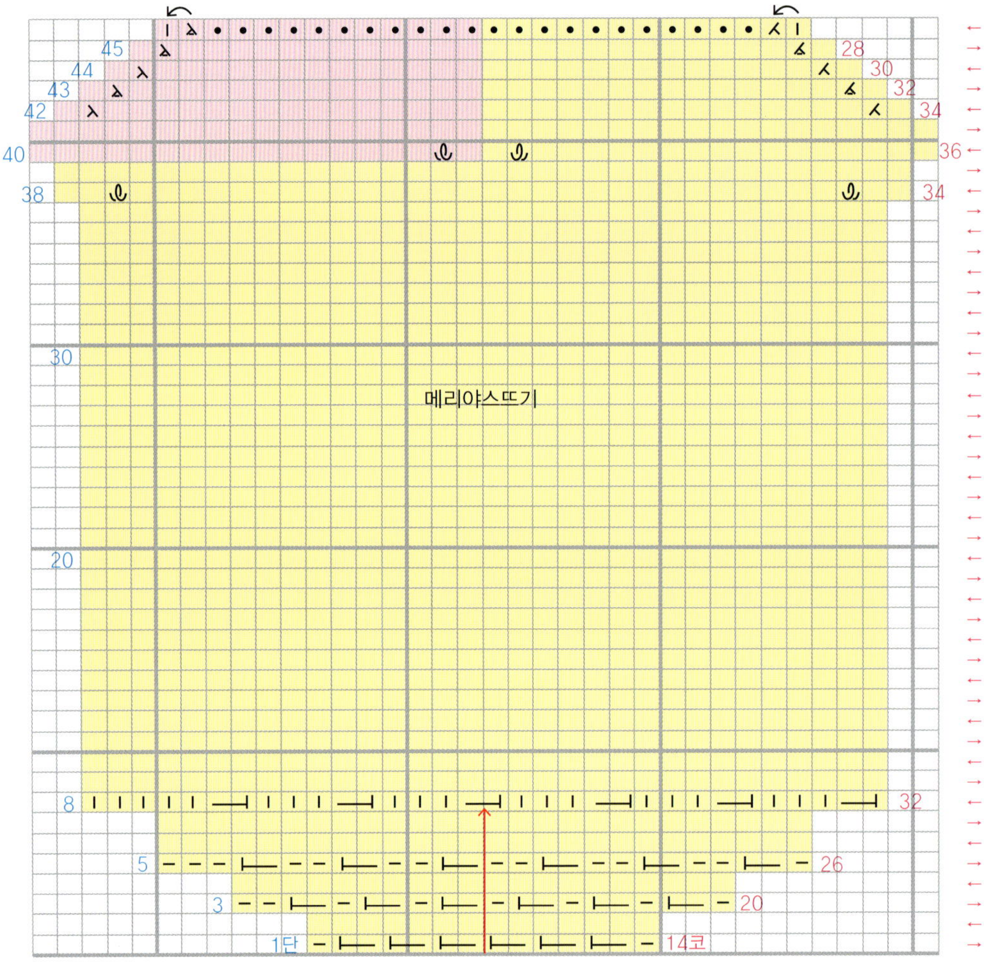

8코 안뜨기로 시작

만드는 방법

등

실 A로 8코 만들기
1단(안면): 안1, (안뜨기로 1코 늘리기)×6번 반복, 안1 - 14코
2단(겉면): 겉뜨기
3단: 안1, (안1, 안뜨기로 1코 늘리기)×6번 반복, 안1 - 20코
4단: 겉뜨기
5단: 안1, (안2, 안뜨기로 1코 늘리기)×6번 반복, 안1 - 26코
6~7단: 메리야스뜨기 2단
8단: (겉뜨기로 1코 늘리기, 겉3)×6번 반복, 겉2 - 32코
9~37단: 메리야스뜨기 29단
38단: 겉2, 오른코 만들기, 겉28, 왼코 만들기, 겉2 - 34코
39단: 안뜨기
40단: 겉16, 왼코 만들기, 겉1, 실B를 새로 연결해서 겉1, 오른코 만들기, 겉16 - 36코
가운데를 중심으로 등의 양쪽을 각각의 실로 동시에 뜬다.
(분홍색은 B실로 뜨기)
41단: 안뜨기
42단: 겉1, 왼코 모아뜨기, 겉15/겉15, 오른코 모아뜨기, 겉1 - 34코
43단: 안1, 안뜨기로 2코 꼬아 모아뜨기, 안14/안14, 안뜨기로 2코 모아뜨기, 안1 - 32코
44단: 겉1, 왼코 모아뜨기, 겉13/겉13, 오른코모아뜨기, 겉1 - 30코
45단: 안1, 안뜨기로 2코 꼬아 모아뜨기, 안12/안12, 안뜨기로 2코 모아뜨기, 안1 - 28코
46단: 겉1, 왼코 모아뜨기, 오른쪽 바늘의 첫 번째 코를 두 번째 코로 덮어씌우기, 그 다음부터는 코막음을 하다가 마지막 3코 남았을 때, 오른코 모아뜨기, 오른쪽 바늘의 첫 번째 코를 두 번째 코로 덮어씌우기한 후, 마지막 코 코막음한다.

얼굴 도안

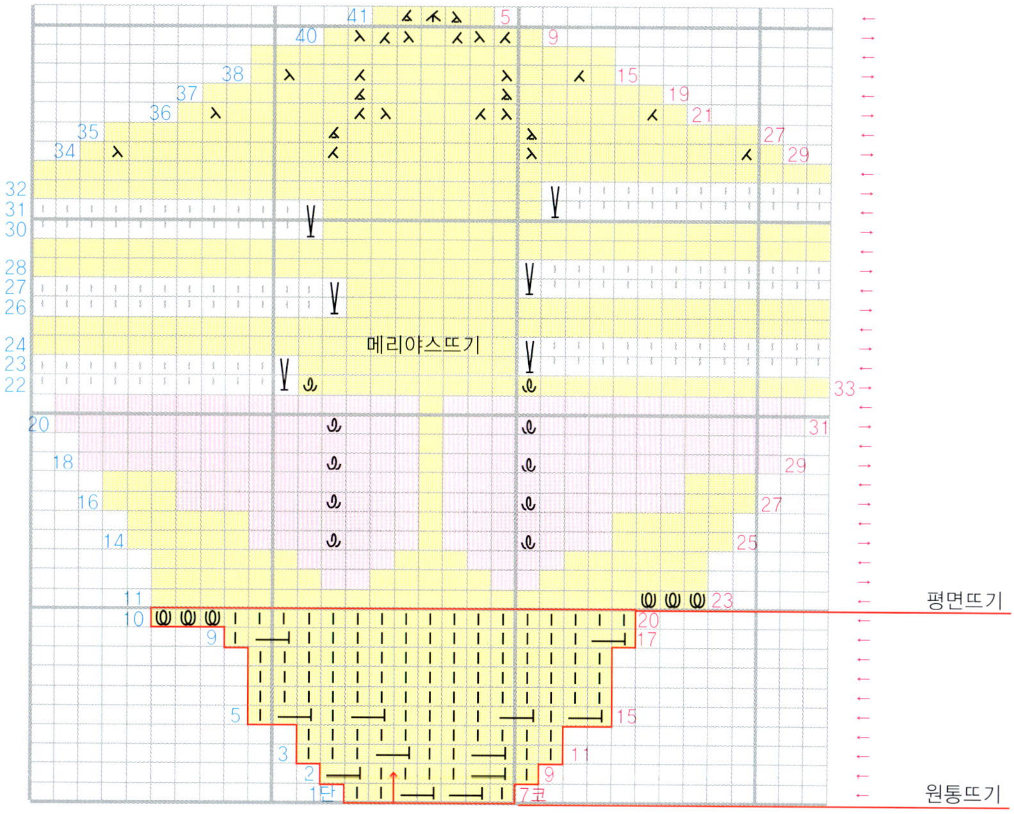

5코 시작(원통뜨기)

얼굴

실B로 5코 만들기

단이 꼬이지 않도록 주의하면서 원통뜨기로 뜬다.

1단: 겉1, (겉뜨기로 1코 늘리기)×2번 반복, 겉2 - 7코

2단: 겉뜨기로 1코 늘리기, 겉4, 겉뜨기로 1코 늘리기, 겉1 - 9코

3단: 겉2, 겉뜨기로 1코 늘리기, 겉2, 겉뜨기로 1코 늘리기, 겉3 - 11코

4단: 겉뜨기

5단: 겉뜨기로 1코 늘리기, 겉1, 겉뜨기로 1코 늘리기, 겉4, (겉뜨기로 1코 늘리기, 겉1)×2번 반복 - 15코

6~8단: 겉뜨기 3단

9단: 겉뜨기로 1코 늘리기, 겉12, 겉뜨기로 1코 늘리기, 겉1 - 17코

10단: 겉17, 감아코 만들기로 3코 만들기 - 20코

편물 뒤집기

다음 단부터는 평면으로 진행한다.

11단(안면): 안20, 감아코 만들기로 3코 만들기 - 23코

실A를 연결해 인따르시아 방식으로 배색뜨기를 시작한다. (실A로 뜨는 부분은 분홍색으로 표시)

12단(겉면): 겉7, 겉2, 겉5, 겉2, 겉7

13단: 안6, 안4, 안3, 안4, 안6

14단: 겉5, 겉3, 왼코 만들기, 겉3, 겉1, 겉3, 오른코 만들기, 겉3, 겉5 - 25코

15단: 안5, 안7, 안1, 안7, 안5

16단: 겉3, 겉6, 왼코 만들기, 겉3, 겉1, 겉3, 오른코 만들기, 겉6, 겉3 - 27코

17단: 안3, 안10, 안1, 안10, 안3

18단: 겉10, 왼코 만들기, 겉3, 겉1, 겉3, 오른코 만들기, 겉10 - 29코

19단: 안14, 안1, 안14

20단: 겉11, 왼코 만들기, 겉3, 겉1, 겉3, 오른코 만들기, 겉11 - 31코

21단: 안15, 안1, 안15

다음 단부터는 실B를 끊고 실A만 사용한다.

22단: 겉12, 왼코 만들기, 겉8, 오른코 만들기, w&t

23단: 안9, w&t

24단: 끝까지 겉뜨기

이 때, 특별한 언급이 없어도 감싼 코의 실로 감싼 부분은 항상 끌어올려서 함께 뜬다.

25단: 안뜨기

26단: 겉20, w&t

27단: 안7, w&t

28단: 끝까지 겉뜨기

29단: 안뜨기

30단: 겉21, w&t

31단: 안9, w&t

32단: 끝까지 겉뜨기

33단: 안뜨기

34단: 겉1, 왼코 모아뜨기, 겉8, 오른코 모아뜨기, 겉7, 왼코 모아뜨기, 겉8, 오른코 모아뜨기, 겉1 - 29코

35단: 안9, 안뜨기로 2코 모아뜨기, 안7, 안뜨기로 2코 모아꼬아뜨기, 안9 - 27코

36단: 겉1, 왼코 모아뜨기, 겉5, 오른코 모아뜨기, 왼코 모아뜨기, 겉3, 오른코 모아뜨기, 왼코 모아뜨기, 겉5, 왼코 모아뜨기, 겉1 - 21코

37단: 안6, 안뜨기로 2코 모아뜨기, 안5, 안뜨기로 2코 모아꼬아뜨기, 안6 - 19코

38단: 겉1, 왼코 모아뜨기, 겉2, 오른코 모아뜨기, 겉5, 왼코 모아뜨기, 겉2, 오른코 모아뜨기, 겉1 - 15코

39단: 안뜨기

40단: 겉1, 왼코 모아뜨기, 오른코 모아뜨기, 왼코 모아뜨기, 겉1, 오른코 모아뜨기, 왼코 모아뜨기, 오른코 모아뜨기, 겉1 - 9코

41단: 안1, 안뜨기로 2코 모아뜨기, 안뜨기로 3코 모아뜨기, 안뜨기로 2코 모아뜨기, 안1 - 5코

실꼬리를 길게 남겨 자르고 돗바늘에 꿰서 남아있는 코를 통과시킨 후 잡아당겨 마무리한다.

꼬리

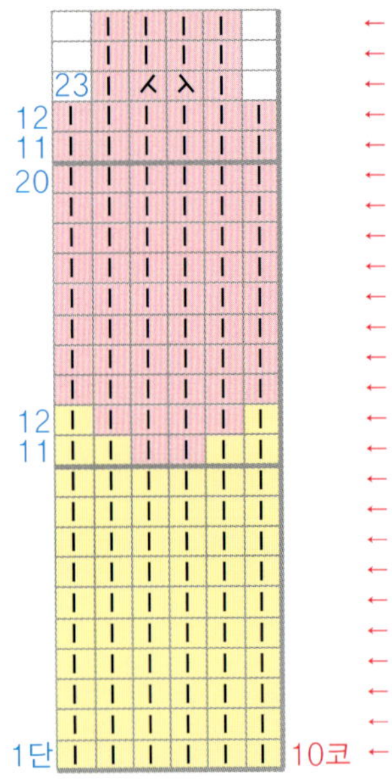

6코 시작(원통뜨기)

배 도안

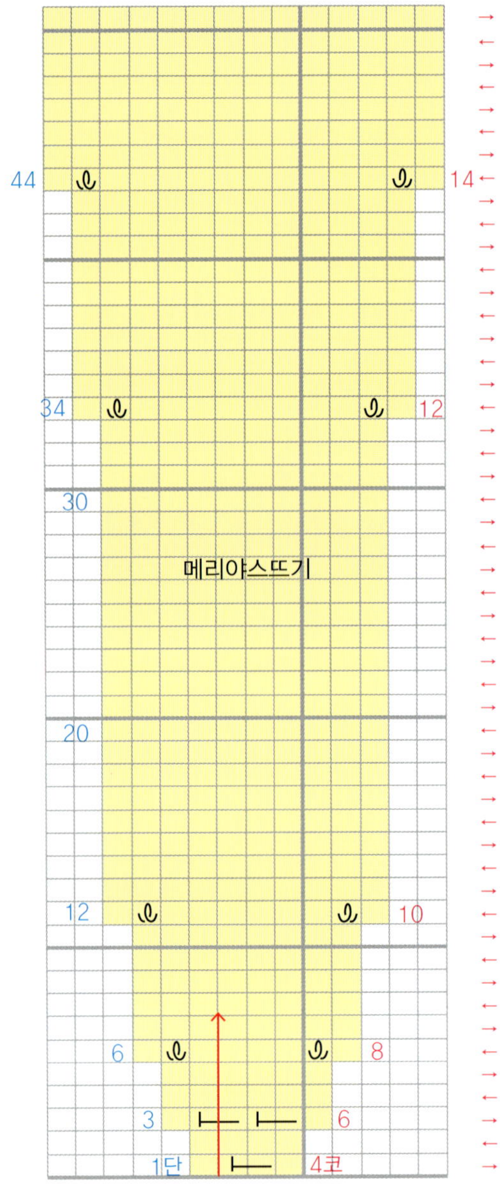

3코 안뜨기로 시작

꼬리

실A로 6코를 만들기

단이 꼬이지 않도록 주의하며 원통뜨기를 시작한다.

1~10단: 겉뜨기 10단

다음 단에서는 실B를 연결해 스트랜디드 방식으로 배색뜨기를 한다.

실B로 뜨는 부분은 분홍색으로 표시

11단: 겉2, 겉2, 겉2

12단: 겉1, 겉4, 겉1

실A를 끊고 실B만을 이용해서 뜬다.

13~22단: 겉뜨기 10단

23단: 겉1, 오른코 모아뜨기, 왼코 모아뜨기, 겉1 - 4코

24~25단: 겉뜨기 2단

실꼬리를 길게 남겨 자르고 돗바늘에 꿰서 남아있는 코를 통과시킨 후 잡아당겨 마무리한다.

눈

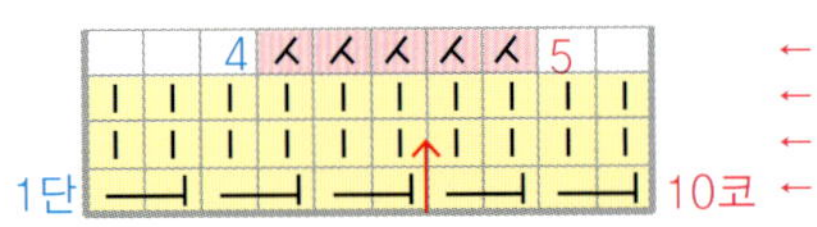

5코 시작(원통뜨기)

눈(2장)

2mm 바늘로 실C를 두겹으로 잡아 5코를 만들기

단이 꼬이지 않도록 주의하며 원통뜨기를 시작한다.

1단: (겉뜨기로 1코 늘리기)×5번 반복 - 10코

2단: 겉뜨기 1단 진행. 말랑하게 솜을 살짝 넣은 상태에서 실C를 끊고 실D를 두겹으로 연결한다.

3단: (왼코 모아뜨기)×5번 반복 - 5코

실꼬리를 길게 남겨 자르고 돗바늘에 꿰서 남아있는 코를 통과시킨 후 잡아당겨 마무리한다. 실E를 돗바늘에 꿰어서 눈의 반짝임을 표현하기 위해 작게 스티치를 1개 만든다.

배

실B로 3코 만들기

1단(안면): 안1, 안뜨기로 1코 늘리기, 안1 - 4코

2단(겉면): 겉뜨기

3단: 안1, (안뜨기로 1코 늘리기)×2번 반복, 안1 - 6코

4~5단: 메리야스뜨기 2단

6단: 겉1, 오른코 만들기, 겉4, 왼코 만들기, 겉1 - 8코

7~11단: 메리야스뜨기 5단

12단: 겉1, 오른코 만들기, 겉6, 왼코 만들기, 겉1 - 10코

13~33단: 메리야스뜨기 31단

34단: 겉1, 오른코 만들기, 겉8, 왼코 만들기, 겉1 - 12코

35~43단: 메리야스뜨기 9단

44단: 겉4, 오른코 만들기, 겉4, 왼코 만들기, 겉4 - 14코

45~51단: 메리야스뜨기 7단

코막음

뒷다리

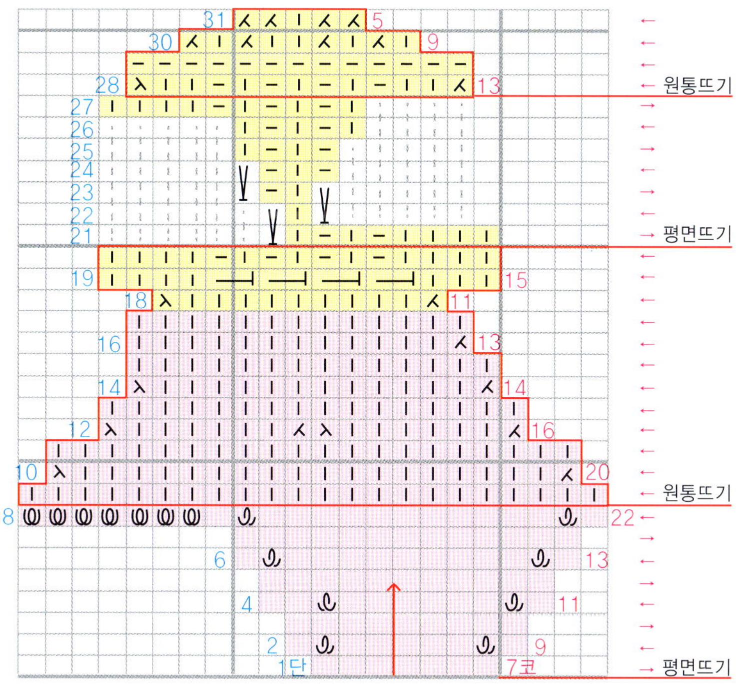

7코 안뜨기로 시작

뒷다리

실A로 7코를 만들기

1단: 안뜨기

2단: 겉1, 오른코 만들기, 겉5, 오른코 만들기, 겉1 - 9코

3단: 안뜨기

4단: 겉1, 오른코 만들기, 겉6, 왼코 만들기, 겉2 - 11코

5단: 안뜨기

6단: 겉1, 오른코 만들기, 겉9, 오른코 만들기, 겉1 - 13코

7단: 안뜨기

8단: 겉1, 오른코 만들기, 겉11, 오른코 만들기, 겉1, 감아코 만들기로 7코 만들기 - [15+7=22코]

단이 꼬이지 않도록 주의하면서 원통뜨기를 시작한다.

9단: 겉뜨기

10단: 왼코 모아뜨기, 겉18, 오른코 모아뜨기 - 20코

11단: 겉뜨기

12단: (왼코 모아뜨기, 겉6, 오른코 모아뜨기)×2회 반복 - 16코

13단: 겉뜨기

14단: 왼코 모아뜨기, 겉12, 오른코 모아뜨기 - 14코

15단: 겉뜨기

16단: 왼코 모아뜨기, 겉12 - 13코

17단: 겉뜨기

실A를 끊는다.

6코를 옮겨 단의 시작점을 바꾼 다음, 실B를 이용해 앞다리의 15~22단에 맞춰 뜨고, 마무리한다.

반대편 뒷다리

실A로 7코를 만들기

1단: 안뜨기

2단: 겉1, 왼코 만들기, 겉5, 왼코 만들기, 겉1 - 9코

3단: 안뜨기

4단: 겉2, 왼코 만들기, 겉6, 오른코 만들기, 겉1 - 11코

5단: 안뜨기

6단: 겉1, 왼코 만들기, 겉9, 왼코 만들기, 겉1 - 13코

7단: 안뜨기

8단: 겉1, 왼코 만들기, 겉11, 왼코 만들기, 겉1 - 15코

단이 꼬이지 않도록 주의하면서 원통뜨기를 시작한다.

9단: 감아코로 7코 만들기, 겉뜨기15 - 22코

10단: 왼코 모아뜨기, 겉18, 오른코 모아뜨기 - 20코

11단: 겉뜨기

12단: (왼코 모아뜨기, 겉6, 오른코 모아뜨기)×2번 반복 - 16코

13단: 겉뜨기

14단: 왼코 모아뜨기, 겉12, 오른코 모아뜨기 - 14코

15단: 겉뜨기

16단: 왼코 모아뜨기, 겉12 - 13코

17단: 겉뜨기

실A를 끊는다.

6코를 옮겨 단의 시작점을 바꾼 다음, 실B를 이용해 앞다리의 15~22단에 맞춰 뜬 다음, 마무리한다.

반대편 뒷다리

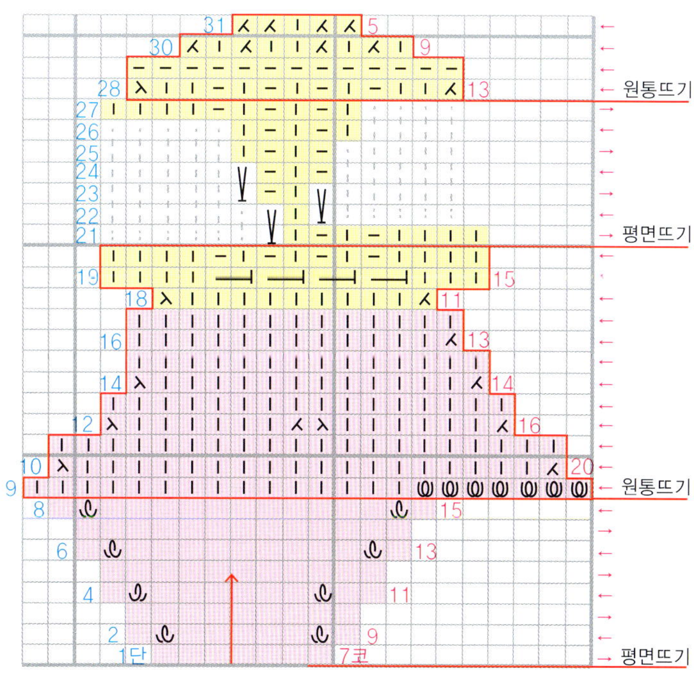

7코 안뜨기로 시작

귀(2장)

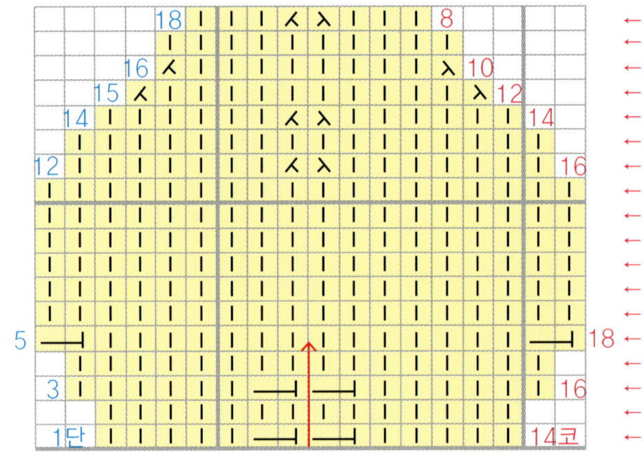

12코 시작(원통뜨기)

귀(2장)

실A로 12코를 만들기

단이 꼬이지 않도록 주의하며 원통뜨기를 시작한다.

1단: 겉5, (겉뜨기로 1코 늘리기)×2번 반복, 겉5 - 14코

2단: 겉뜨기

3단: 겉6, (겉뜨기로 1코 늘리기)×2번 반복, 겉6 - 16코

4단: 겉뜨기

5단: 겉뜨기로 1코 늘리기, 겉14, 겉뜨기로 1코 늘리기 - 18코

6~12단: 겉뜨기 7단

13단: 겉7, 오른코 모아뜨기, 왼코 모아뜨기, 겉7 - 16코

14단: 겉뜨기

15단: 겉6, 오른코 모아뜨기, 왼코 모아뜨기, 겉6 - 14코

16단: 왼코 모아뜨기, 겉10, 오른코 모아뜨기 - 12코

17단: 겉4, 오른코 모아뜨기, 왼코 모아뜨기, 겉4 - 10코

18단: 겉뜨기

19단: 겉3, 오른코 모아뜨기, 왼코 모아뜨기, 겉3 - 8코

실꼬리를 길게 남겨 자른 후 코를 반으로 나눠서 돗바늘을 이용해 메리야스 잇기(kitchener's stitch)로 마무리한다.

앞다리(2장)

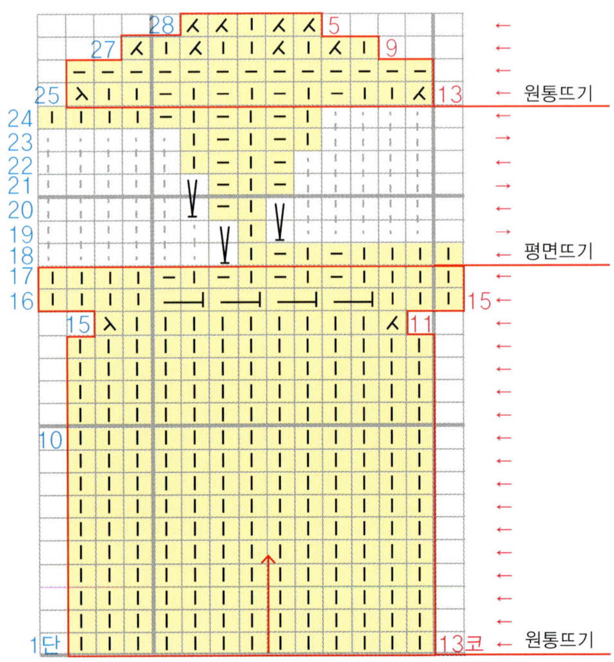

13코 시작(원통뜨기)

앞다리(2장)

실B로 13코를 만들기

단이 꼬이지 않도록 주의하며 원통뜨기를 시작한다.

1~14단: 겉뜨기

*15단: 왼코 모아뜨기, 겉9, 오른코 모아뜨기 - 11코

16단: 겉3, (겉뜨기로 1코 늘리기)×4번 반복, 겉4 - 15코

17단: 겉3, (겉1, 안1)×4번 반복, 겉4

18단: 겉3, (겉1, 안)×2번 반복, 겉1, w&t

19단: 안1, w&t

20단: 겉1, 안1, w&t

21단: 겉1, 안1, 겉1, w&t

22단: (안1, 겉1)×2번 반복, w&t

23단: (안1, 겉1)×2번 반복, 안1, w&t

24단: (겉1, 안1)×3번 반복, 겉4

25단: 왼코 모아뜨기, 겉1, (겉1, 안1)×4번 반복, 겉2, 오른코 모아뜨기 - 13코

26단: 안뜨기

27단: (겉1, 왼코 모아뜨기)×2번 반복, 겉1, (겉1, 왼코 모아뜨기)×2번 반복 - 5코

28단: 왼코 모아뜨기)× 2번 반복, 겉1(왼코 모아뜨기)×2번 반복 - 5코

실꼬리를 길게 남겨 자르고 돗바늘에 꿰서 남아있는 코를 통과시킨 후 잡아당겨 마무리한다.*

w&t : 코의 아래쪽을 실로 감은 후, 편물을 뒤집고 1코 걸러뜨기

기호	설명	기호	설명
[I] [ ]	겉뜨기	[—I]	겉뜨기로 늘리기(Kf&b)
[—]	안뜨기	[I—]	안뜨기로 늘리기(Pf&b)
[⋌]	왼코 모아뜨기(=2코 모아뜨기)	[Ⓞ]	감아코 만들기
[⋌]	안뜨기로 2코 모아뜨기	[•]	코막음
[⋋]	오른코 줄이기(=오른코 모아뜨기)	[⋀]	왼코 중심3코 모아뜨기(안뜨기 3코 모아뜨기)
[⋋]	안뜨기로 2코 모아꼬아뜨기	[V]	2단 : 걸러뜨기 1단 : 실을 바늘 사이 앞으로 가져와서 안뜨기 방향으로 1코 걸러뜨기
[Ⓞ]	오른코 만들기		
[Ⓞ]	왼코 만들기		

뜨개 약어 설명

1. 겉 = 겉뜨기, 안 = 안뜨기
2. 평면뜨기는 겉뜨기단은 기호대로 뜨고 안뜨기단은 기호의 반대로 뜬다.
3. 원통뜨기는 기호대로 뜬다.
4. 서술형 도안과 그래프 도안을 한 번에 볼 수 있게 왼쪽에 "단"을 오른쪽에 "코"로 표시한다.
5. 돗바늘 마무리는 실을 길게 남겨 자르고, 돗바늘에 실을 꿰어 남아 있는 코를 모두 통과시킨 후, 잡아당겨 마무리하는 방법이다.

조립하기

1. 돗바늘을 이용해 실A로 등의 코잡은 단을 따라 돗바늘을 통과시킨 후 잡아당긴다. 등과 배의 코를 잡을 단을 맞춰서 양쪽 시접을 따라 꿰맨다.
2. 목 부분의 시접은 꿰매지 않는다. 목 부분의 시접을 창구멍으로 이용해 몸통에 솜을 단단히 채운다.
3. 머리의 주둥이쪽 감아코로 만든 단의 양쪽을 맞대어 이어준다.
4. 뒤통수의 코막음 부분부터 시작해 목 아래쪽으로 코줄임 부분의 시접을 연결한다. 머리의 곧게 진행된 시접은 목 부분으로 몸통에 연결할 예정이므로 꿰매지 않는다.
5. 머리에 솜을 단단히 채운 다음, 뒤통수쪽 시접을 등판의 코가 분리된 지점에 맞춰 얼굴이 몸의 정면을 향하도록 위치를 잡은 다음, 몸과 연결한다.
6. 귀는 정수리의 두 번째 경사뜨기한 부분에 맞춰 코줄임을 적게 한 모서리가 정수리를 향하도록 위치를 잡은 후 얼굴의 양쪽에 붙인다. 귀끝이 볼에 닿도록 귀를 접은 다음, 접힌 모양이 유지될 수 있도록 귀의 안쪽 면에서 감침질을 한다.
7. 눈동자는 얼굴 전면의 배색뜨기를 시작한 두 번째 단에 맞춰 꿰매 붙인다.
8. 실D와 돗바늘을 이용해 주둥이 부분에 코와 입을 수놓는다.
9. 앞다리는 등판의 마지막 코늘림한 부분에 앞다리의 바깥쪽 시접이 위치하도록 맞춰서 고무단 모양으로 된 발톱 부분이 전면을 향하도록 몸통에 연결한다. 앞다리에 솜을 채우고 와이어를 넣는다.
10. 뒷다리는 등판과 배가 연결된 아랫단부터 6번째 단에 코잡은 단의 높이가 위치하도록 한 다음, 와이어를 넣고 솜을 채운 후, 편물 모양이 자연스럽게 몸통에 맞춰지도록 몸통에 연결한다. 이때 배와 등판의 경계 부분에 뒷다리 중간에 감아코로 만든 단부분이 맞닿도록 한다. 꼬리에는 와이어를 넣은 다음, 등판의 코잡은 단의 가운데 부분에서 3단 위쪽에 연결한다.

목 장식

실F로 12코를 만들기

실꼬리를 길게 남겨 자르고 돗바늘에 꿰서 남아있는 코를 통과시킨 후 잡아당겨 마무리한다. (2개 만들기)

실G로 12코를 만들기

실꼬리를 길게 남겨 자르고 돗바늘에 꿰서 남아있는 코를 통과시킨 후 잡아당겨 마무리한다.

만들어진 장식을 실F-실G-실F 순서대로 연결한 다음, 코바늘과 실G를 이용해 목둘레 길이에 맞도록 사슬 뜨기를 한 후 목에 감아 마무리한다. 실을 정리한 후 보석스티커 등을 이용해 장식한 후 마무리한다.

은 상

베이비돌 샤브레 드레스

김 은 경 아이네스

사용실과 사용량(g): 빈센트 3ply / 약 27g
사용 도구: 3.0mm 대바늘, 모사용 코바늘 2/0호
부자재: 1.2mm 진주색 콩단추 3개
작품 사이즈: 가로 17cm, 세로 26cm
작품 난이도: ★★★★☆ **작품사진:** 22쪽

만드는 방법

어깨(2개)

별실을 이용해서 코바늘 2호로 사슬뜨기 23코를 만든다.
[여분으로 2~3코를 더 떠주면 좋다.]
1단: 3mm 대바늘을 사용해 사슬뜨기에서 한코씩 주워 총 23코를 만든다. - 23코
[코줍기 전 실을 30cm 정도 남긴다.]
2~30단: 메리야스뜨기 29단
31단: 겉1, 중심 3코 모아뜨기 7코, 겉1 - 9코
32단: 안뜨기
안전핀에 걸어두기

여분의 실 30cm 남김실로 반대편 별실을 풀면서 23코를 바늘에 옮긴다.
[별실을 풀다가 코가 부족하면 아래단 한코에서 코를 주워 만든다.]
다음 단: 안뜨기
다음 단: 겉1, 중심 3코 모아뜨기 7코, 겉1 - 9코
다음 단: 안뜨기
안전핀에 걸어두기

어깨(2장)

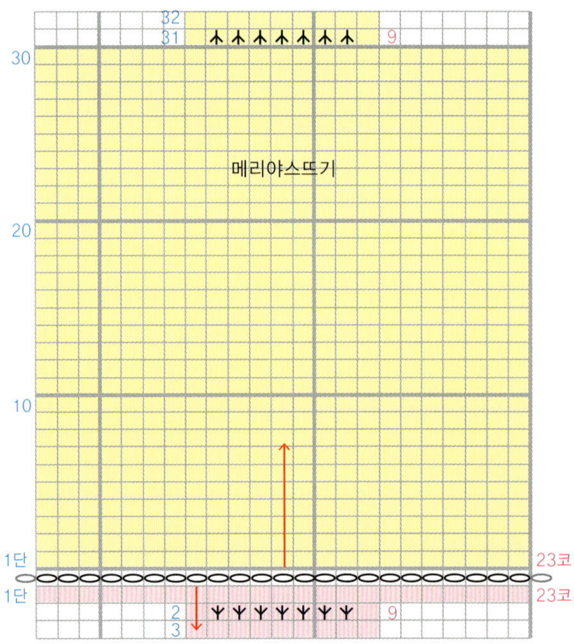

사슬 23코로 시작해서 대바늘로 코줍기

- 사슬뜨기
- □=⏐ 겉뜨기
- ㅡ 안뜨기
- 중심 3코 모아뜨기
- ○ 바늘비우기
- 겉뜨기로 2코 모아뜨기(=코 줄이기)
- 오른코 늘리기
- 왼코 늘리기

뜨개 약어 설명
1. 겉 = 겉뜨기, 안 = 안뜨기
2. 겉뜨기단은 기호대로 뜨고 안뜨기단은 기호의 반대로 뜬다.
3. 서술형 도안과 그래프 도안을 한 번에 볼 수 있게 왼쪽에 "단"을 오른쪽에 "코"로 표시

옷 도안 전체

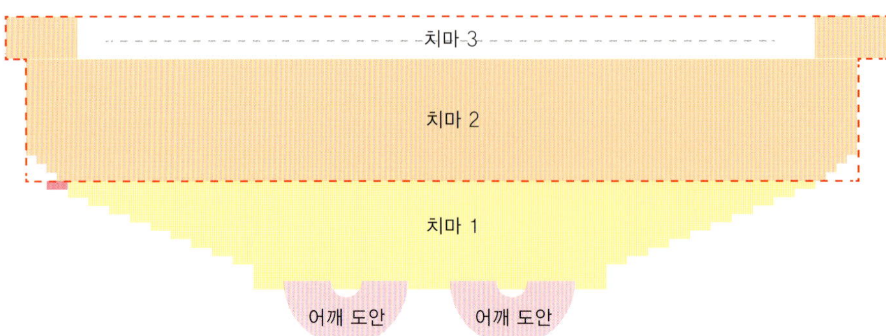

치마 1

일반코로 68코 만들기

[안뜨기 1단은 깔끔하게 보이고 싶을 때 뜬다.]

1~2단: 겉뜨기 2단

치마[아래] 어깨[위]로 놓고 연결해서 뜨기

3단: 안1, 겉1, 안1, 겉3, 겉9[어깨코와 함께 2코 모아뜨기], 겉6, 겉9[어깨코와 함께 2코 모아뜨기], 겉8, 겉9[어깨코와 함께 2코 모아뜨기], 겉6, 겉9[어깨코와 함께 2코 모아뜨기], 겉2, 바늘비우기, 2코 모아뜨기, 안1, 겉1 - 68코

4단: 안1, 겉1, 안1, 겉1, 안61, 겉1, 안1, 겉1

5단: 안1, 겉1, 안1, 겉4, 왼코 늘리기, 겉9, 오른코 늘리기, 왼코 늘리기,겉9, 오른코 늘리기, 겉10, 왼코 늘리기, 겉9, 오른코 늘리기, 왼코 늘리기, 겉9, 오른코 늘리기, 겉3, 안1,겉1, 안1, 겉1 - 76코

6단: 안1, 겉1, 안1, 겉1, 안69, 겉1, 안1, 겉1

7단: 안1, 겉1, 안1, 겉4, 왼코 늘리기, 겉11, 오른코 늘리기, 왼코 늘리기,겉11, 오른코 늘리기, 겉10, 왼코 늘리기, 겉11, 오른코 늘리기, 왼코 늘리기, 겉11, 오른코 늘리기, 겉3, 안1,겉1, 안1, 겉1 - 84코

8단: 안1, 겉1, 안1, 겉1, 안77, 겉1, 안1, 겉1

9단: 안1, 겉1, 안1, 겉4, 왼코 늘리기, 겉13, 오른코 늘리기, 왼코 늘리기,겉13, 오른코 늘리기, 겉10, 왼코 늘리기, 겉13 오른코 늘리기, 왼코 늘리기, 겉13, 오른코 늘리기, 겉3, 안1,겉1, 안1, 겉1 - 92코

10단: 안1, 겉1, 안1, 겉1, 안85, 겉1, 안1, 겉1

11단: 안1, 겉1, 안1, 겉4, 왼코 늘리기, 겉15, 오른코 늘리기, 왼코 늘리기,겉15, 오른코 늘리기, 겉10, 왼코 늘리기, 겉15 오른코 늘리기, 왼코 늘리기, 겉15, 오른코 늘리기, 겉3, 안1,겉1, 안1, 겉1 - 100코

12단: 안1, 겉1, 안1, 겉1, 안93, 겉1, 안1, 겉1

13단: 안1, 겉1, 안1, 겉4, 왼코 늘리기, 겉17, 오른코 늘리기, 왼코 늘리기,겉17, 오른코 늘리기, 겉10, 왼코 늘리기, 겉17 오른코 늘리기, 왼코 늘리기, 겉17, 오른코 늘리기, 겉3, 바늘비우기, 2코 모아뜨기, 안1, 겉1 - 108코

14단: 안1, 겉1, 안1, 겉1, 안101, 겉1, 안1, 겉1

15단: 안1, 겉1, 안1, 겉4, 왼코 늘리기, 겉19, 오른코 늘리기, 왼코 늘리기,겉19, 오른코 늘리기, 겉10, 왼코 늘리기, 겉19 오른코 늘리기, 왼코 늘리기, 겉19, 오른코 늘리기, 겉3, 안1,겉1, 안1, 겉1 - 116코

16단: 안1, 겉1, 안1, 겉1, 안109, 겉1, 안1, 겉1

17단: 안1, 겉1, 안1, 겉4, 왼코 늘리기, 겉21, 오른코 늘리기, 왼코 늘리기,겉21, 오른코 늘리기, 겉10, 왼코 늘리기, 겉21 오른코 늘리기, 왼코 늘리기, 겉21, 오른코 늘리기, 겉3, 안1,겉1, 안1, 겉1 - 124코

18단: 안1, 겉1, 안1, 겉1, 안117, 겉1, 안1, 겉1

19단: 안1, 겉1, 안1, 겉4, 왼코 늘리기, 겉23, 오른코 늘리기, 왼코 늘리기,겉23, 오른코 늘리기, 겉10, 왼코 늘리기, 겉23 오른코 늘리기, 왼코 늘리기, 겉23, 오른코 늘리기, 겉3, 안1,겉1, 안1, 겉1 - 132코

20단: 안1, 겉1, 안1, 겉1, 안125, 겉1, 안1, 겉1

21단: 안1, 겉1, 안1, 겉4, 왼코 늘리기, 겉25, 오른코 늘리기, 왼코 늘리기,겉25, 오른코 늘리기, 겉10, 왼코 늘리기, 겉25 오른코 늘리기, 왼코 늘리기, 겉25, 오른코 늘리기, 겉3, 안1,겉1, 안1, 겉1 - 140코

22단: 안1, 겉1, 안1, 겉1, 안133, 겉1, 안1, 겉1

23단: 안1, 겉1, 안1, 겉4, 왼코 늘리기, 겉27, 오른코 늘리기, 왼코 늘리기,겉27, 오른코 늘리기, 겉10, 왼코 늘리기, 겉27 오른코 늘리기, 왼코 늘리기, 겉27, 오른코 늘리기, 겉3, 바늘비우기, 2코 모아뜨기, 안1, 겉1 - 148코

24단: 안1, 겉1, 안1, 겉1, 안141, 겉1, 안1, 겉1

연결해서 뜨기

치마 2

원형뜨기 시작

[고무단 앞쪽 4코를 안전핀에 걸어두고 고무단 뒤쪽 4코를 앞으로 놓고 한꺼번에 2코 모아뜨기로 떠서 4코로 만든다.]

여기서부터가 시작하는 첫코이다.

25단: 고무단 앞쪽 4코를 안전핀에 걸어두고 고무단 뒤쪽 4코를 앞으로 놓고 한꺼번에 2코 모아뜨기로 떠서 4코로 만들기, 겉32, 오른코 늘리기, 왼코 늘리기, 겉72, 오른코 늘리기, 왼코 늘리기, 겉32 - 148코

26단: 안뜨기

27단: 겉36, 오른코 늘리기, 왼코 늘리기, 겉76 오른코 늘리기, 왼코 늘리기,겉32 - 152코

28단: 안뜨기

29단: 겉36, 오른코 늘리기, 왼코 늘리기, 겉80 오른코 늘리기, 왼코 늘리기,겉32 -156코

30단: 안뜨기

31단: 겉36, 오른코 늘리기, 왼코 늘리기, 겉84 오른코 늘리기, 왼코 늘리기,겉32 - 156코

30~52단: 안뜨기로 시작해서 메리야스뜨기 21단

53단: 안뜨기

54단: 안뜨기

치마 3

55단: (겉1, 오른코 늘리기)×끝까지 반복 - 320코

56~60단: 안뜨기로 시작해서 메리야스뜨기 5단

61~64단: 안뜨기 4단

느슨하게 코막음

옷 도안

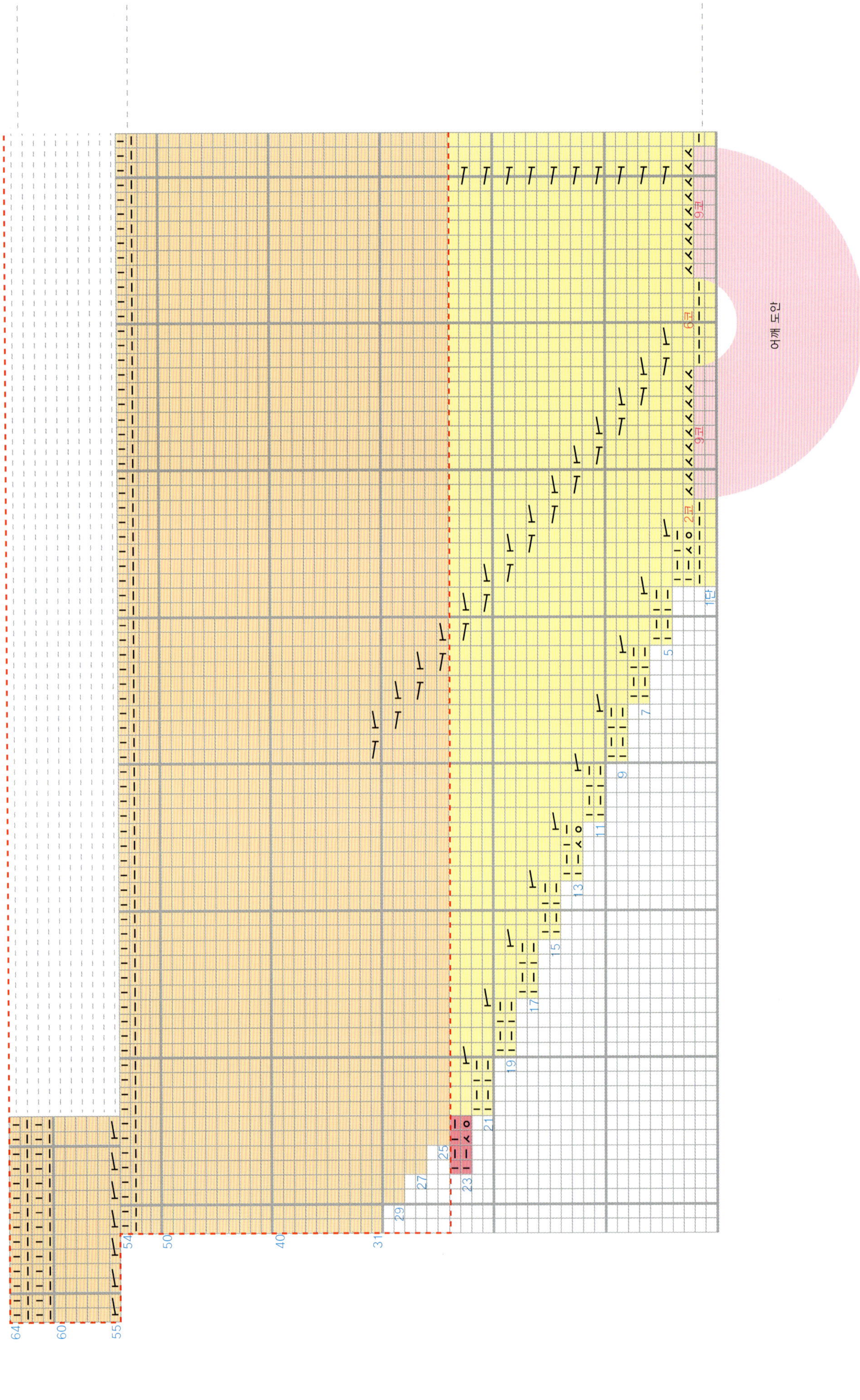

옷 도안

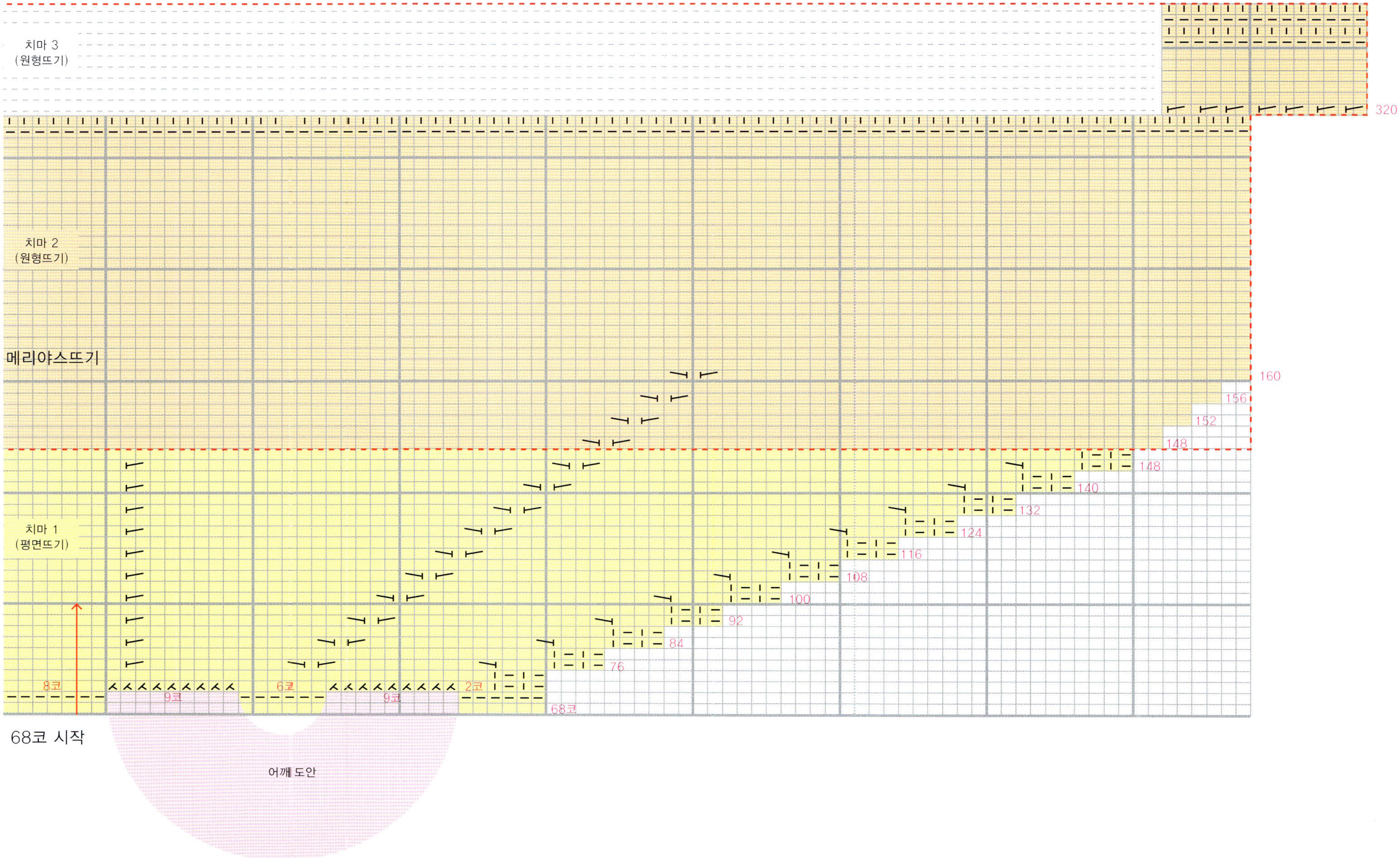

치마 3
(원형뜨기)
치마 2
(원형뜨기)
메리야스뜨기
치마 1
(평면뜨기)
320
160
156
152
148
148
140
132
124
116
108
100
92
84
76
68코
8코
9코
6코
9코
2코
68코 시작
어깨 도안

은상

톡톡 티프렌즈

문은경 차차

사용실과 사용량(g): 리즈베스 40수 – 티팟매트(약 5g), 티코스터(약 2g)
사용 도구: 셔틀 2개, 레이스 코바늘
작품 사이즈: 티팟매트(가로 23cm, 세로 23cm), 티코스터(가로 10cm, 세로 10cm)
작품 난이도: ★★★☆☆ **작품사진:** 24쪽

만드는 방법

티팟매트에만 해당되는 방법

마지막 라운드의 체인의 빨간색 숫자는 빅토리안세트로 '퍼스트스티치 5, 세컨스티치 5'의 반복
예) 20 = 퍼스트 5, 세컨 5, 퍼스트 5, 세컨 5

티팟매트, 코스터 모두에 해당되는 방법

2라운드 실 남기는 길이는 리즈베스 40수 기준 3mm(리즈베스 80수: 2mm)

도안

도안

나무꾼

황 지 애 홀릭중입니다

사용실과 사용량(g)
마카롱/살색(41 라이트 피치/110g), 짚신(44 딥베이지/6g), 바지(28 블루그린/45g), 저고리(03 베이비옐로우/35g), 소매 등(02 크림화이트/25g), 머리(52 블랙/25g), 지게(17 오렌지 브라운/20g)
사용 도구: 모사용 코바늘 4/0호, 6/0호, 10mm 인형눈, 산적꽂이
작품 사이즈: 가로 24cm, 세로 36cm **작품 난이도:** ★★★☆☆ **작품사진:** 25쪽

만드는 방법

● 만들기 POINT

1. 몸통과 머리카락, 지게는 빼뜨기, 기둥코 없이 나선형으로 떠 올라가고, 바지, 저고리는 평면뜨기로, 짚신만 빼뜨기, 기둥코로 뜬다.
2. 돗바늘 마무리 - 마지막 남은 코에서 사슬무늬 중 겉 사슬만 돗바늘로 걸어서 잡아당겨 마지막 구멍을 마무리한다.
3. ● 빼뜨기, O 사슬뜨기, × 짧은뜨기, V 두코 늘리기, A 줄이기, F 한길긴뜨기, f 두길긴뜨기, * 반복

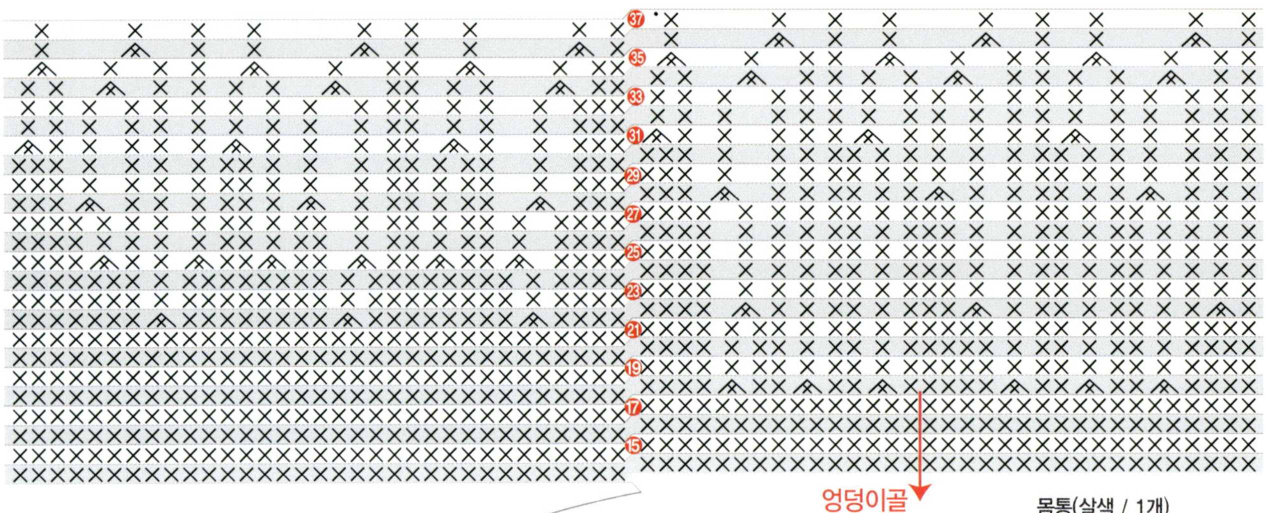

몸통
※ 기둥없이 원통뜨기

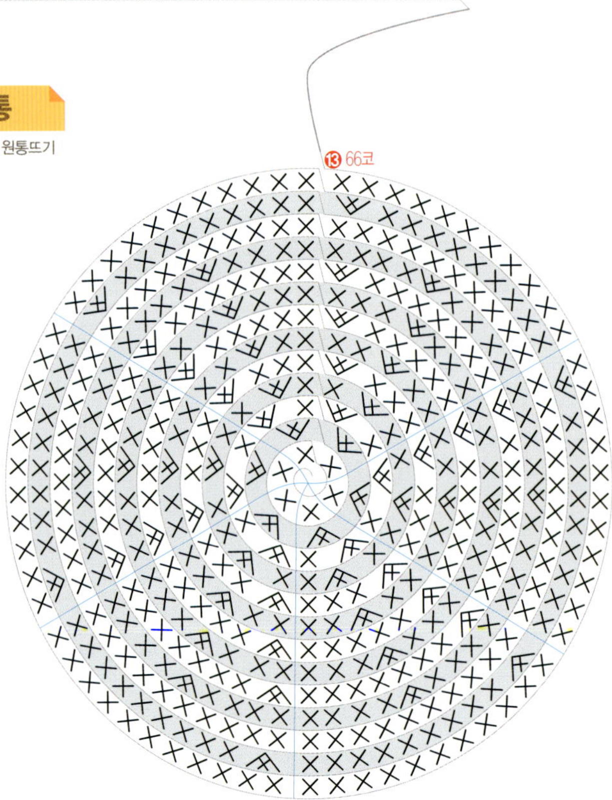

몸통(살색 / 1개)

단	기호	콧수
1	매직링으로 X6	6
2	(V)*6	12
3	(X, V)*6	18
4	(X, V, X)*6	24
5	(X3, V)*6	30
6	(X2, V, X2)*6	36
7	(X5, V)*6	42
8	(X3, V, X3)*6	48
9	(X7, V)*6	54
10	(X4, V, X4)*6	60
11	X60	60
12	(X9, V)*6	66
13~17	X66	66
18	X37,(A,X2)*3,XX(마커-엉덩이골)X,(A,X2)*2,A,X4	60
19~21	X60	60
22	(X4, A, X4)*6	54
23~24	X54	54
25	X4, (A, X2)*5, A, X4, X24	48
26~27	X48	48
28	(X3, A, X3)*6	42
29~30	X42	42
31	(X5, A)*6	36
32~33	X36	36
34	(X2, A, X2)*6	30
35	(X3, A)*6	24
36	(X, A, X)*6	18
37	X18	18

얼굴

※ 기둥 없이 원통뜨기

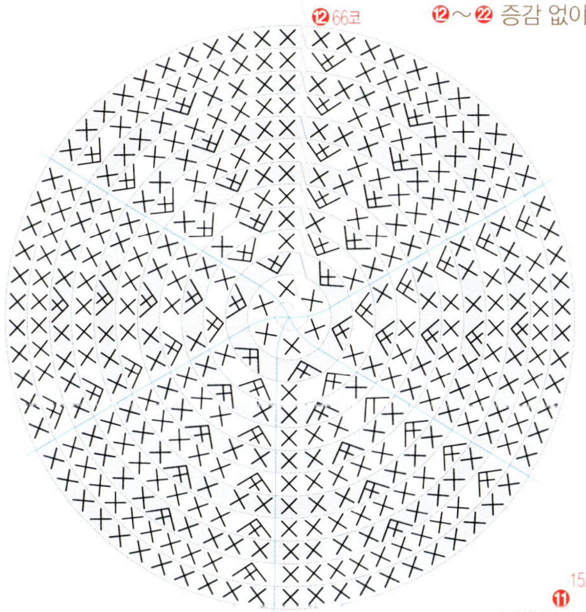

얼굴(살색 / 1개)

단	기호	콧수
1	매직링으로 X6	6
2	(V)*6	12
3	(X, V)*6	18
4	(X, V, X)*6	24
5	(X3, V)*6	30
6	(X2, V, X2)*6	36
7	(X5, V)*6	42
8	(X3, V, X3)*6	48
9	(X7, V)*6	54
10	(X4, V, X4)*6	60
11	(X9, V)*6	66
12~22	X66	66
23	(X9, A)*6	60
24	(X4, A, X4)*6	54
25	(X7, A)*6	48
26	(X3, A, X3)*6	42
27	(X5, A)*6	36
28	(X2, A, X2)*6	30
29	(X3, A)*6	24
30	(X, A, X)*6	18
31	X18	18

상투

※ 기둥 없이 원통뜨기

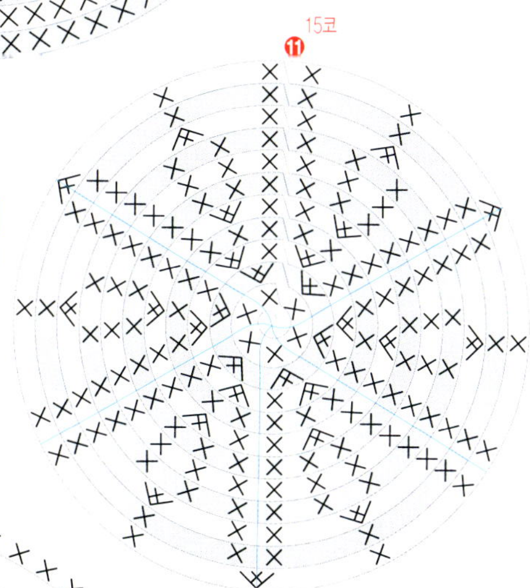

상투(검은색 / 1개)

단	기호	콧수
1	매직링으로 X6	6
2	(V)*6	12
3	(X, V)*6	18
4	X18	18
5	(X, V, X)*6	24
6~8	X24	24
9	(X, A, X)*6	18
10	X18	18
11	(X2, A, X2)*3 상투 안에 솜을 채워가며 머리카락 10단에서 14단까지 달아준다.	15

머리카락

※ 기둥 없이 원통뜨기

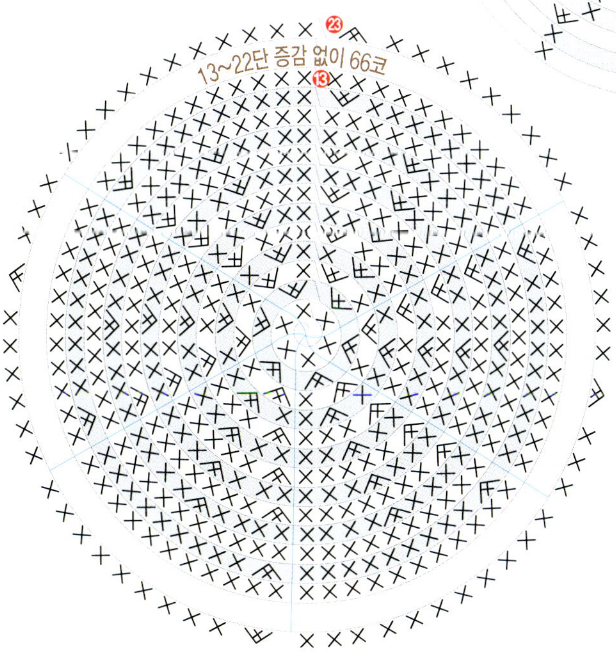

머리카락(검은색 / 1개)

단	기호	콧수
1	매직링으로 X6	6
2	(V)*6	12
3	(X, V)*6	18
4	(X, V, X)*6	24
5	(X3, V)*6	30
6	(X2, V, X2)*6	36
7	(X5, V)*6	42
8	(X3, V, X3)*6	48
9	(X7, V)*6	54
10	(X4, V, X4)*6	60
11	X60	60
12	(X9, V)*6	66
13~22	X66	66
23	(X14, A, X15, A)*2	62

● 만들기 POINT

1. 몸통과 머리카락, 지게는 빼뜨기, 기둥코 없이 나선형으로 떠 올라가고, 바지, 저고리는 평면뜨기로, 짚신만 빼뜨기, 기둥코로 뜬다.
2. 마지막 남은 코에서 사슬무늬 중 겉 사슬만 돗바늘로 걸어서 잡아당겨 마지막 구멍을 마무리한다.
3. ● 빼뜨기, O 사슬뜨기, × 짧은뜨기, V 두코 늘리기, A 줄이기, F 한길긴뜨기, f 두길긴뜨기, * 반복

왼팔
※ 기둥 없이 원통뜨기

오른팔
※ 기둥 없이 원통뜨기

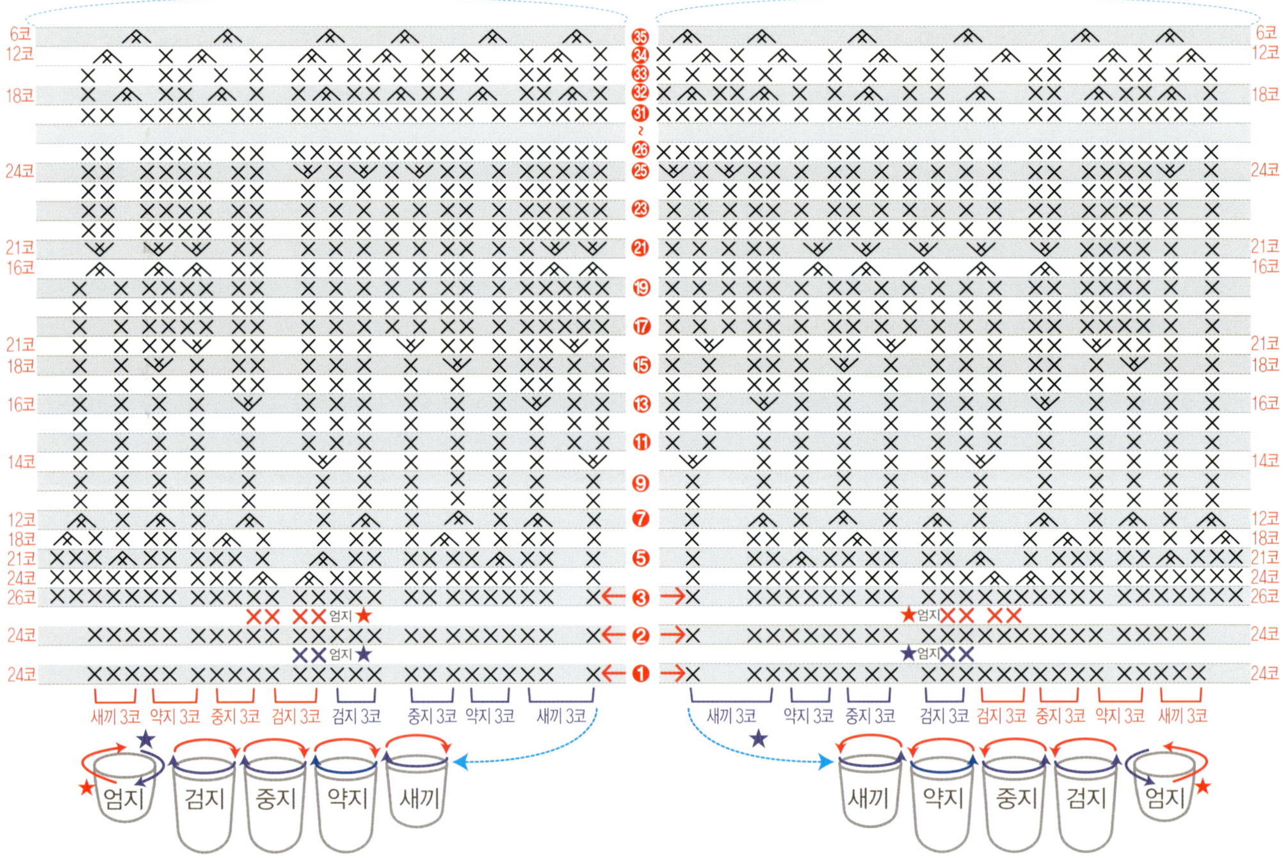

왼팔뜨기(오른팔은 대칭되게 뜬다.)

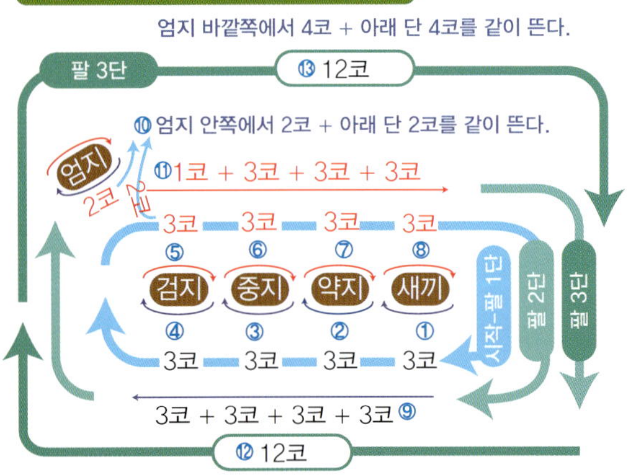

엄지
※ 기둥 없이 원통뜨기

나머지 손가락
※ 기둥 없이 원통뜨기

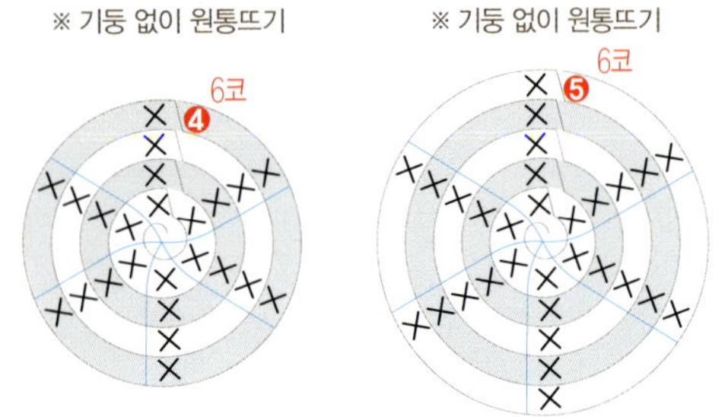

손가락, 팔(살색 / 2개)

단	기호	콧수
	엄지 손가락	
1	매직링으로 X6	6
2~4	X6	6
	다른 손가락-살색 / 8개	
1	매직링으로 X6	6
2~5	X6	6
	엄지손가락과 다른 손가락 3개는 마지막 단에서 실을 자르고, 마지막 손가락은 실을 자르지 않고 다른 손가락들을 연결해서 뜬다.	
	팔-살색 / 2개 실 끊지 않은 마지막 손가락에서 계속해서 뜬다.	
1	X3(새끼 손가락), X3(약지 손가락), X3(중지 손가락), X6(검지 손가락), X3(중지 손가락), X3(약지 손가락), X3(새끼 손가락)	24
2	왼팔: X12, 엄지 안쪽에서 손끼지 함께 X2, X10 오른팔: X10, 엄지 안쪽에서 손끼지 함께 X2, X12	24
3	왼팔: X12, X4(엄지 바깥부분), X10 오른팔: X10, X4(엄지 바깥부분), X12	26
4	왼팔: X12, A2, X10 오른팔: X10, A2, X12	24
5	(X3, AX, 3)*3	21

손가락, 팔(살색 / 2개)

단	기호	콧수
6	(X5, A)*3	18
7	(X, A)*6	12
8~9	X12	12
10	(V, X5)*2	14
11~12	X14	14
13	(X2, V, X4)*2	16
14	X16	16
15	(X5, V, X2)*2	18
16	(X, V, X4)*3	21
17~19	X21	21
20	왼팔:A2, X11, A3 오른팔: X5, A5, X6	16
21	왼팔:V2, X11, V3 오른팔:X5, V5, X6	21
22~24	X21	21
25	왼팔:X8, (V, X)*3, X7 오른팔:V, X, V, X16, V, X	24
26~31	X24	24
32	(X, A, X)*6	18
33	X18	18
34	(X, A)*6	12
35	A6 / 돗바늘 마무리	6

다리

※ 기둥 없이 원통뜨기

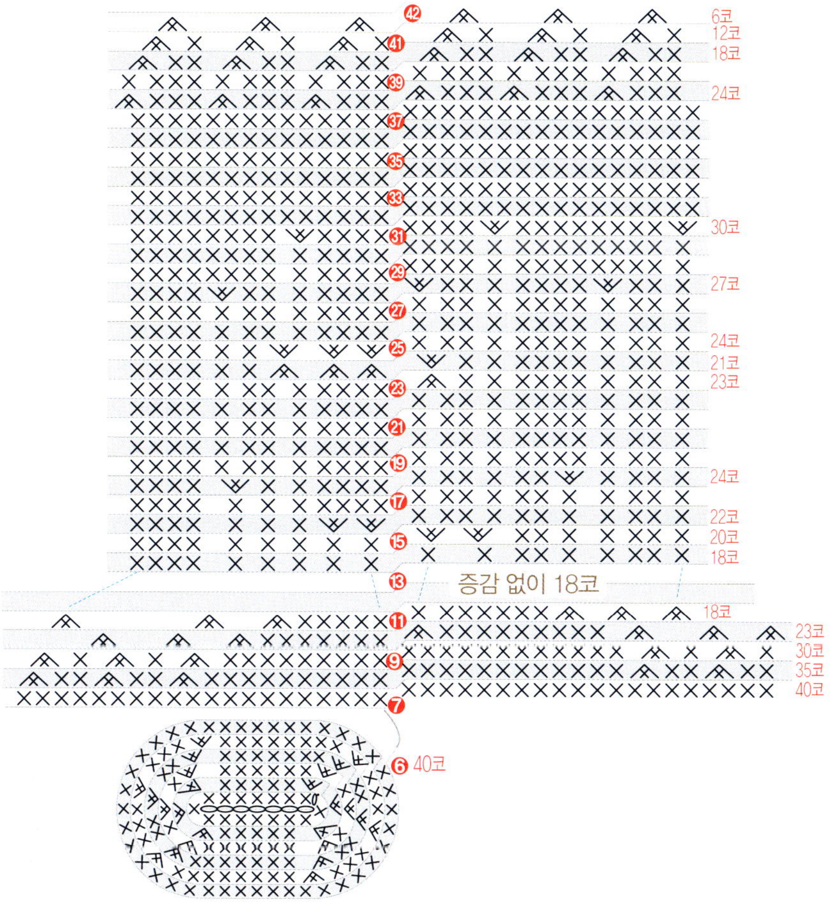

다리(살색 / 2개)

단	기호	콧수
1	08.2번째 사슬에서 윗사슬 : X6. 3코 늘리기. 밑사슬 : X5.V	16
2	V, X5, V*3, X5, V*2	22
3	(V, X), X5, (V, X)*3, X5, (V, X)*2	28
4	(V, X2), X5, (V, X2)*3, X5, (V, X2)*2	34
5	(V, X2), X5, (V, X3)*3, X5, (V, X3)*2	40
6~7	X40	40
8	X10, (A, X2)*4, A, X12	35
9	X9, (A, X)*4, A, X12	30
10	X7, A6, X9, A	23
11	X5, A6, X7	18
12~14	X18	18
15	X16, V2	20
16	V2, X18	22
17	X22	22
18	X6, V, X8, V, X6	24
19~22	X24	24
23	X22, A	23
24	A3, X16, V	21
25	V3, X18	24
26~27	X24	24
28	(X7, V)*3	27
29~30	X27	27
31	(X4, V, X4)*3	30
32~37	X30	30
38	(X3, A)*6	24
39	X24	24
40	(X2, A)*6	18
41	(X, A)*6	12
42	A*6 / 돗바늘 마무리	6

바지

※ 원통뜨기

바지 연결

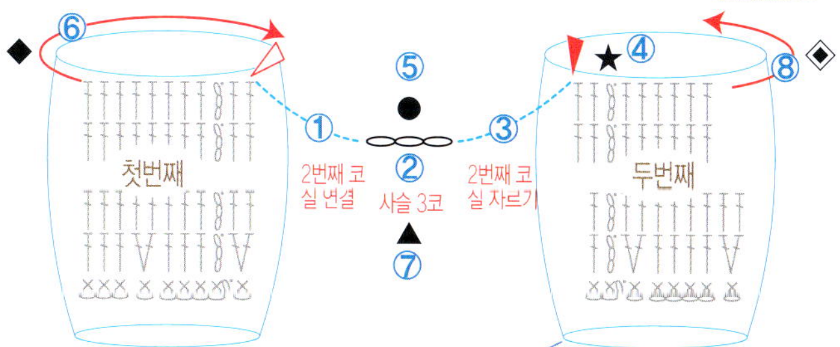

바지통

※ 원통뜨기

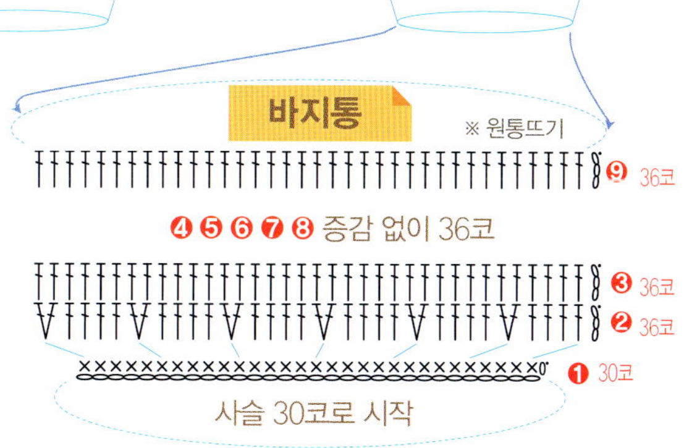

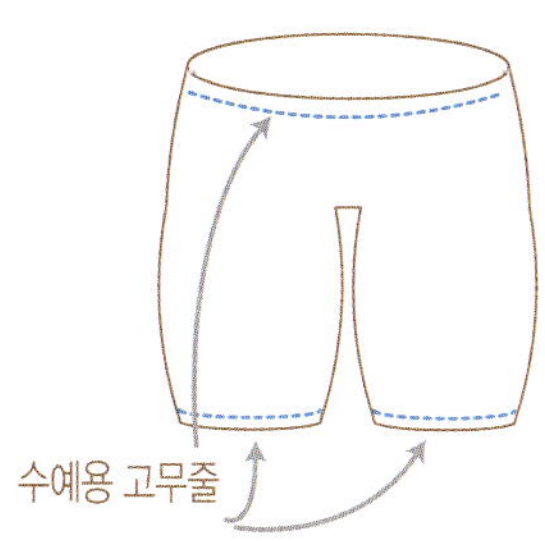

바지(어두운 색 / 1개)

단	기호	콧수
1	O30 첫번째 코에 빼뜨기, X30	30
2	(Γ4, V)*6	30
3~9	F36	36
	첫번째 가랑이의 마지막 2번째 코에서 새로운 실을 연결해서 사슬 3개를 만들어 두번째 가랑이의 2번째 코에 연결해준 후 실을 끊어준다. 첫번째 가랑이는 실을 자르고 두번째 가랑이는 실을 자르지 않고 연결해서 뜬다.	
10	F2, 사슬 3개 중 윗사슬에서 F3, 첫번째 가랑이에서 F36, 사슬 3개 중 밑사슬에서 F3, 두번째 가랑이에서 F34	78
11	F2, 세코 모아뜨기, F36, 세코 모아뜨기, F34	74
12	f5, F32, f5, F32	74
13~18	F74	74
	바지 밑단과 허리춤에 수예용 가는 고무줄을 넣어주면 핏이 예쁘게 나온다.	

● 만들기 POINT

1. 몸통과 머리카락, 지게는 빼뜨기, 기둥코 없이 나선형으로 떠 올라가고, 바지, 저고리는 평면뜨기로, 짚신만 빼뜨기, 기둥코로 뜬다.
2. 마지막 남은 코에서 사슬무늬 중 겉 사슬만 돗바늘로 걸어서 잡아당겨 마지막 구멍을 마무리한다.
3. ● 빼뜨기, O 사슬뜨기, × 짧은뜨기, V 두코 늘리기, A 줄이기, F 한길긴뜨기, f 두길긴뜨기, * 반복

저고리

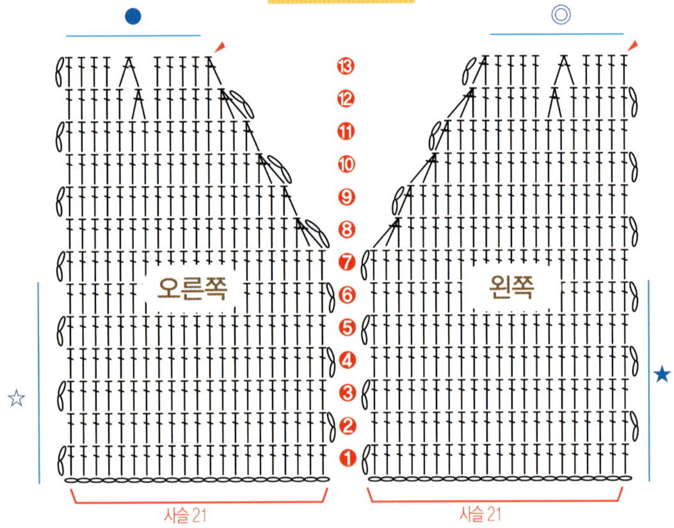

뒷판

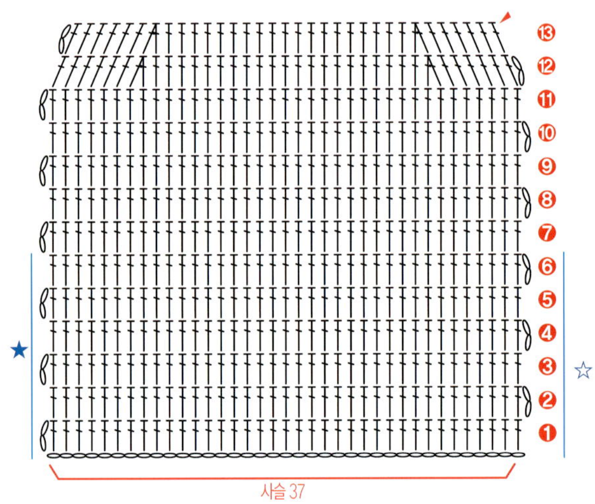

한 단 뜬 후 편물을 뒤집어 기둥코 만들어 떠 올라간다.
저고리(왼쪽) (밝은색-노란색 / 1개)

단	기호	콧수
1	O23, 3번째 코부터 F21	21
2~7	O2, F21(기둥코는 콧수에 포함하지 않음)	21
8	O2, 세코 모아뜨기, F18	19
9	O2, F17, A	18
10	O2, 세코 모아뜨기, F15	16
11	O2, F14, A	15
12	O2, 세코 모아뜨기, F5, A, F5	12
13	O2, F4, A, F4, A	10

한 단 뜬 후 편물을 뒤집어 기둥코 만들어 떠 올라간다.
저고리(오른쪽) (밝은색-노란색 / 1개)

단	기호	콧수
1	O23, 3번째 코부터 F21	21
2~7	O2, F21(기둥코는 콧수에 포함하지 않음)	21
8	O2, F18, 세코 모아뜨기	19
9	O2, A, F17	18
10	O2, F15, 세코 모아뜨기	16
11	O2, A, F14	15
12	O2, F5, A, F5, 세코 모아뜨기	12
13	O2, A, F4, A, F4	10

소매

그림 참조-코줍기

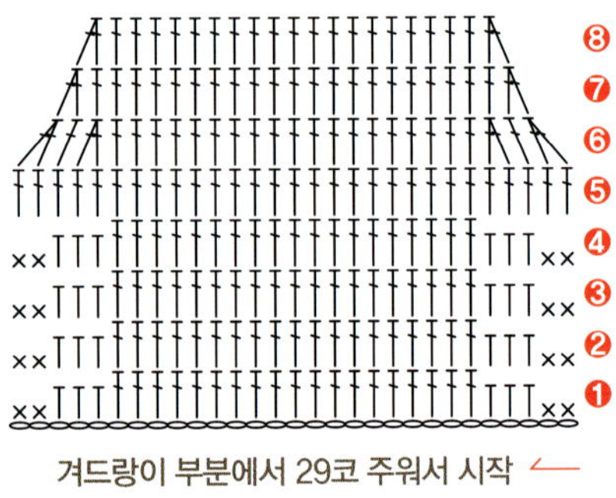

한 단 뜬 후 편물을 뒤집어 기둥코 만들어 떠 올라간다.
저고리(뒷판) (밝은색-노란색 / 1개)

단	기호	콧수
1~11	O39, 3번째 사슬에서 F37	37
12	O2, F6, A, F21, A, F6(기둥코는 콧수에 포함하지 않음)	35
13	O2, F6, A, F19, A, F6	33
	저고리 앞판과 뒷판의 어깨를 바느질하여 연결해주고, 옆선은 1단부터 6단까지 바느질하여 연결한다.	

한 단 뜬 후 편물을 뒤집어 기둥코 만들어 떠 올라간다.
저고리(소매) (흰색 / 2개)

단	기호	콧수
1	저고리 옆선을 연결한 후 남은 부분에서 겨드랑이 부분부터 29코를 줍는다.	29
	X2, T3, F19, T3, X2	
2~4	X2, T3, F19, T3, X2	29
5	F29	29
6	A, F, A, F19, A, F, A	25
7	A, F19, A	23
8	A, F19, A	21

짚신

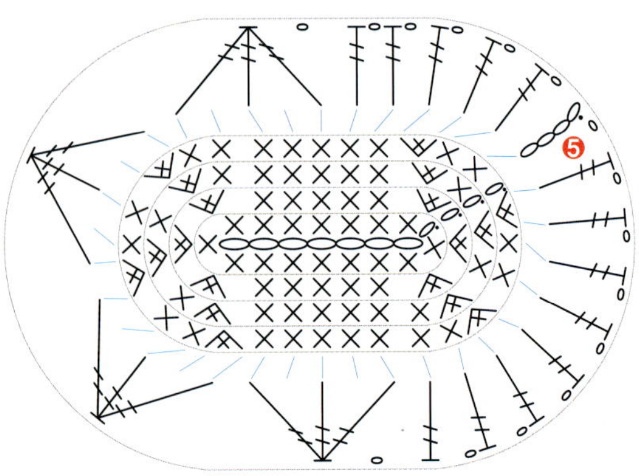

동정

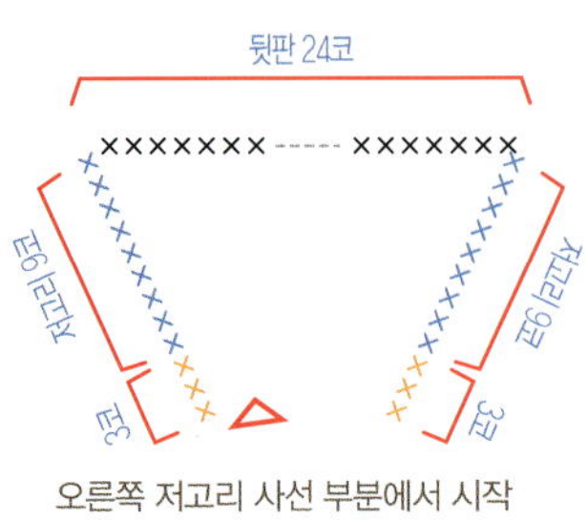

짚신만 2호 큰 코바늘로 작업, 빼뜨기, 기둥코로 올라간다.
짚신(베이지색 / 2개)

단	기호	콧수
1	O8, 2번째 사슬에서 윗사슬 : X6, 3코 늘리기, 밑사슬 : X5, V	16
2	V, X5, V3, X5, V2	22
3	(X, V), X5, (X, V)*3, X5, (X, V)*2	28
4	(X2, V), X5, (X2, V)*3, X5, (X2, V)*2	34
5	●, O4(기둥코), O, (f, O)*5, 3코 모아뜨기(한 코씩 건너뛰며 총 5코가 1코로), O, (f, O)*8	30

지게

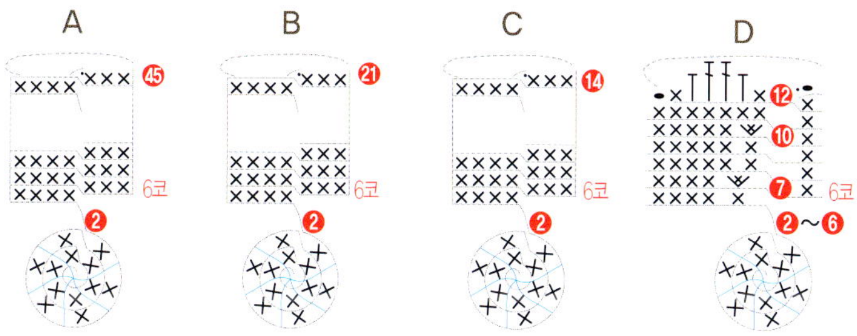

지팡이

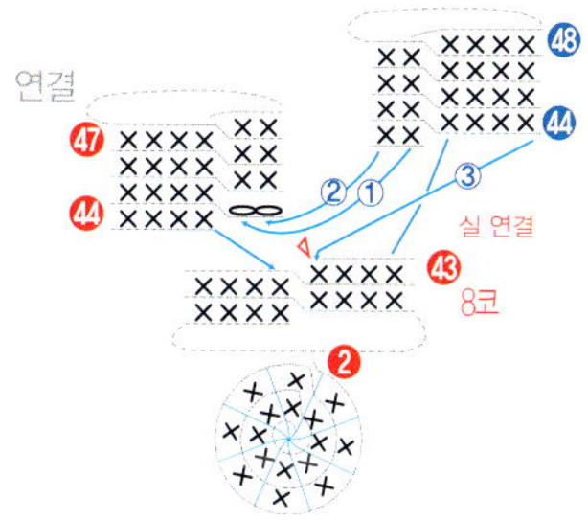

지게(A, B, C, D)

단	기호	콧수
지게 A-나무색 2개		
1	매직링으로 X6	6
2~45	X6 / 돗바늘 마무리	6
지게 B-나무색 1개		
1	매직링으로 X6	6
2~21	X6 / 돗바늘 마무리	6
지게 C-나무색 1개		
1	매직링으로 X6	6
2~14	X6 / 돗바늘 마무리	6
지게 D-나무색 2개		
1	매직링으로 X6	6
2~6	X6	6
7	V, X5	7
8~9	X7	7
10	V, X6	8
11	X8	8
12	X, T, F2, T, X, ●, ●	8

옷고름

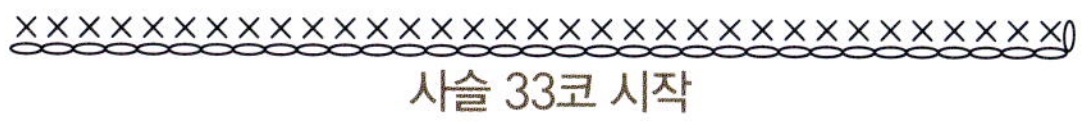

머리끈

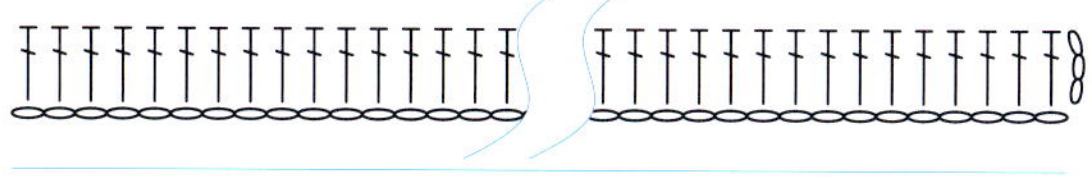

지팡이(나무색 / 1개)

단	기호	콧수
1	매직링으로 X8	8
2~43	X8	8
44	X4, O2 / 끝부분에서 양갈래로 갈라진다.	6
45~47	X6 / 돗바늘 마무리	6
45~48	새롭게 실을 연결하여 X6 / 돗바늘 마무리	6
	지게의 각 부분과 지팡이에 산적꽂이를 기운데에 넣어줘서 힘을 받을 수 있게 해준다.	

옷고름, 머리끈(흰색 / 1개)

단	기호	콧수
옷고름(흰색/ 2개)		
1	O34, 2번째 사슬부터X33	66
	저고리 적당한 곳에 달아준다.	
머리끈(흰색/ 1개)		
1	O135, 4번째 사슬부터 F131	132
	머리에 머리카락을 씌우고 이마에 묶어준다.	
저고리 동정		
	오른쪽 저고리의 사선 시작 부분에서 코를 주워가며 노란색으로 X3, 흰색으로 X9, 뒷판에서 X24, 왼쪽 저고리 X9, 노란색으로 X3(저고리의 사선 부분과 뒷목을 둘러가며 코를 주워 짧은뜨기로 둘러준다.	

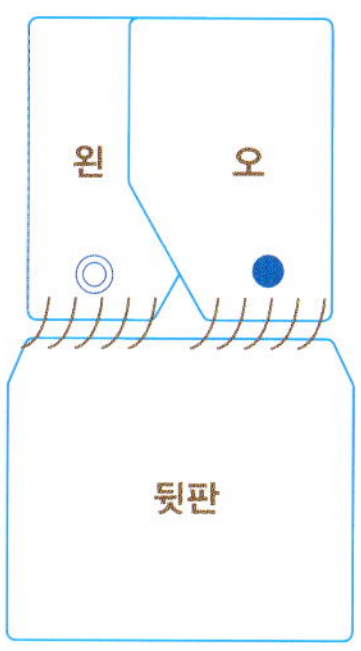

소매 코줍기

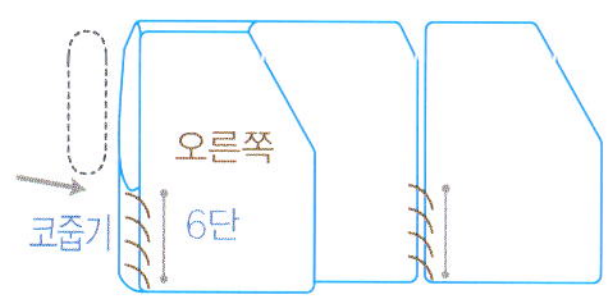

저고리 동정

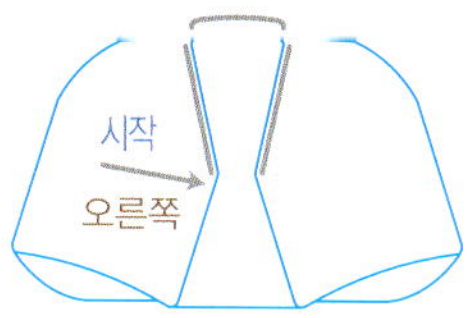

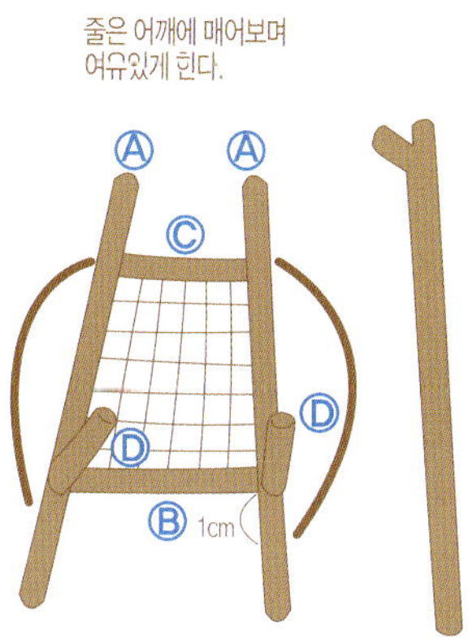

마무리

1. 몸통의 아래에서 10단과 다리의 5단을 조인트로 연결한다.
2. 몸통 목에서 7단과 팔의 6단을 조인트로 연결한다.
3. 몸을 만들 때 표시했던 곳을 엉덩이골 중심으로 그곳과 몸통의 시작 부분을 연결하여 힘껏 잡아당겨 엉덩이골을 만들어주고, 뒷면의 엉덩이골 중심과 앞면의 바로 맞은편을 연결하여 잡아당겨 배꼽을 만들어준다.
4. 머리 중심에서 밑으로 19단에 눈을 달아주는데, 눈과 눈 사이는 9~10코가 되게 한다.
5. 눈에서 6단 밑에 입을 만들어주는데, 눈 부근에 1코를 잡고 입 부근에 6~7코를 잡고 다른 눈 부근에 1코를 잡아 힘을 주어 잡아당겨 아이홀과 입의 음영을 준다.
6. 지게는 A 2개의 사이에 B와 C를 연결한다.
7. B와 A의 연결 부분에 D의 한길긴뜨기 부분이 밑으로 오게 하여 D를 연결한다.
8. 지게의 A와 B, C를 연결하여 생긴 네모 공백 부분에 같은 색실로 가로, 세로 격자무늬로 수놓듯이 연결한다.
9. 지게와 같은 색으로 어깨끈을 만들어 주는데, 원하는 어깨끈 길이의 4배 정도의 길이를 잡아 지게 윗쪽의(A와 C의 연결 위치 또는 그보다 살짝 위) 끝에서 2가닥씩 땋아 원하는 길이가 되면 밑부분(A와 B의 연결 위치보다 1cm 정도 밑부분)에 고정시켜준다.
10. 몸통과 얼굴 연결 시 안에 산적꽂이나 와이어를 넣어주면 목에 힘을 받아 좋다.

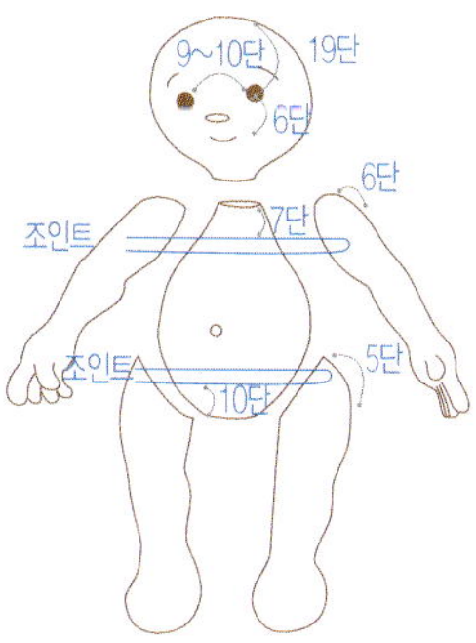

은 상

날다람쥐 핫팩

안 재 희 귀신H

사용실과 사용량(g): 네코-베이지색 1볼(50g), 분홍색 약간, 슈퍼베이비론(수면사)
-베이비옐로우색 20g

사용 도구: 5.5mm, 3mm 대바늘 **작품 사이즈:** 가로 19cm, 세로 31cm

작품 난이도: ★★★☆☆ **작품사진:** 26쪽

만드는 방법

꼬리

일반코로 14코 만들기
1~6단: 메리야스뜨기 6단
7단: (겉2, 늘리기)×4번 반복, 겉2 - 18코
8~12단: 안뜨기로 시작해서 메리야스뜨기 5단
13단: (겉4, 늘리기)× 3번 반복, 겉3 - 21코
14~16단: 안뜨기로 시작해서 메리야스뜨기 3단
17단: (겉3, 늘리기, 겉4, 늘리기)×2번 반복, 겉3 - 25코
18단: 안뜨기
19단: (겉5, 늘리기)× 4번 반복, 겉1 - 29코
20단: 안뜨기
21단: (겉4, 늘리기)×5번 반복, 겉4 - 34코
22~30단: 안뜨기로 시작해서 메리야스뜨기 9단
31단: (겉4, 2코 모아뜨기)×5번 반복, 겉4 - 29코
32단: 안뜨기
33단: (겉3, 2코 모아뜨기)×5번 반복, 겉4 - 24코
34단: 안뜨기
35단: (겉2, 2코 모아뜨기)×6번 반복 - 18코
36단: 안뜨기
37단: (겉1, 2코 모아뜨기)×6번 반복 - 12코
38단: 안뜨기
39단: (2코 모아뜨기)×6 - 6코
40단: 안뜨기
돗바늘 마무리

꼬리 안쪽

수면사실로 5.5mm 대바늘을 사용해 꼬리 길이만큼 코를 만들기
1~2단: 메리야스뜨기 2단
코막음

꼬리 도안

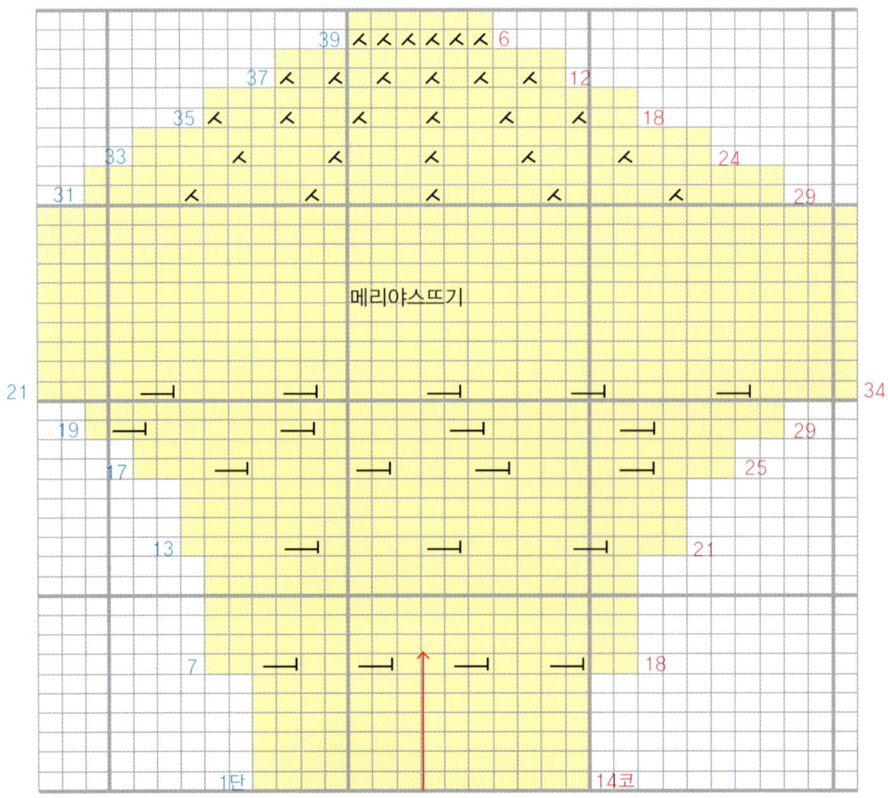

14코 시작

등/배 도안

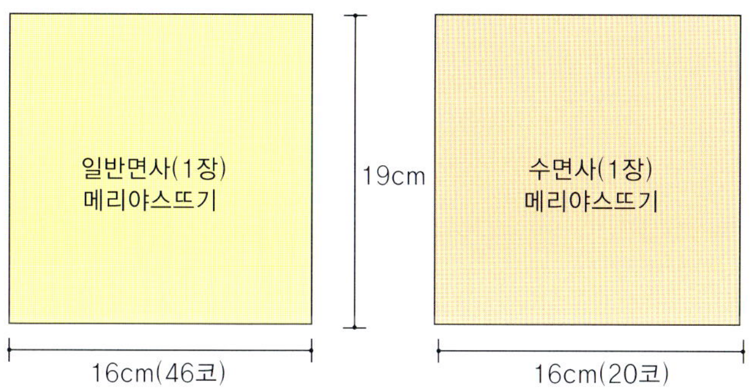

등(앞)
일반면사로 3mm 대바늘을 사용해 46코 만들기(1장)
가로 16cm, 세로 19cm가 나오도록 메리야스뜨기를 한다.
코막음

배(뒤)
수면사로 5.5mm 대바늘을 사용해 20코 만들기(1장)
가로 16cm, 세로 19cm가 나오도록 메리야스뜨기를 한다.
코막음

머리(2장)
일반코로 25코 만들기
1~4단: 메리야스뜨기 4단
5단: 겉6, 2코 모아뜨기, 겉9, 2코 모아뜨기, 겉6 - 23코
6단: 안뜨기
7단: 겉5, 2코 모아뜨기, 겉3, 2코 모아뜨기, 겉4, 2코 모아뜨기, 겉5 20코
8단: 안뜨기
9단: 겉4, 2코 모아뜨기, 겉8, 2코 모아뜨기, 겉4 - 18코
10~12단: 안뜨기로 시작해서 메리야스뜨기 3단
13단: 겉8, 2코 모아뜨기, 겉8 - 17코
14단: 안뜨기
15단: 겉5, 2코 모아뜨기, 겉3, 2코 모아뜨기, 겉5 - 15코
16~18단: 안뜨기로 시작해서 메리야스뜨기 3단
19단: 겉4, 2코 모아뜨기, 겉3, 2코 모아뜨기, 겉4 - 13코
20단: 안뜨기
21단: (겉1, 2코 모아뜨기)×4, 겉1 - 9코
22단: 안뜨기
돗바늘 마무리

머리 도안(2장)

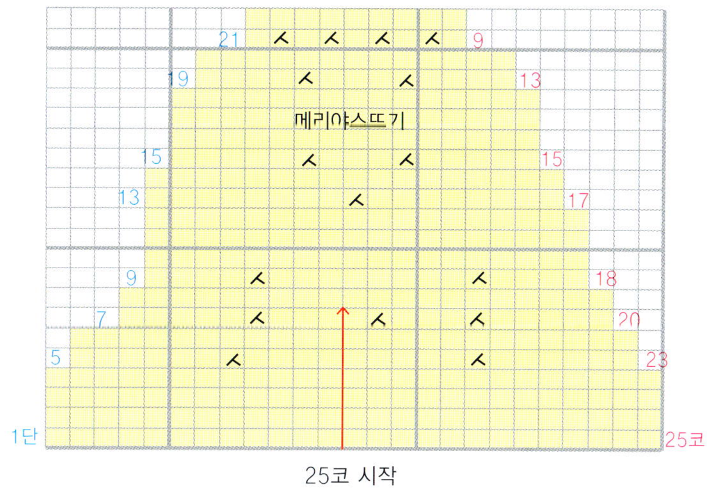

귀 도안(2장)

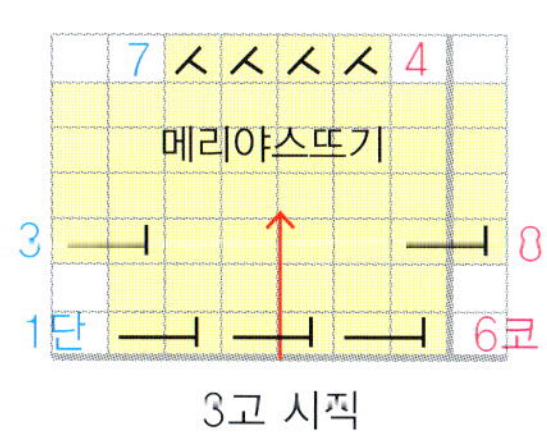

귀(2장)
일반코로 3코 만들기
1단: 모든 코 늘리기 - 6코
2단: 안뜨기
3단: 늘리기, 겉4, 늘리기 - 8코
4~6단: 안뜨기로 시작해서 메리야스뜨기 3단
7단: (2코 모아뜨기)×4번 반복 - 4코
돗바늘 마무리

손/발(겉면 4장, 안쪽면 4장)

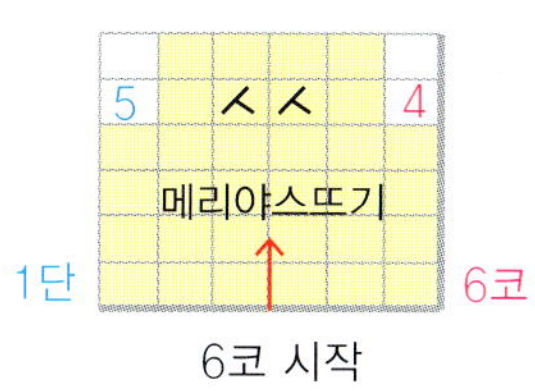

손/발(겉면 4장, 안쪽면 4장)
겉면은 다람쥐 등과 같은 색, 안쪽면은 분홍색 실 일반코로 6코 만들기
1~4단: 메리야스뜨기 4단
5단 :겉1, (2코 모아뜨기)×2번 반복, 겉1 - 4코
6단: 안뜨기
코막음

| □ 겉뜨기

— 안뜨기

⋌ 겉뜨기로 2코 모아뜨기(=2코 모아뜨기)

—| 겉뜨기 늘리기(Kf&b)(=늘리기)

뜨개 약어 설명

1. 겉 = 겉뜨기, 안 = 안뜨기
2. 겉뜨기단은 기호대로 뜨고 안뜨기단은 기호의 반대로 뜬다.
3. 서술형 도안과 그래프 도안을 한 번에 볼 수 있게 왼쪽에 "단"을 오른쪽에 "코"로 표시한다.
4. 돗바늘 마무리는 실을 길게 남겨 자르고, 돗바늘에 실을 꿰어 남아 있는 코를 모두 통과시킨 후, 잡아당겨 마무리하는 방법이다.

조립 도안

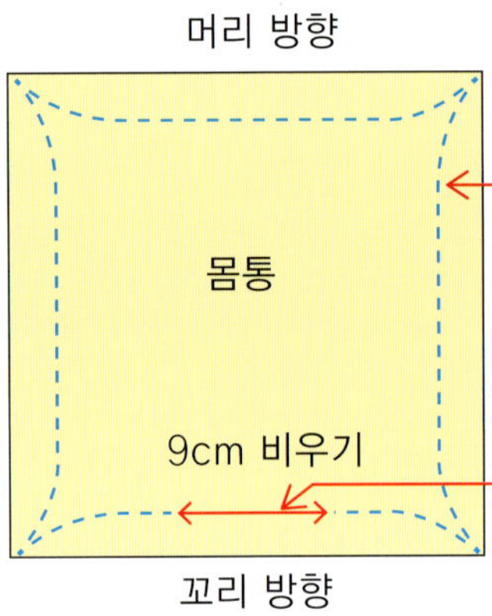

일반면사(위)가 안쪽면이 보이도록 수면사(아래)와 겹쳐보이게 그림과 같이 점선을 따라 단단히 박음질로 바느질한다.
(가운데 곡선을 분명히 하고 싶을 때는 반원을 크게 잡아 바느질한다.)

9cm 바느질하지 않는다.(팔팩 넣을 입구)
바느질 완료 후, 입구를 이용해 뒤집고 남은 실을 안으로 정리한다.

머리: 2장을 동일하게 떠서 겉면이 밖으로 보이게 매트리스 스티치(메리야스 잇기)로 바느질한다.
돗바늘 마무리한 부분은 한쪽 실로 모든 코를 한 번에 통과시켜 단단히 조여 준다.

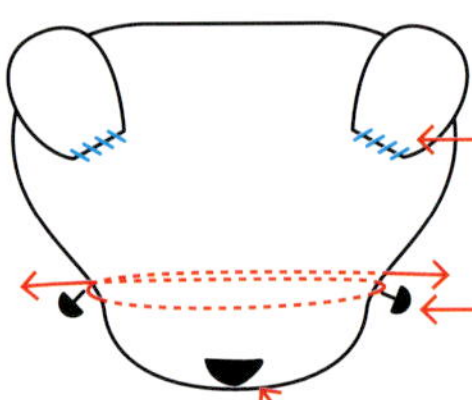

돗바늘로 마무리한 부분을
머리에 놓고 감침질로 바느질한다.

실로 한 번씩 땀을 떠서 반대편으로
통과시켜 잡아당겨준다.
움푹 패인 곳에 눈을 달아준다.

코를 가운데 위치하게 스티치한다.

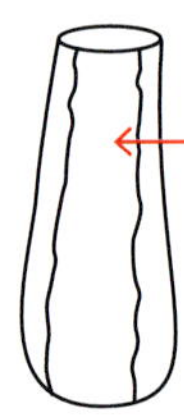

꼬리 아랫부분에
수면사로 뜬 조직을
감침질로 바느질한다.

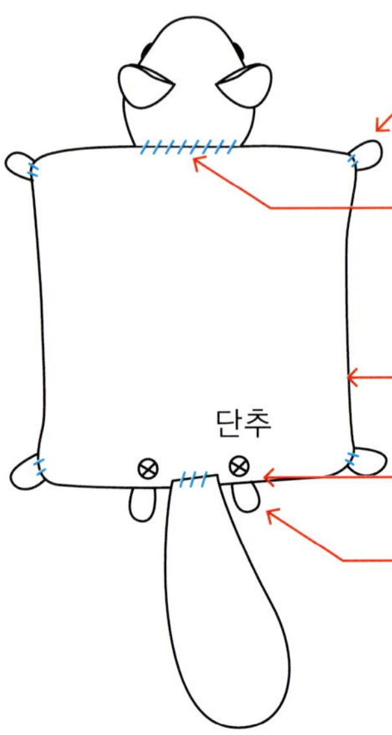

한 쌍을 겉면이 보이게 겹쳐 놓고 바느질하고 몸통에 바느질한다.

얼굴 뒷면 연결 바느질선 2코 아래 수면사 연결한 부분 바로 위를
메리야스 잇기로 바느질한다.

메리야스 잇기로 바느질한다.

단추를 달아준다.

단추구멍을 수면사 한 줄로 동그랗게 만든다.

은 상

러블리 인테리어 소품 4

김은경 다사랑79

[벽걸이 장식]

사용실과 사용량(g): 클라우드 그레이 30g, 타조 구정뜨개실 30수 – 베이비옐로우, 옐로우, 올리브그린, 라이트카키, 옐로우그린 각 소량씩

사용 도구: 모사용 코바늘 6/0호, 레이스 코바늘 3/0호

부자재: 글루건 **작품 사이즈:** 벽걸이 장식(가로 18cm, 세로 25cm)

작품 난이도: ★★☆☆☆ **작품사진:** 28쪽

[토피어리 화분]

사용실과 사용량(g): 해피코튼-크림화이트(20g), 올리브그린, 다크오렌지, 딥그린, 딥핑크, 인디핑크 각 소량씩, 구정뜨개 30수-다크그린, 라이트블루, 라임 각 소량씩, 보들이-겨자(20g)

사용 도구: 모사용 코바늘 5/0호, 레이스 코바늘 3/0호

부자재: 솜, 꽃철사, 꽃테이프, 글루건, 인형눈

작품 사이즈: 토피어리 화분(가로 15cm, 세로 17cm) **작품 난이도:** ★★★☆☆

만드는 방법

원형판 만드는 방법

1단: 매직링[원형코]으로 사슬 1코, 짧은뜨기 6코, 빼뜨기 - 6코
2단: 사슬 1코, 짧은뜨기로 모든 코 늘리기, 빼뜨기 - 12코
3단: 사슬 1코, (짧은뜨기 1코, 늘리기)×6번, 빼뜨기 - 18코
4단: 사슬 1코, (짧은뜨기 2코, 늘리기)×6번, 빼뜨기 - 24코
5단: 사슬 1코, (짧은뜨기 3코, 늘리기)×6번, 빼뜨기 - 30코
6단: 사슬 1코, (짧은뜨기 4코, 늘리기)×6번, 빼뜨기 - 36코
7단: 사슬 1코, (짧은뜨기 5코, 늘리기)×6번, 빼뜨기 - 42코
8단: 사슬 1코, (짧은뜨기 6코, 늘리기)×6번, 빼뜨기 - 48코
9단: 사슬 1코, (짧은뜨기 7코, 늘리기)×6번, 빼뜨기 - 54코
10단: 사슬 1코, (짧은뜨기 8코, 늘리기)×6번, 빼뜨기 - 60코
11단: 사슬 1코, (짧은뜨기 9코, 늘리기)×6번, 빼뜨기 - 66코
12단: 사슬 1코, 짧은뜨기로 이랑뜨기[뒤코] 66코, 빼뜨기 - 66코

12번째 단은 뒷쪽코를 주워 짧은뜨기를 하면서 사슬 8코를 만들어 고리를 만든다.

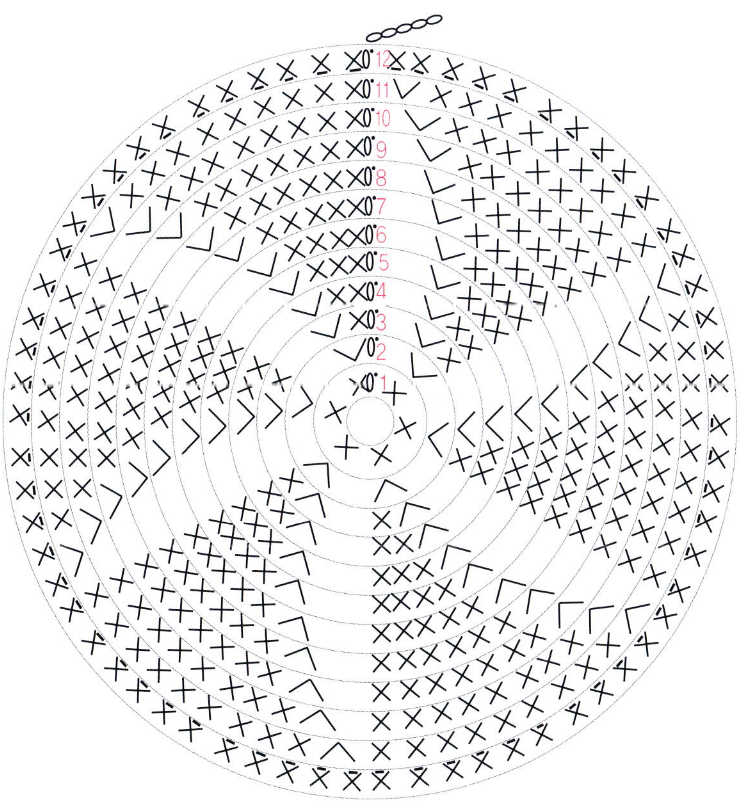

원형판

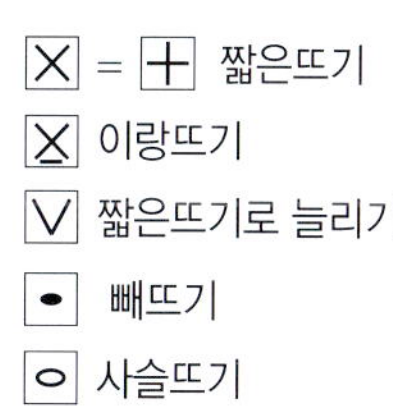

잎(18개) 만드는 방법

타조 구정뜨개 30수 실로 사슬 7코, 사슬 1코[기둥코], 짧은뜨기, 긴뜨기, 한길긴뜨기, 한길긴뜨기 2코 넣어뜨기, 한길긴뜨기, 긴뜨기, 짧은뜨기, 사슬 2코, [아래로] 빼뜨기, 짧은뜨기, 긴뜨기, 한길긴뜨기, 한길긴뜨기 2코 넣어뜨기, 한길긴뜨기, 긴뜨기, 짧은뜨기, 빼뜨기

잎(18개)

사슬 2코 이 부분은 잎의 뾰족한 부분 →

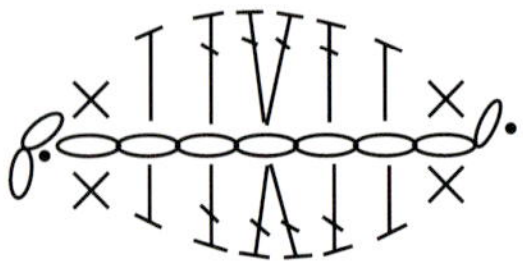

T 긴뜨기

Ŧ 한길긴뜨기

Λ 짧은뜨기 2코 모아뜨기

큰 레몬

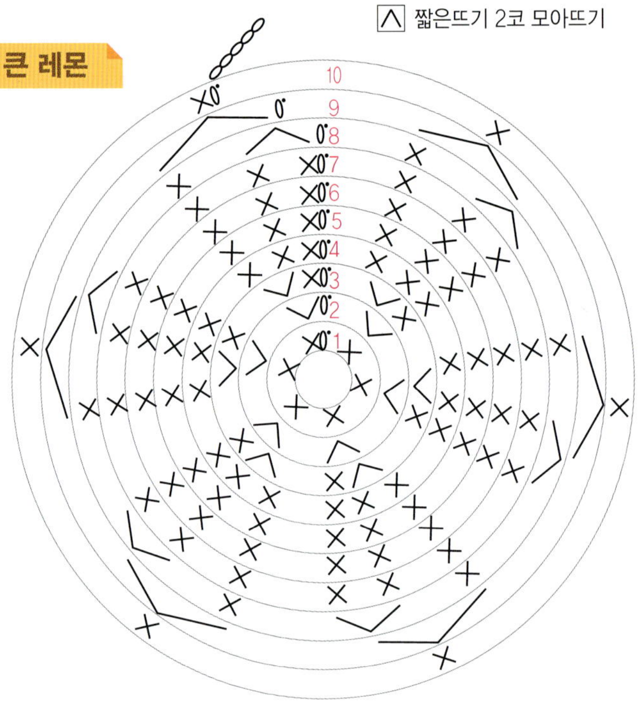

큰 레몬(6개) 만드는 방법

1단: 타조 구정뜨개 30수 실로 매직링[원형코]으로 사슬 1코, 짧은뜨기 6코, 빼뜨기 - 6코

2단: 사슬 1코, 짧은뜨기로 모든 코 늘리기, 빼뜨기 - 12코

3단: 사슬 1코, (짧은뜨기 1코, 늘리기)×6번, 빼뜨기 - 18코

4~7단: (사슬 1코, 짧은뜨기 48코, 빼뜨기)를 4단

색 변경

8단: 사슬 1코, (줄이기, 짧은뜨기 1코)×6번, 빼뜨기 - 12코

9단: 사슬 1코, (줄이기)×6번, 빼뜨기 - 6코

10단: 사슬 1코, 짧은뜨기 6코, 빼뜨기

[사슬 5코(레몬끼리 묶을 때 사용)]

솜을 넣어준다.

작은 레몬

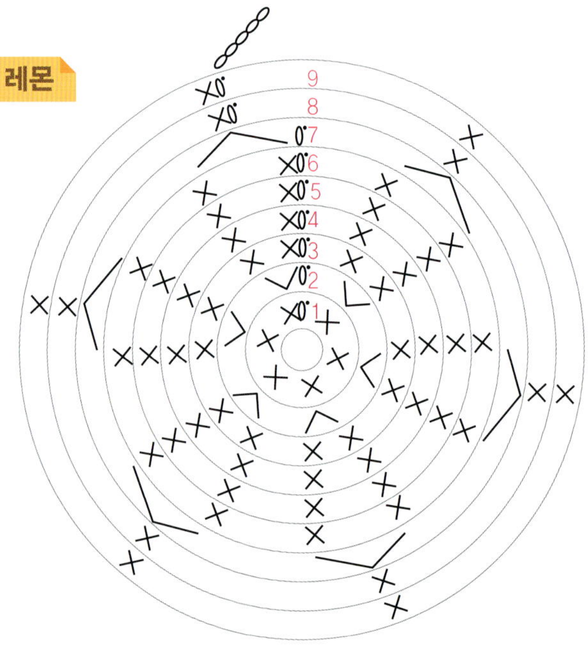

작은 레몬(20개) 만드는 방법

1단: 타조 구정뜨개 30수 실로 매직링[원형코]으로 사슬 1코, 짧은뜨기 6코, 빼뜨기 - 6코

2단: 사슬 1코, 짧은뜨기로 모든 코 늘리기, 빼뜨기 - 12코

3~6단: (사슬 1코, 짧은뜨기 48코, 빼뜨기)를 4단

색 변경

7단: 사슬 1코, (줄이기)×6번, 빼뜨기 - 6코

8단: 사슬 1코, 짧은뜨기 6코, 빼뜨기 - 6코

9단: 사슬 1코, 짧은뜨기 6코, 빼뜨기

[사슬 5코(레몬끼리 묶을 때 사용)]

솜을 넣어준다.

레몬 끈 만드는 방법

사슬 170코[38cm] 만들어 두번째 코에서 시작, 사슬 뒷산에 빼뜨기를 끝까지 한다.

레몬 끈

토피어리 화분 만드는 방법

큰 하트 곰순이 & 하트 아이비 곰돌이

얼굴

1단: 매직링[원형코]으로 사슬 1코, 짧은뜨기 6코, 빼뜨기 - 6코
2단: 사슬 1코, 짧은뜨기로 모든 코 늘리기, 빼뜨기 - 12코
3단: 사슬 1코, (짧은뜨기 1코, 늘리기)×6번, 빼뜨기 - 18코
4단: 사슬 1코, (짧은뜨기 2코, 늘리기)×6번, 빼뜨기 - 24코
5단: 사슬 1코, (짧은뜨기 3코, 늘리기)×6번, 빼뜨기 - 30코
6단: 사슬 1코, (이랑뜨기 4코, 이랑뜨기로 늘리기)×6번, 빼뜨기 - 36코
7단: 사슬 1코, (짧은뜨기 5코, 늘리기)×6번, 빼뜨기 - 42코
8단: 사슬 1코, (짧은뜨기 6코, 늘리기)×6번, 빼뜨기 - 48코
9~13단: (사슬 1코, 짧은뜨기 48코, 빼뜨기)를 5단
14단: 사슬 1코, (짧은뜨기 6코, 줄이기)×6번, 빼뜨기 - 42코
15단: 사슬 1코, (짧은뜨기 5코, 줄이기)×6번, 빼뜨기 - 36코
16단: 사슬 1코, (짧은뜨기 4코, 줄이기)×6번, 빼뜨기 - 30코
17단: 사슬 1코, (짧은뜨기 3코, 줄이기)×6번, 빼뜨기 - 24코
18단: 사슬 1코, (짧은뜨기 2코, 줄이기)×6번, 빼뜨기 - 18코
19단: 사슬 1코, (짧은뜨기 1코, 줄이기)×6번, 빼뜨기 - 12코
20단: 사슬 1코, (줄이기)×6번, 빼뜨기 - 6코

얼굴

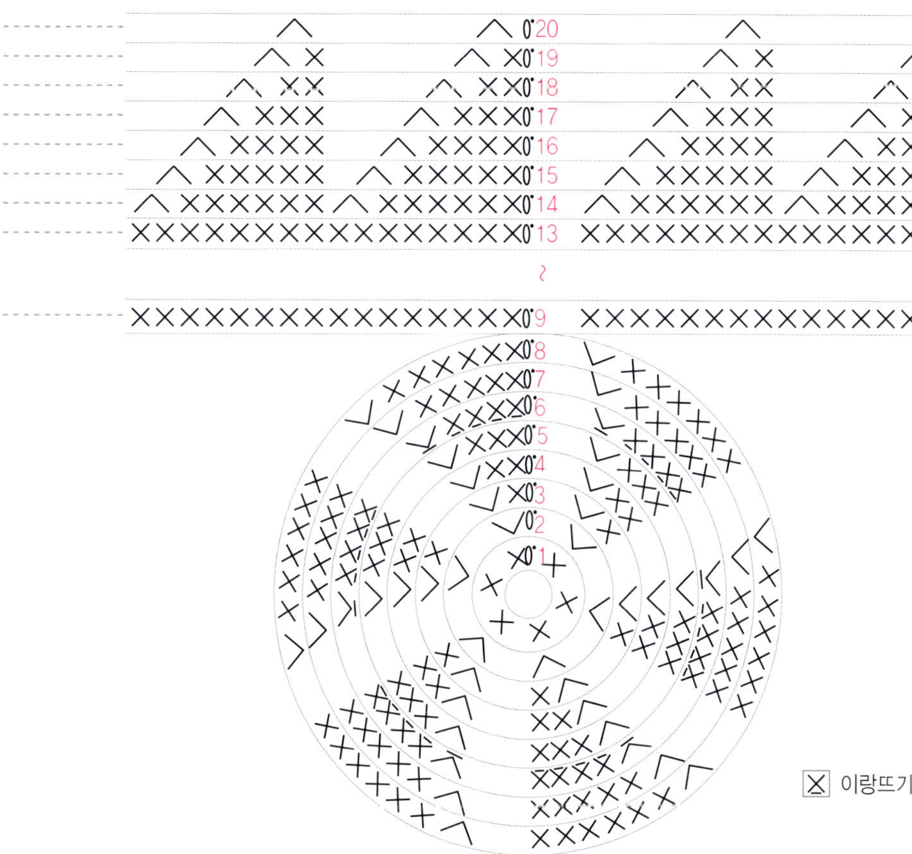

큰 하트 곰순이

볼

1단: 매직링[원형코]으로 사슬 1코, 짧은뜨기 6코, 빼뜨기 - 6코
2단: 사슬 1코, 짧은뜨기로 모든 코 늘리기, 빼뜨기 - 12코

코

1단: 매직링[원형코]으로 사슬 1코, 짧은뜨기 6코, 빼뜨기 - 6코
2단: 사슬 1코, 짧은뜨기로 6코, 빼뜨기 - 6코

볼

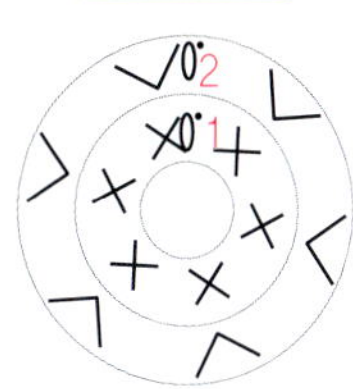

코

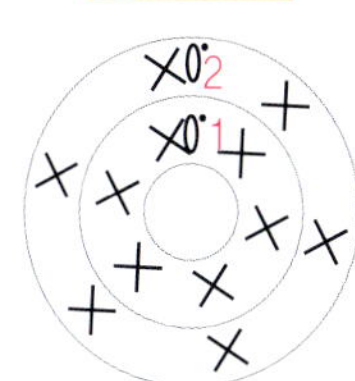

리본 끈

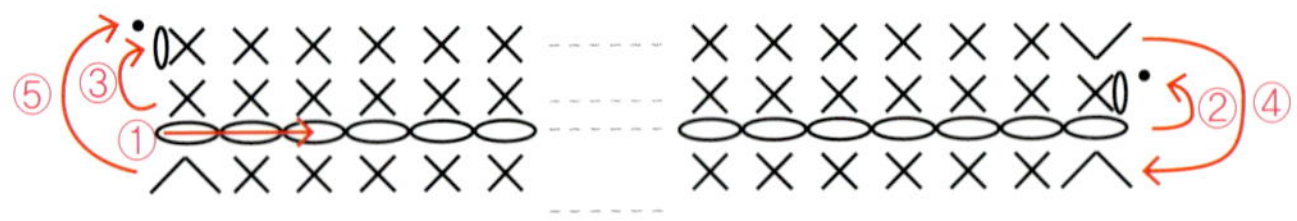

리본 끈

1단: 사슬 80코[길이 36cm] 만들어 사슬 1코[기둥코], 짧은뜨기 80코 - 80코

2단: 사슬 1코, 짧은뜨기 79코, 늘리기, [아래로] 늘리기, 짧은뜨기 78코, 늘리기,
빼뜨기 - 163코

작은 하트

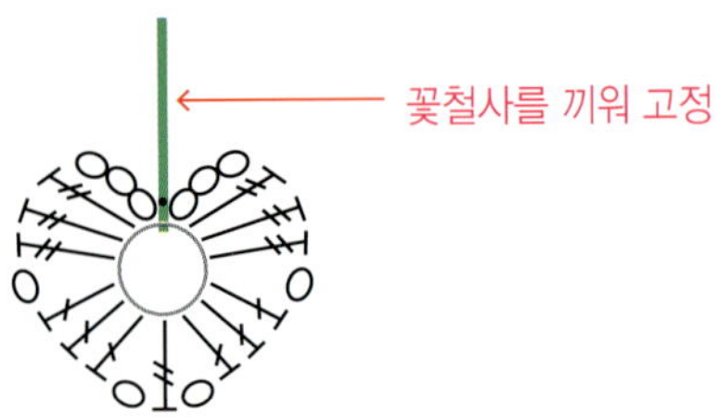

큰 하트

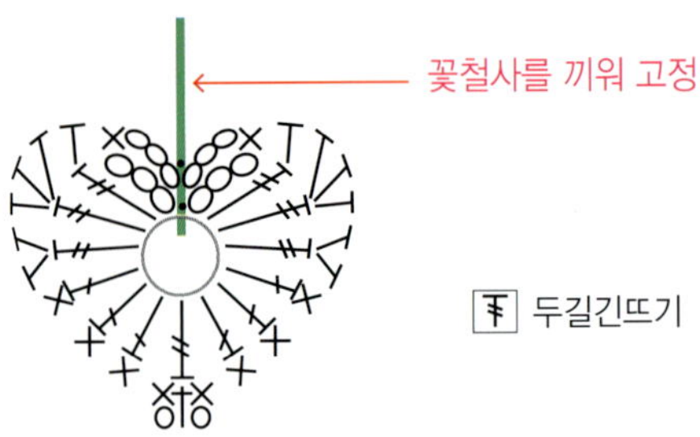

하트 아이비 곰돌이

하트 아이비 잎 - 작은 하트

1단: 매직링[원형코]으로 사슬 3코, 두길긴뜨기 3코, 사슬 1코, 한길긴뜨기 3코, 사슬 1코, 두길긴뜨기 1코, 한길긴뜨기 3코, 사슬 1코, 두길긴뜨기 3코, 사슬 3코, 빼뜨기

하트 아이비 잎 - 큰 하트

1단: 사슬 3코, 두길긴뜨기 3코, 한길긴뜨기 3코, 두길긴뜨기 1코, 한길긴뜨기 3코, 두길긴뜨기 3코, 사슬 3코, 빼뜨기

2단: 사슬 3코, 짧은뜨기, 긴뜨기, 긴뜨기 3코 넣어뜨기, 긴뜨기 2코 넣어뜨기, 짧은뜨기 3코, 짧은뜨기 1코/사슬 1코/긴뜨기/사슬 1코/짧은뜨기 1코, 짧은뜨기 3코, 긴뜨기 2코 넣어뜨기, 긴뜨기 3코 넣어뜨기, 긴뜨기, 짧은뜨기, 사슬 3코, 빼뜨기

큰 잎

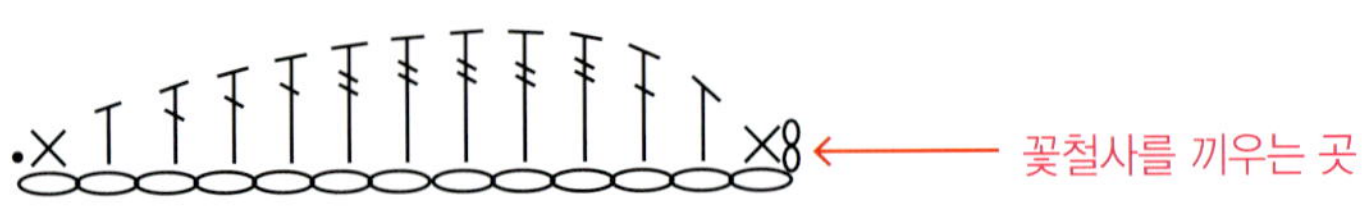

작은 잎

큰 하트 곰순이

큰 잎

1단: 사슬 13코, 사슬 2코[기둥코], 짧은뜨기, 긴뜨기, 한길긴뜨기, 두길긴뜨기 5코, 한길긴뜨기 3코, 긴뜨기, 짧은뜨기/빼뜨기

작은 잎

1단: 사슬 9코, 사슬 2코[기둥코], 짧은뜨기, 긴뜨기, 한길긴뜨기 5코, 긴뜨기, 짧은뜨기/빼뜨기

조립하기

1. 사슬코 사이로 꽃철사를 지그재그로 끼워서 잎의 자연스러움을 표현해준다.
2. 꽃테이프를 이용해 잎과 잎을 연결해서 풍성하게 만든다.

큰 하트

1단: 매직링[원형코]에 사슬 1코[기둥코], 짧은뜨기 5코, 빼뜨기 - 5코

2단: 짧은뜨기를 26cm가 되도록 기둥코없이 뜬다.

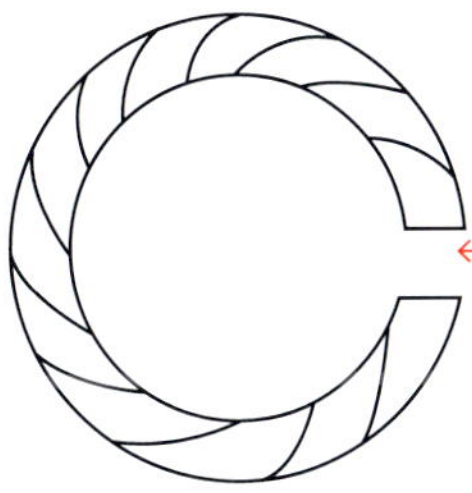

큰 하트

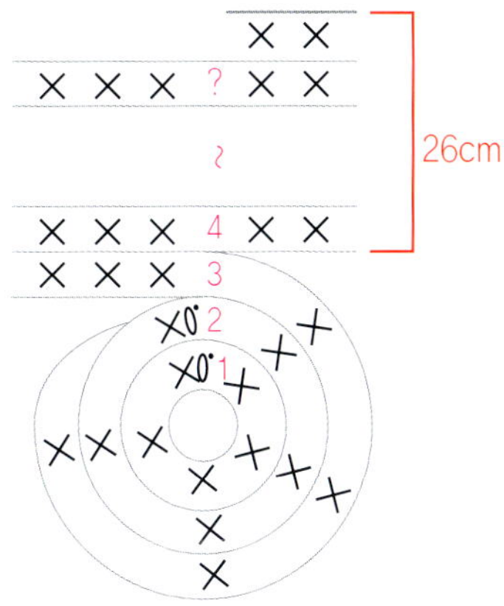

[플라워 화병 장식]

사용실과 사용량(g): 시몬-핫핑크, 핑크, 형광연두 각 소량씩, 구정뜨개 30수-라이트카키, 올리브그린 각 소량씩

사용 도구: 레이스 코바늘 3/0호

부자재: 꽃철사, 꽃테이프, 글루건, 화병, 솜

작품 사이즈: 플라워 화병 장식(가로 25cm, 세로 23cm) **작품 난이도:** ★★☆☆☆

큰 꽃잎

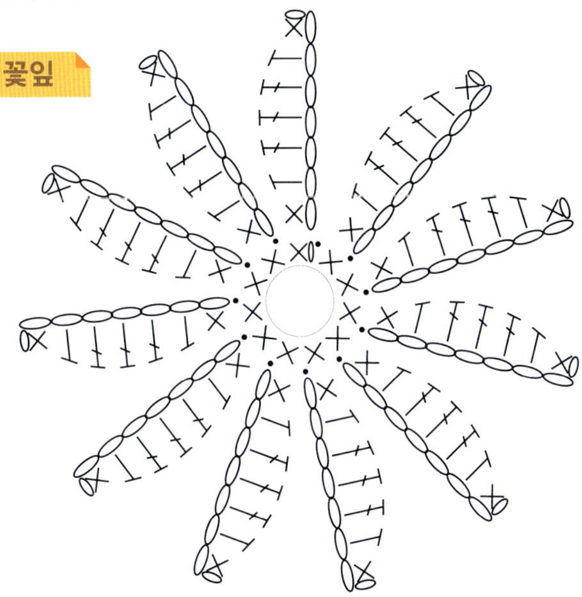

플라워 화병 장식 만드는 방법

핑크 플라워 꽃 - 큰 꽃잎

1. 매직링[원형코]으로 사슬 1코, 짧은뜨기 11코, 빼뜨기 - 11코
2. 사슬 7코, 사슬 1코[기둥코], 짧은뜨기, 긴뜨기, 한길긴뜨기 3코, 긴뜨기, 짧은뜨기, 빼뜨기[꽃잎]
3. 빼뜨기, 사슬 7코, 사슬 1코[기둥코], 짧은뜨기, 긴뜨기, 한길긴뜨기 3코, 긴뜨기, 짧은뜨기, 빼뜨기[꽃잎]
4. 3번 꽃잎을 9개 만든다.

작은 꽃잎

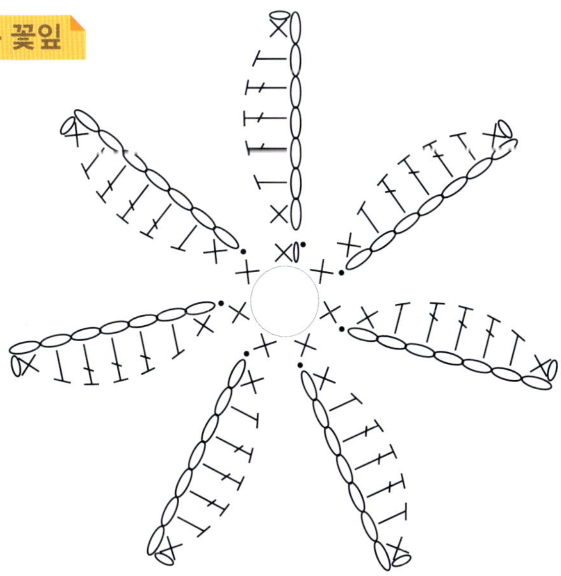

작은 꽃잎

1. 매직링[원형코]으로 사슬 1코, 짧은뜨기 7코, 빼뜨기 - 7코
2. 사슬 7코, 사슬 1코[기둥코], 짧은뜨기, 긴뜨기, 한길긴뜨기 3코, 긴뜨기, 짧은뜨기, 빼뜨기[꽃잎]
3. 빼뜨기, 사슬 7코, 사슬 1코[기둥코], 짧은뜨기, 긴뜨기, 한길긴뜨기3코, 긴뜨기, 짧은뜨기, 빼뜨기[꽃잎]
4. 3번 꽃잎을 5개 만든다.

잎

잎 만들기

1. 사슬 15코, 사슬 1코[기둥코], 짧은뜨기 14코, 사슬 1코에 짧은뜨기 3코, [아래로] 짧은뜨기 13코, 시작코에 짧은뜨기 1코 - 31코
2. 짧은뜨기 3코 늘리기, 짧은뜨기 11코, [편물 돌리기] 사슬 1코, 짧은뜨기 12코, 짧은뜨기 3코 늘리기, 짧은뜨기 1코, 짧은뜨기 3코 늘리기, 짧은뜨기 11코, [편물돌리기] 사슬 1코, 짧은뜨기 12코, 짧은뜨기 3코 늘리기, 짧은뜨기 14코, [편물돌리기] 짧은뜨기 25코, 빼뜨기

꽃 받침대

꽃 받침대 만들기

1단: 매직링[원형코]에 사슬 1코, 짧은뜨기 6코, 빼뜨기 - 6코

2단: 사슬 1코, 짧은뜨기로 모든 코 늘리기, 빼뜨기 - 12코

3~4단: (사슬 1코, 짧은뜨기 6코, 빼뜨기)를 2단

5단: 사슬4코, 사슬 2코[기둥코], (짧은뜨기, 긴뜨기, 한길긴뜨기, 두길긴뜨기, 빼뜨기)×6번 반복

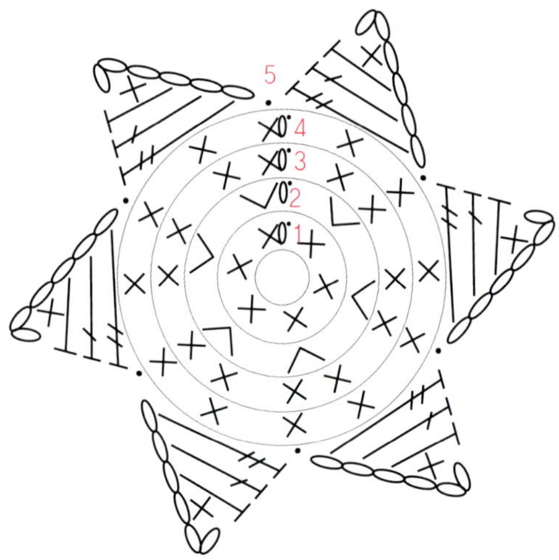

조립하기

핑크 플라워 꽃과 꽃받침, 잎 모두 꽃철사, 꽃테이프 글루건을 사용해 서로 이어 붙이고 화병에 꽂아준다.

꽃봉오리

핑크 플라워 꽃봉오리 만들기

1단: 매직링[원형코]에 사슬 1코, 짧은뜨기 5코, 빼뜨기 - 5코

2단: 사슬 1코, 짧은뜨기로 모든 코 늘리기, 빼뜨기 - 10코

3~5단: (사슬 1코, 짧은뜨기 10코, 빼뜨기)를 3단

핑크색으로 변경

6~7단: (사슬 1코, 짧은뜨기 10코, 빼뜨기)를 2단

7단까지 뜨고 솜을 채워서 꽃철사를 끼워준다.

8단: 사슬 1코, (줄이기)×5번,빼뜨기 - 5코

9단: 사슬 1코, 짧은뜨기 5코, 빼뜨기

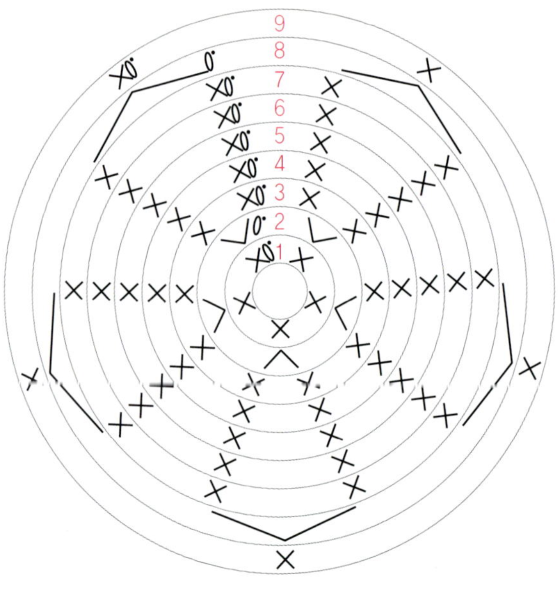

[라울 화분]

사용실과 사용량(g)

시몬-핫핑크, 핑크 각 소량씩, 구정뜨개 30수-라이트카키, 올리브그린, 브라운 각 소량씩, 보들이-겨자, 베이비 각 소량씩

사용 도구: 레이스 코바늘 3/0호

부자재: 꽃철사, 꽃테이프, 글루건, 화분, 솜(스티로폼)

작품 사이즈: 라울 화분(가로 10cm, 세로 15cm)

작품 난이도: ★★★☆☆

라울 화분 만드는 방법

라울 꽃잎 만들기

[큰 라울 꽃잎: 7단까지 뜬다.(4개)/중간 라울 꽃잎: 5단까지 뜬다.(3개)]

1단: 매직링[원형코]으로 사슬 1코, 짧은뜨기 6코, 빼뜨기 - 6코

2단: 사슬 1코[기둥코], (사슬 3코, 1코 건너서 짧은뜨기)×2번 , 사슬 3코, 1코 건너서 빼뜨기

3단: 사슬 1코[기둥코], 2단 사슬 3코에 (짧은뜨기, 긴뜨기, 한길긴뜨기 3코, 긴뜨기, 짧은뜨기, 다음 코에 빼뜨기)×3번

4단: 사슬 2코[기둥코], 3단에(뒤걸어 짧은뜨기, 사슬 3코)×6번, 빼뜨기

5단: 사슬 1코[기둥코], 4단 사슬 3코에(짧은뜨기, 긴뜨기, 한길긴뜨기3고, 긴뜨기, 짧은뜨기, 다음 코에 빼뜨기)×6번

6단: 사슬 2코[기둥코], 5단에(뒤걸어 짧은뜨기, 사슬 5코)×6번, 빼뜨기

7단: 사슬 1코[기둥코], 6단 사슬 5코에(짧은뜨기, 긴뜨기, 한길긴뜨기5코, 긴뜨기, 짧은뜨기, 다음 코에 빼뜨기)×6번

라울 꽃잎

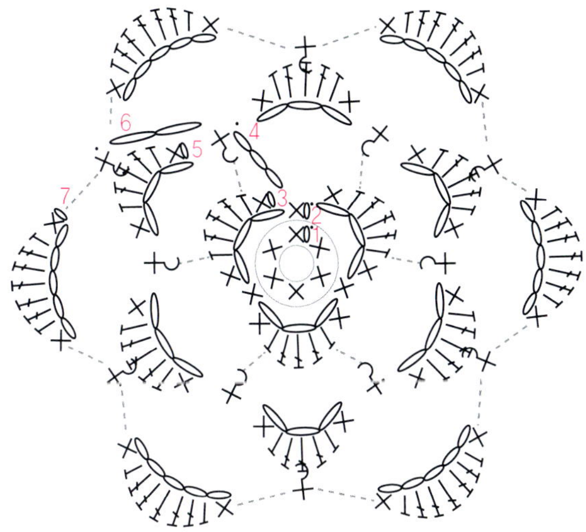

뒤걸어 짧은뜨기

라울 줄기

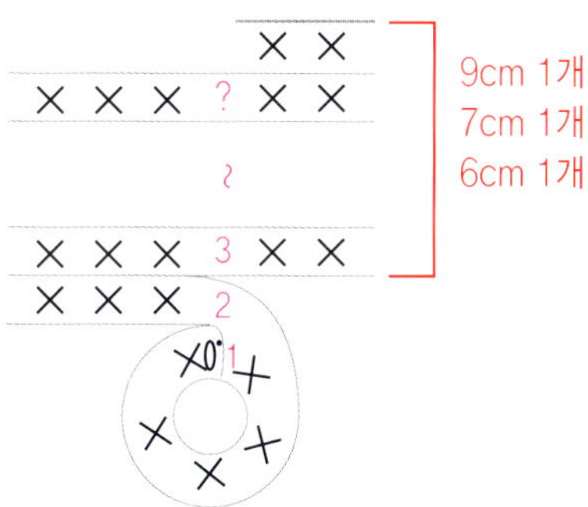

라울 줄기 만들기

1단: 매직링[원형코]으로 사슬 1코, 짧은뜨기 5코, 빼뜨기 - 5코

2단: 기둥코를 세우지 않고 짧은뜨기 5코를 원형으로 길이 9cm 1개, 7cm 1개, 6cm 1개를 뜬다.

꽃철사를 안에 넣어 라울 꽃잎과 라울 줄기를 글루건으로 붙인다.

화분 흙

화분 흙 만들기

1단: 매직링[원형코]으로 사슬 1코, 짧은뜨기 6코, 빼뜨기 - 6코

2단: 사슬 1코, 짧은뜨기로 모든 코 늘리기, 빼뜨기 - 12코

3단: 사슬 1코, (짧은뜨기 1코, 늘리기)×6번, 빼뜨기 - 18코

4단: 사슬 1코, (짧은뜨기 2코, 늘리기)×6번, 빼뜨기 - 24코

5단: 사슬 1코, (짧은뜨기 3코, 늘리기)×6번, 빼뜨기 - 30코

6단: 사슬 1코, (짧은뜨기 4코, 늘리기)×6번, 빼뜨기 - 36코

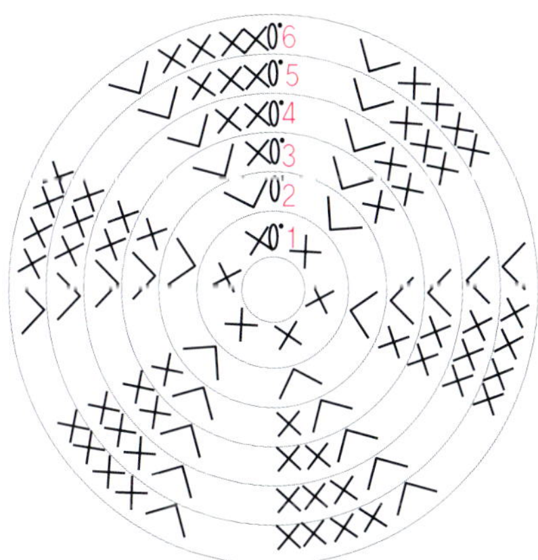

이름표

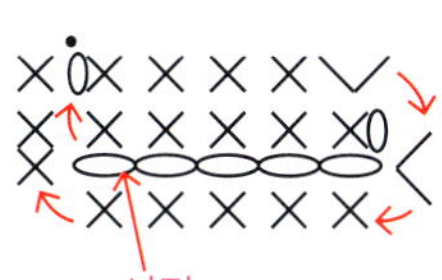

이름표 만들기

1단: 사슬 5코, 사슬 1코[기둥코], 짧은뜨기 5코, [편물돌리기] 사슬 1코, 짧은뜨기 4코, 늘리기, [옆면으로 옮겨] 늘리기, [아래로] 짧은뜨기 4코, 늘리기, [왼쪽 옆면] 짧은뜨기 3코, 빼뜨기

은 상

실방울 브로치

장 화 애 솜뭉치

사용실과 사용량(g): 폴리(지푸라기 실) 100g
사용 도구: 모사용 코바늘 5/0호
작품 사이즈: 가로 15cm, 세로 15cm
작품 난이도: ★★★☆☆ **작품사진:** 29쪽

만드는 방법

방울 A

8개

방울 A

1. 매직링[원형]에 사슬 2코, 긴뜨기 8코, 빼뜨기 - 9코

방울 B

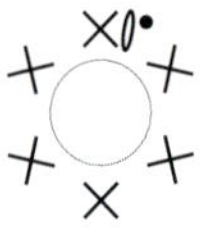

20개

방울 B

1. 매직링[원형]에 사슬 1코, 짧은뜨기 6코, 빼뜨기 - 6코

방울 C

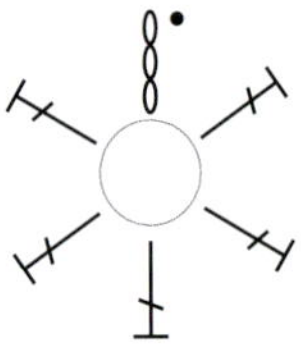

10개

방울 C

1. 매직링[원형]에 사슬 3코, 한길긴뜨기 5코, 빼뜨기 - 6코

조립하기

1. 모시천을 2장 박음질한 후, 창구멍으로 뒤집어서 다림질한다.
2. 방울 A,B,C를 각각 완성하고 10장에서 12장을 가시고 모양을 만들어 고정한다.
3. 뒷면은 글루건으로 부착하여 고정한다.

은상

레인보우 발매트 실내화 세트

최명화 영원한 철부지

[발매트]

사용실과 사용량(g): 코나 8볼-인디핑크 4볼, 노랑 2볼, 민트, 하늘색 각 1볼씩 / 520g

사용 도구: 모사용 코바늘 7/0호 **작품 사이즈:** 발매트(가로 63.5cm, 세로 37.5cm)

작품 난이도: ★★★☆☆ **작품사진:** 30쪽

만드는 방법

발매트

핑크색 실로 시작

1단: 사슬 80코 만들고, 사슬 1코[기둥코], 짧은뜨기 80코 - 80코

2단: 사슬 1코[기둥코], 이랑뜨기 80코

3단: 사슬 1코[기둥코], 짧은뜨기 80코

4단: 1단 이랑뜨기 하고 남은 줄에 짧은뜨기 80코

5단: 3단과 4단을 같이 뜨기, 짧은뜨기 80코

다음 단: 1~5단까지 배색을 하면서 23줄[5단이 1무늬]이 나올 때까지 뜬다.

양옆으로 핑크색 실을 연결해서 짧은뜨기 40코씩 뜬다.

전체 핑크색 실을 연결해서 되돌아 짧은뜨기를 뜬다.

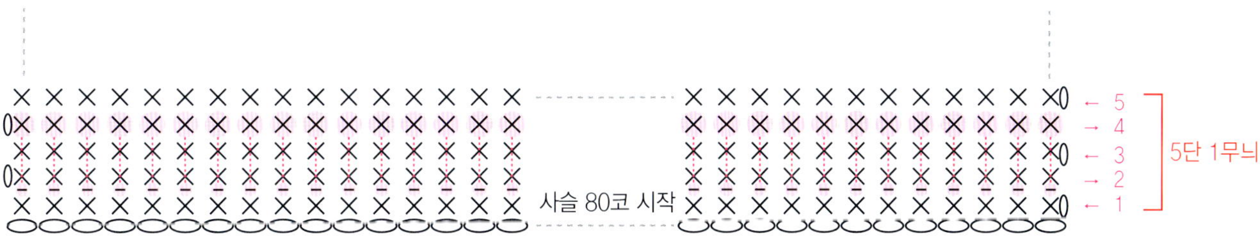

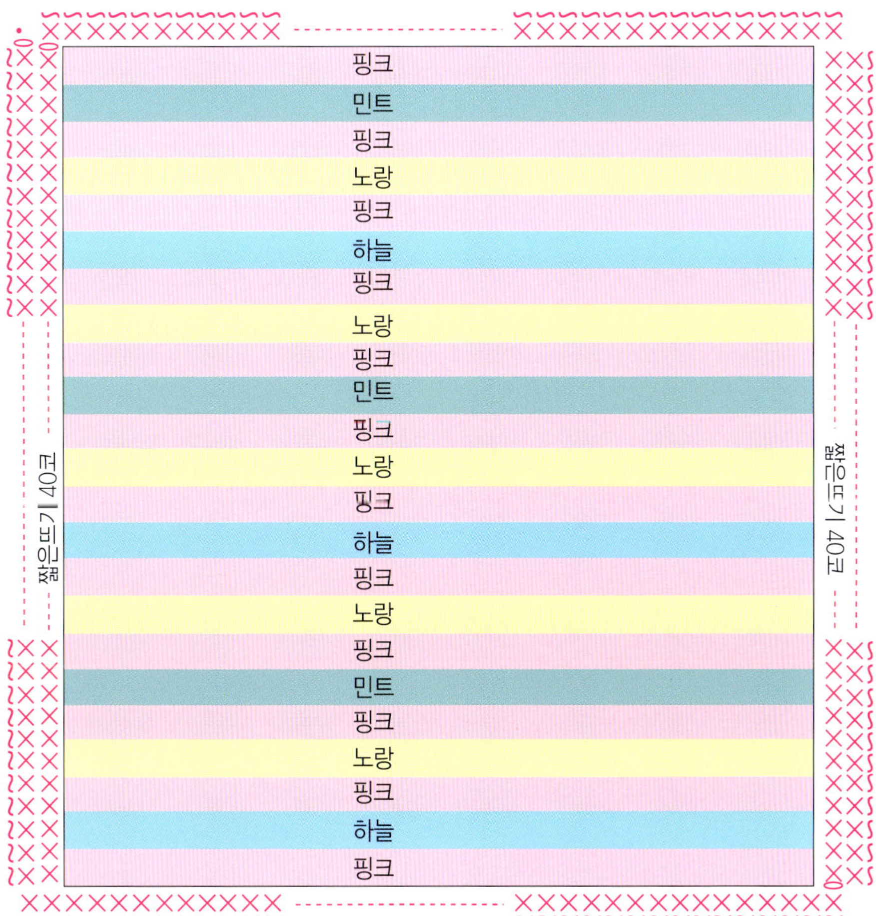

발매트

[실내화]

사용실과 사용량(g): 남 – 민트 3볼, 인디핑크, 노랑, 하늘색 약간씩 / 260g 정도, 여 – 인디핑크 3볼, 민트, 노랑, 하늘색 약간씩 / 250g 정도

사용 도구: 모사용 코바늘 7/0호

작품 사이즈: 실내화(남) 가로 10.5cm, 세로 26cm/ (여) 10.5cm, 세로 23.5cm

작품 난이도: ★★★☆☆

슬리퍼(남) 바닥 도안(한 켤레 4장)

1단: 사슬 25코 만들고, 사슬 1코[기둥코], 짧은뜨기 24코, 사슬 1코에 짧은뜨기 4코, 짧은뜨기 23코, 시작코에 짧은뜨기 3코 - 54코

2단: 긴뜨기 2코 넣어뜨기, 긴뜨기 11코, 한길긴뜨기 12코, 한길긴뜨기 2코 넣어뜨기 4코, 한길긴뜨기 12코, 긴뜨기 11코, 긴뜨기 2코 넣어뜨기 3코 - 62코

3단: 짧은뜨기 26코, 늘리기 2코, 짧은뜨기 2코, 늘리기 2코, 짧은뜨기 26코, 늘리기 4코 - 70코

4단: 긴뜨기 13코, 한길긴뜨기 14코, 한길긴뜨기 2코 넣어뜨기, 한길긴뜨기, 한길긴뜨기 2코 넣어뜨기, 한길긴뜨기 3코, 한길긴뜨기 2코 넣어뜨기, 한길긴뜨기 1코, 한길긴뜨기 2코 넣어뜨기, 한길긴뜨기 13코, 긴뜨기 14코, 긴뜨기 2코 넣어뜨기 2코, 긴뜨기 2코, 긴뜨기 2코 넣어뜨기 2코, 긴뜨기 - 78코

5단: 짧은뜨기 26코, 늘리기, 짧은뜨기 3코, 늘리기, 짧은뜨기 4코, 늘리기, 짧은뜨기 3코, 늘리기, 짧은뜨기 27코, 늘리기, 짧은뜨기 1코, 늘리기, 짧은뜨기 4코, (늘리기, 짧은뜨기 1코)×2번 - 86코

6단: 짧은뜨기 31코, (늘리기, 짧은뜨기 2코)×4번, 짧은뜨기 31코, (늘리기, 짧은뜨기 2코)×4번 - 94코

슬리퍼(여)는 가운데 노랑색으로 표시된 부분을 빼고 뜬다.(사슬 23코 시작)

실내화

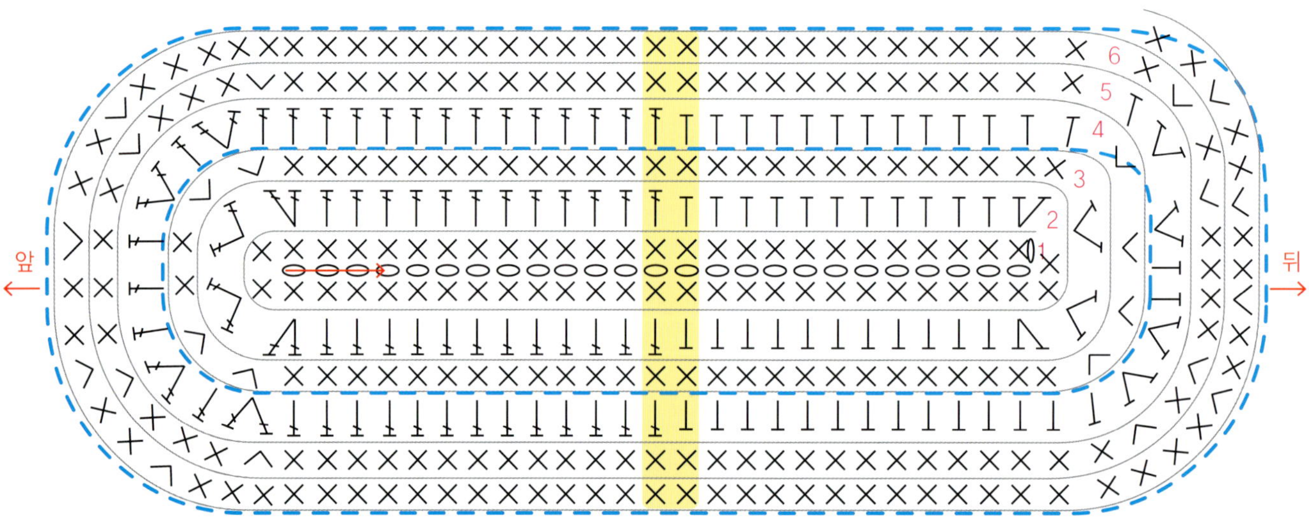

X = 짧은뜨기 | T = 긴뜨기 | V̄ = 한길긴뜨기 2코 넣어뜨기

X̃ = 되돌아 짧은뜨기 | V = 긴뜨기 2코 넣어뜨기 | • = 빼뜨기

V = 짧은뜨기로 늘리기 | Ŧ = 한길긴뜨기 | ○ = 사슬뜨기

만들기

2장을 겉면이 보이게 마주 대고 3단과 6단에 홈질로 꿰맨다(---- 표시 부분)

슬리퍼(남) 발등 도안

1단: 도안에서 표시된 부분부터 시작해서 사슬 1코[기둥코], 바닥 위 부분 그림과 같이 코를 잡아 짧은뜨기 94코, 빼뜨기 - 94코

2단: 사슬 1코[기둥코], 짧은뜨기 52코, 빼뜨기 42코 - 52코 52코만 뜬다.

3단: 도안과 같이 뜬다.

4단: 노랑색으로 도안과 같이 뜬다.

5단: 민트색으로 도안과 같이 뜬다.

6단: 노랑색으로 도안과 같이 뜬다.

7단: 민트색으로 도안과 같이 뜬다.

8단: 노랑색으로 도안과 같이 뜨고 반으로 접어 돗바늘로 꿰맨다. 그림과 같이 민트색 실을 연결해서 짧은뜨기 1단을 뜬다.

슬리퍼(여)는 짧은뜨기 90코를 2단 뜨고, 50코만 가지고 도안과 같이 뜬다.

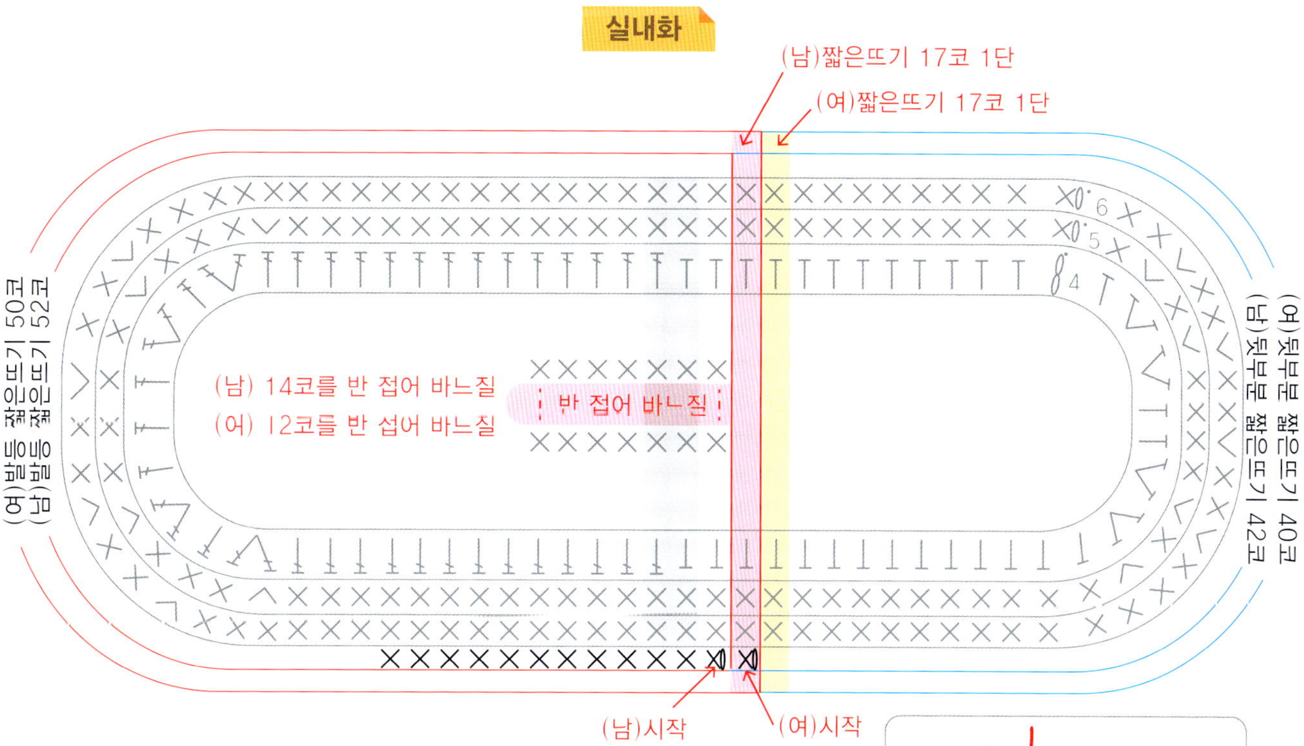

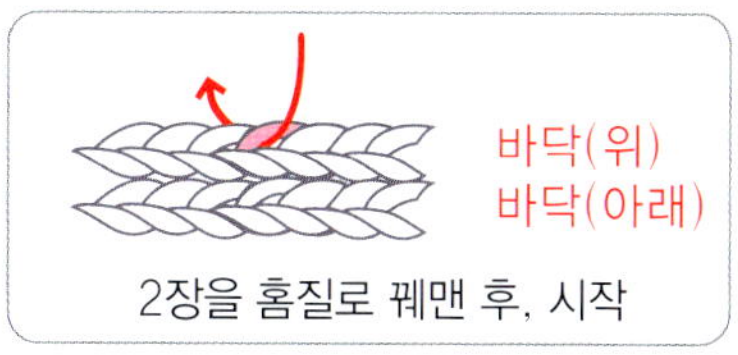

슬리퍼(남) 발등 도안

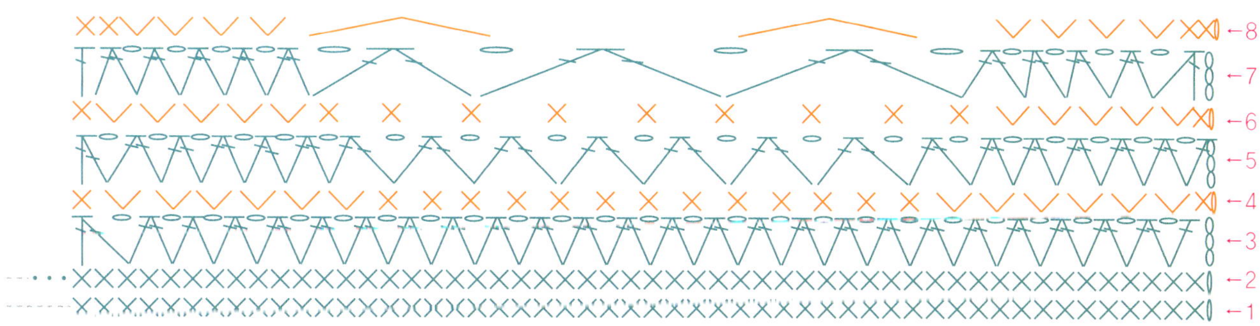

슬리퍼(여) 발등 도안

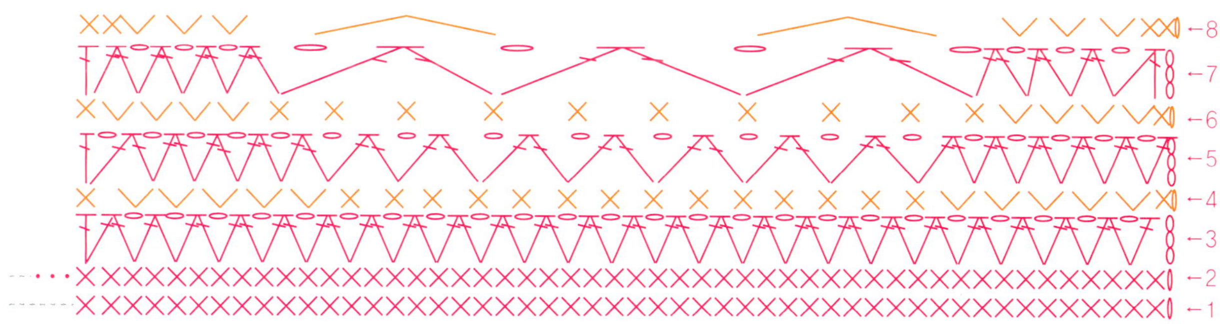

은상

무지개사랑 세트

이효선 꼼지락써니

사용실과 사용량(g): 헤라코튼(배경색 실), 파파야바틱(하트 패턴)
사용 도구: 모사용 코바늘 4/0호
작품 사이즈: 보틀커버 지름(6~7cm, 10cm~11cm), 프레임 파우치(가로 15cm, 세로 13cm), 지퍼 파우치(가로 21cm, 세로 15cm)
작품 난이도: ★★★☆☆ **작품사진:** 31쪽

만드는 방법

보틀커버

바닥 부분은 짧은뜨기, 몸통 부분은 짧은 이랑뜨기로 뜬다. (원통형으로 뒷산 부분만 걸어 뜬다.)

바닥

1단: 매직링[원형코]으로 사슬 1코, 짧은뜨기 8코, 빼뜨기 - 8코
2단: 사슬 1코[기둥코], 짧은뜨기로 모든 코 늘리기, 빼뜨기 - 16코
3단: 사슬 1코[기둥코], (짧은뜨기 1코, 늘리기)×8번, 빼뜨기 - 24코
4단: 사슬 1코[기둥코], (짧은뜨기 1코, 늘리기, 짧은뜨기 1코)×8번, 빼뜨기 - 32코
5단: 사슬 1코[기둥코], (늘리기, 짧은뜨기 3코)×8번, 빼뜨기 - 40코
6단: 사슬 1코[기둥코], (짧은뜨기 2코, 늘리기, 짧은뜨기 2코)×8번, 빼뜨기 - 48코
7단: 사슬 1코[기둥코], (짧은뜨기 5코, 늘리기)×8번, 빼뜨기 - 56코

몸통

8~10단: 단마다 기둥코 세우면서 이랑뜨기 3단, 빼뜨기로 마무리
11~28단: 단마다 기둥코 세우면서 하트 패턴으로 배색 이랑뜨기 18단, 빼뜨기로 마무리
29~31단: 단마다 기둥코 세우면서 배경색 실로 이랑뜨기 3단, 빼뜨기로 마무리
32단: 사슬 1코[기둥코], 되돌아 짧은뜨기 1단, 빼뜨기

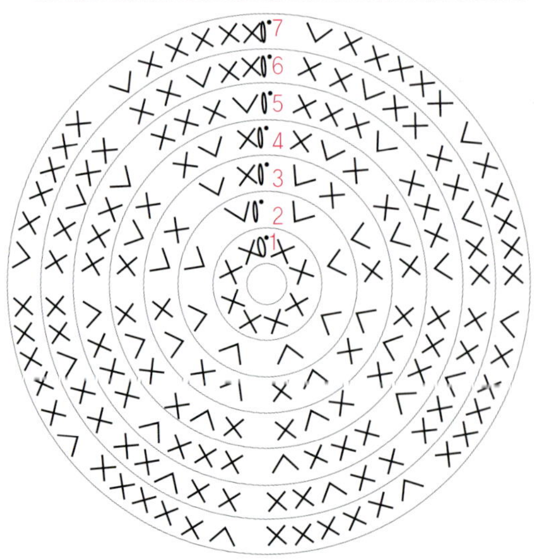

[X] = [+] 짧은뜨기
[X̃] 되돌아 짧은뜨기
[X̲] 이랑뜨기
[V] 짧은뜨기로 늘리기
[•] 빼뜨기
[○] 사슬뜨기

프레임 파우치 만드는 방법

1~7단: 보틀커버 7단까지 동일하게 뜬다.

8단: 사슬 1코[기둥코], (짧은뜨기 3코, 늘리기, 짧은뜨기 3코)×8번, 빼뜨기 - 64코

9단: 사슬 1코[기둥코], (짧은뜨기 1코, 늘리기, 짧은뜨기 6코)×8번, 빼뜨기 - 72코

10단: 사슬 1코[기둥코], (짧은뜨기 5코, 늘리기, 짧은뜨기 3코)×8번, 빼뜨기 - 80코

11단: 사슬 1코[기둥코], (짧은뜨기 3코, 늘리기, 짧은뜨기 6코)×8번, 빼뜨기 - 88코

12단: 사슬 1코[기둥코], (짧은뜨기 8코, 늘리기, 짧은뜨기 2코)×8번, 빼뜨기 - 96코

13~15단: 바탕실로 단마다 기둥코 세우면서 이랑뜨기 3단, 빼뜨기로 마무리

16~33단: 하트 패턴으로 배색 단마다 기둥코 세우면서 이랑뜨기 18단, 빼뜨기로 마무리

프레임에 바탕실로 꿰매어 마무리(바탕실을 갈라서 사용)

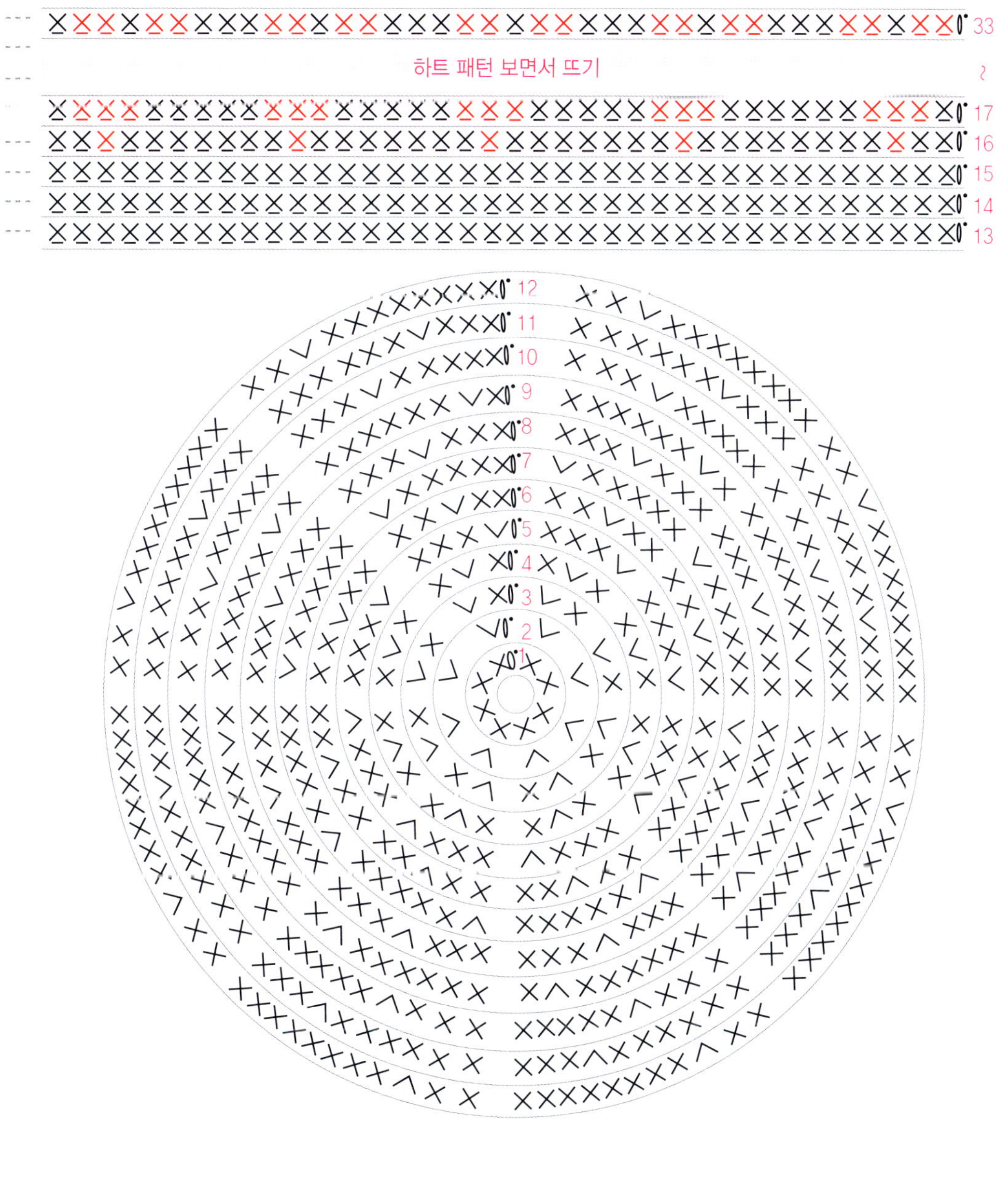

지퍼 파우치 만드는 방법

1단: 사슬 58코를 만들어 사슬 1코[기둥코], 짧은뜨기 57코, 사슬 1코에 짧은뜨기 4코, [아래로] 짧은뜨기 56코, 시작코에 짧은뜨기 3코, 빼뜨기 - 120코

2~6단: 단마다 기둥코 세우면서 이랑뜨기 5단, 빼뜨기로 마무리 - 120코

7~24단: 하트 패턴으로 배색 기둥코 세우면서 이랑뜨기 18단, 빼뜨기로 마무리

25~33단: 단마다 기둥코 세우면서 이랑뜨기 9단, 빼뜨기로 마무리

34단: 사슬 1코[기둥코], (짧은뜨기 6코, 줄이기)×15번, 빼뜨기 - 105코

35단: 사슬 1코[기둥코], 되돌아 짧은뜨기 1단, 빼뜨기로 마무리

지퍼를 달아 마무리한다.

하트 패턴

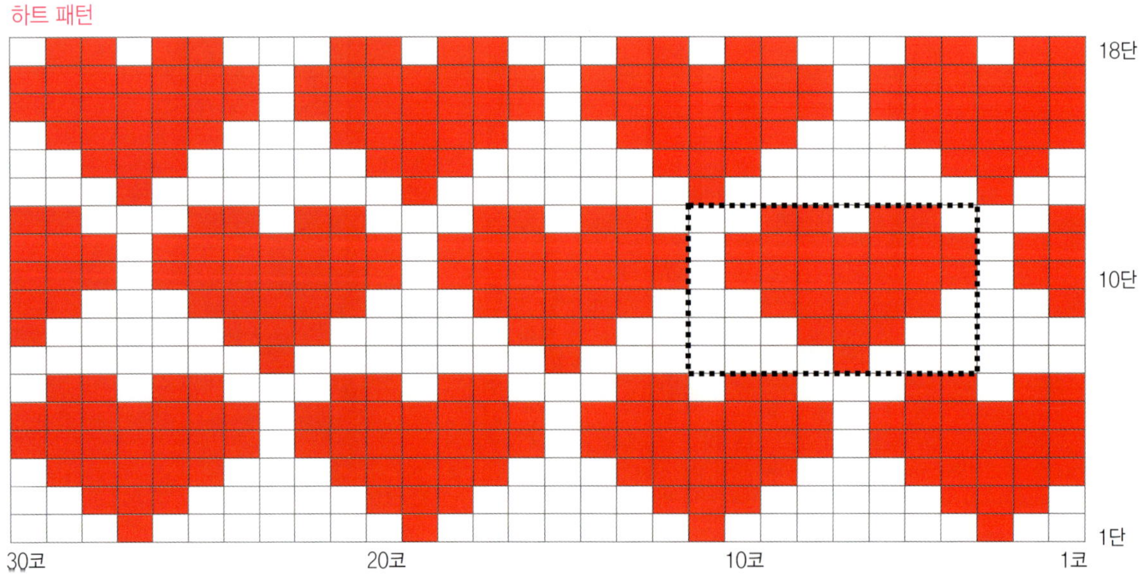

반복 무늬 (8코 6단)

은상

한니트의 티오백

한근혜 한니트

사용실과 사용량(g): 젬마 – 88번 230g, 86번 200g, 80번 200g
사용 도구: 모사용 코바늘 6/0호
작품 사이즈: 가로 33cm, 세로 27cm
작품 난이도: ★★★☆☆ **작품사진:** 32쪽

만드는 방법

가방 바닥 만드는 방법

1단: 6호 코바늘 사용해 사슬 40코 만들고, 사슬 1코[기둥코], 짧은뜨기 39코, 사슬 1코에 짧은뜨기 3코 [아래로] 짧은뜨기 38코, 시작코에 짧은뜨기 2코 - 82코

2단: 짧은뜨기 3코 늘리기, 짧은뜨기 38코, 짧은뜨기 3코 늘리기, 짧은뜨기 1코, 짧은뜨기 3코 늘리기, 짧은뜨기 38코, 짧은뜨기 3코 늘리기, 짧은뜨기 1코 - 90코

3단: 짧은뜨기 1코, 짧은뜨기 3코 늘리기, 짧은뜨기 40코, 짧은뜨기 3코 늘리기, 짧은뜨기 3코, 짧은뜨기 3코 늘리기, 짧은뜨기 40코, 짧은뜨기 3코 늘리기, 짧은뜨기 2코 - 98코

4단: 짧은뜨기 2코, 짧은뜨기 3코 늘리기, 짧은뜨기 42코, 짧은뜨기 3코 늘리기, 짧은뜨기 5코, 짧은뜨기 3코 늘리기, 짧은뜨기 42코, 짧은뜨기 3코 늘리기, 짧은뜨기 3코 - 106코

5단: 짧은뜨기 3코, 짧은뜨기 3코 늘리기, 짧은뜨기 44코, 짧은뜨기 3코 늘리기, 짧은뜨기 7코, 짧은뜨기 3코 늘리기, 짧은뜨기 44코, 짧은뜨기 3코 늘리기, 짧은뜨기 4코 - 114코

6단: 짧은뜨기 1단

블랙 가방 만들기

7~49단: 짧은뜨기 43단

50단: 가방을 반으로 접어 손잡이를 만들어 주기, 짧은뜨기 33코, 사슬 40코, 24코 건너뜨기, 짧은뜨기 33코, 사슬 40코, 24코 건너뜨기

51~53단: 짧은뜨기 3단

단추를 달고 마무리한다.

가방 손잡이

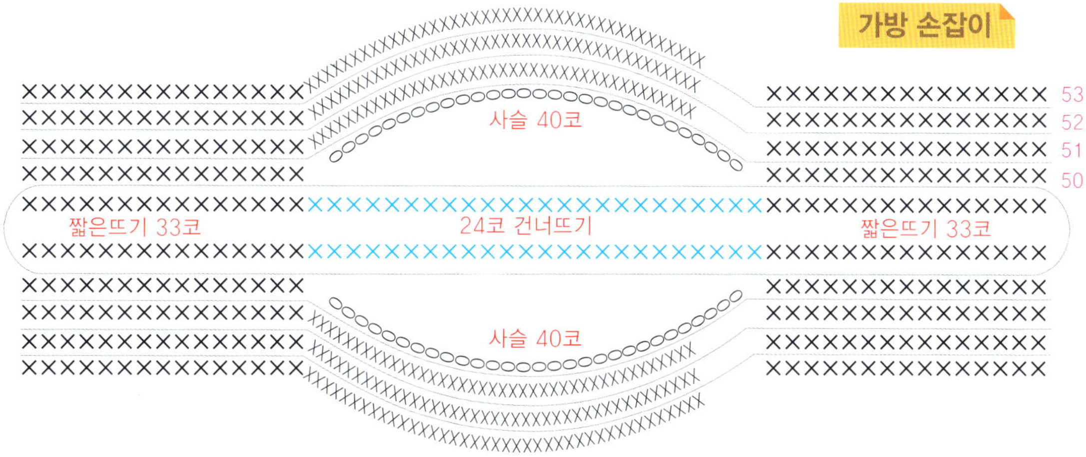

블랙 가방 ※ 가방을 반으로 접어 가운데 양쪽이 손잡이(사슬 40코)가 중앙으로 맞춰 코를 나눠서 뜬다.

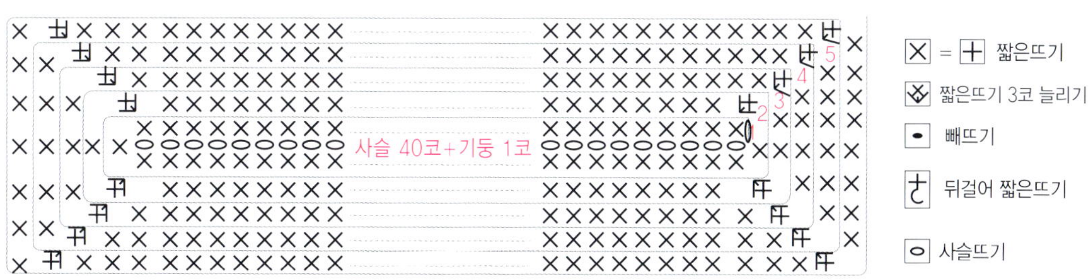

그린 가방

그린 가방

그린 가방 만들기

1~6단: 블랙 가방과 동일하게 뜬다.

7단: 뒤걸어 짧은뜨기 1단 - 114코

8단: 사슬 5코/한길긴뜨기, 사슬 1코, 짧은뜨기, 사슬 1코(한길긴뜨기/사슬 2코/한길긴뜨기, 사슬 1코, 짧은뜨기, 사슬 1코)×끝까지 반복, 빼뜨기

9단: 사슬 5코/한길긴뜨기, 사슬 2코, (한길긴뜨기/사슬 2코/한길긴뜨기, 사슬 2코)×끝까지 반복, 빼뜨기

10~19단: 8~9단을 반복

20~24단: 짧은뜨기 5단

25단: 가방을 반으로 접어 손잡이를 만들어 주기, 짧은뜨기 33코, 사슬 40코, 24코 건너뜨기, 짧은뜨기 33코, 사슬 40코, 24코 건너뜨기

26~28단: 짧은뜨기 3단

단추를 달고 마무리한다.

그레이 가방

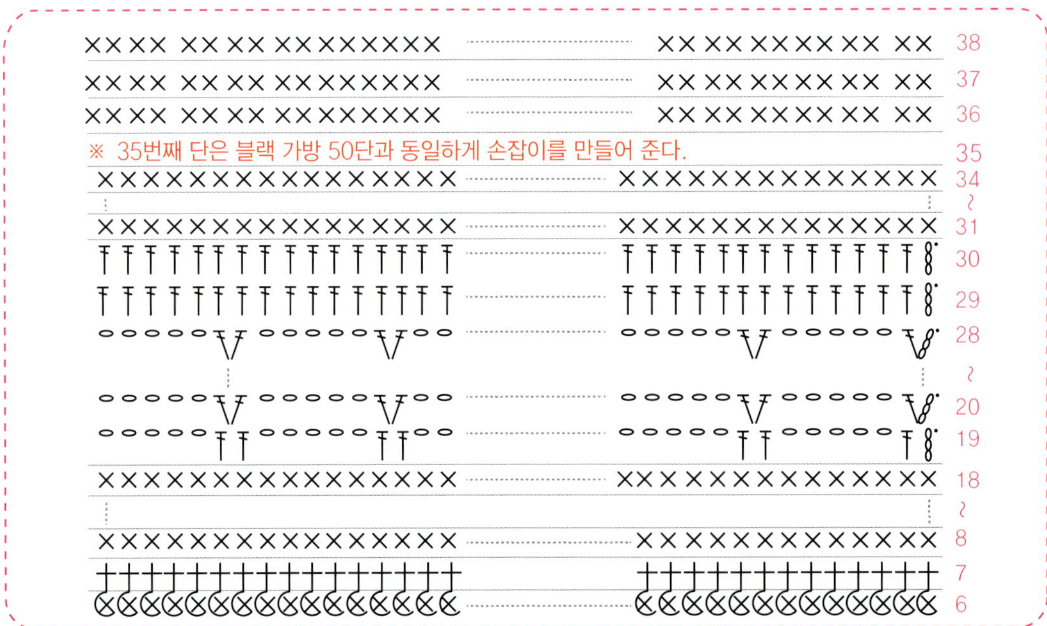

그레이 가방

그레이 가방 만들기

1~6단: 블랙 가방과 동일하게 뜬다.

7단: 뒤걸어 짧은뜨기 1단 - 114코

8~18단: 짧은뜨기 11단

19단: 사슬 3코/한길긴뜨기, 사슬 5코, (한길긴뜨기/한길긴뜨기, 사슬 5코)×끝까지 반복, 빼뜨기

20~28단: 19단 무늬 반복

29~30단: 한길긴뜨기 2단

31~34단: 짧은뜨기 4단

35단: 가방을 반으로 접어 손잡이를 만들어 주기, 짧은뜨기 33코, 사슬 40코, 24코 건너뜨기, 짧은뜨기 33코, 사슬 40코, 24코 건너뜨기

36~38단: 짧은뜨기 3단

은상

마카롱 도일리

김경희 소유love

사용실과 사용량(g): 자그레브실 20수 5g, 리즈베스 40수(화이트) 5g(비즈 포함)

사용 도구: 셔틀, 레이스 코바늘 12호

부자재: 비즈

작품 사이즈: 가로 15.5cm, 세로 15.5cm / 가로 14.2cm, 세로 14.2cm

작품 난이도: ★★★☆☆ **작품사진:** 34쪽

도안

만드는 방법

- 자그레브실 20수 기준으로 만들어진 도안이다.
- 각 라운드의 롱피코를 제외한 모든 피코는 베리스몰피코이다.

1라운드: 어니언링 마지막 라운드에 딤플드링을 진행 방향대로 만들어 준다.
피코는 0.8cm(리즈베스 40수 기준 0.7cm)로 첫 롱피코 사이로 마지막 피코를 넣어 교차해 조인한다.

2라운드: 1라운드에 4개의 모티브를 연결한다. 롱피코는 2.8cm(리즈베스 40수 기준 2.5cm)

3라운드: 2라운드의 롱피코 위치를 잘 확인하여 조인한다.

4라운드: 체인 조인 후 딤플드링을 하나씩 만들어 주며 롱피코는 0.5cm(리즈베스 40수 기준 0.3cm)이다.

동 상

캔디 케이스 레이스발

이 수 진 태팅망이

사용실과 사용량(g): 리즈베스 20수
사용 도구: 태팅레이스 셔틀
작품 사이즈: 가로 5cm, 세로 5cm
작품 난이도: ★★☆☆☆ **작품사진:** 35쪽

만드는 방법

1. 도안에 따라 낚시줄에 끼울 모티브를 미리 만든다.
2. 낚시줄에 모티브를 끼운다.

순서 모서리에서 절반까지 / 원석 / 나머지 절반에서 모서리까지

*원석을 한 번 끼우고 다시 돌려서 끼우면 누름볼 없이 고정된다.

3. 크리스탈을 달아준다.

- 낚시줄 70cm 1개(여유분 포함 길이)
- 수정구슬 6mm 4개
- 누름볼 3mm 2개
- 크리스탈 세로 40mm 1개

도안

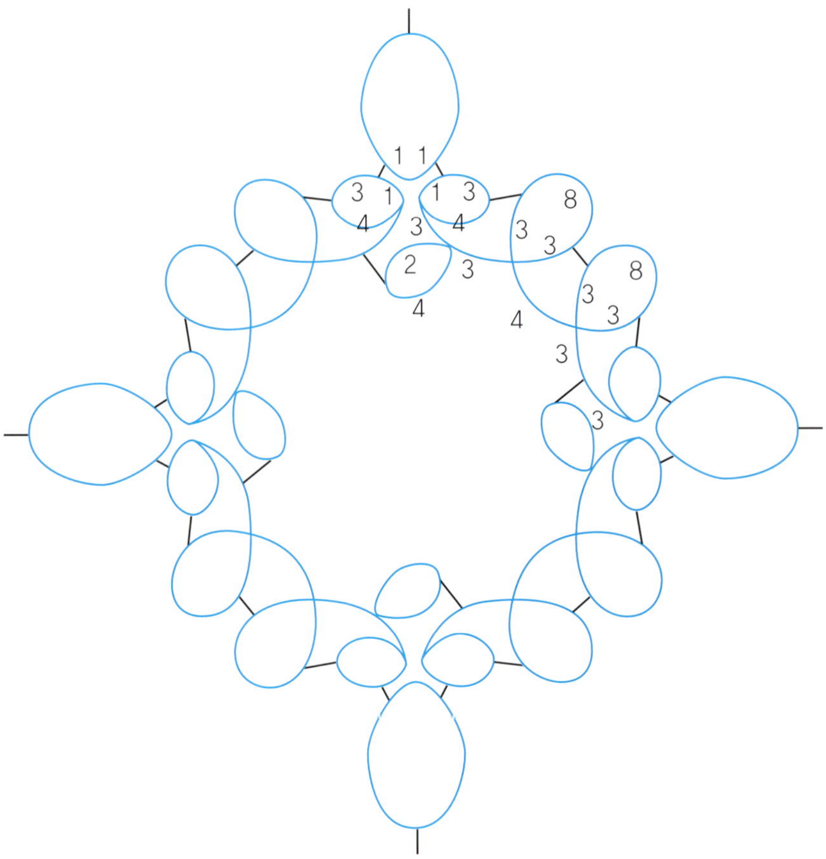

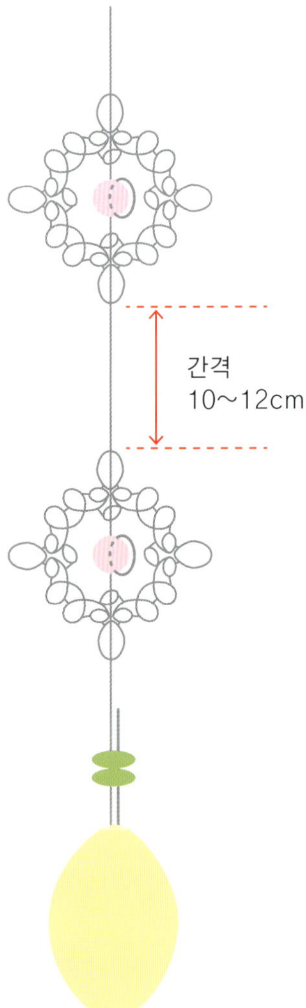

동 상

아기 담요

신 영 자 신여사

사용실과 사용량(g): 헤라코튼 – 8.5볼 정도 390g
사용 도구: 3mm 대바늘, 모사용 코바늘 4/0호
작품 사이즈: 가로 85cm, 세로 85cm
작품 난이도: ★★★☆☆ **작품사진:** 36쪽

만드는 방법

A무늬(19코×20단)

19코 만들기
1단: 겉뜨기 - 19코
2단: 안뜨기
3단: 겉뜨기
4단: 안뜨기
5단: 겉8, 2코 모아뜨기, 바늘비우기, 겉9 - 19코
6단: 안뜨기
7단: 겉7, 2코 모아뜨기, 바늘비우기, 겉1, 바늘비우기, 오른코 줄이기, 겉7 - 19코
8단: 안뜨기
9단: 겉6, 2코 모아뜨기, 바늘비우기, 겉3, 바늘비우기, 오른코 줄이기, 겉6 - 19코
10단: 안뜨기
11단: 겉5, 2코 모아뜨기, 바늘비우기, 겉5, 바늘비우기, 오른코 줄이기, 겉5 - 19코
12단: 안뜨기
13단: 겉4, 2코 모아뜨기, 바늘비우기, 겉7, 바늘비우기, 오른코 줄이기, 겉4 - 19코
14단: 안뜨기
15단: 겉3, 2코 모아뜨기, 바늘비우기, 겉4, 바늘비우기, 오른코 줄이기, 겉3, 바늘비우기, 오른코 줄이기, 겉3 - 19코
16단: 안뜨기
17단: 겉4, (바늘비우기, 오른코 줄이기, 겉1, 2코 모아뜨기, 바늘비우기, 겉1)×2번, 겉3 - 19코
18단: 안뜨기
19단: 겉5, 바늘비우기, 중심3코 모아뜨기, 바늘비우기, 겉3, 바늘비우기, 중심3코 모아뜨기, 바늘비우기, 겉5 - 19코
20단: 안뜨기

A무늬(19코, 20단)

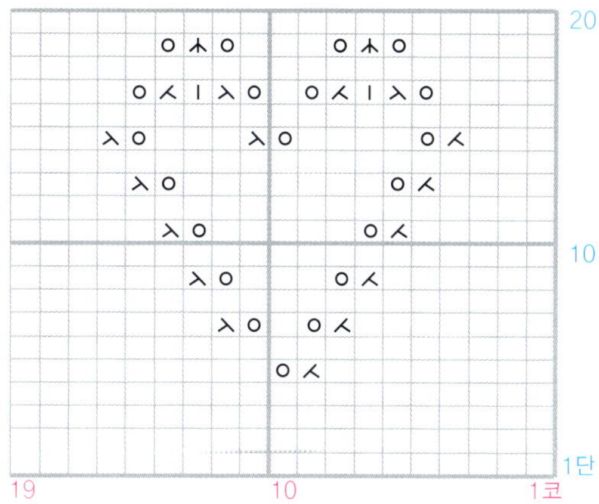

B무늬(20코, 8단)

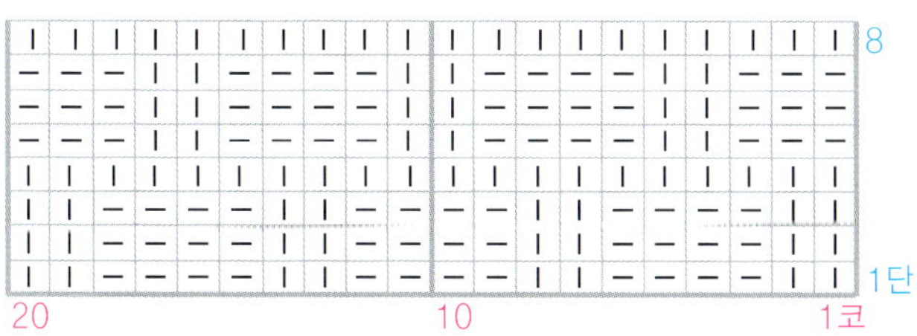

B무늬(20코×8단)

20코 만들기
1단: (겉2, 안4)×3번, 겉2
2단: (안2, 겉4)×3번, 안2
3단: (겉2, 안4)×3번, 겉2
4단: 안뜨기
5단: 안3, (겉2, 안4)×2번, 겉2, 안3
6단: 겉3, (안2, 겉4)×2번, 안2, 겉3
7단: 안3, (겉2, 안4)×2번, 겉2, 안3
8단: 안뜨기

C무늬(3코, 8단)

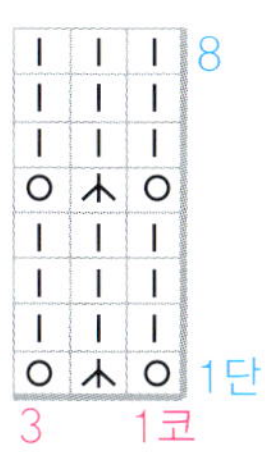

C무늬(3코×8단)

3코 만들기
1단: 바늘비우기, 중심3코 모아뜨기, 바늘비우기 - 3코
2단: 안뜨기
3단: 겉뜨기
4단: 안뜨기
5단: 바늘비우기, 중심3코 모아뜨기, 바늘비우기 - 3코
6단: 안뜨기
7단: 겉뜨기
8단: 안뜨기

D무늬(3코, 8단)

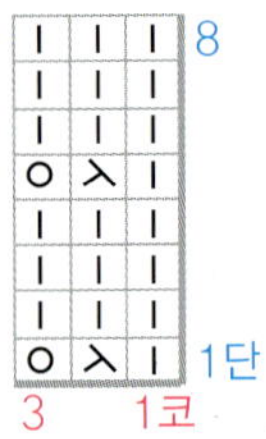

D'무늬(3코, 8단)

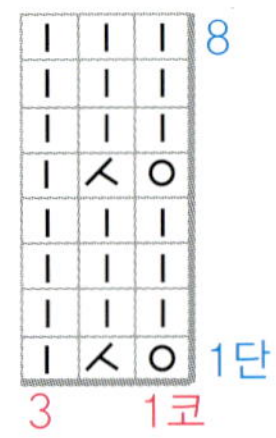

D무늬(3코×8단)

3코 만들기
1단: 겉1, 오른코 줄이기, 바늘비우기 - 3코
2단: 안뜨기
3단: 겉뜨기
4단: 안뜨기
5단: 겉1, 오른코 줄이기, 바늘비우기 - 3코
6단: 안뜨기
7단: 겉뜨기
8단: 안뜨기

D' 무늬(3코×8단)

3코 만들기
1단: 바늘비우기, 2코 모아뜨기, 겉1 - 3코
2단: 안뜨기
3단: 겉뜨기
4단: 안뜨기
5단: 바늘비우기, 2코 모아뜨기, 겉1 - 3코
6단: 안뜨기
7단: 겉뜨기
8단: 안뜨기

E무늬

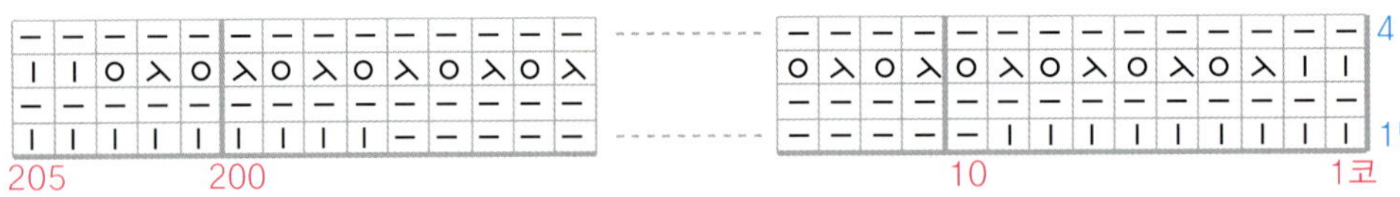

E'무늬

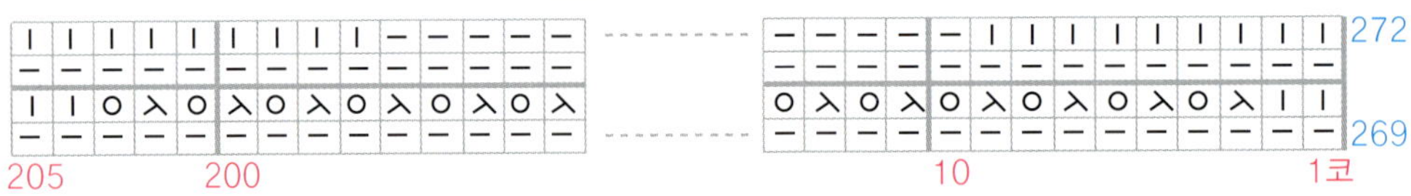

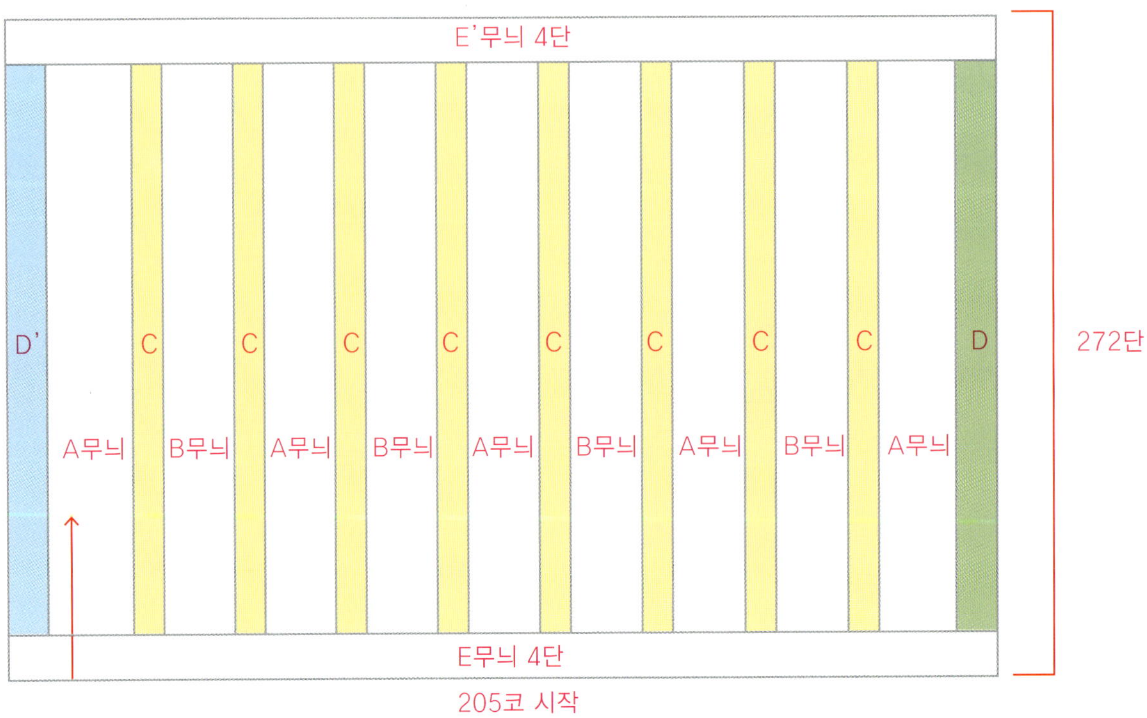

담요 만들기

205코 만들기

E무늬

1단: 겉9, 안187, 겉9 - 205코

2단: 겉뜨기

3단: 겉2, (바늘비우기, 오른코 줄이기)×2코가 남을 때까지 반복, 겉2

4단: 겉뜨기

다음 단부터는 패턴을 보면서 268단을 뜬다.

5~268단: D무늬 3코, (A무늬 19코, C무늬 3코, B무늬 20코, C무늬 3코)×4번 반복, A무늬 19코, D'무늬 3코

E'무늬

269단: 겉뜨기

270단: 겉2, (바늘비우기, 오른코 줄이기)×2코가 남을 때까지 반복, 겉2

271단: 겉뜨기

272단: 겉9, 안187, 겉9 - 205코

테두리 만들기

코바늘 4호를 사용해 사방에서 178코씩 712코를 잡아 도안과 같이 무늬를 6단을 뜬다.

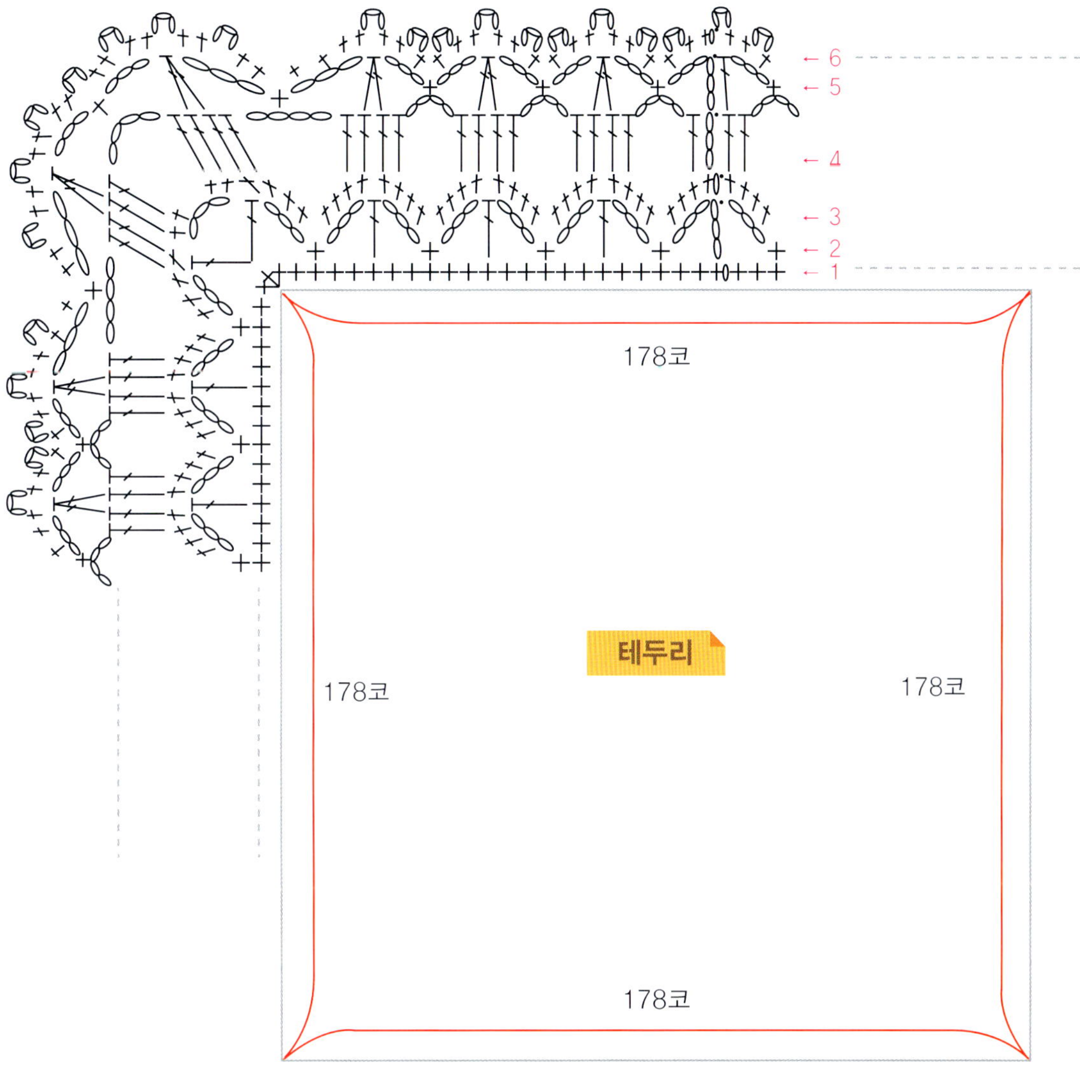

- 겉뜨기
- 안뜨기
- 겉뜨기로 2코 모아뜨기(=2코 모아뜨기)
- 오른코 줄이기
- 바늘비우기
- 중심3코 모아뜨기
- 짧은뜨기 3코 늘리기
- 한길긴뜨기
- 한길긴뜨기 2코 넣어뜨기
- 사슬뜨기
- 빼뜨기

뜨개 약어 설명

1. 겉 = 겉뜨기, 안 = 안뜨기
2. 겉뜨기단은 기호대로 뜨고 안뜨기단은 기호의 반대로 뜬다.

동 상

모티브 커튼 & 쿠션

오 귀 자 찬영.윤수 맘

사용실과 사용량(g): 20수 타조 뜨개실, 총 45볼(커튼 40볼, 쿠션 5볼)
사용 도구: 모사용 코바늘 2/0호
작품 사이즈: 커튼-가로 100cm, 세로 200cm / 쿠션-가로 40cm, 세로 40cm
작품 난이도: ★★★☆☆ **작품사진:** 37쪽

만드는 방법

● **만들기 POINT:** 모티브를 뜨면서 연결한다.

커튼(100cm×200cm) 2장

1. 모티브는 원형뜨기를 하여 링을 만들어 도안대로 4단을 뜬다.
2. 2장째부터는 마지막 단에서 빼뜨기로 연결하면서 총 54장의 모티브를 뜬다.
3. 같은 방법으로 커텐 1장을 더 뜬다.
4. 색상은 자유롭게 배치한다.

쿠션(40cm×40cm) 2장

1. 위의 1,2와 같은 방법으로 60장의 모티브를 연결하며 뜬다.
2. 마지막 줄을 첫 줄과 연결하여 쿠션을 감싸며 뜬다.
3. 색상은 자유롭게 배치한다.

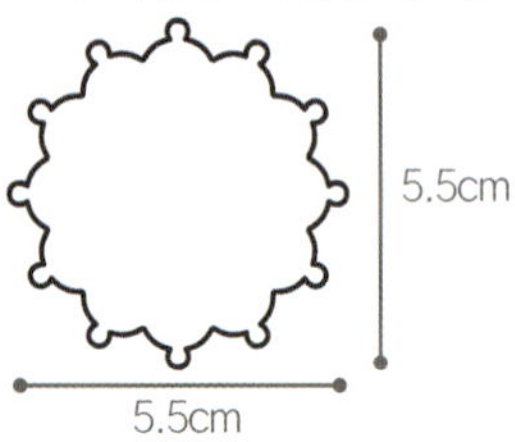

모티브

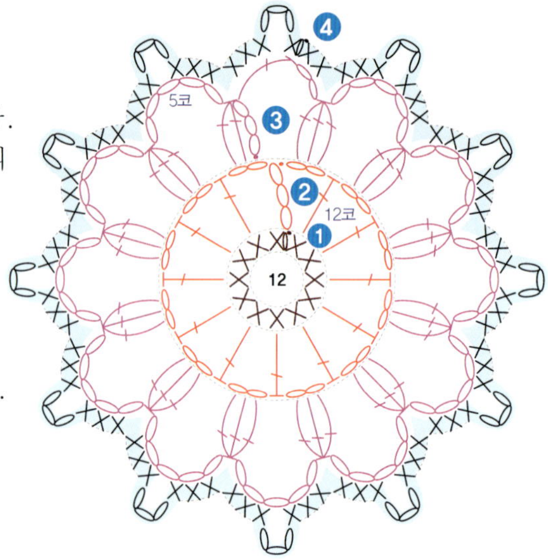

연결 순서

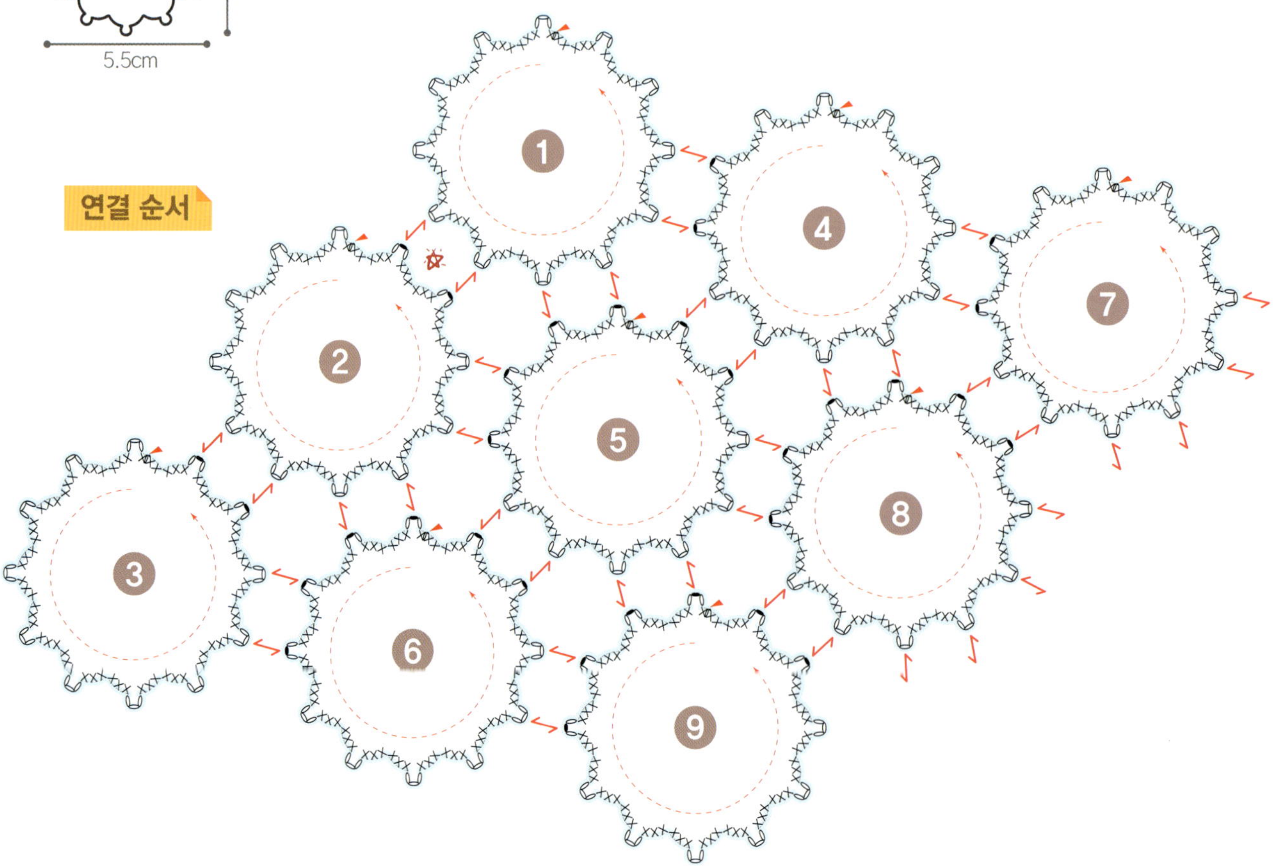

꽃잔치 카시트 세트

최 명 옥 이쁜나비

사용실과 사용량(g)

24합 동방 콘사 – 베이지 200g, 버건디 700g, 진갈색 200g, 검정 600g

사용 도구: 모사용 코바늘 7/0호 **부자재:** 단추 지름 2.5cm 2개

작품 사이즈: 헤드(가로 19cm, 세로 62cm), 등받이(가로 44cm, 세로 90cm), 방석(가로 46cm, 세로 55cm)

작품 난이도: ★★☆☆☆ **작품사진:** 38쪽

만드는 방법

모티브 만드는 방법

베이지색 실로 시작

1단: 사슬 4코를 만들고 첫번째 코에 빼뜨기로 원형을 만든다.

2단: 사슬 3코[기둥코], (사슬 1코, 한길긴뜨기 2코)×5번, 사슬 1코, 한길긴뜨기 1코, 빼뜨기

버건디색 실로 바꿔

3단: 사슬 3코[기둥코]/사슬 2코/한길긴뜨기 2코, (한길긴뜨기 2코/사슬 2코/한길긴뜨기 2코)×5번, 한길긴뜨기 1코, 빼뜨기

4단: 사슬 3코[기둥코]/한길긴뜨기 6코, (한길긴뜨기 7코)×5번, 빼뜨기

진갈색 실로 바꿔

5단: 사슬 1코[기둥코], (짧은뜨기 7코, 3번째 단에 짧은뜨기 1코)×6번, 빼뜨기

검정색 실로 바꿔

6단: 사슬 3코[기둥코], 한길긴뜨기 3코, 사슬 1코, (한길긴뜨기 9코, 사슬 1코)×5번, 한길긴뜨기 5코, 빼뜨기

모티브

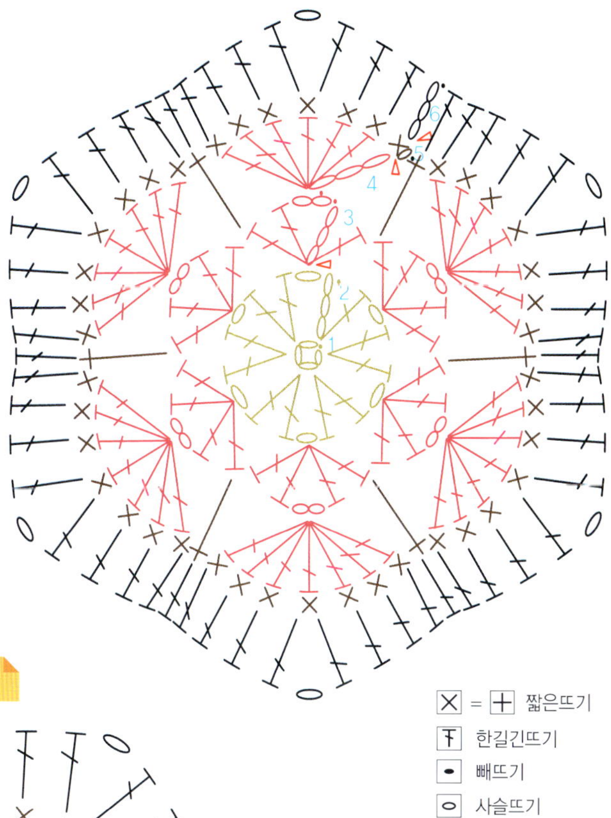

반쪽 모티브

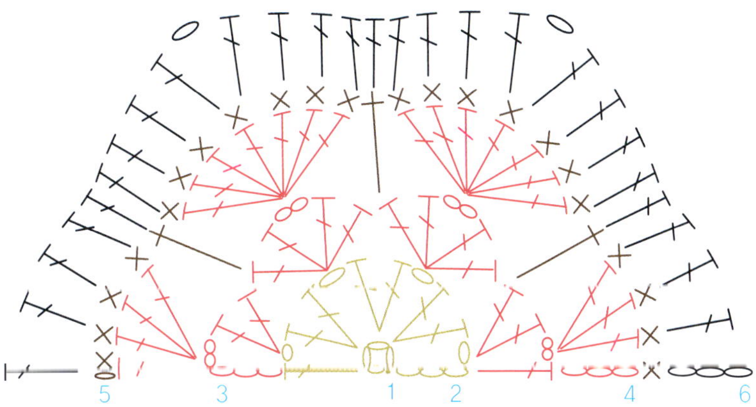

반쪽 모티브 만드는 방법

베이지색 실로 시작

1단: 사슬 4코를 만들고 첫번째 코에 빼뜨기로 원형을 만든다.

2단: 사슬 3코[기둥코], (사슬 1코, 한길긴뜨기 2코)×3번, 사슬 1코, 한길긴뜨기 1코

버건디색 실로 바꿔

3단: 사슬 3코[기둥코]/사슬 2코/한길긴뜨기 2코, (한길긴뜨기 2코/사슬 2코/한길긴뜨기 2코)×2번, 한길긴뜨기 2코, 사슬 2코, 한길긴뜨기 1코

4단: 사슬 3코[기둥코]/한길긴뜨기 3코, (한길긴뜨기 7코)×2번, 한길긴뜨기 4코

진갈색 실로 바꿔

5단: 사슬 1코[기둥코], 짧은뜨기 4코, 3번째 단에 짧은뜨기 1코, (짧은뜨기 7코, 3번째 단에 짧은뜨기 1코)×2번, 짧은뜨기 4코

검정색 실로 바꿔

6단: 사슬 3코[기둥코], 한길긴뜨기 8코, (사슬 1코, 한길긴뜨기 9코)×2번

등받이 연결하는 방법

모티브 18개, 반모티브 6개를 만들어 검정색 실로 코의 반쪽씩만 이랑으로 감침질한다.

1단: 사슬코 부분에 짧은뜨기 3코 늘려주고, 모티브가 모이는 부분은 짧은뜨기 1코를 해주고 나머지 코는 짧은뜨기로 뜬다.

2단: 3코씩 늘어난 가운데 코에 짧은뜨기 3코를 늘려주고, 모티브가 모이는 짧은뜨기 1코한 부분은 짧은뜨기 3코 모아뜨기를 하고 나머지 코는 짧은뜨기로 뜬다.

(반쪽 모티브에는 짧은뜨기 18코를 넣어준다.)

빼뜨기로 마무리

등받이

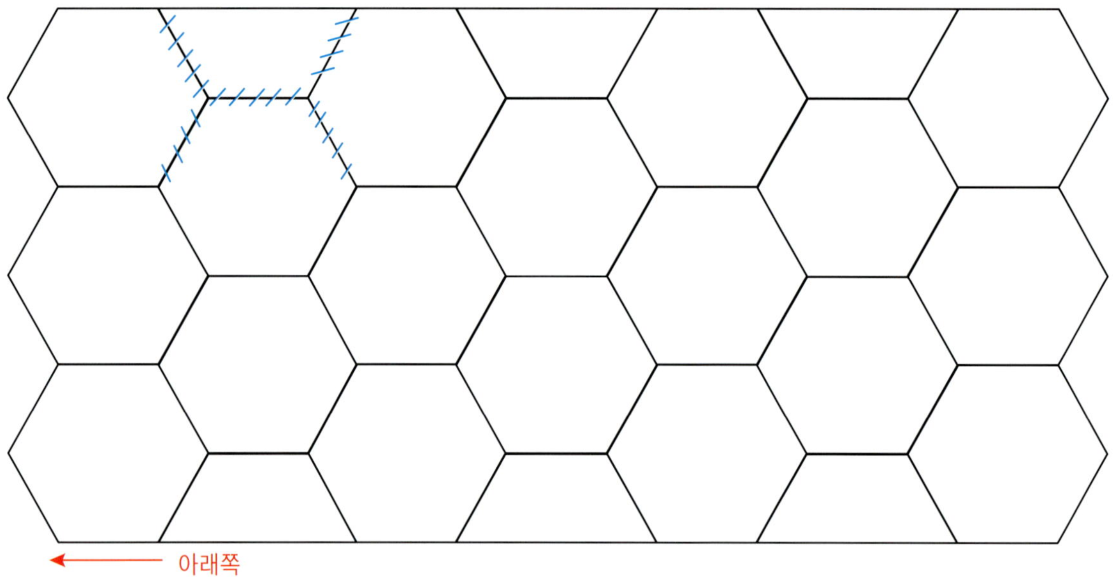

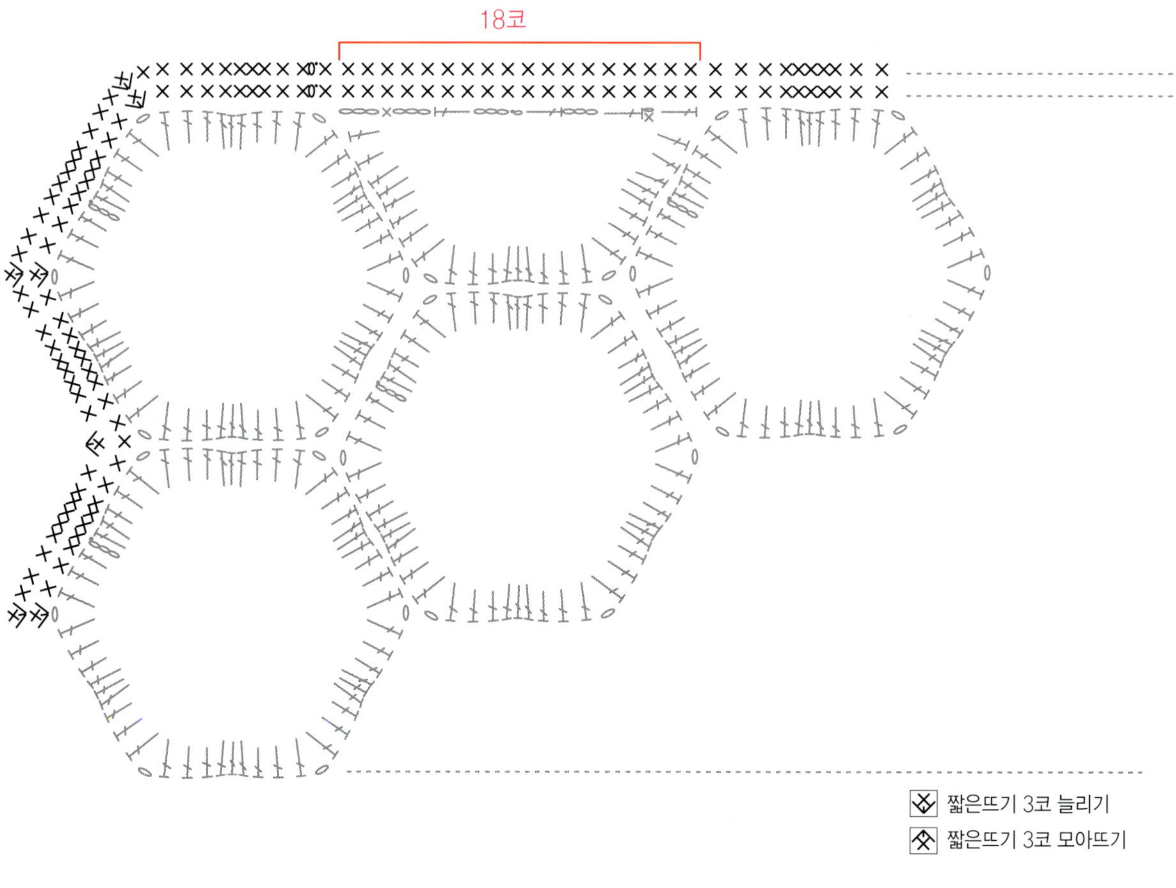

방석 연결하는 방법

모티브 13개, 반모티브 4개를 만들어 검정색 실로 코의 반쪽씩만 이랑으로 감침질한다. 등판 만드는 방법과 동일하게 뜬다.

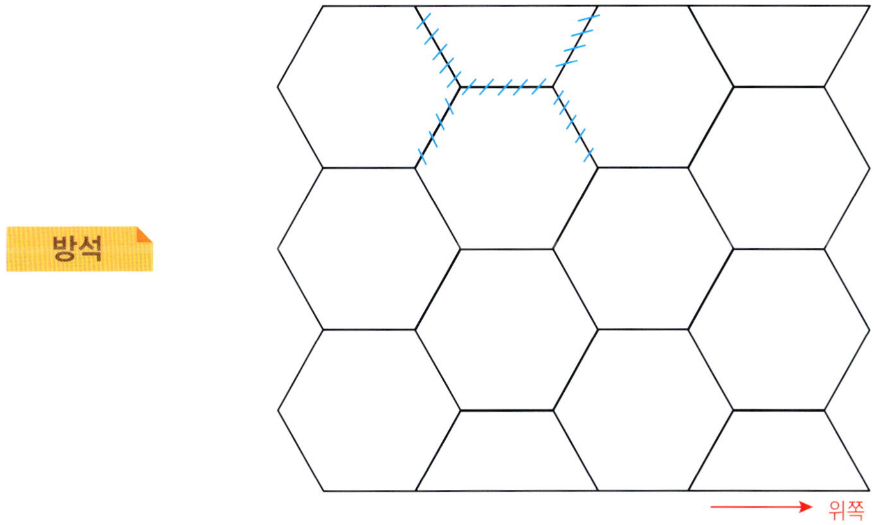

헤드 연결하는 방법

모티브 4개 만들어 검정색 실로 코의 반쪽씩만 이랑으로 감침질한다.

1단: 사슬 2코[기둥코], (긴뜨기로 3코 늘리기, 긴뜨기 9코)×2번, 긴뜨기로 3코 늘리기
(긴뜨기 8코, 긴뜨기 3코, 긴뜨기 8코, 긴뜨기로 3코 늘리기)×3번, (긴뜨기 9코, 긴뜨기로 3코 늘리기)×3번
(긴뜨기 8코, 긴뜨기로 3코 모아뜨기, 긴뜨기 8코, 긴뜨기로 3코 늘리기)×3번, 긴뜨기 8코, 빼뜨기

2단: 사슬 2코[기둥코], 긴뜨기 1코, (긴뜨기로 3코 늘리기, 긴뜨기 11코)×2번, 긴뜨기로 3코 늘리기
(긴뜨기 9코, 긴뜨기로 3코 모아뜨기, 긴뜨기 9코, 긴뜨기로 3코 늘리기)×3번, (긴뜨기 11코, 긴뜨기로 3코 늘리기)×3번
(긴뜨기 9코, 긴뜨기로 3코 모아뜨기, 긴뜨기 9코, 긴뜨기로 3코 늘리기)×3번, 긴뜨기 9코, 빼뜨기

3단: 사슬 1코[기둥코], 짧은뜨기 1코, 사슬 3코, 1코 건너 짧은뜨기 13코, 사슬 3코, 1코 건너 짧은뜨기 1코, 빼뜨기

빼뜨기로 마무리

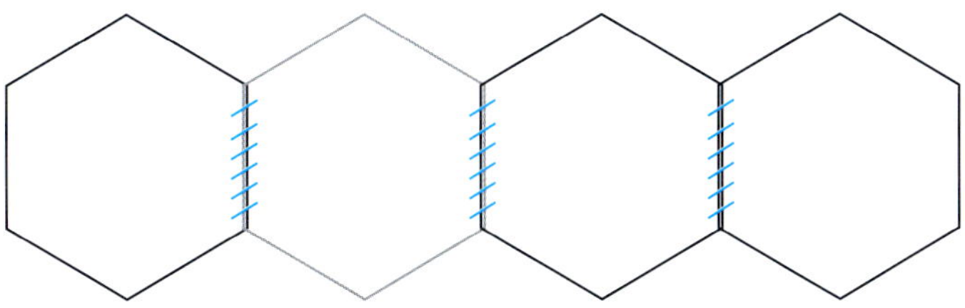

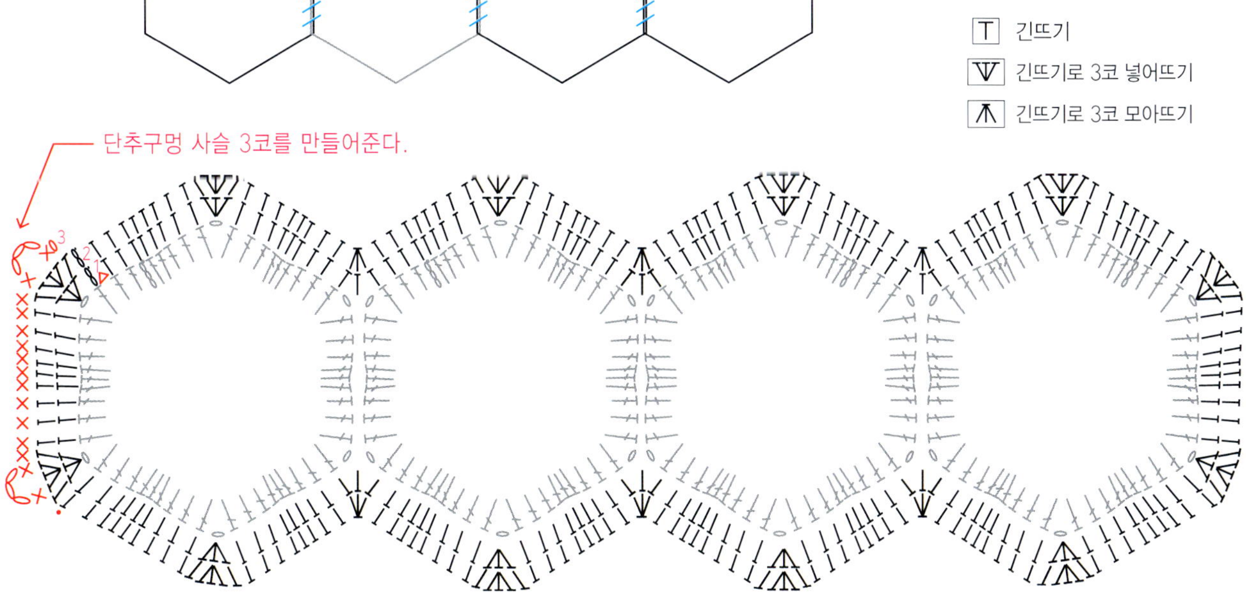

동상

나들이 가방

고 영 순 뜨개사랑맘

사용실과 사용량(g): 튜브사(네이비색 480g, 자주색 240g, 흰색 160g)
사용 도구: 모사용 코바늘 2/0호, 3/0호
부자재: 안감, 지퍼, 잠금장식, 연결고리 **작품 사이즈:** 가로 30cm, 세로 45cm
작품 난이도: ★★★★☆ **작품사진:** 39쪽

만드는 방법

가방 만드는 방법

1단: 네이비색 실로 2호 코바늘 사용해 사슬 56코를 만들어 뒤에서 두번째 코에서 시작해서 짧은뜨기 54코, 3코 늘리기, 아래로 짧은뜨기 53코, 마지막 코는 2코 늘리기 - 112코
2단: 3코 늘리기, 가운데 짧은뜨기(Waistcoat stitch) 53코, 3코 늘리기,가운데 짧은뜨기 1코, 3코 늘리기, 가운데 짧은뜨기 53코, 3코 늘리기,가운데 짧은뜨기 1코 - 120코
3단: 3코 늘리기, 가운데 짧은뜨기 55코, 3코 늘리기, 가운데 짧은뜨기 3코, 3코 늘리기, 가운데 짧은뜨기 55코, 3코 늘리기, 가운데 짧은뜨기 3코 - 128코
4단: 3코 늘리기, 가운데 짧은뜨기 57코, 3코 늘리기, 가운데 짧은뜨기 5코, 3코 늘리기, 가운데 짧은뜨기 57코, 3코 늘리기, 가운데 짧은뜨기 5코 - 136코
5단: 3코 늘리기, 가운데 짧은뜨기 59코, 3코 늘리기, 가운데 짧은뜨기 7코, 3코 늘리기, 가운데 짧은뜨기 59코, 3코 늘리기, 가운데 짧은뜨기 7코 - 144코
6단: 3코 늘리기, 가운데 짧은뜨기 61코, 3코 늘리기, 가운데 짧은뜨기 9코, 3코 늘리기, 가운데 짧은뜨기 61코, 3코 늘리기, 가운데 짧은뜨기 9코 - 152코
7단: 3코 늘리기, 가운데 짧은뜨기 63코, 3코 늘리기, 가운데 짧은뜨기 11코, 3코 늘리기, 가운데 짧은뜨기 63코, 3코 늘리기, 가운데 짧은뜨기 11코 - 160코
8~19단: 네이비색 실로 가운데 짧은뜨기 12단
20~29단: 코바늘 3호를 사용해 이랑뜨기로 10단을 배색하며 뜨기[도안 참고]
30~65단: 코바늘 3호를 사용해 이랑뜨기로 36단을 배색하며 뜨기[도안 참고]
66단: 코바늘 3호를 사용해 뒷면에 주머니를 만들기 위해 뒷면에 중심을 잡아 자주색 실로 양옆으로 20코씩, 총 40코를 사슬뜨기하고 41번째 코부터 배색하면서 이랑뜨기 한다.[도안 참고]
67~69단: 코바늘 3호를 사용해 이랑뜨기로 3단을 배색하며 뜨기[도안 참고]
70단: 코바늘 3호를 사용해 자주색 실로 짧은뜨기 1단
71~76단: 코바늘 2호를 사용해 네이비색 실로 가운데 짧은뜨기 6단
77단: 코바늘 2호를 사용해 끈이 들어갈 고리를 만드는데 중심을 잡아 가운데 짧은뜨기 17코, 사슬 3코를 8번 반복한다.
78~79단: 코바늘 2호를 사용해 가운데 짧은뜨기 5단

앞 포켓

포켓 커버

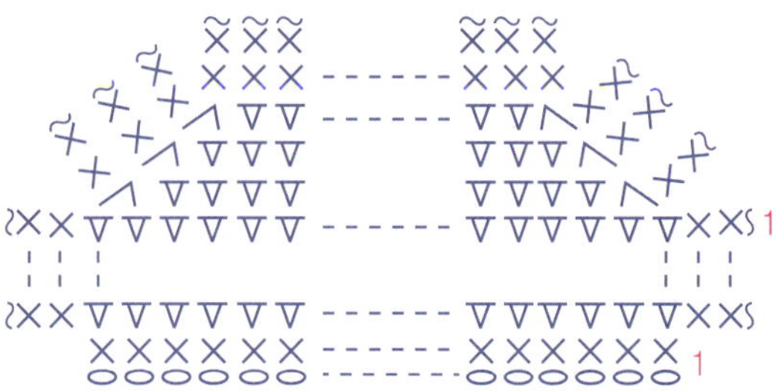

앞 포켓 만드는 방법

1~2단: 네이비색 실로 2호 코바늘 사용해 사슬 46코를 만들어 뒤에서 두번째 코에서 시작해서 짧은뜨기 2단 뜨고 실 끊기
3단: 1단 옆에서 실을 연결 늘리기, 가운데 짧은뜨기 45코, 옆단에서 늘리기 - 49코
4~28단: 가운데 짧은뜨기 25단
조립하기 포켓 커버를 먼저 바느질하고 가방에 위치를 잡아 바느질한다.

포켓 커버 만드는 방법

1단: 네이비색 실로 2호 코바늘 사용해 사슬 45코를 만들어 짧은뜨기 1단을 뜬다.
2~10단: 가운데 짧은뜨기 10단
11~13단: 양끝을 1코씩 줄이면 가운데 짧은뜨기를 3단을 뜬다. - 39코
14단: 전체 둘레를 짧은뜨기 1단을 뜬다.
15단: 둘레를 뒤돌아 짧은뜨기로 1단을 뜨고 마무리한다.
조립하기 포켓 커버에 바느질한다.

가방

X = + 짧은뜨기　X 이랑뜨기　∧ 짧은뜨기 2코 모아뜨기

○ 사슬뜨기　짧은뜨기 3코 늘리기　되돌아 짧은뜨기　▽ 가운데 짧은뜨기(Waistcoat stitch)

커버 만드는 방법

1~21단: 네이비색 실로 사슬 40코를 만들어 짧은뜨기 1단을 뜨고 가운데 짧은뜨기 20단을 뜬다.

22~39단: 양쪽을 줄이면서 18단을 뜬다.

40단: 전체 둘레를 뒤돌아 짧은뜨기로 마무리한다.

조립하기 가방에 위치를 잡아 바느질한다.

커버

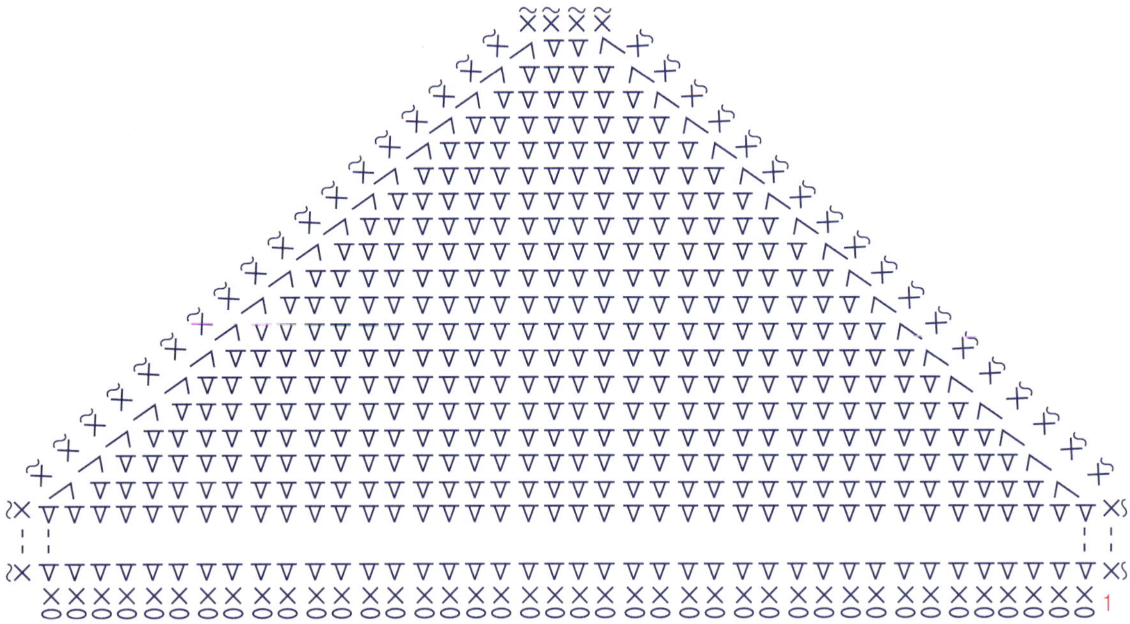

조임끈 만드는 방법

네이비색 실로 80cm 정도 사슬뜨기를 해서 빼뜨기로 2단을 뜬다.

조립하기 가방에 위치를 잡아 바느질한다.

조임이 만드는 방법

1단: 네이비색 실로 사슬 15코를 만들어 첫번째 코에 빼뜨기해서 원형으로 만든다.

2~7단: 짧은뜨기 6단을 뜬다.

조립하기 가방에 위치를 잡아 양끝과 가운데만 바느질해서 2개의 구멍을 만들어 준다.

어깨끈 만드는 방법

1단: 네이비색 실로 2호 코바늘 사용해 사슬 161코를 만들어 뒤에서 두번째 코에서 시작해서 짧은뜨기 159코, 3코 늘리기 아래로 짧은뜨기 158코, 마지막 코는 2코 늘리기 - 322코

2단: 자주색 실로 2코 늘리기, 짧은뜨기 158코, (2코 늘리기)×3번, 짧은뜨기 158코, (2코 늘리기)×2번 - 328코

3단: 네이비색 실로 (늘리기, 짧은뜨기 1코), 짧은뜨기 158코, (늘리기, 짧은뜨기 1코)×3번, 짧은뜨기 158코, (늘리기, 짧은뜨기 1코)×2번 - 334코

4단: 뒤돌아 짧은뜨기로 마무리한다.

조립하기 끈 장식을 달아주고 위치를 잡아 가방에 달아준다.

손잡이 만드는 방법

1. 네이비색 실로 2호 코바늘 사용해 사슬 60코를 만들어 가운데 짧은뜨기 6단을 뜬다.

조립하기 손잡는 부분만 접어서 꿰매고, 가방에 위치를 잡아 바느질한다.

가방 어깨끈 고리 만드는 방법

1. 자주색 실로 2호 코바늘 사용해 사슬 10코를 만들어 짧은뜨기로 양옆을 1코씩 줄이면서 1코 남을 때까지 뜬다.
2. 한쪽 면에 짧은뜨기 6코를 해서 고리를 꿰맬 수 있게 만들어 준다.

조립하기 가방에 위치를 잡아 바느질한다.

지갑 만드는 방법

1단: 네이비색 실로 2호 코바늘 사용해 사슬 161코를 만들어 뒤에서 두번째 코에서 시작해서 짧은뜨기 159코, 3코 늘리기 아래로 짧은뜨기 158코, 마지막 코는 2코 늘리기 [가방 밑판 도안 참고] - 322코

2~21단: 그림도안 32~52단까지 도안을 참고해 배색하면서 이랑뜨기로 21단을 뜬다.

22단: 자주색 실로 짧은뜨기 1단을 뜬다.

23~28단: 네이비색 실로 짧은뜨기 6단을 뜬다.

지갑속 작은 주머니 뜨기

사슬 35코를 만들어 첫번째 코에 빼뜨기를 해서 원형으로 만들어 짧은뜨기 15단을 뜬다.

조립하기

지갑은 밑부분을 감침질하고, 작은 주머니도 밑부분을 감침질하여, 지갑속 가운데에 위치해 바느질한다.

동상

엄마 품처럼… 목화꽃 쿠션

박순덕 수연

사용실과 사용량(g): 네코(2겹) – 흰색 22볼, 연두, 연노랑색 1볼
사용 도구: 모사용 코바늘 8/0호
작품 사이즈: 가로 40cm, 세로 40cm
작품 난이도: ★★☆☆☆ **작품사진:** 40쪽

만드는 방법

꽃 만드는 방법

1단: 사슬 4코를 만들어 첫번째 코에 빼뜨기로 원형을 만든다.

2단: (사슬 3코, 긴뜨기 5코 구멍에 넣어뜨기, 사슬 1코, 빼뜨기)×4번 반복, 첫번째 사슬에 빼뜨기 남은 실을 정리한다.

꽃

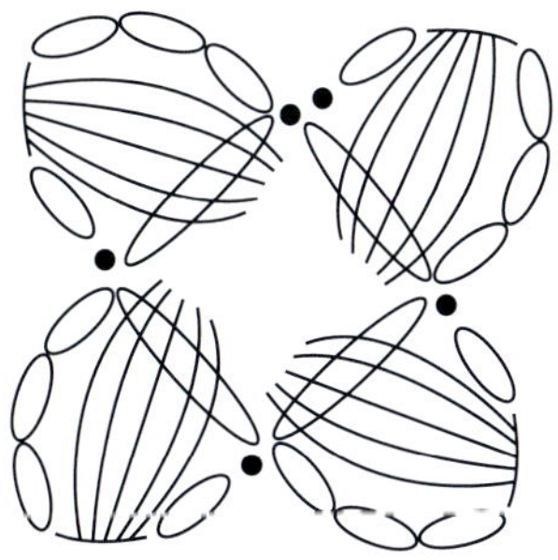

꽃무늬 총 288개
A무늬 : 36개
A무늬 X 8개 = 288개

긴뜨기 5코 구멍에 넣어뜨기
빼뜨기
사슬뜨기

36개의 꽃을 바느질한다.
(A무늬)

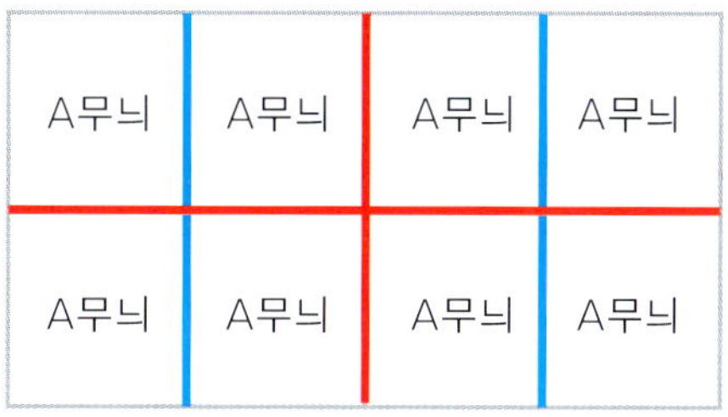

8개의 A무늬를 연결하는데 파란색을 먼저, 빨간색을 나중에 바느질한다.
겉과 겉을 마주대고 반코씩만 짧은뜨기로 연결한다.

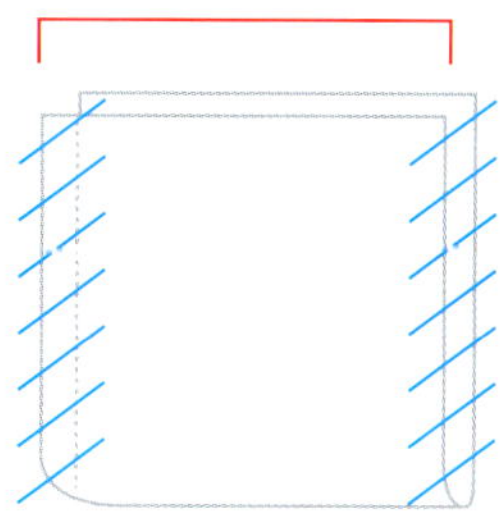

반을 접어 솜을 넣을 구멍을 남기고 반코씩만 짧은뜨기한 후, 솜을 넣어 바느질로 마무리한다.

테두리 무늬

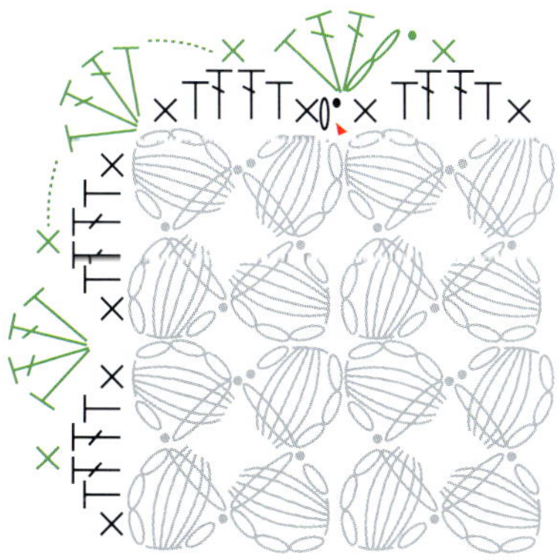

X = 짧은뜨기
한길긴뜨기
긴뜨기
사슬뜨기
빼뜨기

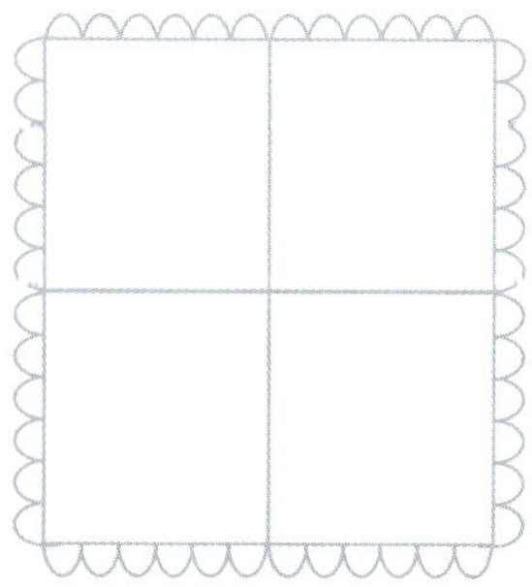

테두리 무늬

1. 바깥 테두리는 꽃 한개에 (짧은뜨기 1코, 긴뜨기 1코, 한길긴뜨기 2코, 긴뜨기 1코, 짧은뜨기 1코)×끝까지 반복
2. 초록실로 바꿔 빼뜨기 했던 코부터 시작 (짧은뜨기 1코, 긴뜨기 1코, 한길긴뜨기 2코, 긴뜨기 1코)×끝까지 반복

장식 꽃

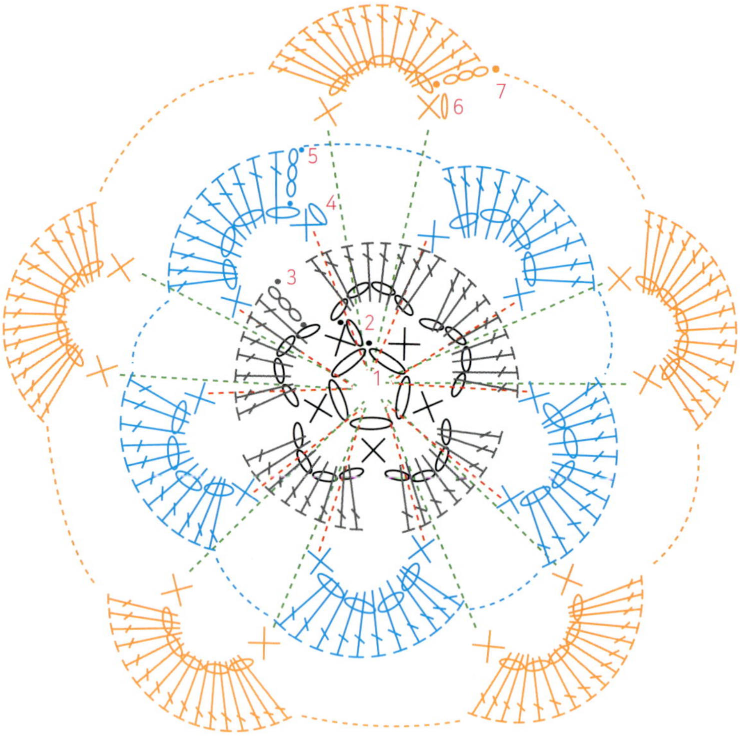

장식 꽃 만들기

1단: 사슬 5코를 만들어 첫번째 코에 빼뜨기를 해서 원형으로 만든다.
2단: 사슬1, (짧은뜨기1, 사슬 4코)×5번, 빼뜨기
3단: 2단 사슬 4코 안에 빼뜨기, 사슬 3코, 한길긴뜨기 7코, (한길긴뜨기 8코)×4번, 빼뜨기
4단: 사슬1, (짧은뜨기1, 사슬 4코)×5번
5단: 4단 사슬 4코 안에 빼뜨기, 사슬 3코, 한길긴뜨기 10코, (한길긴뜨기 11코)×4번, 빼뜨기
6단: 사슬1, (짧은뜨기1, 사슬 5코)×5번
7단: 6단 사슬 5코 안에 빼뜨기, 사슬 3코, 한길긴뜨기 15코, (한길긴뜨기 16코)×4번, 빼뜨기

장식 꽃잎 만들기

1. 연두색 실로 사슬 9코를 만들어 마지막 코로부터 두번째 코에 짧은뜨기 1코, 긴뜨기 1코, 한길긴뜨기 1코, 한길긴뜨기 2코 넣기, 두길긴뜨기 1코, 한길긴뜨기 1코, 긴뜨기 1코, 짧은뜨기 1코, 긴뜨기 1코, 짧은뜨기 1코, 긴뜨기 1코, 한길긴뜨기 1코, 두길긴뜨기 1코, 한길긴뜨기 2코 넣기, 한길긴뜨기 1코, 긴뜨기 1코, 짧은뜨기 1코
2. 전체 짧은뜨기로 둘러준다.
3. 줄기 가운데 빼뜨기로 마무리한다.
4. 매듭을 쿠션 가운데 둘러 묶어 교차하는 자리에 꽃잎과 꽃을 꿰매준다.

장식 꽃잎

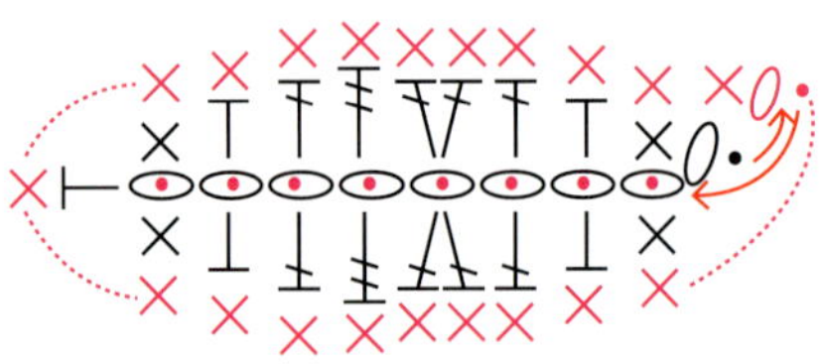

- ✕ = ┼ 짧은뜨기
- T 긴뜨기
- 한길긴뜨기
- 한길긴뜨기 2코 넣어뜨기
- 두길긴뜨기
- ○ 사슬뜨기
- ● 빼뜨기

평매듭 만들기

1. A기둥 1줄, B매듭 지을 4줄을 아주 길게 잘라준다.(250m 정도 쿠션 가운데를 모두 둘러줄 길이)
2. A를 기준으로 B를 반으로 접어 A에 걸어준다.
3. B2를 B1 위로 올려놓고 뒤쪽으로 접어 고리에 통과시킨다.[고리 뒤에서 앞으로 뺀다]
4. B1을 B2 위로 올려놓고 뒤쪽으로 접어 고리에 통과시킨다.[고리 뒤에서 앞으로 뺀다]
5. 3번과 4번을 반복하여 원하는 길이만큼 만들어준다.
6. 쿠션의 가운데 부분을 둘러 묶어 마무리한다.

평매듭

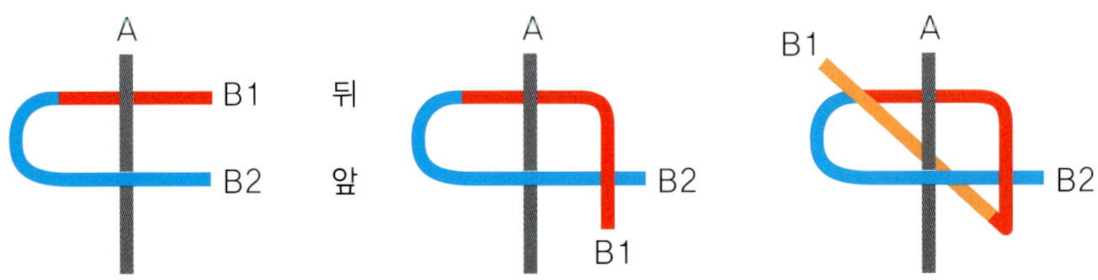

동 상

반짇고리의 뜨개사랑 / 진주 목걸이

고 재 옥 오색실

[진주 목걸이]

사용실과 사용량(g): Date–검정색(5g) **부자재:** 진주알 2개

사용 도구: 모사용 코바늘 3/0호 **작품 사이즈:** 진주 목걸이(40cm)

작품 난이도: ★★☆☆☆ **작품사진:** 41쪽

만드는 방법

진주 목걸이 만드는 방법

Date 검정색 실로 3호 코바늘을 사용

1단: 사슬 3코를 만들어 첫코에 빼뜨기해서 원형으로 만들어 (사슬 2코, 짧은뜨기 1코)×2번

2단: 1단에 사슬 2코 자리에 사슬 2코, 짧은뜨기 1코, 다음 사슬코에 사슬 2코, 짧은뜨기 1코를 40cm[고리 1cm]가 나올 때까지 반복해서 뜬다.

목걸이 만들기

1. 고리 부분은 사슬 8코를 뜨고 빼뜨기로 뜬다.
2. 목걸이 중앙에 진주알로 장식하여 완성한다.

진주 목걸이

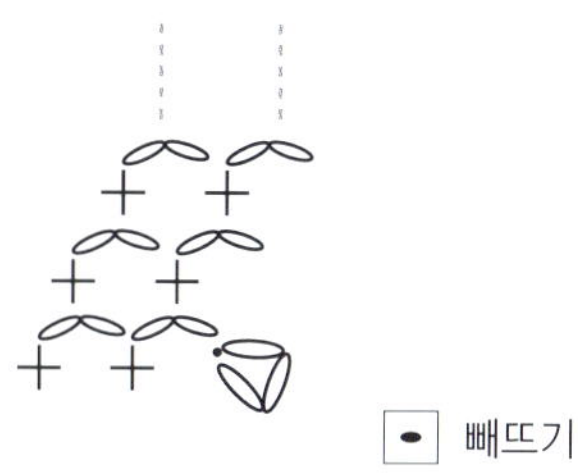

미니 목도리 만드는 방법

면실을 사용해 7코 만들기

1~50단: 메리야스뜨기 50단

남은 코를 이쑤시개에 걸어준다.

반짇고리 속 실패 만들기

1. 빨간색 실패에 약간의 실을 감아준다.
2. 노랑색 실패에 약간의 실을 감아준다.
3. 베이지색 실패에 약간의 실을 감아준다.

미니 목도리

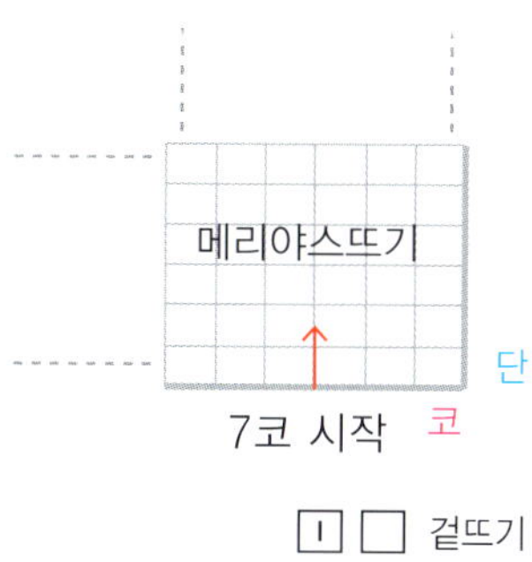

[반짇고리]

사용실과 사용량(g): Date면실–베이지색(5g), 빨강, 파랑, 노랑, 베이지 약간씩

사용 도구: 모사용 코바늘 3/0호

부자재: 이쑤시개, 단코표시핀, 단추

작품 사이즈: 반짇고리(가로 7.5cm, 세로 7.5cm)

작품 난이도: ★★☆☆☆

반짇고리 만드는 방법

베이지색 실로 코바늘 3호 사용

1단: 매직링[원형코]으로 사슬 1코, 짧은뜨기 7코 - 7코

2단: 짧은뜨기로 모든 코 늘리기 - 14코

3단: (짧은뜨기 1코, 늘리기)×7번 - 21코

4단: (짧은뜨기 2코, 늘리기)×7번 - 28코

5단: (짧은뜨기 3코, 늘리기)×7번 - 35코

6단: (짧은뜨기 4코, 늘리기)×7번 - 42코

7단: (짧은뜨기 5코, 늘리기)×7번 - 49코

8단: (짧은뜨기 6코, 늘리기)×7번 - 56코

9단: (짧은뜨기 7코, 늘리기)×7번 - 63코

10단: (짧은뜨기 8코, 늘리기)×7번 - 70코

11단: 짧은뜨기 1단

12~16단: 겹짧은뜨기 5단

17단: 사슬 2코, 되돌아 짧은뜨기 70코

반짇고리

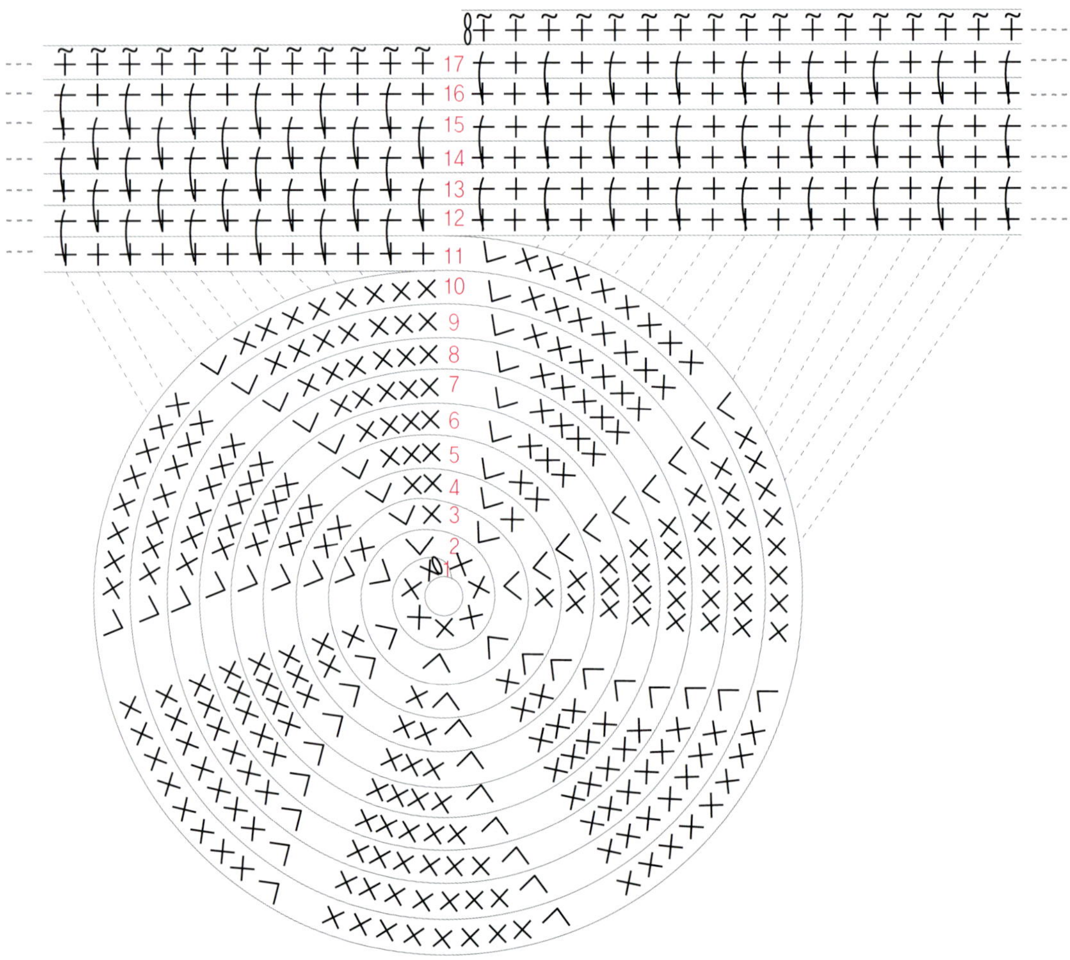

X = + 짧은뜨기　V 짧은뜨기로 늘리기

되돌아 짧은뜨기　○ 사슬뜨기

동 상

여름 블랭킷

김은숙 루뽕

사용실과 사용량(g)

하이소프트(라이트 스카이색 3볼, 인디핑크 3볼 반, 데님 2볼 반, 화이트 2볼 반)
총 11볼 반/ 500~540g 정도

사용 도구: 모사용 코바늘 5/0호 **작품 사이즈:** 가로 115cm, 세로 60cm

작품 난이도: ★★★☆☆ **작품사진:** 42쪽

만드는 방법

여름 블랭킷 만드는 방법

라이트 스카이색 실로

1단: 사슬 194코, 사슬 3코[기둥코], (한길긴뜨기 3코, 사슬 1코)를 끝까지 반복

2단: 사슬 3코[기둥코], (한길긴뜨기 3코, 사슬 1코)를 끝까지 반복

인디핑크색 실로

3단: 사슬 3코[기둥코], (한길긴뜨기 3코 구멍에 넣어뜨기/사슬 4코/한길긴뜨기 3코 구멍에 넣어뜨기)를 끝까지 반복

화이트색 실로

4단: 사슬 3코[기둥코], (한길긴뜨기 3코, 사슬 1코)를 끝까지 반복

5단: 사슬 3코[기둥코], (한길긴뜨기 3코, 사슬 1코)를 끝까지 반복

인디핑크색 실로

6단: 사슬 3코[기둥코], (한길긴뜨기 3코 구멍에 넣어뜨기/사슬 4코/한길긴뜨기 3코 구멍에 넣어뜨기)를 끝까지 반복

화이트색 실로

7단: 사슬 3코[기둥코], (한길긴뜨기 3코, 사슬 1코)를 끝까지 반복

데님색 실로

8단: 사슬 3코[기둥코], (한길긴뜨기 3코, 사슬 1코)를 끝까지 반복

9단: 사슬 3코[기둥코], (한길긴뜨기 3코, 사슬 1코)를 끝까지 반복

인디핑크색 실로

10단: 사슬 3코[기둥코], (한길긴뜨기 3코 구멍에 넣어뜨기/사슬 4코/한길긴뜨기 3코 구멍에 넣어뜨기)를 끝까지 반복

11~40단: 1~10단을 3번 반복

라이트 스카이색 실로

41단: 사슬 194코, 사슬 3코[기둥코], (한길긴뜨기 3코, 사슬 1코)를 끝까지 반복

42단: 사슬 3코[기둥코], (한길긴뜨기 3코, 사슬 1코)를 끝까지 반복

인디핑크색 실로

43단: 사슬 3코[기둥코], (한길긴뜨기 3코 구멍에 넣어뜨기/사슬 4코/한길긴뜨기 3코 구멍에 넣어뜨기)를 끝까지 반복

라이트 스카이색 실로

44단: 사슬 3코[기둥코], (한길긴뜨기 3코, 사슬 1코)를 끝까지 반복

화이트색 실로

45단: 사슬 3코[기둥코], (한길긴뜨기 3코, 사슬 1코)를 끝까지 반복

인디핑크색 실로

46단: 사슬 3코[기둥코], (한길긴뜨기 3코 구멍에 넣어뜨기/사슬 4코/한길긴뜨기 3코 구멍에 넣어뜨기)를 끝까지 반복

화이트색 실로

47단: 사슬 3코[기둥코], (한길긴뜨기 3코, 사슬 1코)를 끝까지 반복

장식술 달기

라이트 스카이, 인디핑크, 데님, 화이트 4가지 색상을 섞어 장식술을 양옆에 달아준다. 연결하고 남은 부분도 장식술로 같이 만들어준다.

여름 블랭킷

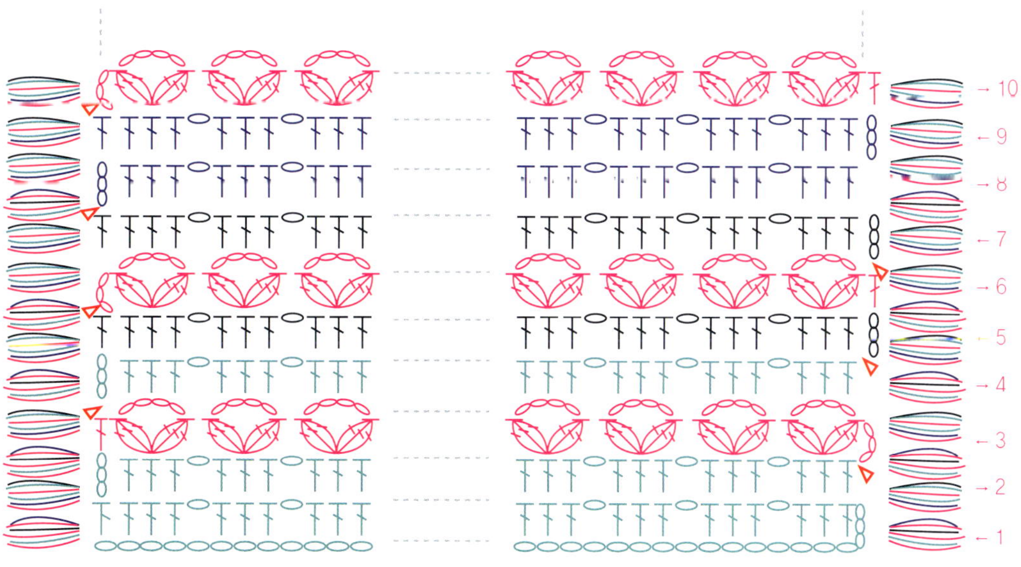

X = + 짧은뜨기 　 한길긴뜨기 　 ○ 사슬뜨기 　 ● 빼뜨기 　 한길긴뜨기 3코 구멍에 넣어뜨기

동상

사랑이의 사계절 옷과 옷장

장민준 모든

사용실과 사용량(g)

올리브2 / 320g(살구색, 노란색, 흰색, 연두색, 하늘색, 파란색, 빨간색, 주황색, 청록색, 청색, 황토색)

사용 도구: 모사용 코바늘 5/0호 **작품 사이즈:** 가로 12cm, 세로 23cm

작품 난이도: ★★★☆☆ **작품사진:** 43쪽

만드는 방법-인형

몸통 만드는 방법

1단: 살색으로 매직링[원형]을 만들어 사슬 1코[기둥코], 짧은뜨기 8코 - 8코

2단: 모든 코 늘리기 - 16코

3단: (짧은뜨기 1코, 늘리기)×8번 - 24코

4단: (짧은뜨기 2코, 늘리기)×8번 - 32코

5단: (짧은뜨기 3코, 늘리기)×8번 - 40코

6~8단: 짧은뜨기 3단

9단: (짧은뜨기 3코, 줄이기)×8번 - 32코

10~13단: 짧은뜨기 4단

14단: (짧은뜨기 2코, 줄이기)×8번 - 24코

15~17단: 짧은뜨기 3단

18단: (짧은뜨기 1코, 줄이기)×8번 - 16코

19~20단: 짧은뜨기 2단

머리와 몸통에 솜을 넣은 후, 연결한다. 진밤색 실(26cm)을 머리 1~4단 사이에 촘촘히 심어주고 옆 라인도 보기 좋게 한쪽에 3군데 정도 심어준다.

몸통

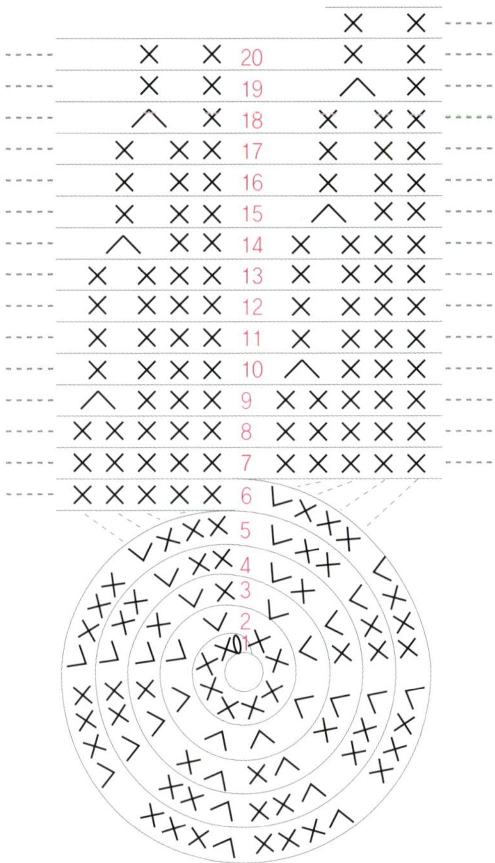

팔

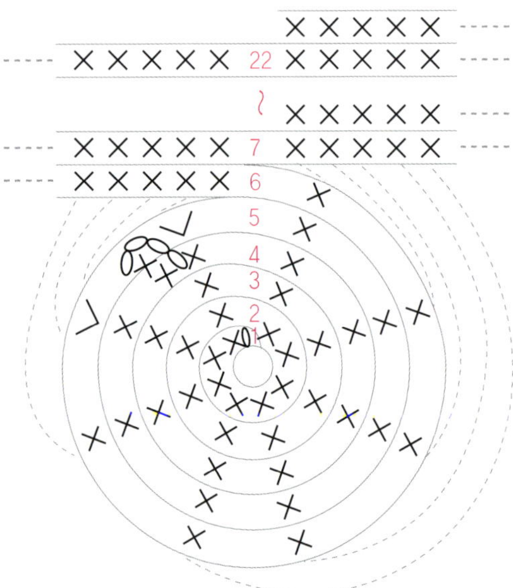

팔(2개) 만드는 방법

1단: 살색으로 매직링[원형] 만들어 사슬 1코[기둥코], 짧은뜨기 8코 - 8코

2~3단: 짧은뜨기 2단

4단: 짧은뜨기 1코, 엄지[사슬 4코, 3번째 코와 4번째 코사슬 뒤산에 짧은뜨기], 짧은뜨기 7코 - 8코

5단: 늘리기, 엄지 손가락 부분 아래로 내리고 늘리기, 짧은뜨기 6코 - 10코

6~22단: 짧은뜨기 17단

솜과 와이어를 넣은 후, 몸통 18단에 팔을 연결한다.

다리

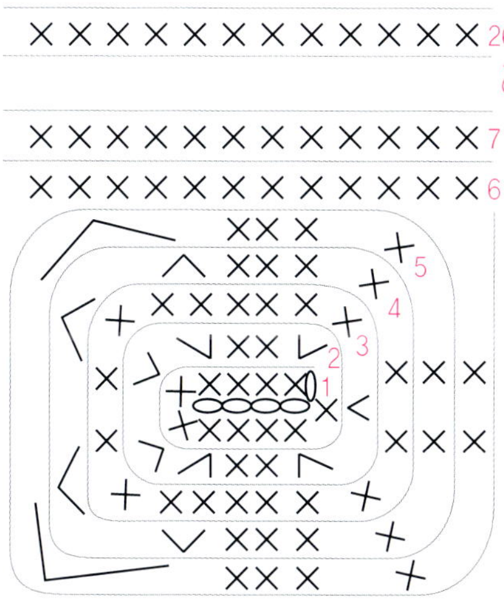

다리(2개) 만드는 방법

1단: 사슬 4코, 사슬 1코[기둥코], 짧은뜨기 3코 짧은뜨기로 4코 늘리기, 짧은뜨기 2코, 짧은뜨기로 2코 늘리기 - 11코

2단: 늘리기, 짧은뜨기 2코, 늘리기 4코, 짧은뜨기 2코, 늘리기 2코 - 18코

3단: 짧은뜨기 1단

4단: 짧은뜨기 4코, 줄이기 4코, 짧은뜨기 6코 - 14코

5단: 짧은뜨기 4코, 줄이기 2코, 짧은뜨기 6코 - 12코

6~26단: 짧은뜨기 21단

솜과 와이어를 넣은 후, 몸통 3~5단 사이에 연결한다.

얼굴

× = + 짧은뜨기　∧ 짧은뜨기 2코 모아뜨기

∨ 짧은뜨기로 늘리기　ㅇ 사슬뜨기

얼굴

1단: 살색으로 매직링[원형] 만들어 사슬 1코[기둥코], 짧은뜨기 8코 - 8코

2단: 모든 코 늘리기 - 16코

3단: (짧은뜨기 1코, 늘리기)×8번 - 24코

4단: (짧은뜨기 2코, 늘리기)×8번 - 32코

5~11단: 짧은뜨기 6단

12단: (짧은뜨기 2코, 줄이기)×8번 - 24코

13단: (짧은뜨기 1코, 줄이기)×8번 - 16코

14단: 짧은뜨기 1단

코

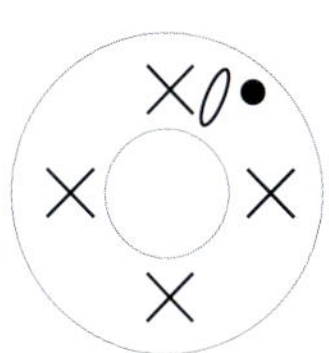

• 빼뜨기

코 만드는 방법

1단: 매직링[원형] 만들기, 사슬 1코, 짧은뜨기 4코, 빼뜨기 후, 실을 당겨준다.

인형옷과 신발

목선에서 시작하여 4곳에서 코를 늘리면서 진행한다.
기호: 0+0(사슬 1코, 짧은뜨기 1코, 사슬 1코)

봄 원피스 만드는 방법

1단: 노란색 실로 사슬 35코, 사슬 1코[기둥코], 짧은뜨기 4코, 0+0, 짧은뜨기 8코, 0+0, 짧은뜨기 7코, 0+0, 짧은뜨기 8코, 0+0, 짧은뜨기 4코 - 43코

흰색 실로 변경

2단: 사슬 1코, 짧은뜨기 5코, 0+0, 짧은뜨기 10코, 0+0, 짧은뜨기 9코, 0+0, 짧은뜨기 10코, 0+0, 짧은뜨기 5코 - 51코

노란색 실로 변경

3단: 사슬 1코, 짧은뜨기 6코, 0+0, 짧은뜨기 12코, 0+0, 짧은뜨기 11코, 0+0, 짧은뜨기 12코, 0+0, 짧은뜨기 6코 - 59코

4단: 사슬 1코, 짧은뜨기 8코[뒤판] 뜨고, 14코[소매] 건너고, 짧은뜨기 15코[앞판] 뜨고, 14코[소매] 건너고, 짧은뜨기 8코[뒤판] - 31코

5단: 사슬 1코, 짧은뜨기 31코 - 31코

연두색 실로 변경해서 원형으로 뜨기

6단: 사슬 3코, (한길긴뜨기, 한길긴뜨기 2코 넣어뜨기)×끝까지 반복, 빼뜨기 - 45코

7~12단: 한길긴뜨기 7단 - 45코

봄 원피스

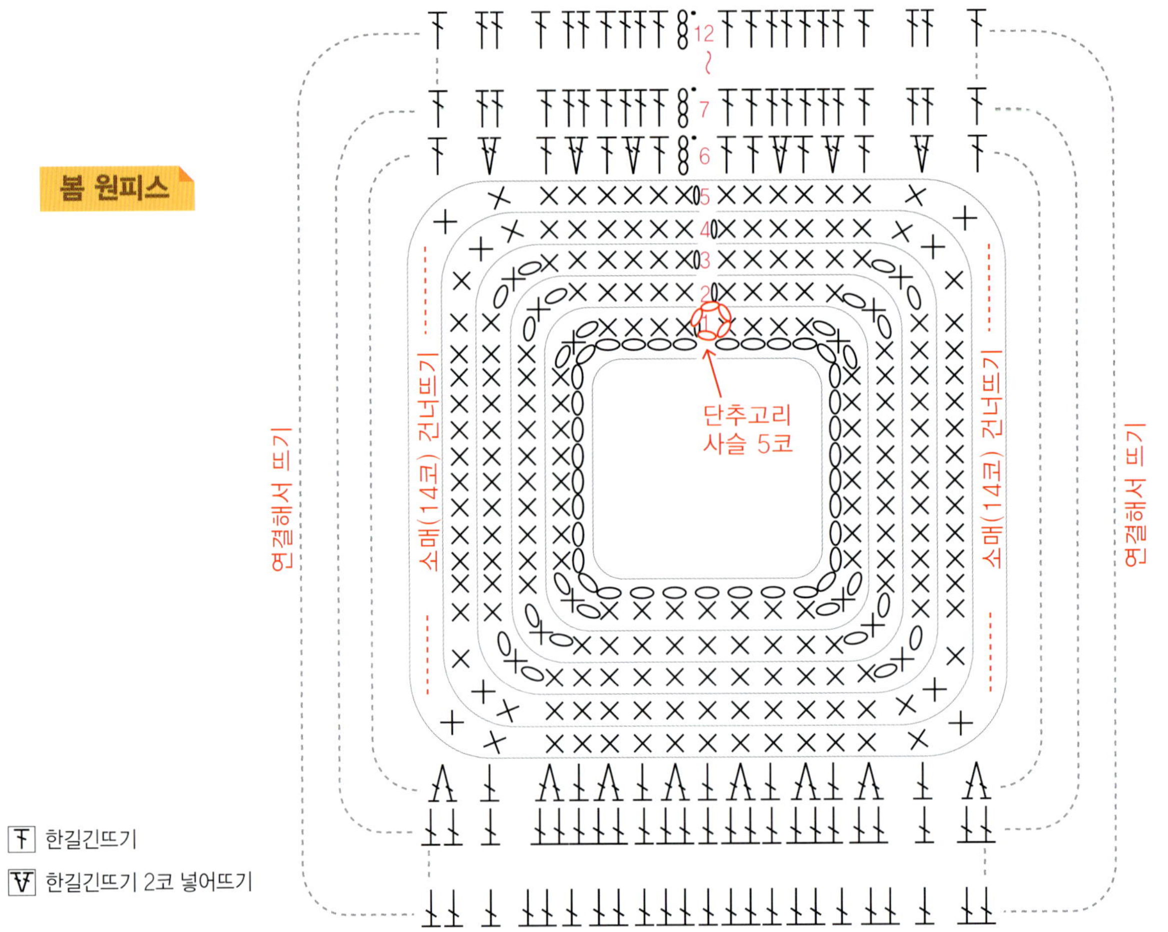

소매 만들기

소매(14코)

1단: 흰색 실을 연결해서 사슬 1코, 짧은뜨기 14코, 빼뜨기

2단: 사슬 1코, 짧은뜨기 1코, (사슬 3코, 짧은뜨기 1코)×6번, 사슬 3코, 빼뜨기

단추고리 만들고 단추 달기

뒷목에서 사슬 5코를 만들어 단추고리를 만들고 단추를 달아준다.

주머니 만들기

1단: 노란색 실로 매직링[원형]을 만들어 사슬 1코, 짧은뜨기 5코 - 5코

2단: 사슬 1코, (늘리기, 짧은뜨기 1코)×2번, 늘리기 - 8코

주머니

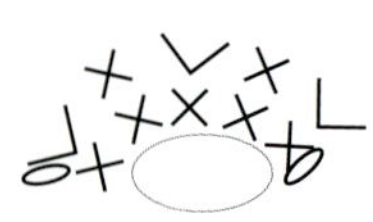

여름 원피스 만드는 방법

1단: 하늘색 실로 사슬 35코, 사슬 1코[기둥코], 짧은뜨기 4코, 0+0, 짧은뜨기 8코, 0+0, 짧은뜨기 7코, 0+0, 짧은뜨기 8코, 0+0, 짧은뜨기 4코 - 43코

2단: 사슬 1코, 짧은뜨기 5코, 0+0, 짧은뜨기 10코, 0+0, 짧은뜨기 9코, 0+0, 짧은뜨기 10코, 0+0, 짧은뜨기 5코 - 51코

3단: 사슬 1코, 짧은뜨기 6코, 0+0, 짧은뜨기 12코, 0+0, 짧은뜨기 11코, 0+0, 짧은뜨기 12코, 0+0, 짧은뜨기 6코 - 59코

4단: 사슬 1코, 짧은뜨기 8코[뒤판] 뜨고, 14코[소매] 건너고, 짧은뜨기 15코[앞판] 뜨고, 14코[소매] 건너고, 짧은뜨기 8코[뒤판] - 31코

5단: 사슬 1코, 짧은뜨기 31코 - 31코

흰색 실로 변경해서 원형으로 뜨기

6단: 사슬 3코, (한길긴뜨기, 한길긴뜨기 2코 넣어뜨기)×끝까지 반복, 빼뜨기 - 45코

7~10단: 한길긴뜨기 4단 - 45코

11단: 흰색 실로 짧은뜨기 1코, 파란색 실로 짧은뜨기 1코, 번갈아가며 뜬다.

파란색 실로 변경

12단: 짧은뜨기 1단 - 45코

흰색 실로 변경

13단: 한길긴뜨기 1단 - 45코

여름 원피스

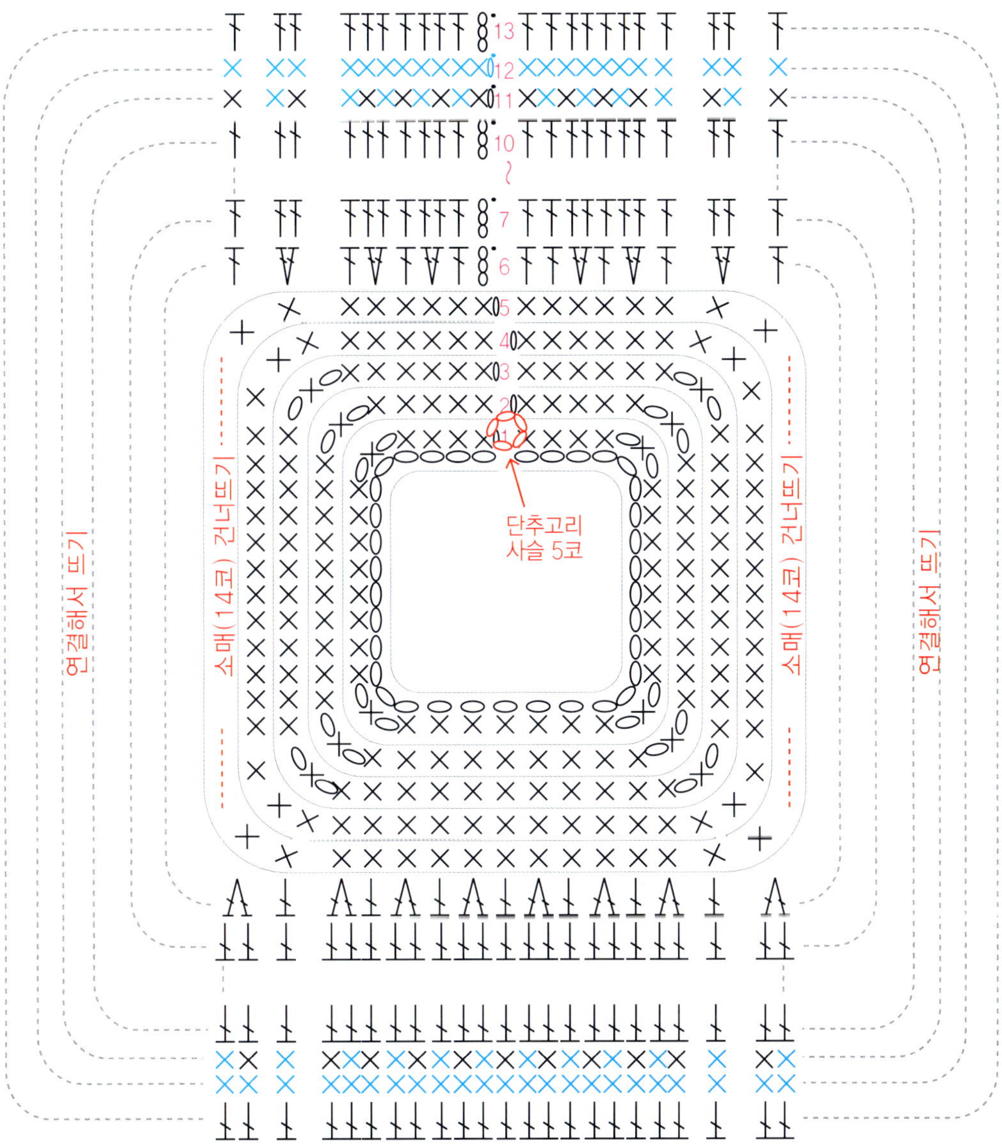

가을 재킷

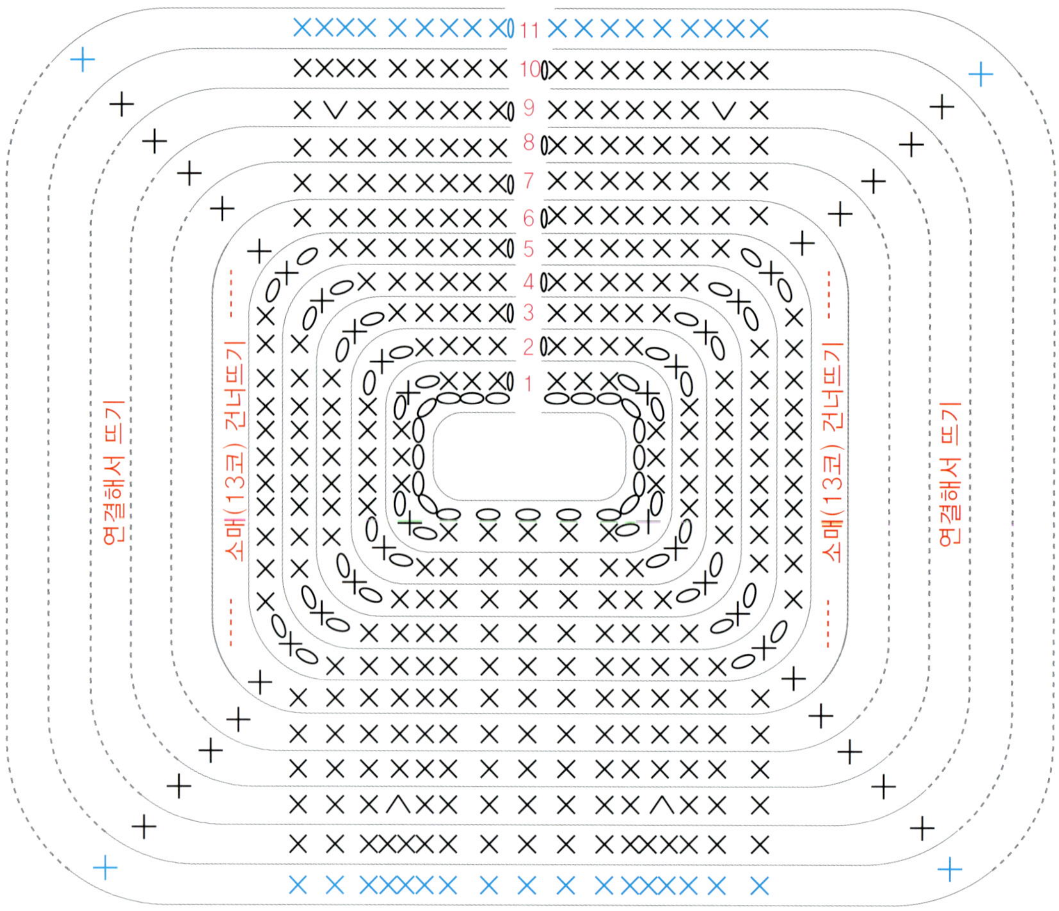

가을 재킷 만드는 방법

1단: 빨간색 실로 사슬 21코, 사슬 1코[기둥코], 짧은뜨기 3코, 0+0, 짧은뜨기 3코, 0+0, 짧은뜨기 5코, 0+0, 짧은뜨기 3코, 0+0, 짧은뜨기 3코 - 29코

주황색 실로 변경

2단: 사슬 1코, 짧은뜨기 4코, 0+0, 짧은뜨기 5코, 0+0, 짧은뜨기 7코, 0+0, 짧은뜨기 5코, 0+0, 짧은뜨기 4코 - 37코

빨간색 실로 변경

3단: 사슬 1코, 짧은뜨기 5코, 0+0, 짧은뜨기 7코, 0+0, 짧은뜨기 9코, 0+0, 짧은뜨기 7코, 0+0, 짧은뜨기 5코 - 45코

주황색 실로 변경

4단: 사슬 1코, 짧은뜨기 6코, 0+0, 짧은뜨기 9코, 0+0, 짧은뜨기 11코, 0+0, 짧은뜨기 9코, 0+0, 짧은뜨기 6코 - 53코

5단: 사슬 1코, 짧은뜨기 7코, 0+0, 짧은뜨기 11코, 0+0, 짧은뜨기 13코, 0+0, 짧은뜨기 11코, 0+0, 짧은뜨기 7코 - 61코

6단: 사슬 1코, 짧은뜨기 9코[앞판] 뜨고, 13코[소매] 건너고, 짧은뜨기 17코[뒤판] 뜨고, 13코[소매] 건너고, 짧은뜨기 9코[앞판] - 35코

7~8단: 사슬 1코, 짧은뜨기 39코 - 39코

9단: 사슬 1코, (짧은뜨기 6코, 늘리기)×2번, 짧은뜨기 7코, 늘리기, 짧은뜨기 6코, 늘리기, 짧은뜨기 6코 - 39코

10단: 사슬 1코, 짧은뜨기 39코 - 39코

11단: [아랫단] 사슬 1코, 짧은뜨기 38코, [모서리] 늘리기, [앞단] 짧은뜨기 5코, 사슬 3코, 짧은뜨기 4코, [모서리] 늘리기, [목둘레] 짧은뜨기 19코, [모서리] 늘리기, [앞단] 짧은뜨기 9코, [모서리] 짧은뜨기 1코, 빼뜨기

소매 만들기

소매(14코)

1단: 주황색 실을 연결해서 사슬 1코, 짧은뜨기 14코, 빼뜨기

2단: 사슬 1코, 짧은뜨기 1코, (사슬 3코, 짧은뜨기 1코)×6번, 사슬 3코, 빼뜨기

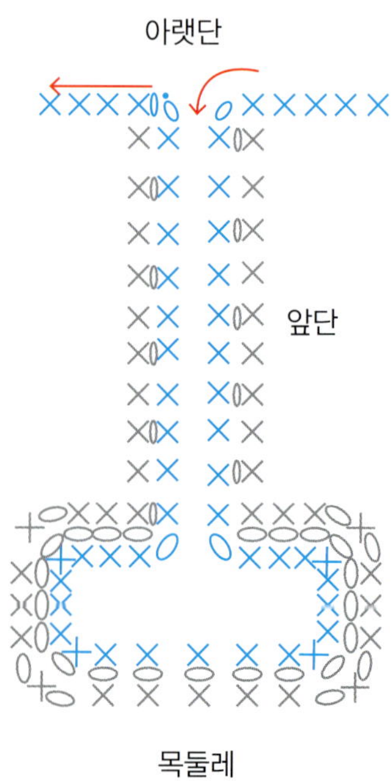

치마 만드는 방법

원형뜨기

1단: 청록색으로 사슬 48코, 빼뜨기로 연결, 사슬 1코, 짧은뜨기 48코, 빼뜨기 – 48코

2단: 사슬 1코, 짧은뜨기로(빨간색 1코, 청록색 3코)×12번, 빼뜨기 – 48코

3단: 사슬 1코, 짧은뜨기로(빨간색 2코, 청록색 2코)×12번, 빼뜨기 – 48코

4단: 사슬 1코, 짧은뜨기 48코, 빼뜨기 – 48코

5~12단: 사슬 1코, (짧은뜨기 1코, 사슬 1코)×24번, 빼뜨기 – 48코

평면뜨기

13단: 사슬 1코, 짧은뜨기 1코 건너뜨기, 짧은뜨기 23코, 편물을 돌리기 – 24코

14단: 사슬 1코, 짧은뜨기 24코, 편물을 돌리기 – 24코

15단: 사슬 1코, 짧은뜨기 24코, [단추구멍] 사슬 5코, 13단에 빼뜨기 – 24코

치마

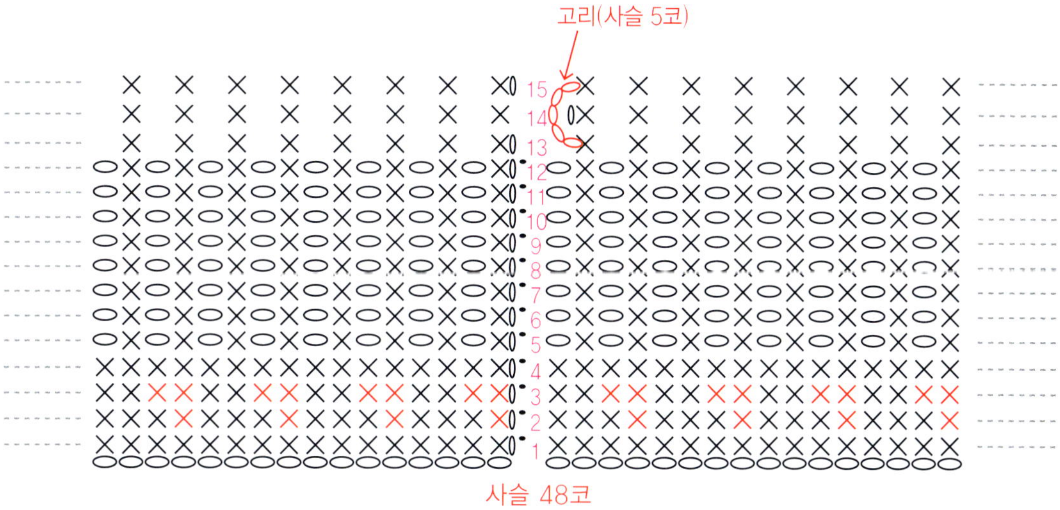

겨울 재킷 만드는 방법

1단: 빨간색으로 사슬 21코, 사슬 1코[기둥코], 짧은뜨기 3코, 0+0, 짧은뜨기 3코, 0+0, 짧은뜨기 5코, 0+0, 짧은뜨기 3코, 0+0, 짧은뜨기 3코 – 29코

2단: 사슬 1코, 짧은뜨기 4코, 0+0, 짧은뜨기 5코, 0+0, 짧은뜨기 7코, 0+0, 짧은뜨기 5코, 0+0, 짧은뜨기 4코 – 37코

3단: 사슬 1코, 짧은뜨기 5코, 0+0, 짧은뜨기 7코, 0+0, 짧은뜨기 9코, 0+0, 짧은뜨기 7코, 0+0, 짧은뜨기 5코 – 45코

4단: 사슬 1코, 짧은뜨기 6코, 0+0, 짧은뜨기 9코, 0+0, 짧은뜨기 11코, 0+0, 짧은뜨기 9코, 0+0, 짧은뜨기 6코 – 53코

5단: 사슬 1코, 짧은뜨기 7코, 0+0, 짧은뜨기 11코, 0+0, 짧은뜨기 13코, 0+0, 짧은뜨기 11코, 0+0, 짧은뜨기 7코 – 61코

6단: 사슬 1코, 짧은뜨기 9코[앞판] 뜨고, 13코[소매] 건너고, 짧은뜨기 17코[뒤판] 뜨고, 13코[소매] 건너고, 짧은뜨기 9코[앞판] – 35코

7~8단: 사슬 1코, 짧은뜨기 35코 – 35코

9단: 사슬 1코, (짧은뜨기 6코, 늘리기)×2번, 짧은뜨기 7코, 늘리기, 짧은뜨기 6코, 늘리기, 짧은뜨기 6코 – 39코

10~12단: 사슬 1코, 짧은뜨기 39코 – 39코

13단: 사슬 1코, (짧은뜨기 7코, 늘리기)×4번, 짧은뜨기 7코 – 43코

14~16단: 사슬 1코, 짧은뜨기 43코 – 43코

17단: [아랫단] 사슬 1코, 짧은뜨기 11코, 늘리기, 짧은뜨기 19코, 늘리기, 짧은뜨기 10코, [모서리] 늘리기, [앞단] 짧은뜨기 5코, 사슬 3코, 짧은뜨기 5코, 사슬 3코, 짧은뜨기 5코, [모서리] 늘리기, [목둘레] 짧은뜨기 19코, [모서리] 늘리기, [앞단] 짧은뜨기 15코, [모서리] 짧은뜨기 1코, 빼뜨기

겨울 재킷

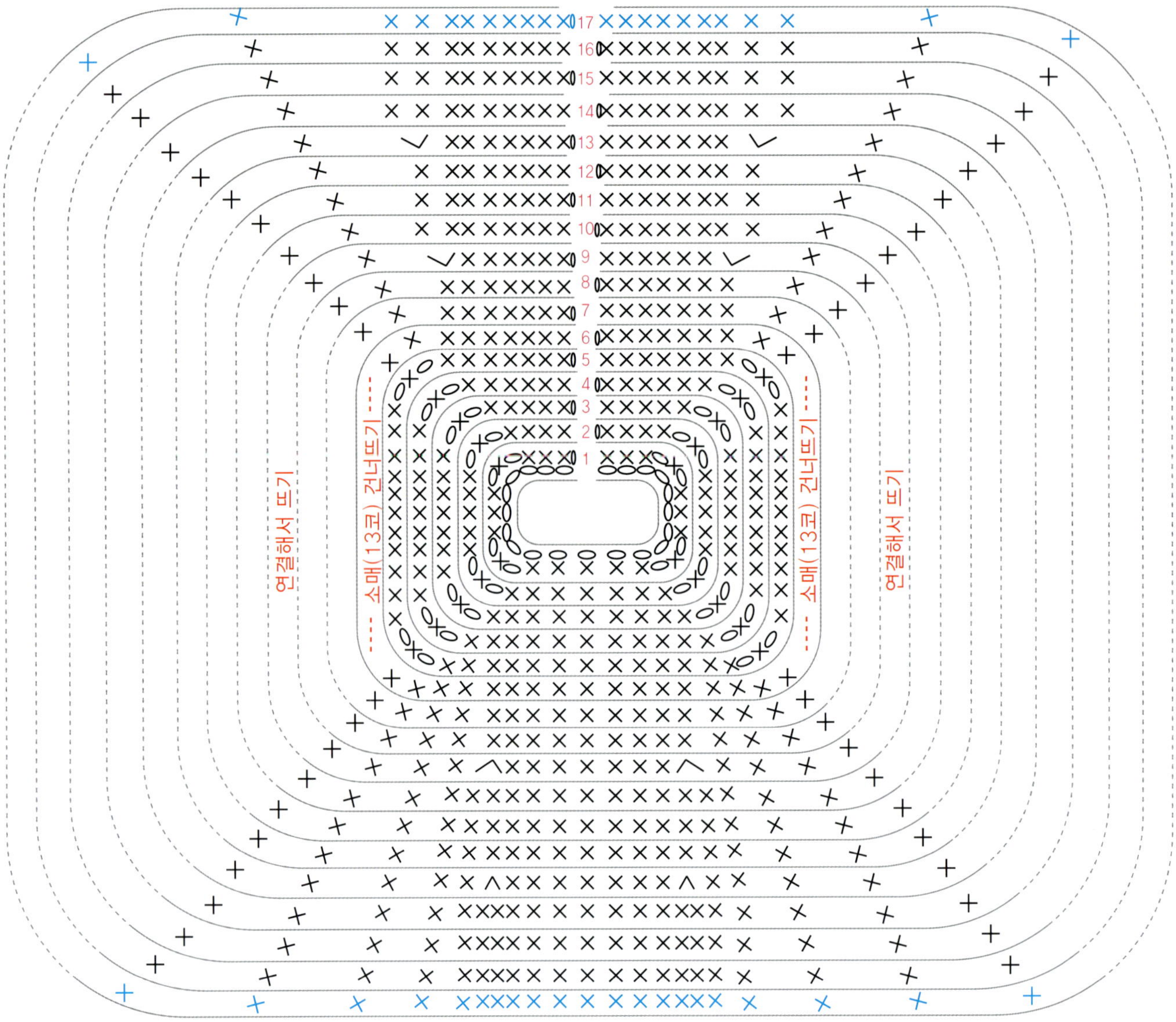

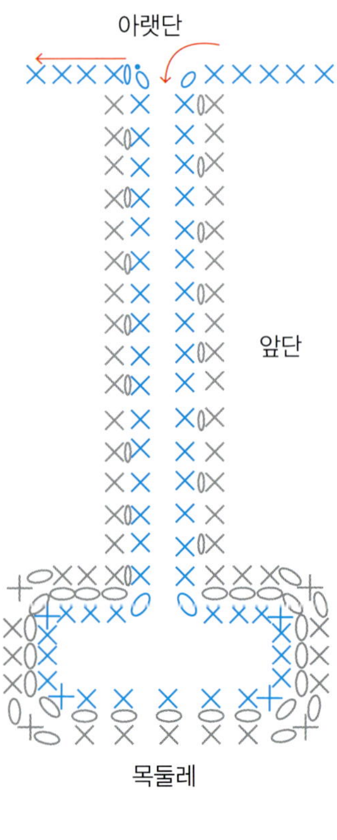

소매 만들기

소매(14코): 짧은뜨기 14코, 나선형으로 11단

주머니(2개) 만들기

1단: 사슬 3코, 사슬 1코[기둥코], 짧은뜨기 3코 - 3코

2단: 사슬 1코, 늘리기, 짧은뜨기 1코, 늘리기 - 5코

3~4단: 사슬 1코, 짧은뜨기 5코 - 5코

주머니

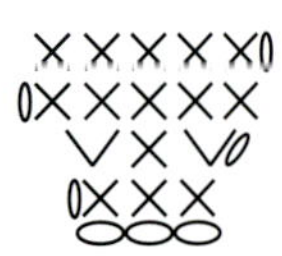

겨울 바지 만드는 방법

1~18단: 청색 실로 사슬 18코, 빼뜨기로 연결, 나선형으로 짧은뜨기 18코로 2장 만들기

19단: 겹치는 부분 4코를 꿰매고 짧은뜨기 32코를 뜬다.

20단: (짧은뜨기 3코, 늘리기)×8번 - 40코

21~25단: 짧은뜨기 5단 - 40코

26단: 가랑이 시작 부분에서 왼쪽 옆선 쪽으로 짧은뜨기 12코를 뜬 다음, 같은 코에 사슬 1코/ 빼뜨기, 다시 13번째 코에 빼뜨기를 하고 같은 코에 사슬 1코/짧은뜨기 1코, (짧은뜨기 3코, 줄이기)×7번, 짧은뜨기 4코 - 33코

27~28단: 사슬 1코, 짧은뜨기 33코, 마지막 사슬 5코, 26단에 빼뜨기 (단추구멍) - 33코

겨울 바지

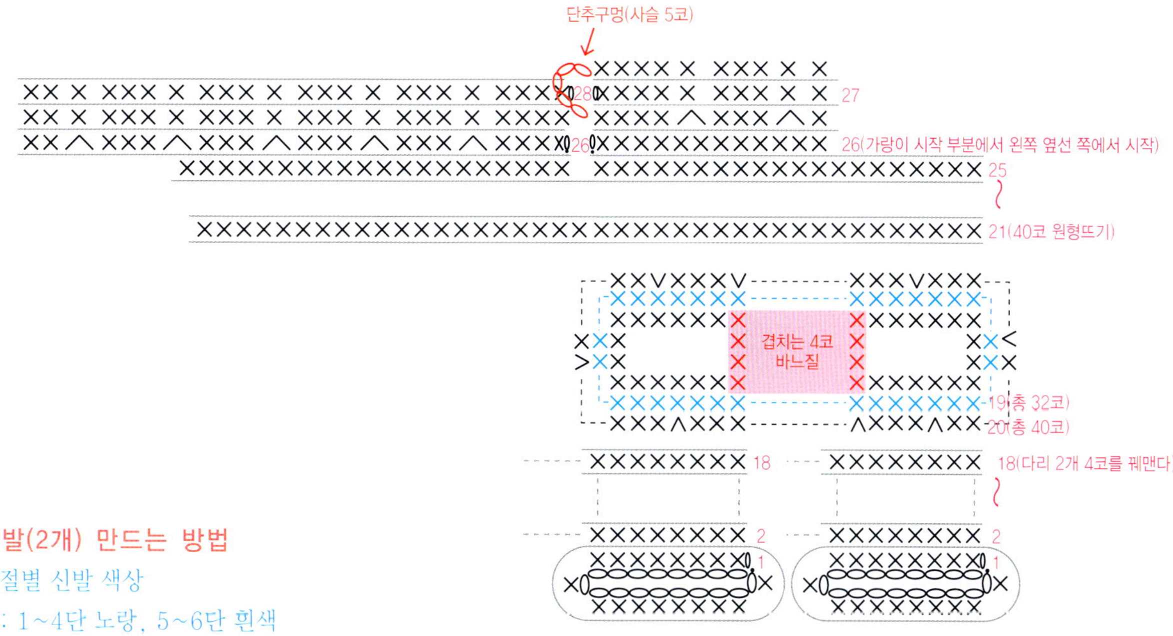

신발(2개) 만드는 방법

계절별 신발 색상

봄: 1~4단 노랑, 5~6단 흰색

여름: 1~4단 하늘색, 5~6단 흰색

가을: 1~2단 청록색, 3~8단 주황색

겨울: 1~6단 빨강

신발

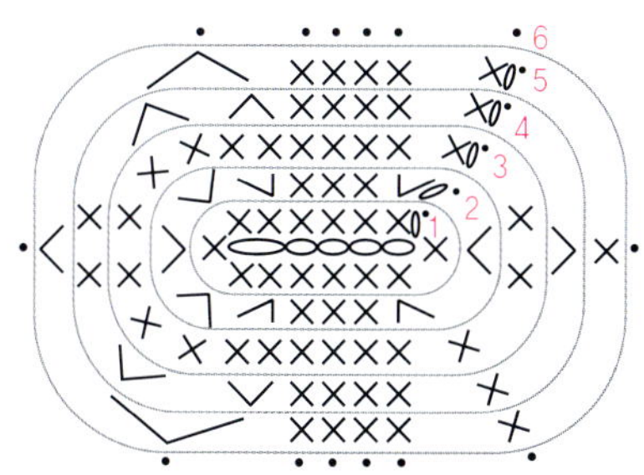

1단: 사슬 5코, 사슬 1코[기둥코], 짧은뜨기 4코, 짧은뜨기 1코에 5코[아래로] 짧은뜨기 3코, 시작코에 짧은뜨기 2코, 빼뜨기 - 14코

2단: 사슬 1코, 늘리기, 짧은뜨기 3코, 늘리기 5코, 짧은뜨기 3코, 늘리기 2코, 빼뜨기 - 22코

3단: 사슬 1코, 짧은뜨기 22코, 빼뜨기 - 22코

4단: 사슬 1코, 짧은뜨기 5코, 줄이기 2코, 짧은뜨기 2코, 줄이기 2코, 짧은뜨기 5코, 줄이기 1코, 빼뜨기 - 17코

5단: 사슬 1코, 짧은뜨기 5코, 줄이기 3코, 짧은뜨기 6코, 빼뜨기 - 14코

6단: 빼뜨기 14코[신축성 있게 너무 당기지 않는다]

인형 옷장

인형 옷장 만드는 방법

1단: 황토색으로 사슬 32코, 사슬 1코(기둥코), 짧은뜨기 32코 - 32코

2~16단: 사슬 1코, 짧은뜨기 32코 - 32코

흰색으로 변경

17단: 사슬 1코, 앞 걸어 이랑뜨기 32코

18~53단: 사슬 1코, 짧은뜨기 32코 - 32코

Knit는 체인 스티치로 수를 놓는다.

하트, 꽃, 나무, 나비, 잠자리, 사과, 감 등을 떠서 배경을 꾸민다.

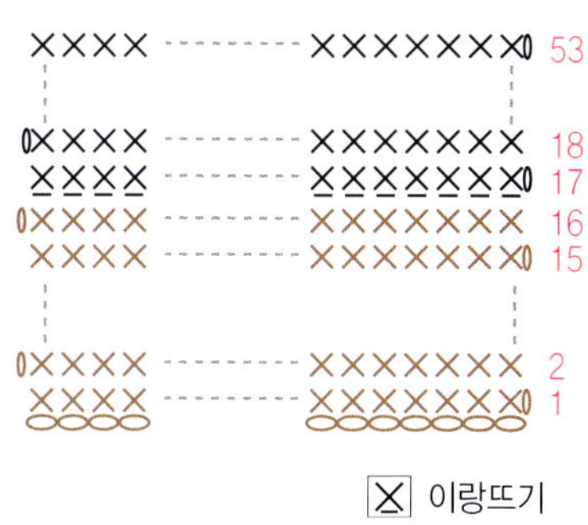

동상

별 스티치 클러치

박영선 mmaama58

사용실과 사용량(g): 코스모스 2겹(베이지, 파스텔 연두, 노랑, 진핑크, 파랑, 검정) 197g
사용 도구: 모사용 코바늘 7/0호
부자재: 가방 속지, 심지, 30cm 지퍼 **작품 사이즈:** 가로 28cm, 세로 18cm
작품 난이도: ★★★☆☆ **작품사진:** 44쪽

만드는 방법

별 스티치 클러치

1단: 사슬 47코 만들고, 사슬 1코[기둥코], 짧은뜨기 46코, 사슬 1코에 짧은뜨기 4코 [아래로] 짧은뜨기 45코, 시작 코에 짧은뜨기 3코 - 98코
2단: 짧은뜨기 47코, 늘리기2, 짧은뜨기 47코, 늘리기2 - 102코
3단: 사슬 3코, 한길긴뜨기 101코, 빼뜨기 - 102코
별 스티치 무늬(star stitch) 황색 3단, 연두 3단, 노랑 3단, 빨강 3단, 파랑 3단, 남색 3단, 황색 6단
4단: 사슬 3코[기둥코], 두번째 코에 실을 감아빼기 / 다음 코에 실을 감아빼기 4번을 하고 바늘에 걸린 6코를 한꺼번에 빼기, 사슬 1고, (6코를 한께번에 뺀 코에 실을 감아빼기 / 기둥에 실을 감아빼기 2번, 다음 코에 실을 감아빼기 3번을 하고 바늘에 걸린 6코를 한꺼번에 빼기, 사슬 1코)×끝까지 반복하고 마지막에 사슬 1코 대신 빼뜨기를 한다.
5단: 사슬 1코[기둥코], 별 중앙에 긴뜨기 2코씩 51개를 하고 빼뜨기
6단: 사슬 1코[기둥코], 빼뜨기 52코
7~27단: 별 스티치 무늬가 8개가 될 때까지 뜬다.

도안

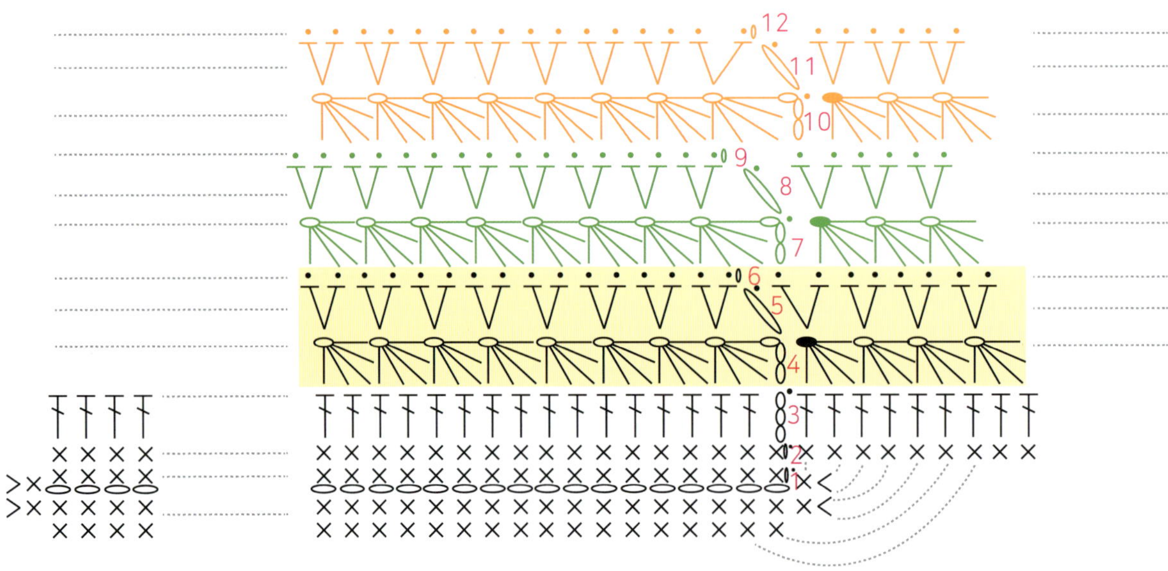

☒ = ⊞ 짧은뜨기 Ⓥ 긴뜨기 2코 넣어뜨기 ⊤ 한길긴뜨기 ○ 사슬뜨기 • 빼뜨기 □ 별스티치무늬

동상

릴리베리 수세미

권소영 버스

사용실과 사용량(g): 우슬초 10~11g
사용 도구: 모사용 코바늘 7/0호
작품 사이즈: 가로 11cm, 세로 11cm
작품 난이도: ★★★★☆ **작품사진:** 45쪽

만드는 방법

1단: 매직링[원형코]에 사슬 2코, 한길긴뜨기 2코 모아뜨기 해서 한길긴뜨기 3코 모아 구슬뜨기를 만든다. 사슬 1코, (한길긴뜨기 3코 모아 구슬뜨기, 사슬 1코)×5번 반복, 빼뜨기 3코

2단: 1단 구슬뜨기 사이 사슬 1코 한 부분에 사슬 3코로 기둥을 세우고, 한길긴뜨기 1코, 사슬 2코, 한길긴뜨기 2코 다음 사슬에 (한길긴뜨기 2코, 사슬 2코, 한길긴뜨기 2코)×5번 반복, 빼뜨기

3단: 2단의 사슬 2코한 부분마다 뜬다. 기둥으로 사슬 1코, (짧은뜨기 1코, 피코빼뜨기, 사슬 3코, 짧은뜨기 1코, 사슬 3코)×6번 반복, 빼뜨기

4단: 3단을 앞으로 놓고 2단의 사슬 부분마다 뜬다. 기둥으로 사슬 3코, 한길긴뜨기 4코 모아 구슬뜨기, 사슬 6코, (한길긴뜨기 5코 모아 구슬뜨기, 사슬 6코)×6번 반복, 빼뜨기

5단: 3, 4단의 사슬을 감싸며 2단 고랑에 뜬다. 2단 첫 고랑에 기둥으로 사슬 4코, 같은 고랑에 두길긴뜨기 1코, 구슬뜨기한 곳에 짧은 앞 걸어뜨기 1코, 다음 고랑에 두길긴뜨기 2코, 사슬 1코, 1단의 방울뜨기 부분에 두길긴뜨기 앞 걸어뜨기 1코, 사슬 1코, 다음 고랑과 구슬뜨기 부분에(두길긴뜨기 2코, 짧은뜨기 앞 걸어뜨기 1코, 두길긴뜨기 2코, 사슬 1코, 두길긴뜨기 앞 걸어뜨기 1코, 사슬 1코)×5번 반복, 빼뜨기

6단: 잎사귀 부분 4단의 사슬에 뜬다. 사슬 4코, 두길긴뜨기 4코, 사슬 3코, 짧은뜨기 1코, 사슬 10코로 고리를 만들고 빼뜨기 후, 마무리한다.

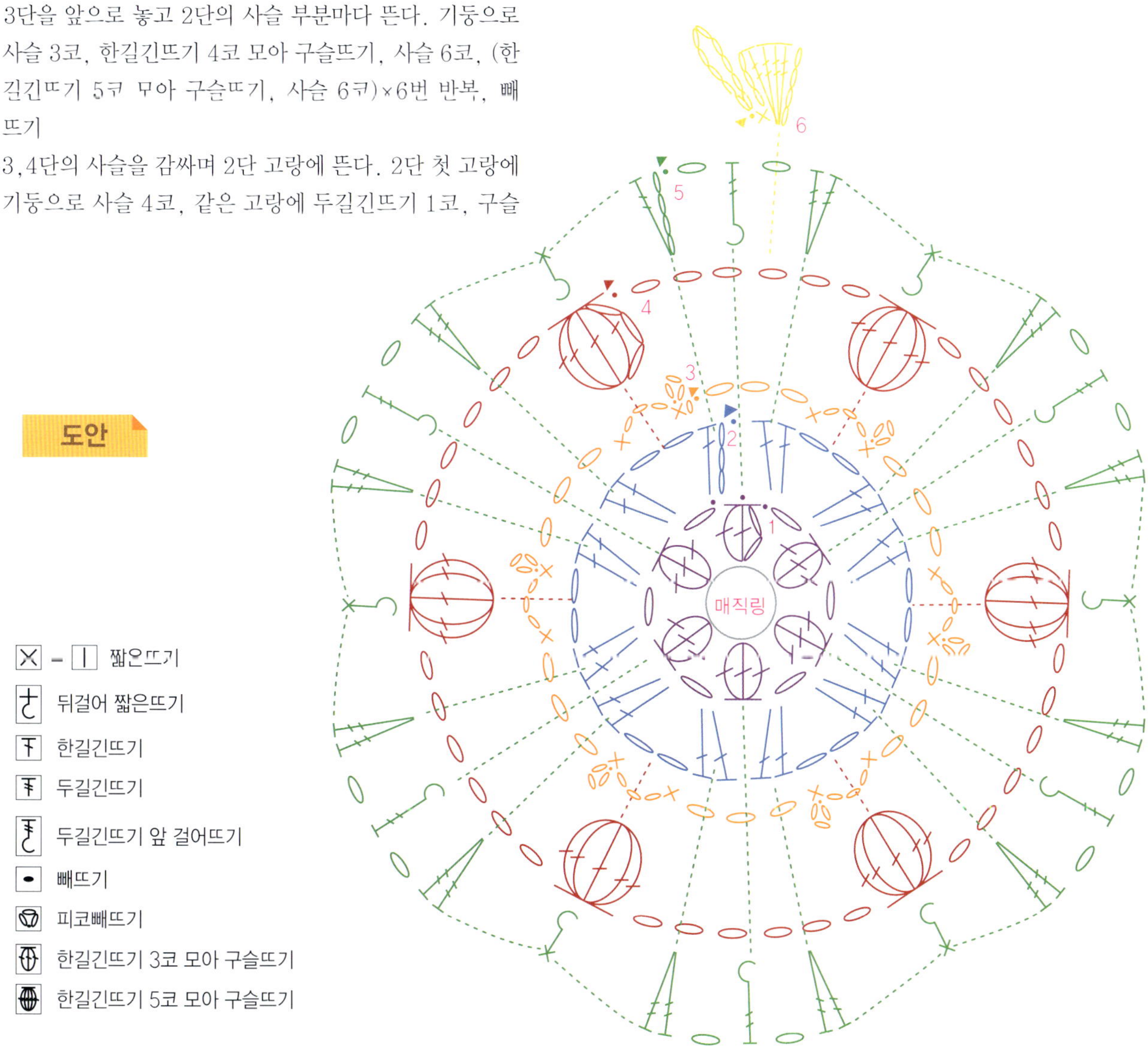

동 상

러블리 원피스 세트

박 경 숙 통통이

[러블리 원피스 세트]
사용실과 사용량(g): 레이스볼 20g
사용 도구: 2mm 대바늘, 레이스 코바늘 4/0호
작품 사이즈: 가로 19cm X 세로 10cm
작품 난이도: ★★★☆☆ **작품사진:** 46쪽

만드는 방법

원피스 만드는 방법

1단: 사슬 40코, 사슬 1코[기둥코], 짧은뜨기 40코 - 40코
2~8단: 짧은뜨기 7단
9단: 15코 건너서, 실을 연결해 짧은뜨기 10코
10단: 짧은뜨기 1단

어깨끈 만들기
레이스 코바늘 4호를 사용해 사슬 10코를 연결해서 뜨고, 사슬 1코[기둥코], 짧은뜨기 10코를 뜬다.

어깨끈

어깨끈(사슬 40코, 짧은뜨기 10코)

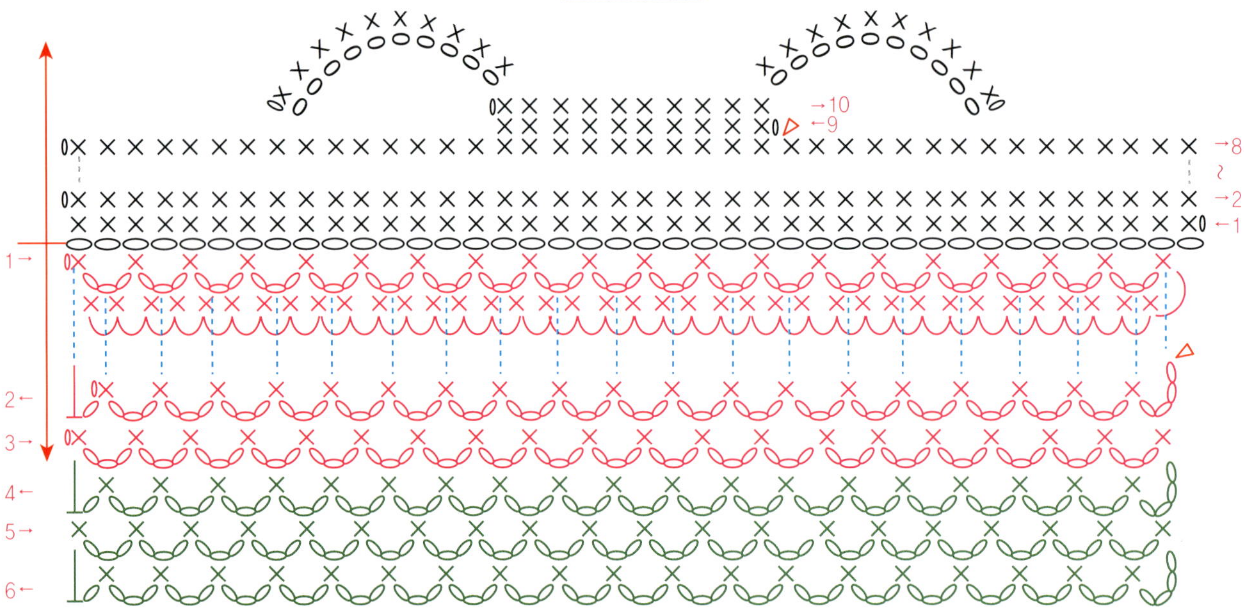

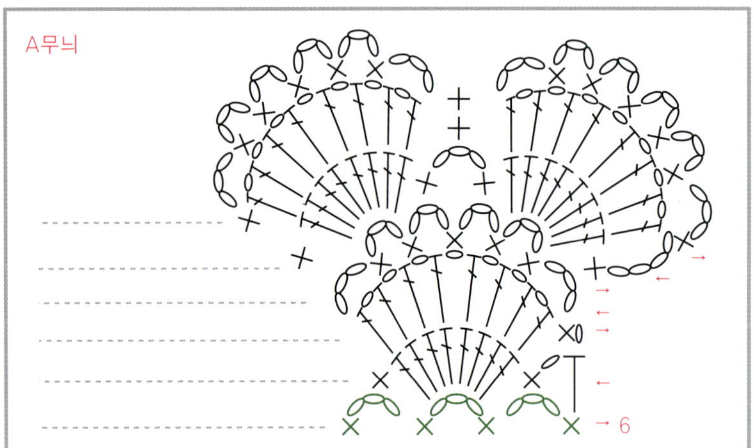

치마속 6단을 뜨고 두번째 치마단을 뜬다.

치마

=

× = + 짧은뜨기
T 긴뜨기
Ŧ 한길긴뜨기
○ 사슬뜨기

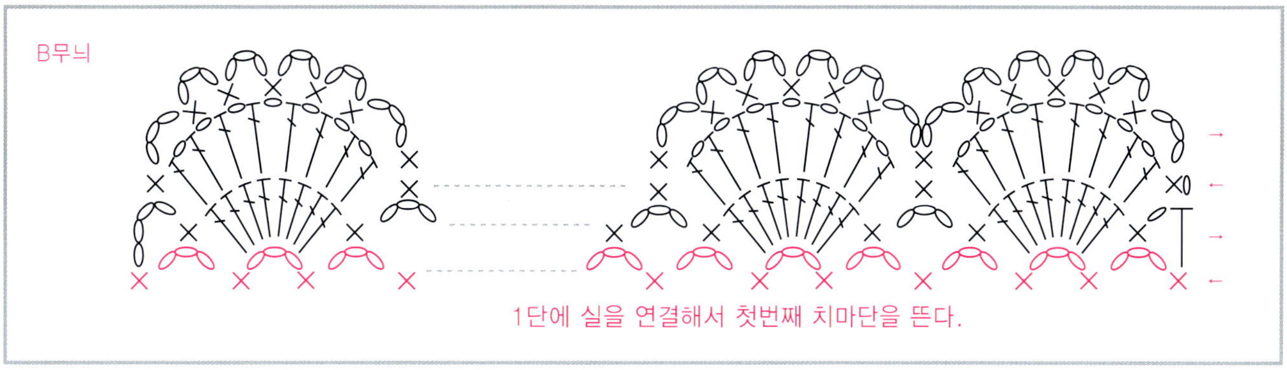

치마 만들기

1. 레이스 코바늘 4호를 사용해 처음 사슬 40코에서 아래로 도안과 같이 (짧은뜨기 1코, 사슬 3코)를 반복한다.
2. 사슬 3코한 곳에 (짧은뜨기 1코, 사슬 3코)를 반복하며 도안과 같이 뜬다.
3. 첫번째 단에서 실을 연결해서 (짧은뜨기 1코, 사슬 3코)를 2단을 뜬다.
4. 연두색 실로 바꿔 (짧은뜨기 1코, 사슬 3코)를 3단을 뜬다.
5. A무늬를 도안을 보면서 뜬다.
6. 첫번째 단에 실을 연결해서 B무늬를 뜬다.

뷔스티에 원피스

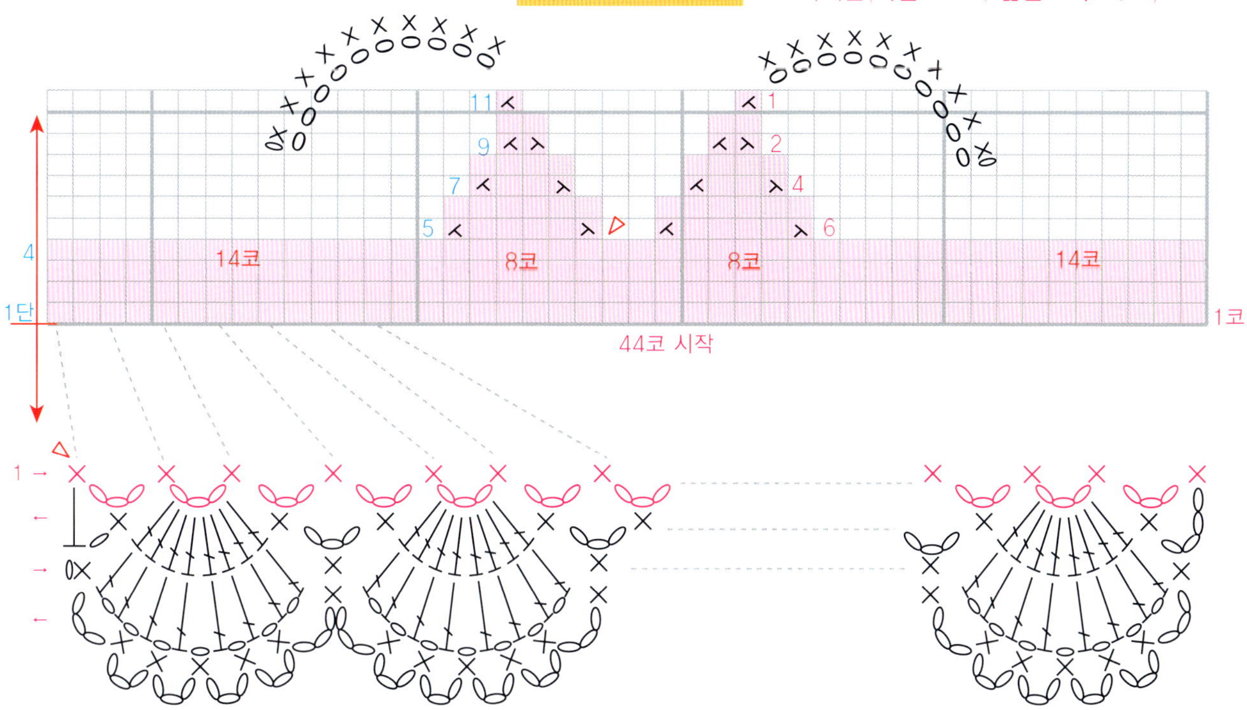

□ 겉뜨기
⋌ 2코 모아뜨기
⋋ 오른코 줄이기

뜨개 약어 설명
1. 겉 = 겉뜨기, 안 = 안뜨기
2. 겉뜨기단은 기호대로 뜨고 안뜨기단은 기호의 반대로 뜬다.
3. 서술형 도안과 그래프 도안을 한 번에 볼 수 있게 왼쪽에 "단"을 오른쪽에 "코"로 표시한다.

뷔스티에 원피스 만드는 방법

대바늘 2mm 사용해 44코 만들기
1~4단: 메리야스뜨기 4단
5단: 14코 코막음, 오른코 줄이기, 겉4, 2코 모아뜨기 - 6코
6단: 안뜨기
7단: 오른코 줄이기, 겉2, 2코 모아뜨기 - 4코
8단: 안뜨기
9단: 오른코 줄이기, 2코 모아뜨기 - 2코
10단: 안뜨기
11단: 2코 모아뜨기

어깨끈 만들기

레이스 코바늘 4호를 사용해 사슬 10코를 연결해서 뜨고, 사슬 1코[기둥코], 짧은뜨기 10코를 뜬다.

치마 만들기

레이스 코바늘 4호를 사용해 대바늘로 코잡은 곳에서 도안과 같이 뜬다.

[플라멩코 드레스]
사용실과 사용량(g): 레이스볼 20g
사용 도구: 2mm 대바늘, 레이스 코바늘 4/0호
작품 사이즈: 가로 20cm X 세로 14cm **작품 난이도:** ★★★☆☆

플라멩코 드레스 만드는 방법

대바늘 2mm 사용해 36코 만들기

1단: 겉뜨기 1단

2단: 겉6, 바늘비우기, 겉1, 바늘비우기, 겉6, 바늘비우기, 겉1, 바늘비우기, 겉8, 바늘비우기, 겉1, 바늘비우기, 겉6, 바늘비우기, 겉1, 바늘비우기, 겉6 - 44코

3단: 겉3, 안38, 겉3

4단: 겉7, 바늘비우기, 겉1, 바늘비우기, 겉8, 바늘비우기, 겉1, 바늘비우기, 겉10, 바늘비우기, 겉1, 바늘비우기, 겉8, 바늘비우기, 겉1, 비늘비우기, 겉7 - 52코

5단: 겉3, 안46, 겉3

6단: 겉8, 바늘비우기, 겉1, 바늘비우기, 겉10, 바늘비우기, 겉1, 바늘비우기, 겉12, 바늘비우기, 겉1, 바늘비우기, 겉10, 바늘비우기, 겉1, 바늘비우기, 겉8 - 60코

7단: 겉3, 안54, 겉3

8단: 겉9, 바늘비우기, 겉1, 바늘비우기, 겉12, 바늘비우기, 겉1, 바늘비우기, 겉14, 바늘비우기, 겉1, 바늘비우기, 겉12, 바늘비우기, 겉1, 바늘비우기, 겉9 - 68코

9단: 겉3, 안62, 겉3

10단: 겉10, 바늘비우기, 겉1, 바늘비우기, 겉14, 바늘비우기, 겉1, 바늘비우기, 겉16, 바늘비우기, 겉1, 바늘비우기, 겉14, 바늘비우기, 겉1, 바늘비우기, 겉10 - 76코

11단: 안12, 코막음 16코, 감아코 5코, 안 20코, 코막음 16코, 감아코 5코, 안12 - 52코

12~16단: 메리야스뜨기 5단

플라멩코 드레스

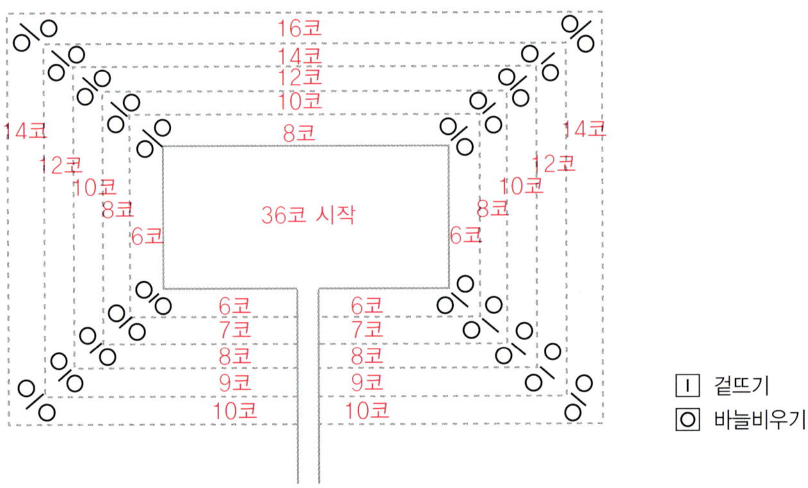

치마단 만들기

속치마는 대바늘 코 만든 부분에서 코를 잡아 실을 연결해 1번째 단에 B무늬, 3번째 단에 B무늬, 6번째 단에 A무늬를 뜬다.

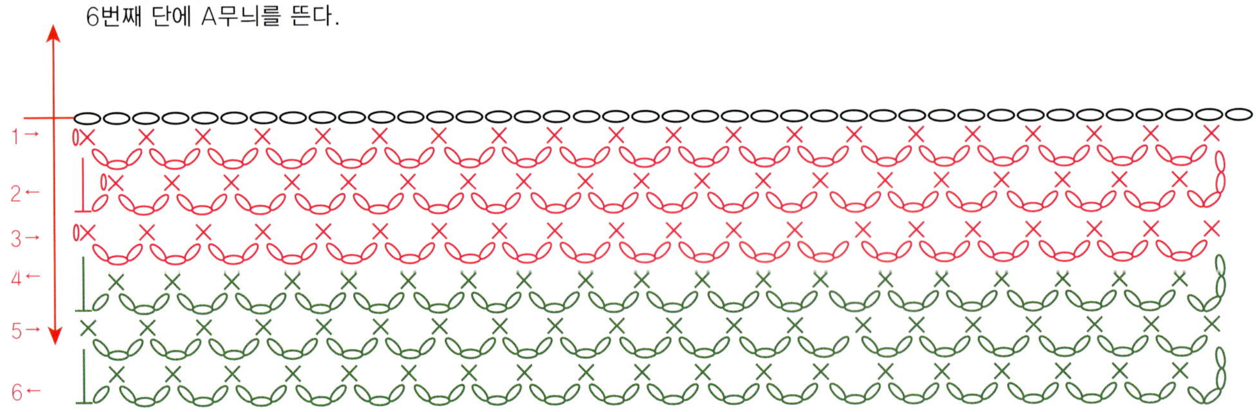

동 상

미니 바구니

박 은 주 그린나래33

사용실과 사용량(g): 리즈베스 40수 / 약 7~8m
사용 도구: 셔틀 1개, 레이스 코바늘 0.5mm
작품 사이즈: 가로 4cm, 세로 3.5cm
작품 난이도: ★★☆☆☆ **작품사진:** 47쪽

만드는 방법

모든 라운드는 원 셔틀로 만든다. 셔틀에서 일정 길이만큼 풀어[볼실 역할을 함] CTM처럼 시작한다.

1라운드: 셔틀에서 70cm 정도 푼 다음 그 지점에 클립을 끼우고 락스티치 체인 80개를 한다. 클립 끼운 부분을 잡고 시작점에서 화살표 방향을 따라가며 매듭 모양을 만들어가다 교차지점 중 별 모양[3군데] 부분은 체인 아래쪽으로 지나간 후, 마지막에 클립을 빼고 묶는다. 전체적으로 균형있게 모양을 잘 잡아준다.

2라운드: 2m 정도 푼 다음 링을 시작한다. 롱피코로 1라운드에 연결하면서 만든 후, 리버스 워크해서 체인을 만들고 나머지는 도안대로 진행한다. 링의 롱피코는 20mm[80수는 16mm]이다. (롱피코는 1라운드 링 모양 양쪽 다에 통과/ 롱피코에 비즈 넣어 연결해도 된다.)

3라운드: 70cm 정도 푼 다음 시작 부분에 고정 후, 락스티치 체인 30개를 반대편에 조인 후, 락스티치 체인 30개하고 마무리한다. 물과 마무리용 본드를 섞어 블로킹하면 입체감이 더 좋다.

미니 바구니

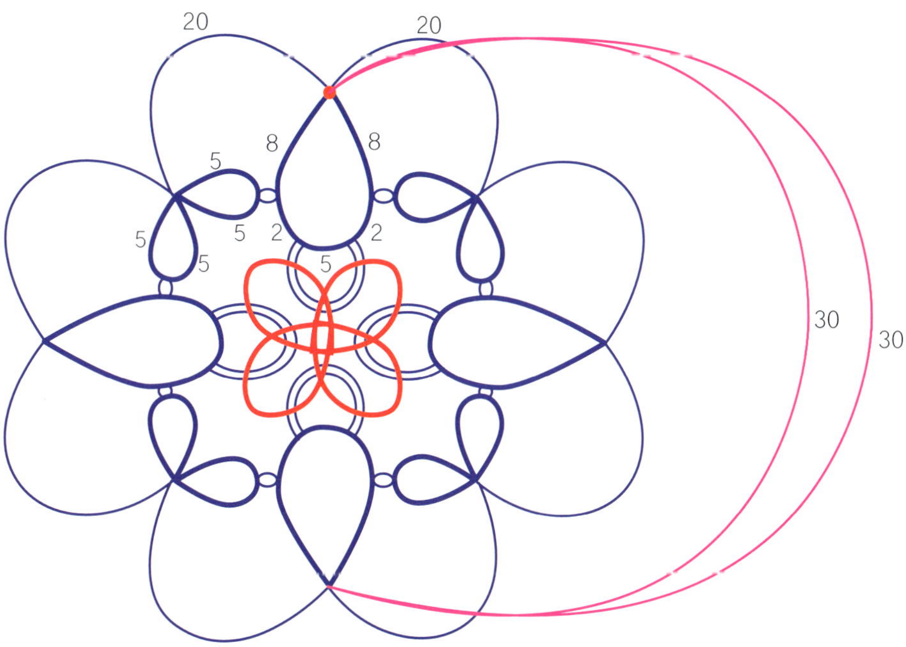

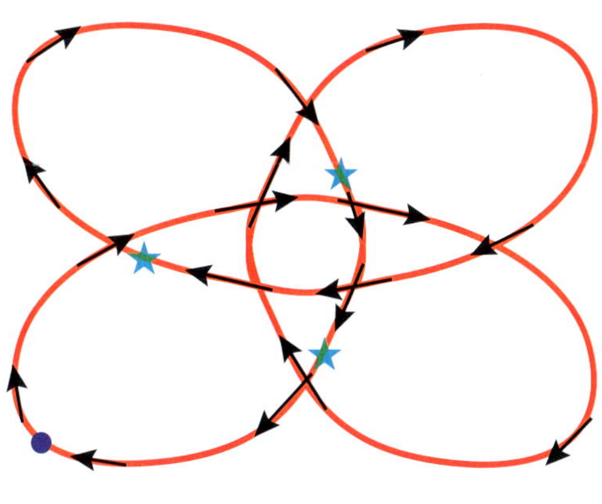

동 상

투웨이 쿠션 커버

우 진 옥 kala9908

사용실과 사용량(g): 린넨 VIP 8볼(2색 각 4볼씩)
사용 도구: 모사용 코바늘 5/0호
부자재: 40cm 원형 솜, 3.5cm 단추 2개, 브로치 받침대(2.5cm) 2개
작품 사이즈: 가로 48cm, 세로 48cm **작품 난이도:** ★★☆☆☆ **작품사진:** 48쪽

쿠션 커버

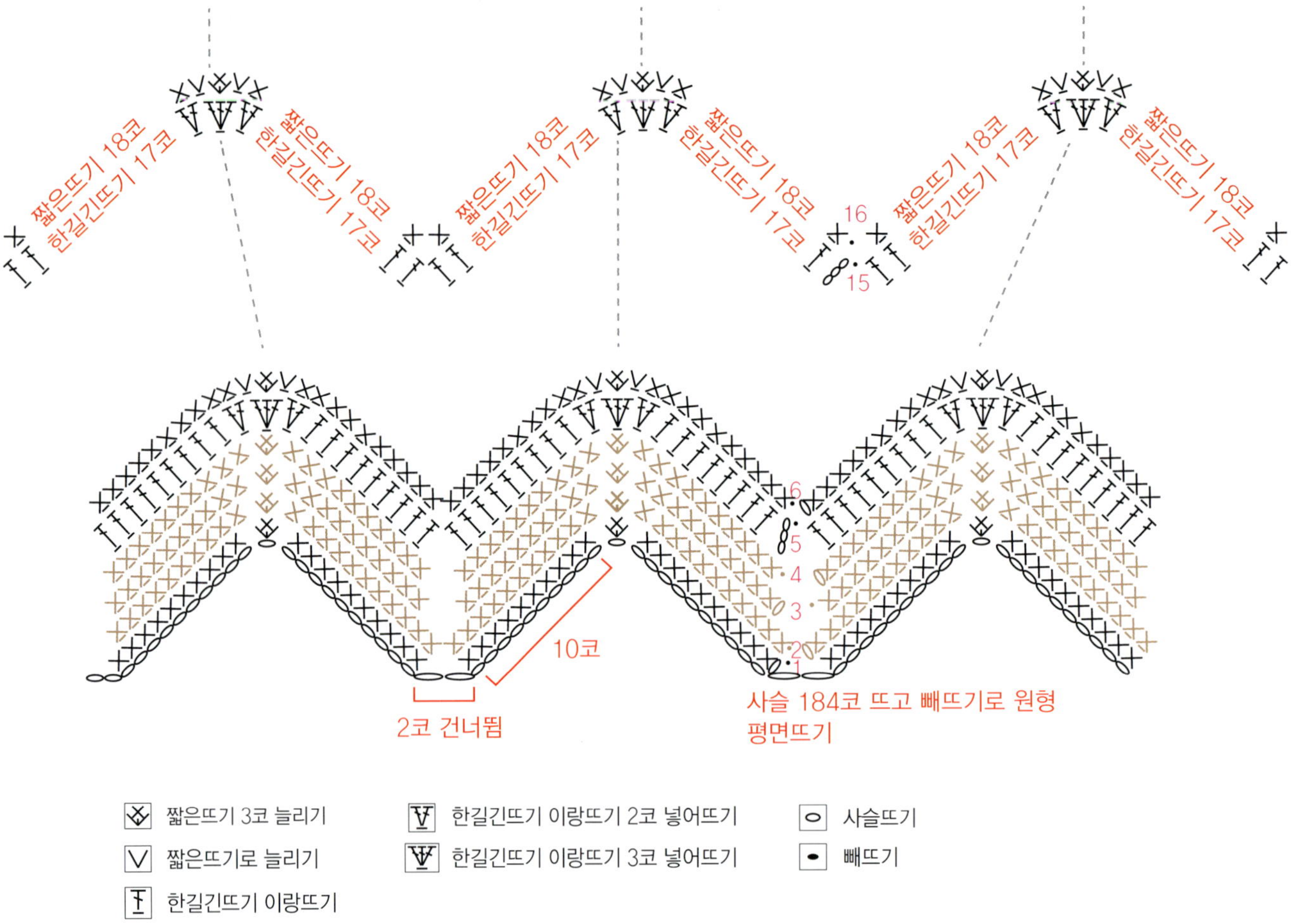

만드는 방법

쿠션 커버 만드는 방법

1단: 사슬 184코를 만들어 첫번째 코에 빼뜨기를 해 원형 만들어 이랑뜨기 10코, 이랑뜨기 3코로 늘리기, 이랑뜨기 10코, (2코 건너서 이랑뜨기 10코, 이랑뜨기 3코로 늘리기, 이랑뜨기 10코)×7번, 2코 건너서 빼뜨기 - 184코

색을 바꿔서

2단: 편물을 돌려서 이랑뜨기 10코, 이랑뜨기 3코로 늘리기, 이랑뜨기 10코, (2코 건너서 이랑뜨기 10코, 이랑뜨기 3코로 늘리기, 이랑뜨기 10코)×7번, 2코 건너서 빼뜨기 - 184코

3단: 편물을 돌려서 이랑뜨기 10코, 이랑뜨기 3코로 늘리기, 이랑뜨기 10코, (2코 건너서 이랑뜨기 10코, 이랑뜨기 3코로 늘리기, 이랑뜨기 10코)×7번, 2코 건너서 빼뜨기 - 184코

4단: 편물을 돌려서 이랑뜨기 10코, 이랑뜨기 3코로 늘리기, 이랑뜨기 10코, (2코 건너서 이랑뜨기 10코, 이랑뜨기 3코로 늘리기, 이랑뜨기 10코)×7번, 2코 건너서 빼뜨기 - 184코

색을 바꿔서

5단: 사슬 3코[기둥코], 한길긴뜨기를 모두 이랑뜨기로 뜬다. 한길긴뜨기 8코, (한길긴뜨기 2코 넣어뜨기, 한길긴뜨기 3코 넣어뜨기, 한길긴뜨기 2코 넣어뜨기, 한길긴뜨기 9코, 2코 건너서, 한길긴뜨기 9코)×7번, 한길긴뜨기 2코 넣어뜨기, 한길긴뜨기 3코 넣어뜨기, 한길긴뜨기 2코 넣어뜨기, 한길긴뜨기 9코, 2코 건너 빼뜨기 - 200코

6단: 사슬 1코[기둥코], (이랑뜨기 10코, 이랑뜨기 2코 늘리기, 이랑뜨기 3코 늘리기, 이랑뜨기 2코 늘리기, 이랑뜨기 10코, 2코 건너기)×8번, 빼뜨기 - 216코

7~14단: 5~6단을 18코가 나올 때까지 늘리면서 뜬다.

15단: 사슬 3코[기둥코], 한길긴뜨기 이랑뜨기 343코, 빼뜨기 - 344코

16단: 사슬 1코[기둥코], 이랑뜨기 344코, 빼뜨기

17단: 사슬 3코[기둥코], 한길긴뜨기 이랑뜨기 343코, 빼뜨기 - 344코

18단: 사슬 1코[기둥코], 이랑뜨기 344코, 빼뜨기

도안

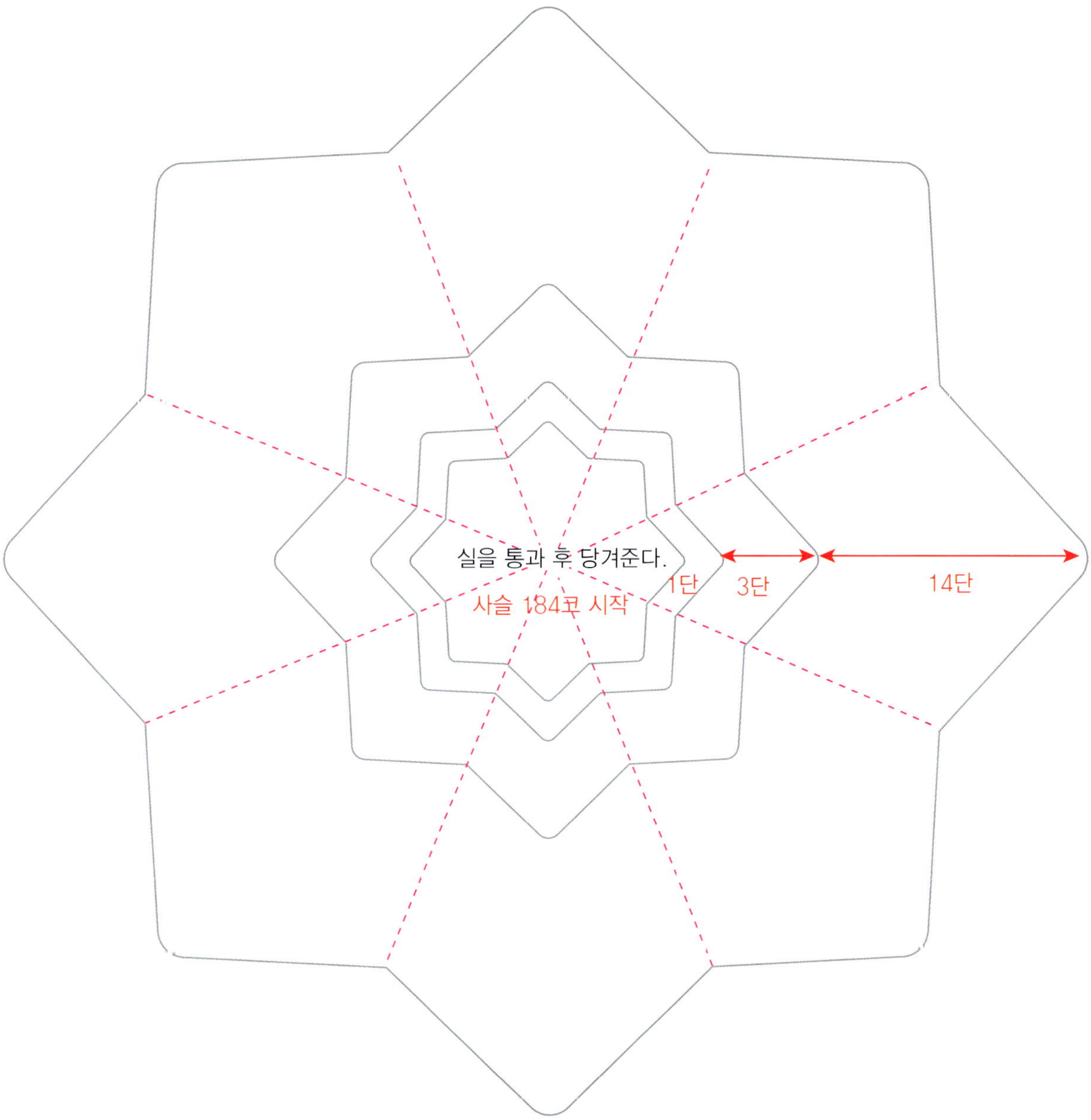

만들기

1. 커버를 2장을 만들어 돗바늘로 연결하고, 가운데 실을 통과시켜 오므리는데 1장은 오무려서 마무리하고 나머지 1장은 오므린 곳을 묶었다 풀었다 할 수 있도록 끈을 남겨두고 솜을 넣고 주름이 균일하게 되도록 만져준다.
2. 싸개 단추를 만들어 브로치 핀을 글루건으로 붙이고 쿠션 중앙에 달아준다.

동상

여름 비치백

문명순 Beluga

사용실과 사용량(g): 미도리(회색, 칼라색) 490g
사용 도구: 모사용 코바늘 5/0호
부자재: 가방 끈(벨트 이용), 자석 **작품 사이즈:** 가로 35cm, 세로 30cm
작품 난이도: ★★☆☆☆ **작품사진:** 49쪽

만드는 방법

가방 만드는 방법

(A=회색, B=칼라색)

1. 사슬 55코를 만들어 평면뜨기[사각형]로 7cm를 뜬다. - 55코
2. 사방에서[원형뜨기] 뒤걸어 짧은뜨기 135코를 만들어 가방 바닥을 세운다. - 135코
3. A색으로 짧은뜨기 3단을 뜬다.
4. B색으로 겹짧은뜨기 1단을 뜬다.
5. A색으로 짧은뜨기 2단을 뜬다.
6. B색으로 짧은뜨기 2단을 뜬다.
7. A색으로 짧은뜨기 33단을 뜬다.
8. A색으로 겹짧은뜨기 3단을 뜬다.
9. A색으로 짧은뜨기 2단, B색으로 짧은뜨기 1단을 뜬다.
10. A색으로 짧은뜨기 2단, B색으로 짧은뜨기 2단을 뜬다.
11. A색으로 짧은뜨기 4단, B색으로 짧은뜨기 1단, A색으로 짧은뜨기 1단을 뜬다.

가방

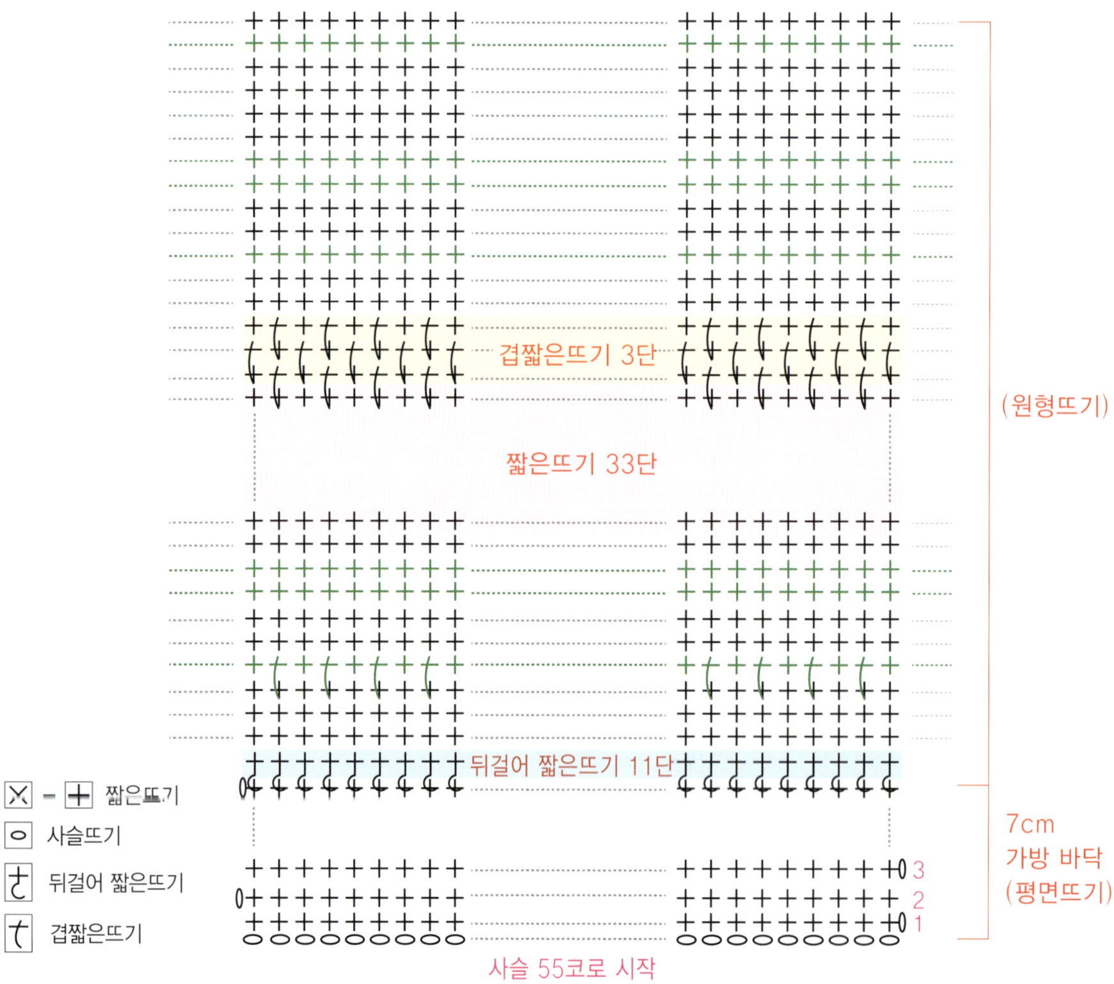

가방 뚜껑

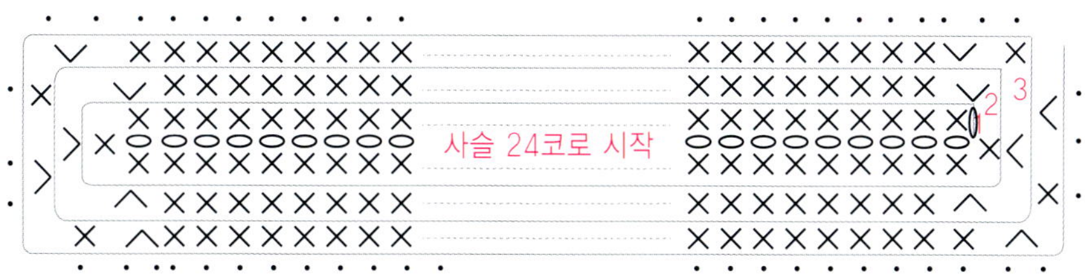

V 짧은뜨기로 늘리기 • 빼뜨기

가방 뚜껑 만드는 방법

1단: 사슬 24코 만들고, 사슬 1코[기둥코], 짧은뜨기 23코, 사슬 1코에 짧은뜨기 3코 [아래로] 짧은뜨기 22코, 시작코에 짧은뜨기 2코

2단: 늘리기, 짧은뜨기 22코, 늘리기3, 짧은뜨기 22코, 늘리기2 - 56코

3단: 짧은뜨기 1코, 늘리기, 짧은뜨기 22코, (짧은뜨기 1코, 늘리기)×3번, 짧은뜨기 22코, (짧은뜨기 1코, 늘리기)×2번 - 62코

빼뜨기로 마무리

자석 단추

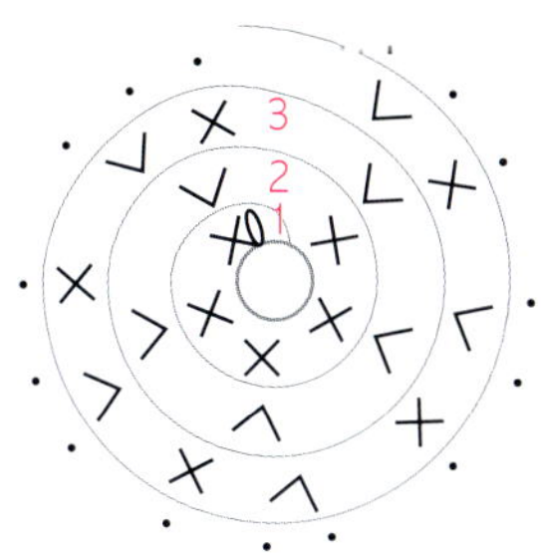

자석 단추 만드는 방법

1단: 매직링[원형]으로 짧은뜨기 5코 - 5코

2단: 짧은뜨기로 모든 코 늘리기 - 10코

3단: (짧은뜨기 1코, 늘리기)×5번 - 15코

빼뜨기로 마무리

완성하기

1. 가방을 완성하고 바닥은 딱딱한 가방 바닥재를 사용해 가장자리가 움직이지 않게 바느질한다.
2. 안감은 가방 사이즈보다 시접분 1cm 정도 여유를 두고 재단한다.
3. 퀼트 실을 사용해 안감 옆 부분을 꿰매고 가방 위에서 1cm 여유를 남겨 반 박음질한다.
4. 가방 윗부분에서 7cm 정도 남기고 자석 단추를 달아준다.
5. 가방끈은 사용하지 않는 벨트를 이용한다.

동 상

짱가쏭의 참외, 수박 수세미

장 정 화 짱가쏭

사용실과 사용량(g): 폴리(웰빙, 삼성고급수세미실)
사용 도구: 모사용 코바늘 5/0호
작품 사이즈: 가로 9~11cm, 세로 10~12cm
작품 난이도: ★★★☆☆ **작품사진:** 51쪽

만드는 방법

● 만들기 POINT

단마다 기둥코 (짧은뜨기는 사슬 1코, 한길긴뜨기는 사슬 3코) 세우며, 단의 마지막엔 첫코에 빼뜨기로 연결한다.

참외

원 또는 사슬코로 원형을 만들어 시작한다. 도안대로 14단까지 뜬 후 참외 라인은 흰색 실로 참외 밑부터 떠서 올라간다. 고리(선택)는 사슬 13개로 만든다.

참외 반

원 또는 사슬코로 원형을 만들어서 시작한다.
1단: 흰색 실로 사슬 14개로 시작해서 도안대로 뜬다.
2단: 흰색으로 뜨다가 진한 노란색으로 배색하면서 뜬다.
3단~4단: 흰색
5단: 연노랑색으로 교체 후 이랑 한길뜨기로 뜬다.
6단~11단: 연노랑색으로 도안대로 뜬다.
고리(선택)는 사슬 13개로 만든다.

참외

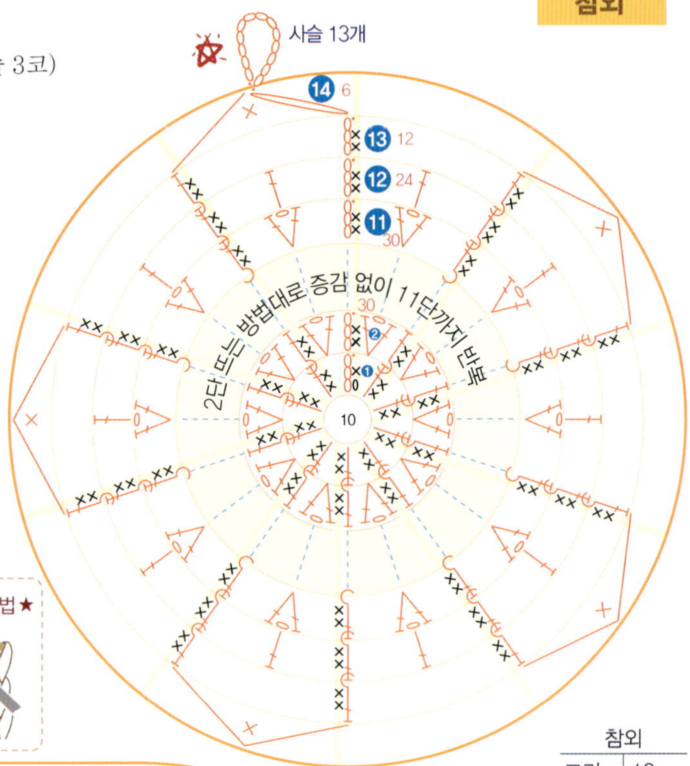

참외	
고리	13
14	6
13	12
12	24
2~9	30
1	10

참외 반

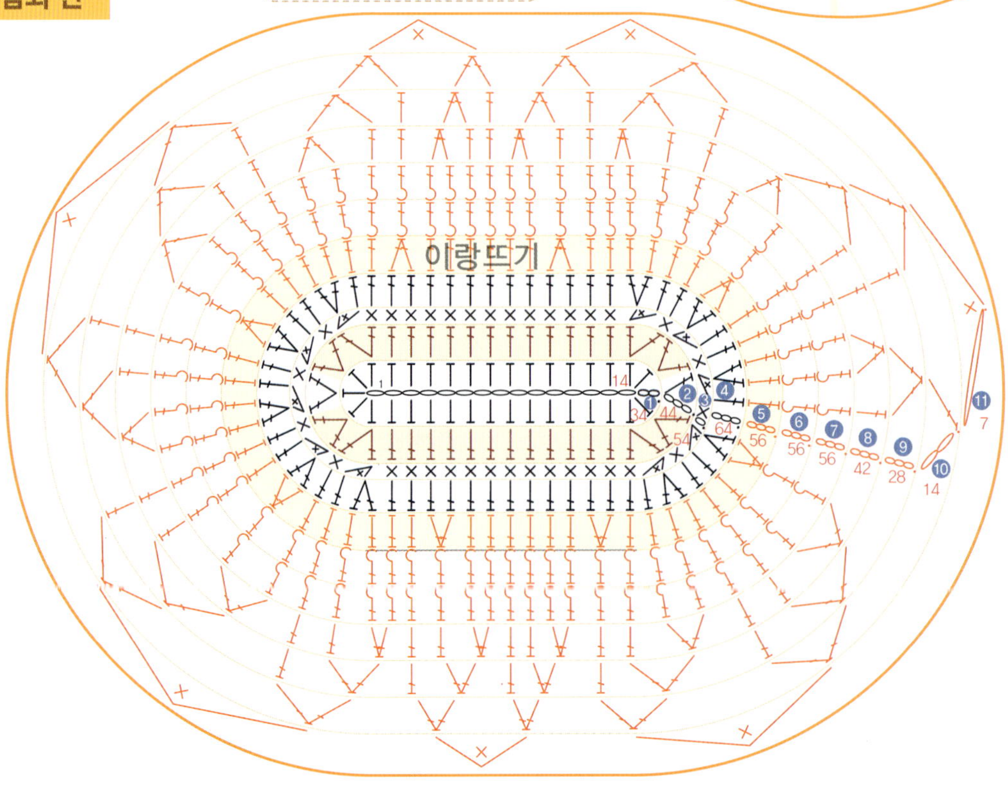

만들기 POINT

단마다 기둥코 (짧은뜨기는 사슬 1코, 한길긴뜨기는 사슬 3코) 세우며,
단의 마지막엔 첫코에 빼뜨기로 연결한다.

수박

원 또는 사슬코로 원형을 만들어 시작한다.
도안대로 13단까지 뜬 후 수박 라인은 검정실로 수박 밑부터 떠서 올라간다.
고리(선택)

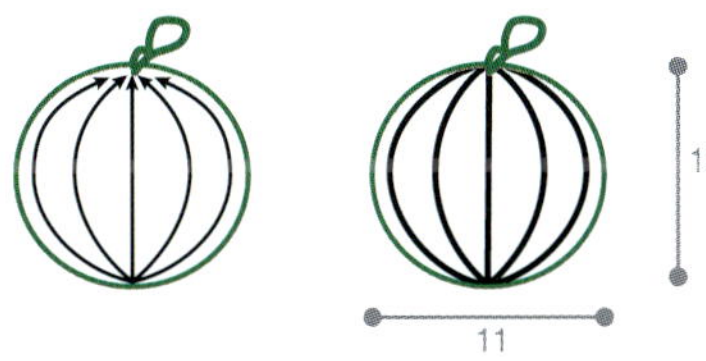

수박 반

수박 검정 라인과 씨앗 부분은 뜨면서 배색으로 한다.
원 또는 사슬코로 원형을 만들어 시작한다.
1단~3단: 빨간색
4단: 흰색, 이랑뜨기
5단: 초록색, 이랑뜨기
7단~13단: 검정색 배색하면서 뜬다.
고리(선택)는 사슬 13개로 만든다.

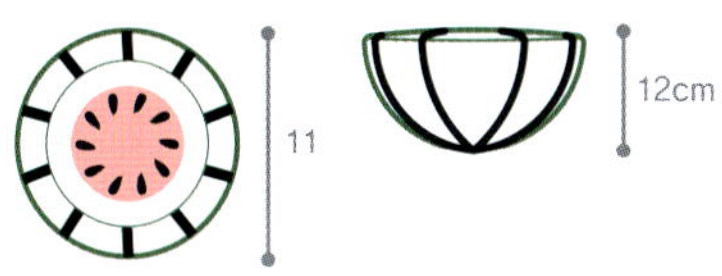

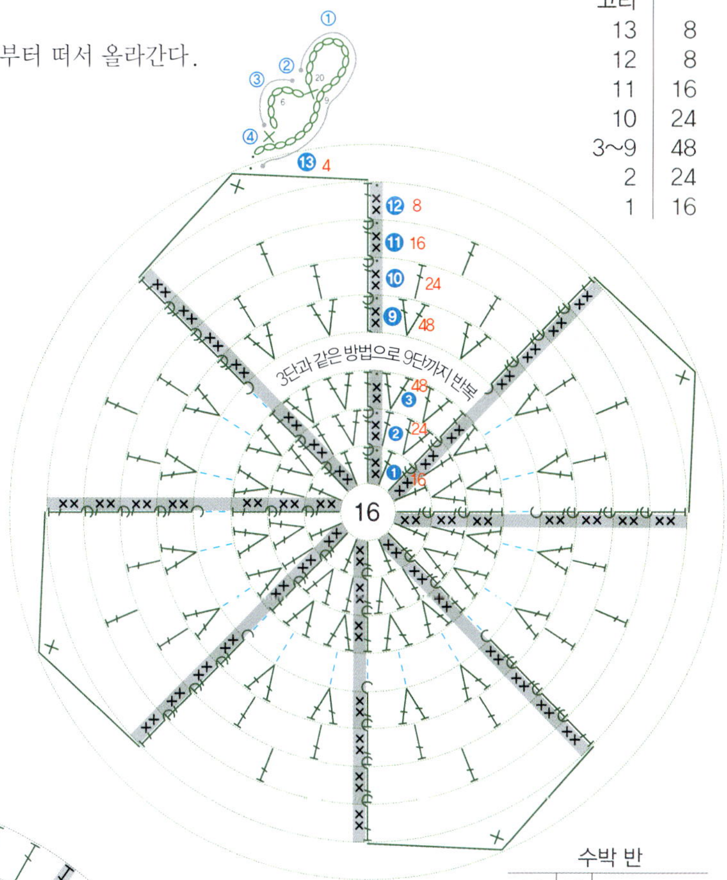

수박	
고리	
13	8
12	8
11	16
10	24
3~9	48
2	24
1	16

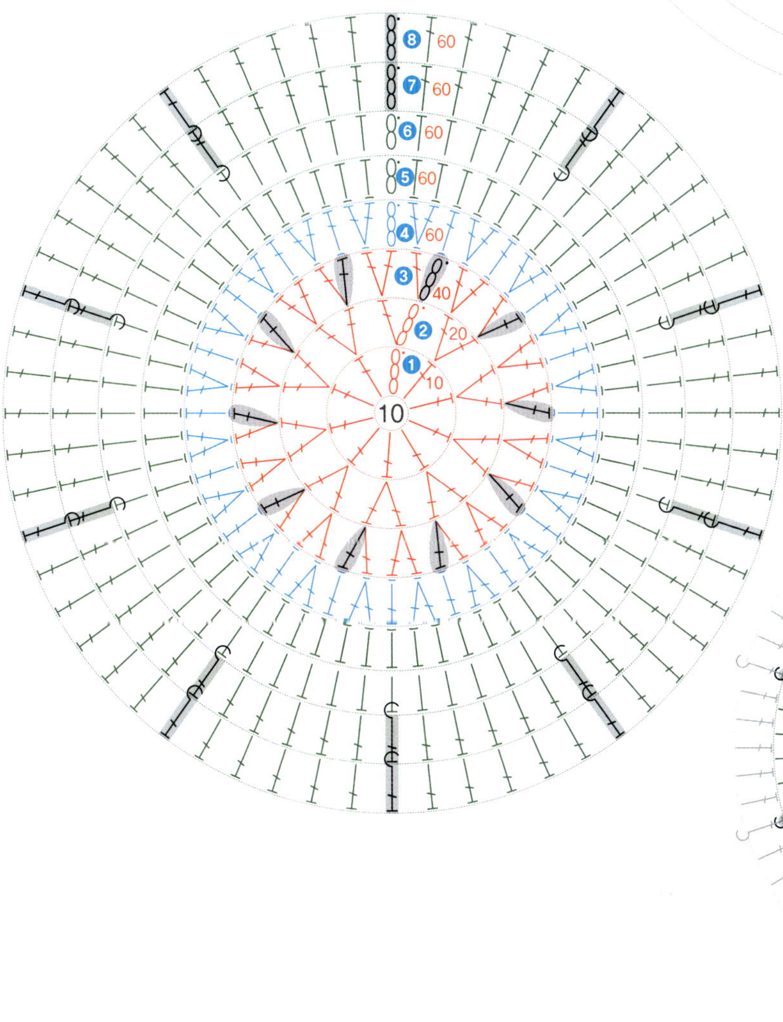

수박 반

수박 반		
13	10	수박색
12	20	
11	30	
10	40	
9	50	
8	60	
7	60	
6	60	
5	60	수박색(이랑뜨기)
4	60	흰색(이랑뜨기)
3	40	빨간색
2	20	
1	10	

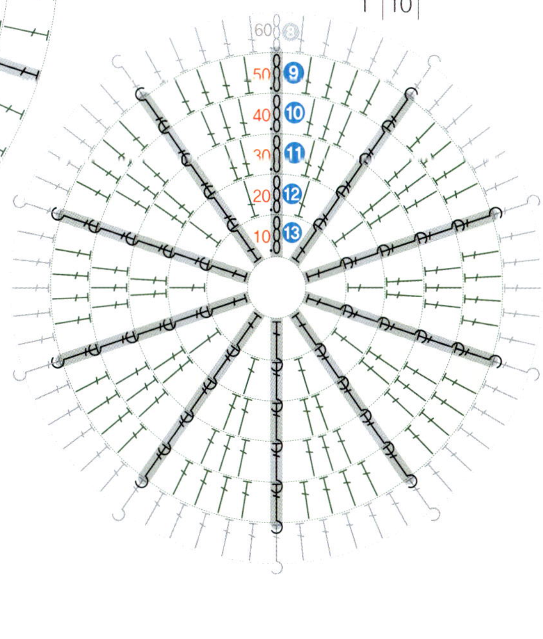

특별상

셀럽의 하리 티매트, 블랭킷

강 성 미 셀럽

사용실과 사용량(g): 네코, 마카롱(블랭킷 28볼)
사용 도구: 티매트 모사용 코바늘 6/0호, 블랭킷 모사용 코바늘 5/0호
작품 사이즈: 티매트 지름 12cm, 블랭킷 가로 121cm x 세로 143cm
작품 난이도: ★★★☆☆ **작품사진:** 52쪽

만드는 방법

● 만들기 POINT 4단까지 뜨면 돔 형태에서 원형으로 펴진다.

티매트

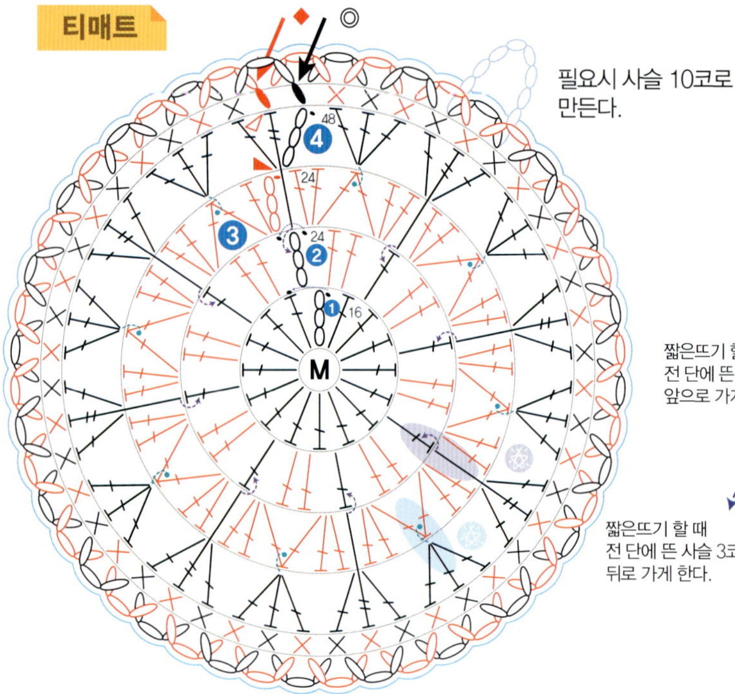

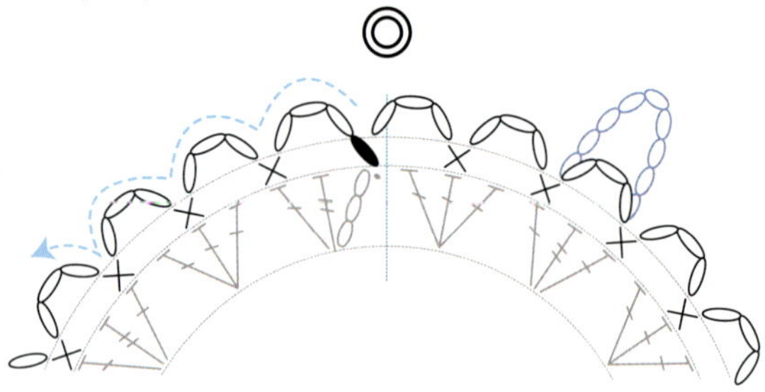

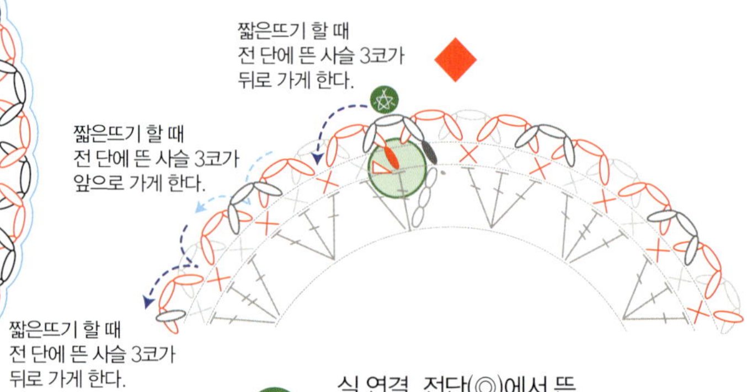

실 연결, 전단(◎)에서 뜬 사슬코가 앞쪽으로 오게 하고 해당코의 뒷면으로 바늘을 넣어서 첫코를 뜬다.

티매트

단	코	배색
엣징	◆	A
엣징	◎	B
4	48	A
3	24	B
2	24	B
1	16	A

블랭킷

단	코	배색
엣징		A
4	48	A
3	24	B
2	24	A,B
1	16	A

블랭킷

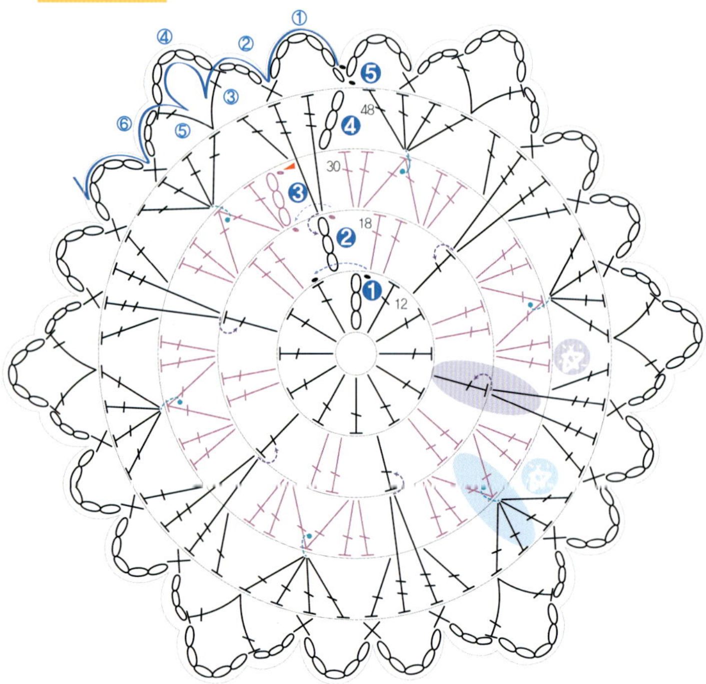

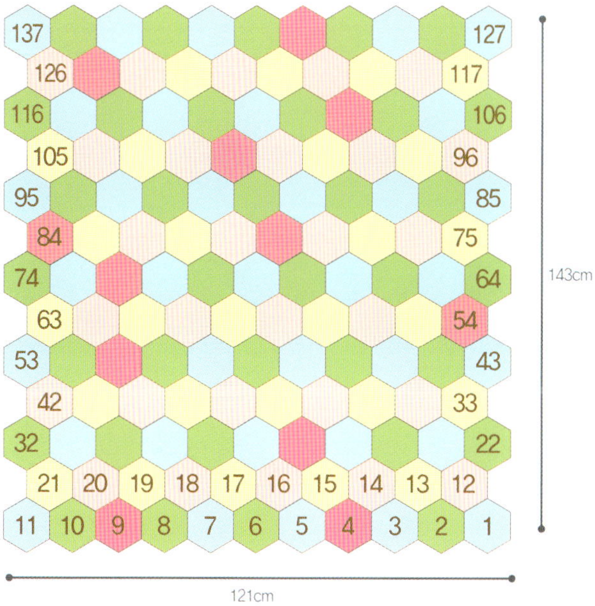

연결과 진행은 숫자순으로 해주세요.

연결 순서

● 만들기 POINT 모티브를 뜨면서 연결한다.

손땀에 따라 사이즈는 다르므로 힘을 살짝 빼고 느슨하게 떠주면 반듯하고 예쁜 모양이 된다.

마카롱 색상표

27개	66 러브토마토 (2볼)	
27개	57 옐로우 (2볼)	
13개	55 파이어브릭 (1볼)	
35개	31 베이비옐로우그린 (2볼)	여분 없이 소진
35개	25 스카이블루 (2볼)	여분 없이 소진
	02 크림아이보리 (19볼)	

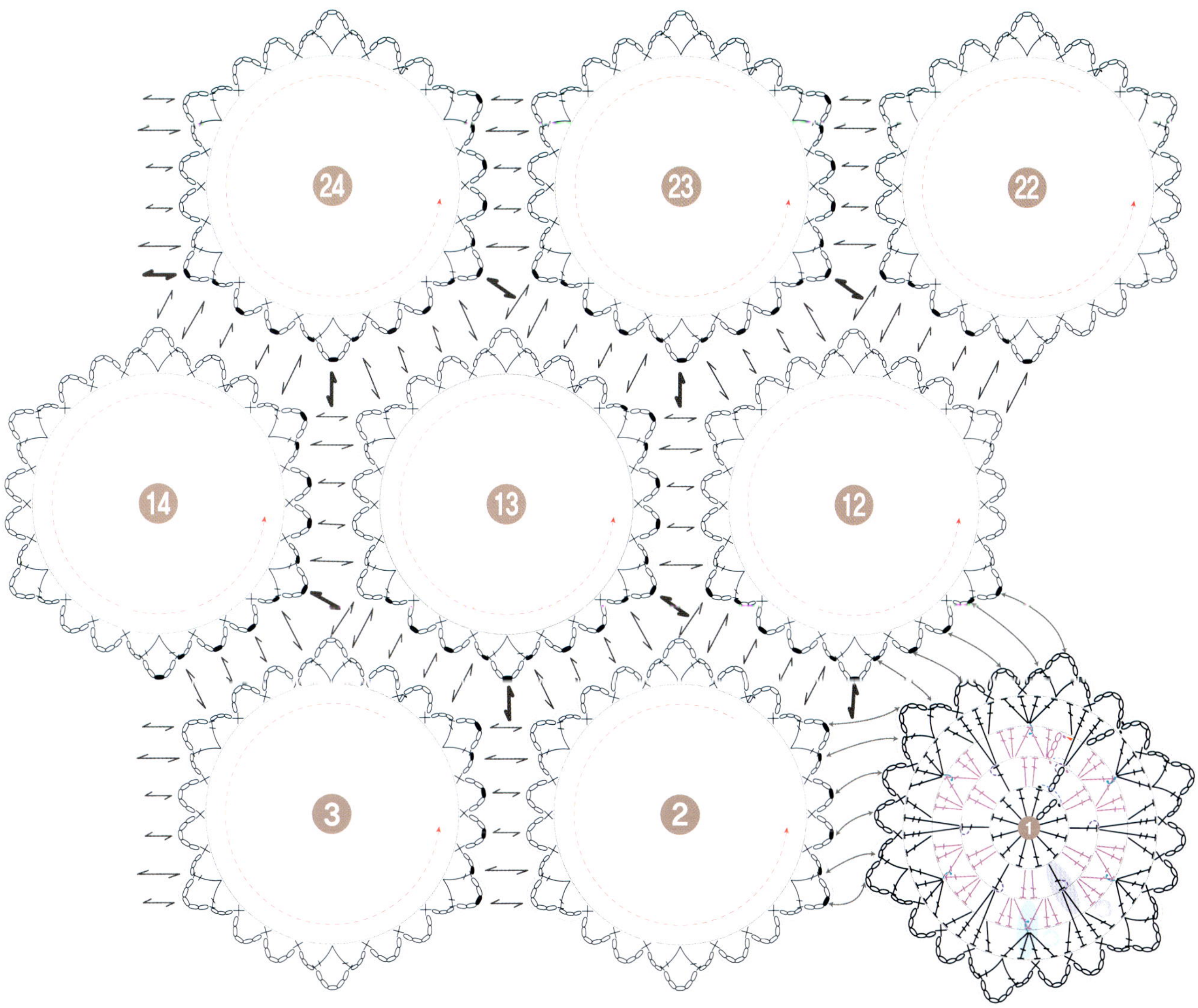

한올의 베이비돌 요람

박수진 한올

사용실과 사용량(g): 오로라 6볼
사용 도구: 모사용 코바늘 7/0호, 돗바늘
작품 사이즈: 가로 45cm, 세로 18cm, 높이 21cm
작품 난이도: ★★★★☆ **작품사진:** 53쪽

만드는 방법

● 만들기 POINT

단마다 기둥코 (짧은뜨기는 사슬 1코) 세우며, 단의 마지막엔 첫코에 빼뜨기로 연결한다. 패턴 2개를 각각 만들어서 감침질로 연결한다.

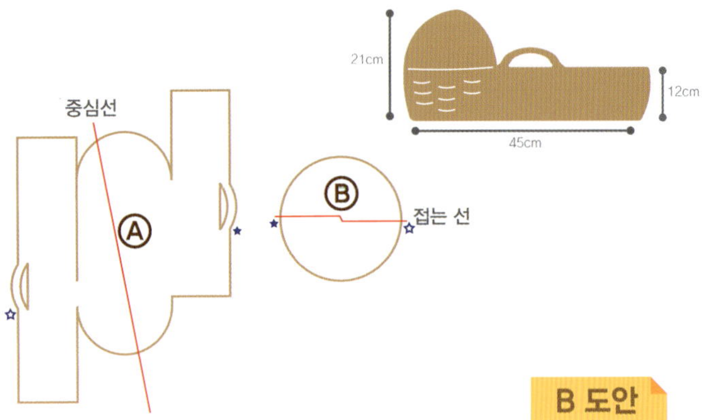

1. 오로라 실과 모사용 코바늘 7호를 이용하여 사슬 38코를 잡아 A도안을 참고하여 뜬다.
2. 같은 실과 바늘로 B도안의 캐노피를 뜬다.
3. 캐노피를 반으로 접어 요람의 손잡이 앞 ☆표시된 부분에 돗바늘을 이용하여 요람 1겹과 캐노피 2겹을 감침질한다.
4. 캐노피 끝과 손잡이가 만나는 부분에 리본을 달아 장식한다.
5. 개인의 취향에 따라 바닥과 쿠션을 만들어 넣는다.

B 패턴	
15~17	112
14	112
13	104
12	96
11	88
10	80
9	72
8	64
7	56
6	48
5	40
4	32
3	24
2	16
1	8

B 도안

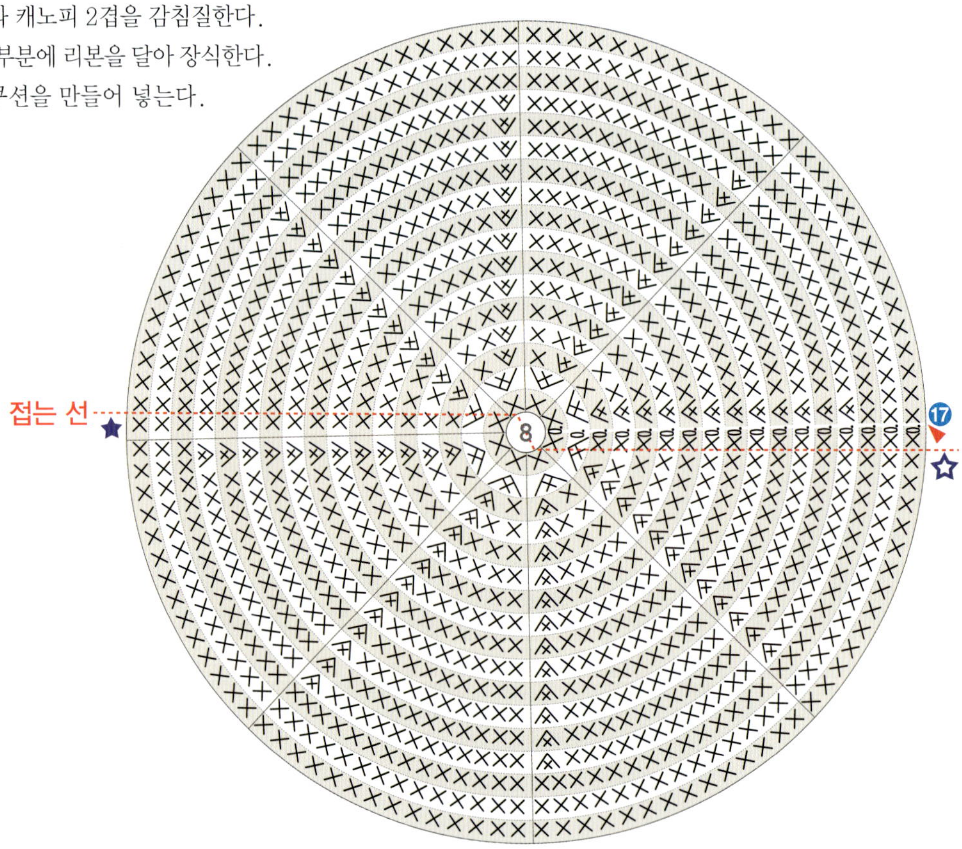

【마무리】

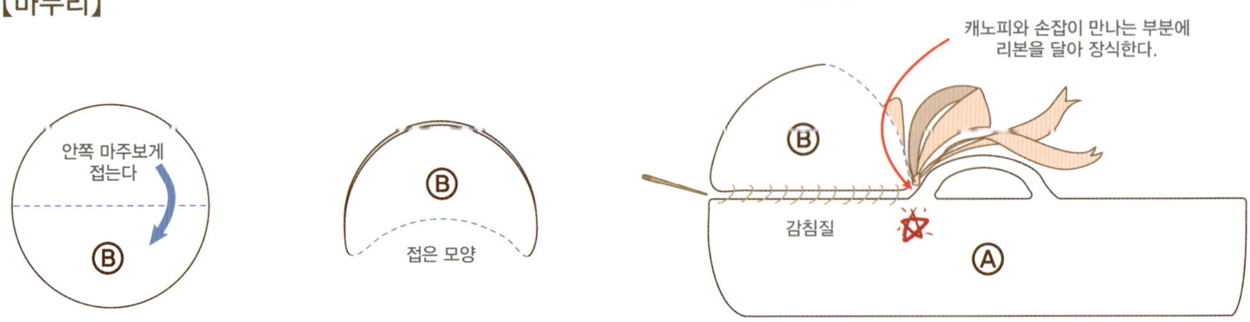

● 만들기 POINT

단마다 기둥코 (짧은뜨기는 사슬 1코) 세우며, 단의 마지막에는 첫코에 빼뜨기로 연결한다.
사슬 38코(기둥코 포함)로 시작한다. 1~15단 바닥, 16~29단 옆면, 30~32단 손잡이

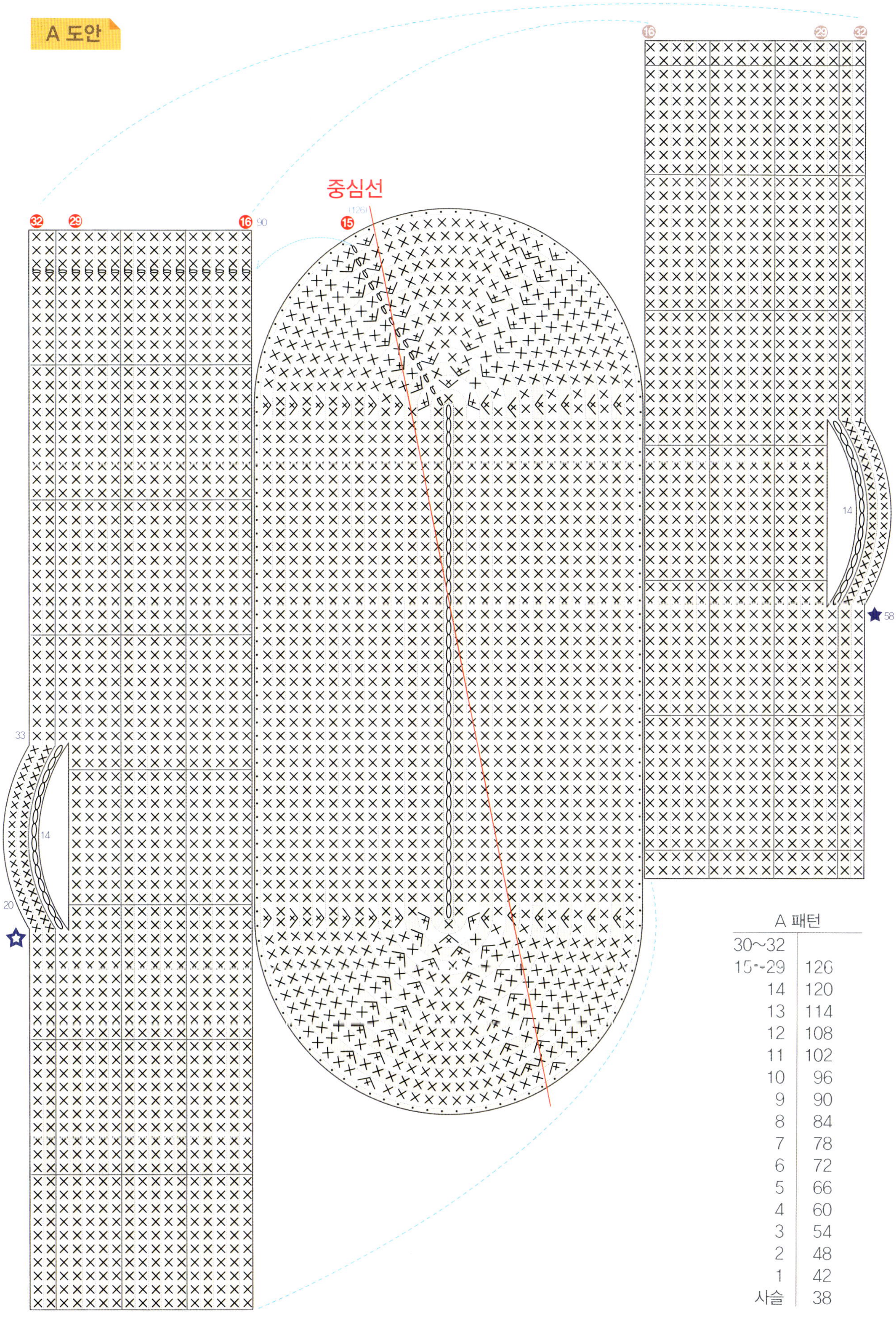

A 패턴	
30~32	
15~29	126
14	120
13	114
12	108
11	102
10	96
9	90
8	84
7	78
6	72
5	66
4	60
3	54
2	48
1	42
사슬	38

특별상
쌍둥맘 헬레나의 와인병

박 소 윤　쌍둥맘 헬레나

사용실과 사용량(g): 면혼방 갈색 100g, 머스터드 30g, 빨강 약간, 연베이지 약간
사용 도구: 모사용 코바늘 4/0호(2.5mm), 6/0호(3.5mm), 대바늘 3mm, 돗바늘
부자재: 구름솜, 단추 **작품 사이즈:** 가로 11cm, 세로 34cm
작품 난이도: ★☆☆☆☆ **작품사진:** 54쪽

만드는 방법

● 만들기 POINT　매직링, 짧은뜨기, 늘리기, 줄이기, 긴뜨기, 빼뜨기, 이랑뜨기(코바늘 기법), 겉뜨기, 안뜨기, 2코 모아뜨기(대바늘 기법)

와인 모자
1. 3mm 대바늘을 이용하여 빨간색 실 2겹으로 32코를 만들어서 도안대로 뜬다.
2. 8단, 11단, 14단: 흰색 배색하면서 뜬다.

와인 머플러
1. 빨간색 실 1겹으로 사슬코 65코를 만든다.
2. 1~6단: 모든 코를 이랑뜨기로 빼뜨기(평면뜨기), 실꼬리 남기고 자른다.
3. 머플러를 교차시키고 단추로 장식한다.

와인 모자

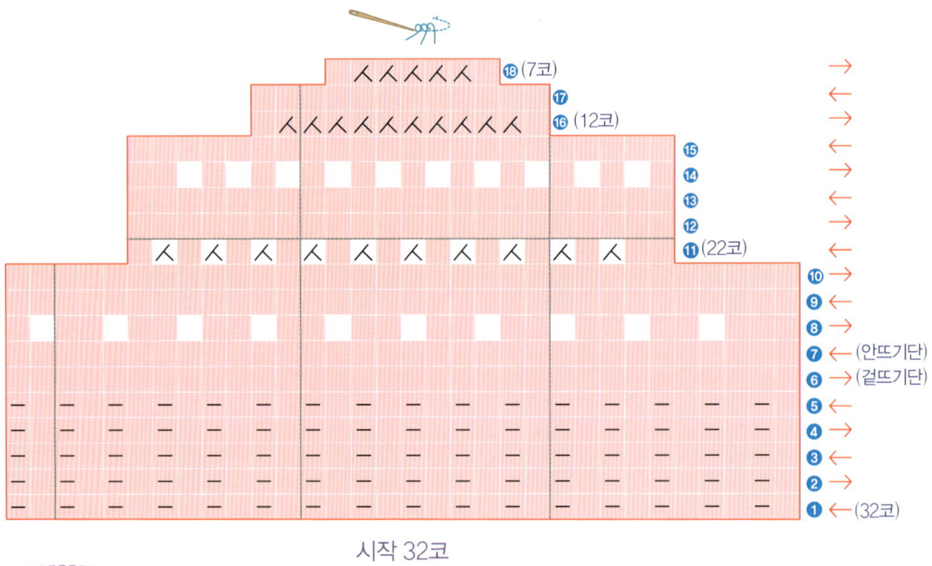

와인 머플러

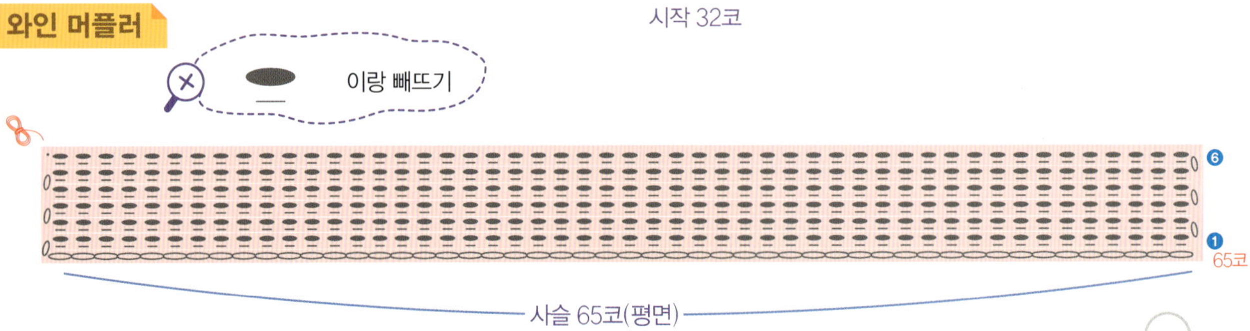

마무리

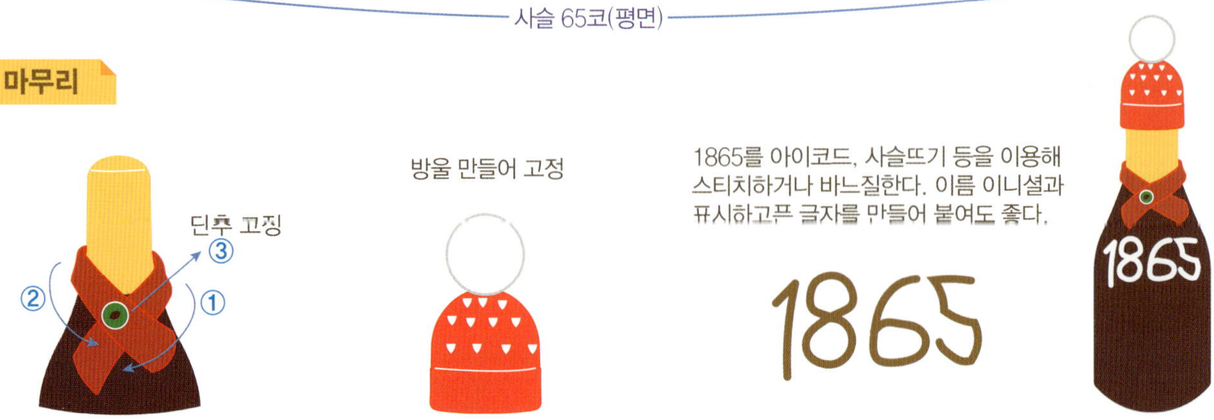

● 만들기 POINT 기둥코 세우지 않고 나선형으로 뜬다.

와인병

1. 갈색 실 2겹으로 매직링을 만들어서 시작한다.
2. 기둥코를 세우지 않고 나선형으로 뜬다.
3. 솜을 계속 넣어가면서 떠나간다.

와인병 옆면

1. 갈색 실 2겹을 9단째(짧은뜨기 단) 뒷고리에 새롭게 연결해 와인병 옆면을 뜨기 시작한다.
2. 실꼬리 남기고 자른 뒤, 남겨진 6코의 루프를 감침질하고 구멍이 조여지게 잡아당겨 마무리한다.(돗바늘로 마무리)
3. 솜을 계속 넣어가면서 떠나간다.

와인병

X(짧은뜨기), V(한 코에 짧은뜨기 2개), A(줄이기), F(한길긴뜨기)

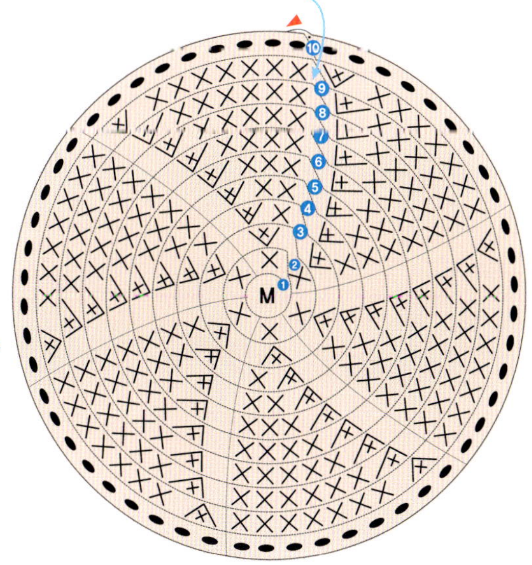

와인병 옆면

단	기호	콧수
1~25	X54- 25단	54
26	(X7, A1)*6	48
27~28	X48- 2단	48
29	X3, A1, (X6, A1)*5, X3	42
30	X42- 1단	42
31	(X5, A)*6	36
32	X36- 1단	36
33	X2, A1, (X4, A1)*5, X2	30
34	X30	30
35	(X3, A1)*6	24
36~38	X24	24

와인병 옆면

단	기호	콧수
	머스터드색 실로 변경	
39~44	X24-6단	24
45	(X6, A1)*3	21
46~53	X21-8단	21
54	(54단은 모든 코를 이랑뜨기한다.)	
	(X5, A1)*3	18
55	(X1, A1)*6	12
56	(A)*6	6

와인병 바닥

단	기호	콧수
1	매직링-X6코	6
2	V*6	12
3	(X1, V)*6	18
4	(X2, V)*6	24
5	(X3, V)*6	30
6	(X4, V)*6	36
7	(X5, V)*6	42
8	(X6, V)*6	48
9	(X7, V)*6	54
10	빼뜨기 54코	54
	다음 코에 빼뜨기 후 실꼬리 남기고 자른다.	

특별상

열기구 태팅레이스

서 주 혜 달의아이

사용실과 사용량(g): 샘플실 올림푸스 40수, 미유키 씨드비즈 18개, 3cm 술 6개
사용 도구: 셔틀, 레이스 코바늘
부자재: 메탈링 사용 종류(10mm 1개, 20mm 1개, 30mm 4개, 40mm 3개, 50mm 2개, 60mm 2개, 65mm 2개, 70mm 3개)
작품 사이즈: 7cm X 11cm **작품 난이도:** ★★★☆☆ **작품사진:** 55쪽

만드는 방법

사용 기법: 링(r), 피코(p), 조인, 락조인, 메탈링에 더블스티치(ds)하기, 락스티치

열기구 만드는 방법

1. 10mm 메탈링에 더블스티치하기, 4ds 1p, 5ds 1p 4번 반복, 5ds 1p 1ds
2. 20mm ds 만들며 1번에 연결한다. 5ds 1p 5ds 만들고 링 만들며 1번 피코에 조인 6번 반복
3. 30mm ds 만들며 2번 메탈링에 연결한다. 7ds 만들고 링 만들며 2번 피코 연결한다. 12번 반복
4. 40mm ds 만들며 3번에 연결한다. 10ds 만들고 링 만들며 3번 메탈링에 있는 링과 메탈링 사이 공간에 연결한다.

5~16. 4번 반복

17. 열기구와 바구니 연결한다.
18. 열기구 윗부분에 투명 낚시줄로 걸 부분 만들고 마무리한다.

열기구 메탈링 순서(표기 단위 mm)
10→20→30→40→50→60→65→70→70
→70→65→60→50→40→40→30

열기구

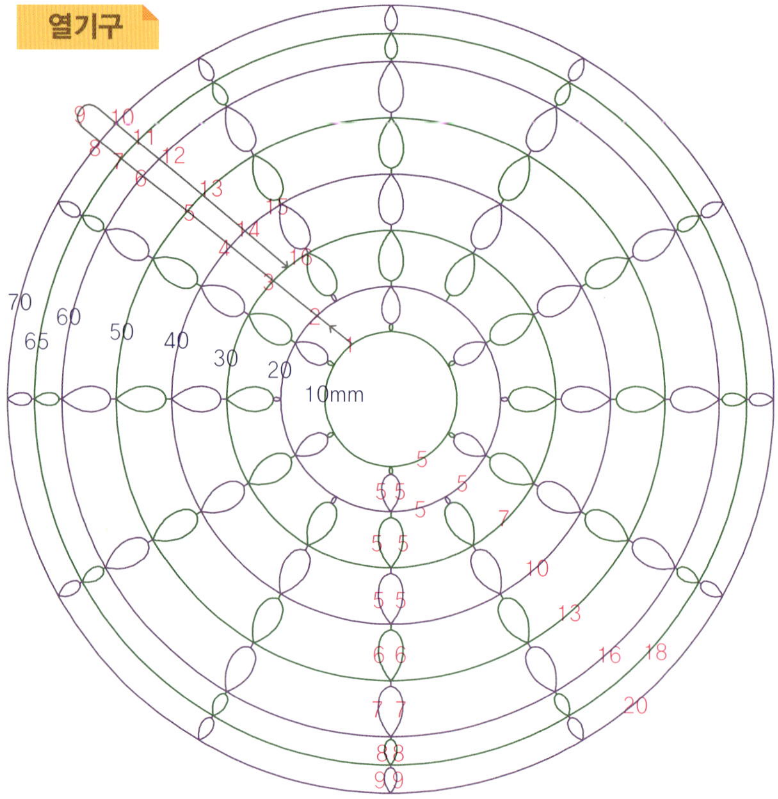

바구니

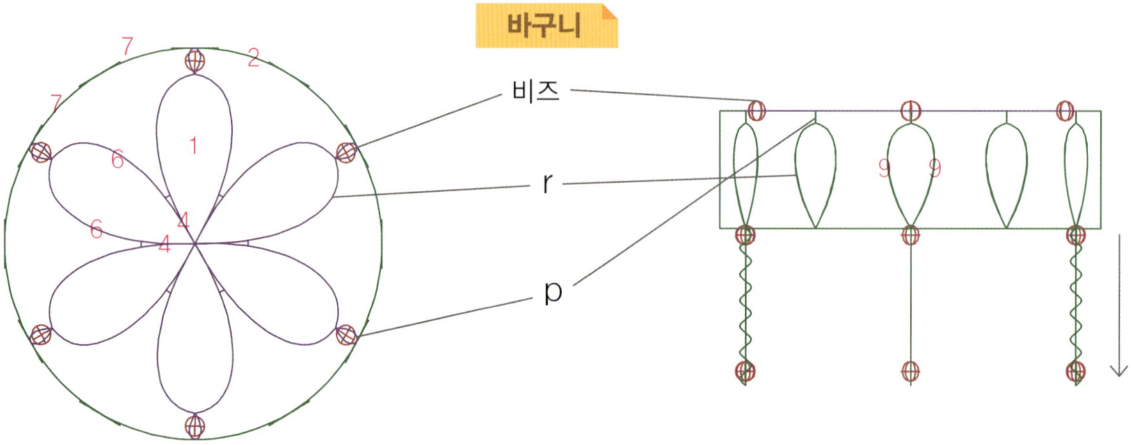

바구니 만드는 방법

1. 바구니 바닥 부분 꽃 만들기
2. 30mm 메탈링에 더블스티치 만들며 조인하기, 메탈링 7ds 1p 메탈링 7ds 1번 꽃에 조인(비즈 넣기) 6번 반복
3. 추가 30mm 메탈링에 더블스티치 만들며 2번에 조인, 메탈링 7ds, 링 만들며 조인 12번 반복
4. 볼실(또는 25cm 내외 실 풀어서 대체 가능) 셔틀 부분에 비즈 12개 넣고 시작한다. 꽃잎을 조인한 부분에 락조인 후, 비즈 1개 넣고 락스티치(1셋트) 8번 반복, 마지막 1개 비즈 빼놓고 락스티치 1개, 10cm 내외 여유실 두고 자르기 6번 반복, 열기구 밑부분에 연결하기
   *메탈링 30mm 2개

특별상

프렌즈 니트 푸프

이 용 화 니팅미르

사용실과 사용량(g)

프렌즈 올리브카키 644±5볼, 다크버건디 653±10볼, 머스타드 640±10볼

부자재: 안감, EPP 충전재 **사용 도구:** 12mm 줄바늘

작품 사이즈: 올리브카키 가로 40cm, 세로 30cm, 다크버건디 가로 80cm, 세로 65cm, 머스타드 가로 78cm, 세로 60cm

작품 난이도: ★★★★☆ **작품사진:** 56쪽

만드는 방법

프렌즈 올리브카키

26코로 시작

1단: 겉뜨기 26

2단: 겉뜨기 23, 경사뜨기, 겉뜨기 20, 경사뜨기, 겉뜨기 17, 경사뜨기, 겉뜨기 14, 경사뜨기, 겉뜨기 11, 경사뜨기, 겉뜨기 8, 경사뜨기, 겉뜨기 17

3단: 겉뜨기 26

*2~3단 15번 반복(2,3단 포함 총 16세트)

겉뜨기로 코막음 후 옆선을 연결할 여유분의 실을 남기고 마무리

옆선잇기와 위아래 오므리기

옆선잇기

표시된 부분을 교차하여 연결해 준다.(너무 당기며 잇지 마시고 옆 편물들과 밸런스를 맞춰주세요.)

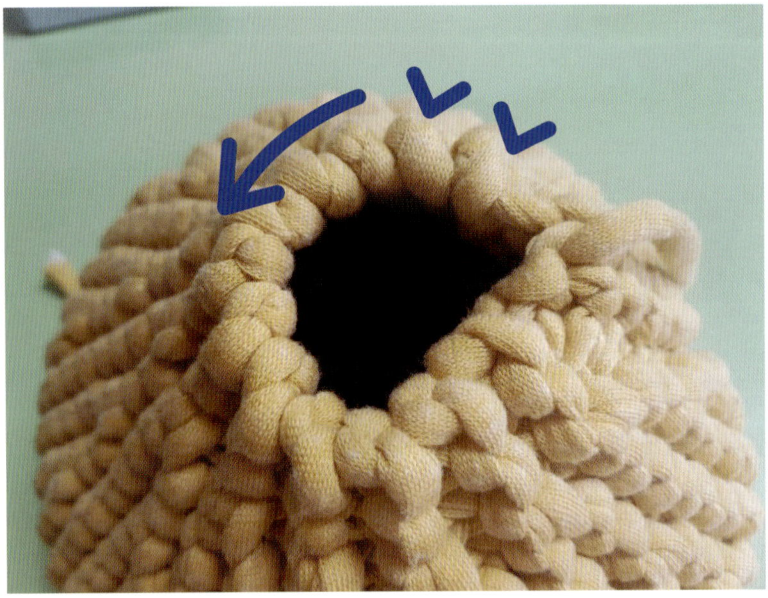

위아래 입구 오므리기

양쪽의 입구 부분 중 한곳만 별실을 사용해 표시된 부분을 통과시켜 오므려주고 반대쪽은 EPP충전재를 채운 안감을 넣은 후 같은 방법으로 오므려주면 니트 푸프가 완성된다.(충전재 보충을 위해 안감도 주머니 형태로 만들면 좋아요.)

*안감은 옆선을 이어 원통이 된 모양의 2배(충전재를 많이 넣을수록 푸프의 크기가 커짐)로 잡아서 만들고 EPP충전재를 채워준다.(솜을 사용하면 푸프의 모양이 고르게 잡히지 않아서 예쁜 모양이 나오지 않아요.)

프렌즈 다크버건디

40코로 시작

1단: 겉뜨기 40

2단: 겉뜨기 36, 경사뜨기, 겉뜨기 32, 경사뜨기, 겉뜨기 28, 경사뜨기, 겉뜨기 24, 경사뜨기, 겉뜨기 20, 경사뜨기, 겉뜨기 16, 경사뜨기, 겉뜨기 28

3단: 겉뜨기 40

*2~3단 23회 반복(2,3단 포함 총 24세트)

프렌즈 머스타드

38코로 시작

1단: 겉뜨기 38

2단: 겉뜨기 33, 경사뜨기, 겉뜨기 28, 경사뜨기, 겉뜨기 23, 경사뜨기, 겉뜨기 18, 경사뜨기, 겉뜨기 28

3단: 겉뜨기 38

*2~3단 27번 반복(2,3단 포함 총 28세트)

경사뜨기

1. 왼쪽 바늘에 1코를 오른쪽 바늘로 옮겨준다.

2. 진행중이던 뒷쪽에 있는 실을 앞쪽으로 옮겨온다.

3. 편물을 뒤로 돌린다.

4. 왼쪽에 옮겨주었던 코를 다시 오른쪽 바늘로 옮겨준다.

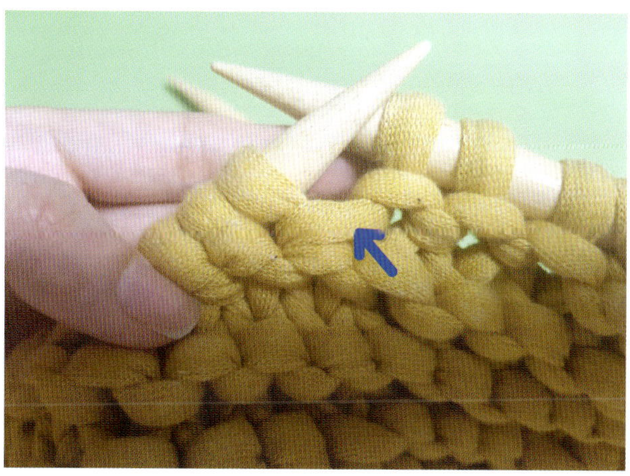

*일반 경사뜨기를 할 때처럼 경사뜨기했던 부분을 지날 때 표시된 부분을 같이 끌어올려 뜨지 않는다.

특별상

지그재그제이(zigzagJ) 크로스백

김미정 쩡이

사용실과 사용량(g): 빈센트 로트렉 겨자색 70g / 빈센트 로트렉 흰색 50g
사용 도구: 모사용 코바늘 7호, 모사용 코바늘 5호, 돗바늘
부자재: D링 2개, 똑딱이(자석) 단추 2쌍, 체인
작품 사이즈: 가로 20cm, 세로 13cm **작품 난이도:** ★★★☆☆ **작품사진:** 59쪽

만드는 방법

1. 겨자색 실로 모사용 코바늘 7호를 사용하여 37코를 만든다. - 1단
2. 같은 색실로 <지그재그제이 패턴>과 같이 2번째 단을 뜬다.
3. 같은 색실로 <지그재그제이 패턴>과 같이 3번째 단을 뜨는데 이때, 앞걸어 한길긴뜨기를 할 때는 두번째 아랫단 코에 앞걸기를 한다.
4. 흰색 실로 실을 바꾸고 <지그재그제이 패턴>과 같이 4번째 단을 뜬다.
5. 같은 색실로 <지그재그제이 패턴>과 같이 5번째 단을 뜨는데 이때도 앞걸어 한길긴뜨기를 할 때는 두번째 아랫단 기둥이 아닌 코에만 앞걸기를 한다.
6. 2~5처럼 배색실을 바꿔 가며 56단을 더 뜬다. 앞걸어 한길긴뜨기를 할 때는 반드시 두번째 아랫단 기둥이 아닌 코에만 앞걸기를 해줘야 한다.
7. 겨자색 실로 실을 바꿔 <지그재그제이 패턴>의 마무리 단을 뜬다. 마무리 단을 뜨면 좌우 2코씩 총 4코가 줄어든다.
8. 모든 단과 코를 짧은뜨기로 돌려준다. 단, 별도로 표시한 모서리 코와 모서리 단은 짧은뜨기를 2코씩 뜬다.

앞판 만들기

반복 구간(지그재그제이 패턴)

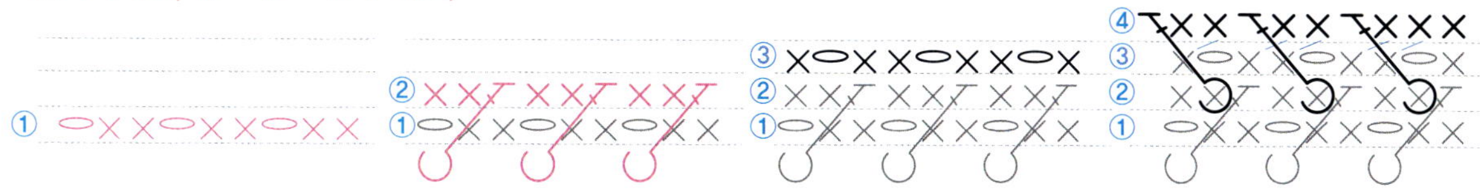

옆판 만들기 (10cm x 3cm) X 2장

1. 겨자색 실로 모사용 코바늘 7호를 사용하여 19코를 만든다. - 1번째 단
2. 같은 색실로 <지그재그제이 패턴>의 2~5번째 단을 뜬다.
3. 짧은뜨기로 모든 단과 코를 둘러 테두리를 뜬다. 단 4곳의 모서리 부분은 위의 <옆판>도안을 참고하여 뜬다. 이때 옆판의 하단 부분은 위의 <옆판>도안 우측 부분이 된다.
4. 1~3과 같은 방법으로 1장 더 뜬다.

【마무리】

● 겨자색 실로 모사용 코바늘 5호를 사용하여 빼뜨기로 연결한다.

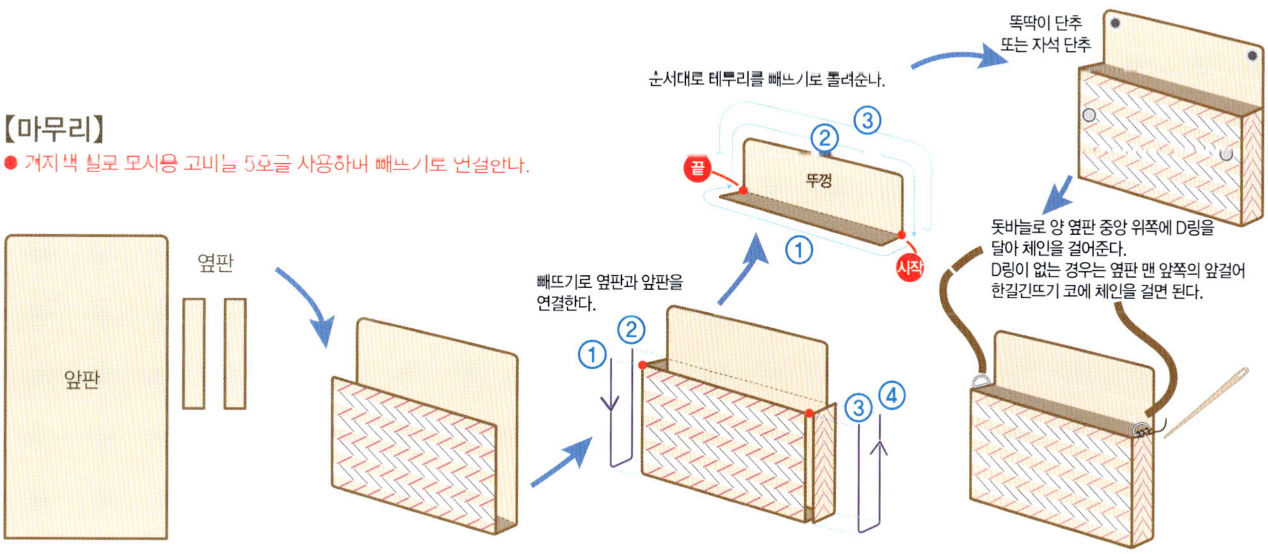

손뜨개 소품집 Ⅳ

2020년 1월 20일 인쇄
2020년 1월 25일 발행

저자 : 니트러브
펴낸이 : 남상호

펴낸곳 : 도서출판 **예신**
www.yesin.co.kr

(우)04317 서울시 용산구 효창원로 64길 6
대표전화 : 704-4233, 팩스 : 335-1986
등록번호 : 제3-01365호(2002.4.18)

값 22,000원

ISBN : 978-89-5649-170-7